知识产权法研究编委会名单

Intellectual Property Right Law Research

华东政法大学知识产权研究中心　主办
East China University of Politics & Law
Research Center for IPR

知识产权法研究

Intellectual Property Right Law Research

第10卷

Volume 10

主编　黄武双
Editors　Huang Wushuang

北京大学出版社
PEKING UNIVERSITY PRESS

图书在版编目(CIP)数据

知识产权法研究.第10卷/黄武双主编.—北京:北京大学出版社,2013.3
ISBN 978-7-301-22094-8

Ⅰ.①知… Ⅱ.①黄… Ⅲ.①知识产权法-文集 Ⅳ.①D913.04-53

中国版本图书馆CIP数据核字(2013)第026386号

书　　名:知识产权法研究(第10卷)
著作责任者:黄武双　主编
责 任 编 辑:姚文海　朱梅全　王业龙
标 准 书 号:ISBN 978-7-301-22094-8/D·3276
出 版 发 行:北京大学出版社
地　　址:北京市海淀区成府路205号　100871
网　　址:http://www.pup.cn
新 浪 微 博:@北京大学出版社
电 子 信 箱:law@pup.pku.edu.cn
电　　话:邮购部62752015　发行部62750672　编辑部62752027
出版部62754962
印　刷　者:北京飞达印刷有限责任公司
经　销　者:新华书店
730毫米×980毫米　16开本　21印张　400千字
2013年3月第1版　2013年3月第1次印刷
定　　价:45.00元

序

华东政法大学知识产权研究中心(以下简称“中心”)自2003年成立至今已有整整九年了。时间过得真快,似箭、如梭的比喻恰如其分。这九年来,我们中心积极开展了各项活动,也取得了骄人的成绩,主要是这样五个方面:

第一,举办了各种专题讲座、研讨会。中心根据知识产权形势的发展和教学、科研的需要,面向广大师生,及时举办各种专题讲座和研讨会,其数量不少。据不完全统计,仅在2004年就举办这类讲座六次,研讨会四次,内容既与理论有关,也与实务相关,而且往往能反映最新动态,如“网络环境下商标权法律保护”、“中国版权热点问题法律分析”等都是如此。这些讲座既提供了大量相关信息,也扩大了大家的研究视野。

第二,开展了课题研究。中心申报、争取了不少研究课题。受立法机关、政府机构、企业等的委托,中心承担了不少的课题,进行研究,仅2005年就接受了三个。委托单位有上海检疫检验局、上海市知识产权局等。这种研究在为社会服务的同时,也提高了我们自己的理论与实践水平。

第三,出版了中心的集刊。中心以书代刊由北京大学出版社先后公开出版了名为《知识产权法研究》九卷。每卷约三十万字,十余篇高质量论文。设有“焦点评论”、“理论前沿”、“专题研究”、“域外法制”、“判案评论”、“学界动态”等栏目。这为从事知识产权研究的专家、学者、师生提供了一个良好的交流平台。

第四,开通了“中国知识产权法网”。中心在成立之初便开通这一网站,内容不断更新,至今一直运作良好。它及时上传有关知识产权理论与实务的最新动态,让大家迅速掌握相关信息,促进理论研究和实务操作,是一个深受师生们欢迎的学术与实践阵地。

第五,设立了助学金与奖学金。中心得到美国强生公司的资助,设立了“强生奖助学金”,每年有15位以上学生可从中得到奖励或资助,提高了他们的学习积极性。每届获奖、受到资助的学生都有感人的体会,收获不小。

我们中心的努力和成长也伴随着我校知识产权专业、学科的发展,这九年来同样也在突飞猛进。2003 年我校向教育部申报成立“知识产权”专业。这是一个我国普通高等学校本科专业目录以外的专业，也是我国第一次设立这个专业。在获得教育部的批准后，我校随即成立知识产权学院，于 2004 年开始招收第一批“知识产权”专业的本科生，一直持续至今，而且，所毕业的学生深受社会的欢迎，毕业率始终保持在近 100%。2008 年开始招收硕士研究生和博士研究生。这不仅反映了培养学生的层次提高，也说明“知识产权”专业、学科有了长足的进步。

与此同时，我们中心成员的业务层次也在提升。在 10 位中心的成员中，从原来的 7 位正教授发展成为 9 位正教授；从原来的 7 位博士研究生导师发展成为 9 位博士生导师；在近年的岗位设置中，有 6 位成员被评为“二级”岗，即二级教授，占全校二级教授总人数的一半以上。他们为中心的发展作出了卓有成效的贡献。

回顾我们中心的发展历程和取得的成绩，我作为中心主任感到由衷地高兴！然而，我十分明白，这些成绩的取得是大家共同努力的结果。其中，有特邀顾问的指导与关照、有客座研究员的热情参与和帮助、有中心成员的辛勤劳动及付出、有社会各界的大力支持与关心、有研究生志愿者的长年工作和呵护等。缺少大家，我们中心就会一事无成，更无今天的成绩。在此，我要万分感谢大家对我个人工作的全力支持！万分感谢大家对中心发展的鼎力相助！

当年，由我出任中心主任，来统筹中心的工作，是学校寄于我的副校长岗位的工作需要。那时，我校虽有知识产权学院，可是从事知识产权及其法律的教学与研究成员却分散在多个学院。除了知识产权学院外，法律学院、经济法学院、国际法学院都有这样的成员。他们因工作需要，没有把编制划入知识产权学院。成立中心，便于综合这些成员的研究力量，形成研究合力。于是，我这个知识产权的门外汉匆忙上阵，一干就是九年。如今，我已从副校长岗位上退下来，成了一名普通的全职教授，使命已经完成。另外，后起之秀已经脱颖而出，已能担当中心主任的责任，黄武双教授就是这样一个理想的人选。他原来就是中心的副主任、《知识产权法研究》第二主编，负责中心日常工作，积极肯干，思路清晰，效率也高，成绩显著。近年来，他在学术上成果颇丰，长进很快，已成为正教授、博士研究生导师，在学术界已有名气。今年的 9 月 27 日，中心决定接受我不再担任主任的请求，退为顾问，由黄武双教授接任主任。与此同时，我也不再担任《知识产权法研究》集刊的第一主编，也转任为顾问。可以相信，他一定能挑起主任和主编的工作担子，把中心的工作做得更好。也希望大家能够一如既往地支持、帮助、关照黄武双教授和中心的工作,使我们中心的工作更加辉煌！谢谢大家了！

知识产权研究中心顾问、原主任 王立民教授

二〇一二年国庆节

目 录

▷综合专题◁

▷著作权专题◁

▷商标专题◁

▷专利专题◁

非商业秘密信息的反不正当竞争法保护

——以美国“热点新闻”搭便车系列判例为线索

◇ 黄武双*

内容摘要 未能满足商业秘密构成要件的保密信息，只要具有经济价值或竞争优势，哪怕存续时间非常短暂，仍具有财产属性。美国就“热点新闻”形成的系列判例，将利用他人成本而直接收益的行为定性为搭便车，属于一种不正当竞争行为，并设定了规制这一行为的明确标准。我国《反不正当竞争法》及其相关司法解释均缺乏规制这一行为的技术条款。通过比较法研究所获得的美国判例法的有关理念，可为我国立法和司法实践借鉴。

关键词 保密信息 热点新闻 搭便车 商业秘密 不正当竞争

美国1939年《侵权法重述（第一版）》第759条规定：为了达到超越竞争对手的目的，以不正当手段获取他人商业信息的，应当对自己所实施的侵权、披露或使用信息所给他人造成的损害承担责任。该条的评论（b）对此作了进一步的解释：本条同时适用于构成或不构成商业秘密的商业信息。在所披露的信息后来成为公共信息而且不属于技术信息的商业秘密纠纷案件中，该条也被援引支持了损害赔偿的诉讼请求。①

加利福尼亚州拥有审判保密信息侵权案件良好的普通法基础，并形成了

* 黄武双，中南财经政法大学博士后研究人员，华东政法大学知识产权学院教授。

① See Crocan Corp. v. Sheller-Globe Corp., 385 F. Supp. 251, 255, 185 U.S.P.Q. 211 (N.D. Ill., 1974).

侵权的三个诉由:(1) 原告为开发自己的财产已经投入了大量时间和金钱;(2) 被告盗用财产并无成本或成本很小;(3) 原告因被告的行为受害。② 这种侵权普通法旨在保护他人的劳动产品或"额头汗水"(sweat of the brow)不受他人侵害。例如,在 U. S. Golf Ass'n v. Arroyo Software Corp. 一案③中,法院就依据加州普通法侵权理论,禁止被告使用美国高尔夫球协会已使用的差点制(handicap system),尽管差点制已经为所有高尔夫球选手、高尔夫球俱乐部和高尔夫球协会所知悉。

另外,纽约州普通法形成了有关"热点新闻"信息保护的系列典型判例。

一、International News Service v. Associated Press 案④

该案(简称"INS 案")因为属于纽约州最高法院于 1918 年裁决的有关"热点新闻"的首个案件而著名。通常向报纸订户传播新闻故事存在两种竞争的服务方式。在该案中,被告从原告美联社的公告中抽取新闻故事并对外有线传播即时编排的新闻。通常情况下,被告是将从美联社东海岸的报纸中抽取出的新闻故事通过有线方式传播到被告自己在西海岸办的报纸,因为这两地的出版存在时间差。纽约州最高法院裁决被告的行为构成对美联社财产权在普通法意义上的侵权。

纽约州最高法院认为该案所要解决的并非限制出版问题,而是出版的特色和过程问题。新闻的独特价值在于当它还处于新鲜之时所进行的传播;新闻的财产价值,显然不在于要将其保持在秘密状态。描述正在发生事件的新闻,可以看做一项普通财产。我们所关注的是,让正在发生的事件为全世界所了解的运作过程,这也是本案双方当事人都在从事的业务。这一业务包括为成千上万的订户在早餐时间提供即时、准确、稳定和可靠的每天所发生的新闻事件。总体而言,除去收集和分发的成本,这一业务运作还可以赚取足以推动这项事业发展的商业利润。为报纸读者提供服务不仅是合法的而且还是非常有用的,这无疑是一项合法的业务。当事人双方是这个领域的竞争对手。依据广为适用的基本原理,当某人的权利或者特权可能与他人的权利

② See Imax Corp. v. Cinema Technologies, Inc., 152 F.3d 1161, 47 U.S.P.Q.2d (BNA) 1821, 1828 n.13 (9th Cir., 1998).

③ See 40 U.S.P.Q.2d (BNA) 1840, 1996 WL 710834 (Cal. App. Dep't Super. Ct., 1996).

④ See 248 U.S. 215, 39 S. Ct. 68, 63 L. Ed. 211, 2 A.L.R. 293 (1918).

或者特权发生冲突时,各自都有义务将自己的行为控制在必要和公平的范围之内,以免损害他人。[5]

纽约州最高法院针对该案的主要观点如下:

(一)新闻信息构成一项准财产

纽约州最高法院认为,尽管不受版权保护的新闻信息在首次公开之后,双方当事人都不再继续拥有这些新闻信息针对社会公众的财产利益,但无法得出这些新闻信息在当事人之间也不再继续拥有财产价值的结论。因为,对当事人双方而言,不管绝对意义上的所有权或控制权有多小,新闻信息就是花费企业的成本、技巧、劳力和金钱组织收集起来并有偿出售的、与其他商品一样的"货物"。就新闻而言,双方当事人都希望同时从中寻求有利益的素材,在不考虑是否拥有针对社会公众的权利的情况下,在当事人之间应该被当做一项准财产来看待。

为了支持对争议所作的衡平法裁决,法院认为并不需要事先来确认新闻构成了一项普通的、绝对的财产。只关注财产权利保护的衡平法院,已将金钱性质的民事权利看做一项财产权利;[6]通过诚信劳动或合法商业运作获得的财产,与已经获取的财产一样,能够作为权利来保护。[7] 这一规则构筑了普通不公平竞争案件裁判的基础。

获取和传送新闻需要精心组织及付出大量的金钱、技巧和努力,加上新闻具有的新鲜程度、服务的规律性、享有盛誉的可靠性和彻底性,以及对公众要求的适应性,新闻对于收集者具有交换价值。同时,新闻对可能盗用的人而言也具有交换价值。

本案的特殊性在于,在新鲜程度成为商业成功如此重要因素的时候,分发和出版的过程必然要占据大量时间。被告所提供的服务,就是每天提供新闻报纸,其中大多数新闻是从大西洋海岸,主要是纽约市,抵达美国的。就是因为这一点,以及地球自转产生时差的原因,新闻报道在美国的分发传播方

---

⑤ See Hitchman Coal & Coke Co. v. Mitchell, 245 U. S. 229, 254, 38 Sup. Ct. 65, 62 L. Ed. 260, L. R. A. 1918C, 497, Ann. Cas. 1918B, 461.

⑥ See In re Sawyer, 124 U. S. 200, 210, 8 Sup. Ct. 482, 31 L. Ed. 402; In re Debs, 158 U. S. 564, 593, 15 Sup. Ct. 900, 39 L. Ed. 1092.

⑦ See Truax v. Raich, 239 U. S. 33, 37—38, 36 Sup. Ct. 7, 60 L. Ed. 131, L. R. A. 1916D, 545, Ann. Cas. 1917B, 283; Brennan v. United Hatters, 73 N. J. Law, 729, 742, 65 Atl. 165, 9 L. R. A. [N. S.] 254, 118 Am. St. Rep. 727, 9 Ann. Cas. 698; *237 Barr v. Essex Trades Council, 53 N. J. Eq. 101, 30 Atl. 881.

式主要是自东向西蔓延开来的。因为电报和电话在运行速度上超过了地球的自转速度，因而从原告美联社的公告栏获取新闻或从东部沿岸城市原告的成员那获取最初的新闻版本，再仅仅花费电报传输的费用将新闻传送给西部报纸出版，与原告产生竞争，对被告而言是一件非常简单的事情。此外，不考虑时间差、不同线路电报传输的不规则性以及印刷和分发报纸正常耗费的时间，允许盗版新闻出现在被告读者手里的结果就是，被告的新闻常常会与原告美联社的报纸同时到达读者手里，被告的报纸甚至偶尔会早于美联社的报纸到达读者手里。[⑧]

（二）被告的行为构成不正当竞争

单份报纸购买者的无故传播报纸内容的权利，如果是出于并非不合理干扰原告商业化权利的合法目的，是应该承认的。但如果出于商业目的而传送那些新闻并与原告产生竞争关系，即被告所做的、希望得到支持的行为，就是另外一回事了。被告这样做的行为本身就承认自己拿走了原告精心组织，耗费人力、技巧和金钱才获得的、可以卖钱的材料；承认将这些新闻信息当做自己的加以侵占和销售是为了不播种而收获；承认将这些新闻信息分发给作为原告成员的竞争者的各家报纸的行为就是侵占他人播种而产生的收获。揭开所有的面纱以后，整个过程显示，被告是在可以收获时未经授权干扰了原告合法商业的正常运营，其目的就是以未承担收集新闻的任何成本的特殊竞争优势，而从中分享一笔可观的利润。这项交易本身就告诉我们，衡平法院在判断被告的行为构成商业不正当竞争的定性方面不应该再犹豫了。[⑨]

本案所涉基本原理与信托法中的衡平对价理论很相似，付出了公平价钱的人就应当享用财产。若要说原告钱花的对象过于短暂、易逝，难以成为财产的主题，这是没有答案的。出于讨论的目的，我们假设这可以在普通法中找到答案。在衡平法院，这就是一个不公平竞争的问题，原告花费了大量成本而获取的东西就应该要卖出个好价钱从而获得可观的利润。我们不能说这些新闻信息过于短暂、易逝而无法将其当做一项财产来对待。这些新闻信息具备了判断竞争者违反良知加以侵占而构成不公平竞争所必需的财产的所有属性。[⑩]

---

⑧ See 248 U. S. 215, 39 S. Ct. 68, 63 L. Ed. 211, 2 A. L. R. 293 (1918), p. 239.

⑨ Id., pp. 240—241.

⑩ Id., p. 241.

（三）原告并未垄断收集与分发新闻的权利

纽约州最高法院认为其所采纳的观点并不会导致原告享有收集和分发新闻的垄断权，或者因不遵守版权法而阻止新闻文章的复制，而仅会延迟那些自己不收集新闻的原告竞争者介入新闻分发和复制活动的时间，迟延时间的幅度只要达到能够防止竞争者利用原告的付出而直接收获的程度即可，原告仅享有部分排他权利。被告的行为则违反了最大化利用自己财产而不损害他人财产的原则。[11]

二、Bond Buyer v. Dealers Digest Pub. Co. 案[12]

1966 年裁决的该案（简称"Bond 案"）援引了 INS 案所创设的规则。

在该案中，原告出版《债券买家日报》（以下简称"DBB"），被告出版《艾略特夏普免税快报》（以下简称"ESTEN"）。这两份报纸都刊登由市政府和其他政府机构发布的债券市场信息。原告报纸的信息毫无疑问要比被告的报纸更加宽泛和完整。此外，原告还经营取名为《都市新闻快讯有线服务》（Munifacts News Wire Service）的电传新闻服务，并将其出售给订户。这项服务提供债券发行及时信息，有偿订户可以在两份报纸出版之前收到这些信息。

在并未成为订户的情况下，被告从原告有线服务系统盗用了信息，使得自己能够与原告同时出版有关信息，被告在没有任何成本支出或付出任何努力的情况下就获取了原告收集新闻信息所带来的利益。

原告所收集的可能遭受"盗版"的信息属于财产，这是没有异议的。[13] 事实上，被告对此也未予以反驳。被告首先提出的反驳意见是，并无充分证据证明自己实施了被禁止的任何行为。审判该案的纽约州高等法院第一上诉庭认为这一辩解不能成立。首先，原告在自己的报告中故意留下了五处错误，这些错误之处均出现在了被告的出版物上。此外，原告在对某一事件的新闻中使用了一个杜撰的机构名称，这也出现在了被告的出版物上。这就超出了其耦合的概率，无疑被告从原告有线服务系统盗用了传播的信息。

其次，被告辩称原告提供有线服务中包含的所有信息都是发行债券的机

---

⑪ See 248 U.S. 215, 39 S. Ct. 68, 63 L. Ed. 211, 2 A.L.R. 293 (1918), p.242.

⑫ See 25 A.D.2d 158, 267 N.Y.S.2d 944, 149 U.S.P.Q. (BNA) 465 (1st Dep't 1966).

⑬ See International News Service v. Associated Press, 248 U.S. 215, 39 S.Ct. 68, 63 L.Ed. 211.

构所披露的。被告进而又辩称，这些机构希望这些信息的发行量尽可能地大，因而这些信息都属于公共领域。被告辩解的理由尽管有道理，但是原告的权利并未建立在信息的版权或者其他排他性权利的基础上，而是建立在"原告精心组织，耗费人力、技巧和金钱才获得……原告可以将这些信息出售获得金钱"等事实基础上。对他人耗费人力所获结果进行商业性利用，就是不劳而获，用法律语言表述，就是一种不公平竞争。

最后，被告还辩称并无证据证明造成了无法挽回的损害，因为这些信息在有线服务提供之后的当天都会出版公开。信息具有特殊价值的时间很短的事实并没有改变这种情况。对于被告而言，已经有了充足的时间从商业化利用中获取利益。

三、National Basketball Ass'n v. Motorola 案[14]

对"热点新闻"诉讼讨论最为深入的案件非 1997 年由第二巡回上诉法院裁决的本案莫属了。

在本案中，双方当事人对案件所涉事实并无争论。摩托罗拉公司制造和销售运动寻呼设备 SportsTrax，而运动队分析和追踪系统公司（以下简称"STATS"）则向寻呼机发送比赛信息。SportsTrax 寻呼机 1996 年 1 月投放市场，零售价为每台 200 美元。在 SportsTrax 寻呼机 1.5 英寸见方的屏幕上显示了 NBA 现场即时比赛的以下信息：(1) 比赛球队的名称；(2) 比分的变化；(3) 控球球队名称；(4) 各队是否通过罚球获得比分；(5) 正在进行的比赛在第几节；(6) 该节比赛剩余的时间。这些信息每 2—3 分钟更新一次，临近前半场比赛和整场比赛结束时更新频率稍快一些。寻呼机屏幕所显示的信息与比赛现场相比，大约滞后 2—3 分钟。

SportsTrax 的运行依赖于观看电视或收听收音机的 STATS 记者们提供的数据。记者们进入个人电脑的密钥随着比赛分数和投中与未投中的次数、犯规以及计时器时间的更新等信息的变化而改变。这些新信息通过 STATS 主机的调制解调器对外发送，主机的功能就是收集、分析和生成用于再次对外传送的信息。之后，这些信息被传送给共同载波频率，然后再通过卫星传送到当地各种 FM 收音机网络，网络则将信号传送到 SportsTrax 寻呼机。

---

⑭ See 105 F. 3d 841, 25 Media L. Rep. (BNA) 1385, 41 U. S. P. Q. 2d (BNA) 1585 (2d Cir., 1997).

尽管 NBA 的诉求只与 SportsTrax 寻呼机有关，但 NBA 提供了 STATS 在美国在线上的网址。从 1996 年 1 月开始，用户就可以进入 STATS 在美国在线的网页，特别是通过与主机连接的调制解调器，可以看到比 SportsTrax 寻呼机上显示的信息更为复杂和详细的实时比赛信息。美国在线上显示的比赛信息每 15 秒钟到 1 分钟就会更新，赛场上的队员姓名和各队的统计结果都会每分钟更新一次。一审法院的判决，并未谈及美国在线网，因为"NBA 的诉求和证据都指向了 SportsTrax"。根据 NBA 提出的请求，一审法院修改了判决，并禁止使用 STATS 在美国在线网页上的比赛即时信息。

NBA 提出：(1) 依据州法，因盗用信息而产生的不正当竞争；(2)《兰哈姆法案》第 43(a) 条规定的虚假广告；(3)《兰哈姆法案》第 43(a) 条规定的就来源所作的虚假陈述；(4) 依据州法和普通法，因虚假广告和虚假来源陈述而产生的不正当竞争；(5) 1934 年《通信法》规定的非法截取通讯信息。摩托罗拉公司反诉称，NBA 非法干预了自己与同意赞助并对 SportsTrax 做 SportsTrax 广告的 4 个 NBA 球队所签的合同。

一审法院驳回了 NBA 的第 2—5 项诉求，也驳回了摩托罗拉公司的反诉请求，认定摩托罗拉和 STATS 构成盗用，支持了永久禁令，支持了就接下来诉讼程序过程中的损失计算，并判定在诉讼期间执行禁令。摩托罗拉和 STATS 对禁令提出上诉，而 NBA 也对一审法院驳回《兰哈姆法案》规定的虚假广告诉求提出了上诉。摆在二审法官面前的问题，就是州法规定的盗用和依据《兰哈姆法案》提出的诉求。

（一）关于依据州法提出的盗用的诉求

二审法院认为，与 INS 案类似的"热点新闻"诉讼要想获得支持，应该满足以下要素：(1) 原告生成或收集信息付出了成本；(2) 信息具有时间敏感性；(3) 被告使用信息的行为搭了原告投入的便车；(4) 被告与原告所提供的产品或服务直接竞争；(5) 其他人有搭原告便车的能力，或有因此可能影响其他人生产产品或提供服务的动力并实际威胁产品或服务的提供及其数量的情况。法院认为运动寻呼服务并未达到这一标准。

（二）SportsTrax 的合法性

二审法院认为，摩托罗拉和 STATS 的行为并未构成"热点新闻"判断标准下的非法盗用。毫无疑问，INS 案所设定的"热点新闻"判断标准部分未满足。传送到寻呼机上的信息，精确地说，并非即时信息，因而不满足时间敏感性要件。此外,NBA 提供或即将提供与通过 SportsTrax 提供的同样的信息。NBA 现在提供的称为“比赛数据统计”的服务,向用户提供每场比赛官方清单和半场及全场场内比分,其本身还将这些信息提供给场内的媒体。将来,NBA 计划提升比赛数据服务,将不同赛场内的信息联网,用以支持与 SportsTrax 同样的寻呼机产品。这使得 SportsTrax 将与升级的比赛数据服务直接竞争。

然而,NBA 所提的“热点新闻”诉求尚缺乏一些关键要素。NBA 的诉求挤压和混淆了三个不同的信息产品。第一个产品是通过比赛生成信息,第二个产品是现场传送比赛的全部信息,第三个产品是仅仅收集和再传送比赛的事实信息。第一个和第二个产品才是 NBA 的主要业务:生成篮球比赛现场的信息,并许可他人传播这些比赛信息。收集和再传送严格意义上有关比赛的事实信息,则是另一种不同的产品。例如,报纸上的个人技术统计、电视体育新闻上的统计数据摘要以及传送到寻呼机上的实时事实信息。法院认为,NBA 未能证明 SportsTrax 在第一个和第二个产品上的竞争效果,也未证明 SportsTrax 搭了第三个产品的便车。

由于 NBA 的主要产品是生成篮球比赛现场的信息并许可他人传播这些比赛信息,并没有证据表明 SportsTrax 或美国在线网页可以替代到现场或在电视机前观看 NBA 比赛。事实上,摩托罗拉公司的 SportsTrax 只是为不能到场内或坐在电视机前观看比赛,或通过收听收音机收听比赛的人准备的。

NBA 辩称,寻呼机市场只与类似 INS 案的“热点新闻”诉求有关,SportsTrax 将来与“比赛数据统计”服务的竞争是满足前面所称的缺失的要素的。二审法官认同实时传送到寻呼机或类似设备上,如美国在线 STATS 网页的事实信息存在独立市场的观点,但不赞同 SportsTrax 在任何意义上搭了“比赛数据统计”服务便车的观点。

INS 案“热点新闻”诉求不可或缺的要素就是被告搭了原告产品的便车,使得被告投入较少的资金就能够生产出直接竞争的产品,因为它的成本更低。SportsTrax 不是这样的产品。使用寻呼机传送 NBA 比赛的即时信息要求:(1) 收集比赛的事实信息;(2) 通过网络传送这些事实信息;(3) 通过特定的服务汇集这些事实信息;(4) 将这些信息传送到寻呼机或在线计算机。从任何角度看,摩托罗拉公司和 STATS 都没有搭“比赛数据统计”服务的便车,因为它们使用自己的资源来收集 NBA 比赛的纯粹事实信息并传送到寻呼机上。它们有自己的网络,自己汇集并传送数据。

当然,如果摩托罗拉公司和 STATS 将来从升级的“比赛数据统计”寻呼机收集事实信息并传送到 SportsTrax 寻呼机上,将构成搭便车。这将会使得“比赛数据统计"服务丧失利润,因为其承担了收集事实信息的费用,而 SportsTrax 却没有承担。如果允许一个寻呼机从另一个寻呼机上盗取事实信息,则将 NBA 比赛现时信息传送到寻呼机或类似设备上是必须阻止的,因为任何潜在的传送者都应当知道第一个参与的人将很快就遇到以更低成本搭便车的竞争者。

不过,目前并未遇到同样的问题,因为 SportsTrax 和 STATS 公司都各自承担费用收集 NBA 比赛的事实信息,如果一方运营成本低于另一方或者所提供的产品优于另一方,则这一方将在市场竞争中获胜。这显然不是 INS 案希望阻止的情形:潜在缺乏任何这样一种期待搭便车的产品或服务。

基于以上原因,NBA 未能证明因摩托罗拉和 STATS 搭便车而导致其产品有任何损失,其根据纽约州法律提起的盗用信息的诉求不能获得支持。

四、Lynch, Jones & Ryan, Inc. v. Standard & Poor's 案[15]

本案乃是将"热点新闻"判例所形成的规则向研究报告、咨询报告等领域延伸适用的典型判例。

由纽约州最高法院裁决于 1998 年的本案,援用了 INS 案和 Bond 案所确立的规则,支持了有关"热点新闻"侵权诉求。原告是一家向投资人提供红皮书研究指数的证券机构经纪公司。红皮书指数系由原告进行大量投入而获得的,包含了专有信息在内。原告每周向付费订户提供这些指数,其中就包括全美零售额增长和减少的比较数据,以及全美前一个月销售额数据。红皮书指数是通过传真或电话传送给订户的,35 分钟之后,这些信息将向公众广泛发布。订户们同意在这 35 分钟时间或迟延期(embargo period)内保密这些信息。这种做法使得订户比公众提前获得了投资信息。被告被诉未经原告许可复制了从传真或电话中获取的信息,并将这些信息作为传闻修改后刊登在与原告产生直接竞争的每月指数出版物上。法院最终认定,本案已经满足了"热点新闻"侵权诉讼的所有标准,被告侵权成立。

⑮ See 47 U. S. P. Q. 2d 1759 (N. Y. Sup. Ct., 1998).

五、对我国司法实践的启示

（一）规制不正当竞争行为的技术性法条之不足

我国《反不正当竞争法》（1993 年 12 月 1 日施行）、最高人民法院《关于审理不正当竞争民事案件应用法律若干问题的解释》（2007 年 2 月 1 日施行）以及其他相关法律或司法解释，均未涉足不构成商业秘密的信息的法律保护问题。因此，针对这类信息的搭便车行为缺乏规制的技术性条款。

我国《反不正当竞争法》第二章列举了 11 种不正当竞争行为。毫无疑问，《反不正当竞争法》的这一规定方式具有明显的封闭性，不可能涵盖所有的不正当竞争行为。当然，之所以这样规定有其特定的历史背景，即本意在于严格限制执法机关的执法行为，主要是“考虑到我国执法机关实际水平状况，不能给予这种权力。让一个基层的执法部门对需要根据经济形势进行判断的不正当竞争行为进行认定是无法想象的事情”。“如果允许判断，将导致一种危险：将很多正当行为当作不正当竞争行为进行制裁……”⑯

（二）诚实信用原则条款之功能

然而，《反不正当竞争法》第 2 条第 1 款将诚实信用原则和公认的商业道德规定为经营者在市场交易中应当遵循的行为规范。诚实信用是市场经济的基本道德准则和法律原则，可以克服因只列举 11 种不正当竞争行为而导致的立法技术上的缺陷。也就是说，在遇到 11 种之外的情形时，可以诚实信用原则来判断特定情形是否构成不正当竞争行为。从某种意义上说，诚实信用原则乃是判断是否构成不正当竞争行为的实质要件。实际上，这种立法模式已经为不少国家立法所采用，只不过表述方式和侧重上略有不同而已。例如，1909 年德国《反不正当竞争法》第 1 条就认为不正当竞争是“在营业中为竞争目的采取违反善良风俗的行为”。1940 年葡萄牙《工业产权法》第 212 条规定：“凡竞争行为违反任一部门内之经济法规或诚实习惯者，均构成不正当竞争”。1957 年土耳其《商法》第 56 条规定：“凡以任何方式实现欺骗或违反善意原则且构成滥用经济竞争之行为者，均视为不正当竞争。”1986 年修订的瑞士《不正当竞争法》规定：“不正当竞争是指任何欺骗性商业行为，或以其他

⑯ 孙琬钟主编：《反不正当竞争法实用全书》，中国法律年鉴社 1993 年版，第 26 页。

手段，违反诚实信用原则的任何商业行为。”1988 年的西班牙《商标法》第 87 条规定：“任何违反工业或商业诚实交易惯例的竞争均构成不正当竞争行为”。此外，1883 年《保护工业产权巴黎公约》之 1925 年海牙修订本第 10 条之二规定：“凡在工商业活动中违反诚实惯例的竞争行为，构成不正当竞争”。

我国《反不正当竞争法》第 10 条将侵犯商业秘密的行为列明为一种不正当竞争行为。然而，有些保密信息不一定能够满足商业秘密的构成要件，但仍具有财产价值。这些保密信息虽然不能援引《反不正当竞争法》第 10 条得到保护，但因其存在经济价值显然应该得到保护。通过比较法的方法观察前述对美国普通法所形成的系列判例可知，盗用这些保密信息仍属于一种不正当竞争行为。我国《反不正当竞争法》第 2 条规定的诚实信用原则，实际上就是授予行政执法机关和司法机关以判断 11 种情形之外的不正当竞争行为的自由裁量权。

（三）非商业秘密信息必须满足的构成要件

尽管有些信息既不属于商业秘密，也未能构成受著作权法保护的作品，但因收集或集成这些信息需要付出劳动、花费成本，且集成后的信息具有经济价值，因而这些信息已经成为一项法律意义上的财产。尽管这些信息的经济价值并非永久性的，而是短暂的经济价值，如一个月、一个星期甚至短至两小时，但只要具备经济价值这一财产属性，就应该予以保护。

尽管美国的普通法并未给不正当竞争行为下定义，[17]但本文通过所阐述的美国普通法所形成的将有关信息视为财产并通过反不正当竞争法予以保护的思路值得借鉴。尤其是，通过“热点新闻”系列判例所形成的判断未经许可使用他人收集或集成的不构成商业秘密的信息是否构成“搭便车”这种不正当竞争行为的以下标准值得借鉴：(1) 原告生成或收集信息付出了成本；(2) 信息具有时间敏感性；(3) 被告使用信息的行为搭了原告投入的便车；(4) 被告与原告所提供的产品或服务直接竞争；(5) 其他人有搭原告便车的能力，或因此可能影响其他人生产产品或提供服务的动力并实际威胁产品或服务的提供及其数量的情况。

上述标准，可以解决目前司法审判过程中所遇到的一些难题，尤其能够为我国《反不正当竞争法》的修改或相关司法解释的完善所参考。

---

⑰ See J. Thomas McCarthy, Trademarks and Unfair Competition, Fourth Edition, Chapter 1, § 1:8.

DVD复制控制协会诉伯纳

——言论自由与商业秘密*

◇ 阿莱克斯·伊顿-萨尔勒斯著　蔡祖国**译

一、导　　言

一个有效的知识产权制度旨在维持创造者(及其受让人)利益与公众从这些创造中获得的权利和利益之间的微妙平衡。① 知识产权权利的扩张所带来的张力之一涉及《宪法第一修正案》中规定的普通公众的权利。②

* 非常感谢Alex Eaton-Salners律师的授权。本文原载《伯克利技术法杂志》2004年第19卷,主要从言论自由法和商业秘密法分析了DVD复制控制协会(即DVD-CCA)诉伯纳一案,虽然国内已有分析和介绍,但本文的视角和分析显然有新意和启迪。为了让读者更好地阅读,文章的注释没有翻译。

** 蔡祖国,武汉科技大学中南分校文法学院副教授,华中科技大学知识产权法与竞争法研究中心博士研究生,研究方向是知识产权法、竞争法。

① See Bonito Boats, Inc. v. Thunder Craft Boats, Inc., 489 U.S. 141, 146—47 (describing the balance contained in the Intellectual Property Clause of the Constitution).

② See Andrew Beckerman-Rodau, Prior Restraints and Intellectual Property: The Clash Between Intellectual Property and the First Amendment from an Economic Perspective, 12 Fordham Intell. Prop. Media & Ent. L.J. 1 (2001); Mark A. Lemley & Eugene Volokh, Freedom of Speech and Injunctions in Intellectual Property Cases, 48 Duke L.J. 147 (1998).

近几十年来，知识产权理论发生了诸多变化。[③] 在新千年里，技术进步和社会规范的转变要求我们对现有知识产权制度进行重新评估。[④] 虽然不断涌现的高效数据传输和储存工具（如因特网和个人电脑）的目标在于以低成本普及人类知识结晶，但大公司为了获取利益而储存知识产权，却阻碍着此目标的实现。为了防止信息的非法使用和传播，这些大公司利用合同法和技术保护措施限制消费者与公司拥有的信息的互动方式。由于标准合同和技术限制规定了消费者可能为的行为，因此它们颠覆了许多先前的法定框架。[⑤] 在此背景下，法院不断在商业秘密法方面创造着新的先例。

2003 年 8 月，加利福尼亚州最高法院恢复了禁止出版 DVD 内容加密方案相关信息的临时禁制令。[⑥] 初审法院已经根据加州商业秘密法发出了临时禁制令。[⑦] 加州最高法院驳回了上诉法院的判决，并要求上诉法院依据其意见进行进一步审理。[⑧] 在此过程中，法院发现：DVD 格式的解密程序 DeCSS[⑨] 并未涉及公共关注问题；禁止公开该程序和相关算法的禁制令是内容中立

---

③ Examples include the introduction of a quasi-perpetual copyright term, see Sonny Bono Copyright Term Extension Act of 1998, Pub. L. No. 105-298, 112 Stat. 2827 (codified as amended in scattered sections of 17 U.S.C.) (adding an additional twenty years to the copyright term); the allowance of software and business method patents, see State St. Bank & Trust Co. v. Signature Fin. Group Inc., 149 F.3d 1368 (Fed. Cir., 1998) (ending the "business method" exception); the expansion of trademark dilution rights in Federal Trademark Dilution Act of 1995, Pub. L. No. 104-98, 109 Stat. 985 (1996) (codified as amended at 15 U.S.C. § § 1125(c), 1127 (2000)) (creating a federal trademark dilution cause of action).

④ See Sony Corp. of Am. v. Universal City Studios, Inc., 464 U.S. 417, 430 n. 12 (1984) (quoting Foreword to B. Kaplan, An Unhurried View of Copyright, at vii-viii (1967) (describing how intellectual property doctrines reflect social change)).

⑤ See generally Lawrence Lessig, Code and Other Laws of Cyberspace (1999); Jacques De Werra, Moving Beyond the Conflict Between Freedom of Contract and Copyright Policies: In Search of a New Global Policy for On-Line Information Licensing Transactions, 25 Colum. J.L. & Arts 239 (2003); J. H. Reichman & Jonathan A. Franklin, Privately Legislated Intellectual Property Rights: Reconciling Freedom of Contract with Public Good Uses of Information, 147 U. Pa. L. Rev. 875 (1999); Joel R. Reidenberg, Lex Informatica: The Formulation of Information Policy Rules Through Technology, 76 Tex. L. Rev. 553, 580—81 (1998).

⑥ DVD was originally an abbreviation for Digital Video Disc. Later groups created the alternate expansion Digital Versatile Disc to emphasize the other possible uses for DVDs. According to the DVD Forum, the letters officially stand for nothing at all. See Jim Taylor, DVD Frequently Asked Questions (and Answers), DVD Demystified, http://www.dvddemystified.com/dvdfaq.html#1.1 (last updated Feb. 22, 2004) (§ [1.1.1.] What do the letters DVD stand for?).

⑦ See DVD Copy Control Ass'n v. Bunner, 75 P.3d 1, 20 (Cal., 2003) [hereinafter Bunner II], rev'g 113 Cal. Rptr. 2d 338 (Cal. Ct. App. 2001) [hereinafter Bunner I].

⑧ Id.

⑨ The name DeCSS is a combination of the prefix "de-" meaning removal and "CSS" which is an abbreviation for the Content Scrambling System. See infra note 20.

的；同时，此禁令也未对言论产生先行制止作用。[10] 据此，法院驳回了被告的第一修正案抗辩。

在提交了重审的律师辩护意见书之后，原告 DVD-CCA 认为其诉讼理由不够充分，没必要花费更多的诉讼费用，故向初审法院提出动议自愿撤销对所有被告的主要诉讼（underlying action）。[11] DVD-CCA 还请求上诉法院撤销有争议的尚未判决的上诉。[12] 被告方 Andrew Bunner 反对此项动议，上诉法院也拒绝了此项请求，并对初审法院查明的事实进行了独立的审查。[13]

在发回重审的决定中，上诉法院驳回了将 CSS 算法和主密钥视为商业秘密的假定，并裁定初审法院发出临时禁制令是不合理的。[14] 事实上，因其提出的主要商业秘密事实难以成立，DVD-CCA 也正好可能寻求终止诉讼。

本文第二部分回顾了本案的历史背景。第三部分提出了本案的法律框架，并描述了加州最高法院的分析。第四部分评价了导致初审法院发出临时禁制令的商业秘密权利主张的强度，并得出了与上诉法院相同的结论，即 DVD-CCA 的诉讼理由不充分。在第五部分，本文分析了商业秘密与言论自由之间的关系，声称法院对公共关注理论的表述受到了误导。本文进一步强调 DeCSS 与公众利益相关，不应禁止其出版发布活动。

二、历 史 背 景

1995 年，由十家公司组建的联盟提出了 DVD 格式。[15] DVD 这一术语不

---

⑩ See Bunner II, 75 P. 3d at 11—19.

⑪ See Request for Dismissal, DVD Copy Control Ass'n v. McLaughlin (Cal. Super. Ct. Jan. 21, 2004) (No. 1-99-CV-786804), http://www.eff.org/Legal/Cases/DVDCCA_case/20040121_dismissal.pdf (dismissal request appended to bottom of PDF file of DVD-CCA Notice of Motion to Dismiss Appeal for Mootness). Because the case was unilaterally dismissed, Andrew Bunner is entitled to collect any costs incurred during his four-year defense. Press Release, Matthew R. Pavlovich, DVD CCA Dismisses California DVD Case (Jan. 22, 2004), http://www.dvdcase.org/press.php.

⑫ DVD Copy Control Association's Notice of Motion to Dismiss Appeal for Mootness at 2, DVD Copy Control Ass'n v. Bunner, 2004 WL 362414 (Cal. App. Jan. 21, 2004) (No. H021153), http://www.eff.org/Legal/Cases/DVDCCA_ case/20040121_dismissal.pdf.

⑬ See DVD Copy Control Ass'n v. Bunner, 10 Cal. Rptr. 3d 185, 187, 192 (Cal. Ct. App., 2004) [hereinafter Bunner III], http://www.courtinfo.ca.gov/opinions/documents/H021153A.PDF.

⑭ Id., at 196.

⑮ See Taylor, supra note 6, § [6.1] (§ [6.1] Who invented DVD and who owns it? Whom to contact for specifications and licensing?).

仅指 DVD-ROM 等物理格式,还包括 DVD-Video 等应用格式。⑯ DVD 标准包括存取控制系统,⑰这些系统的功能各不相同,如禁止国外购买的 DVD 执行重播功能、⑱防止对其内容进行复制或采样。⑲ CSS 属于存取控制系统,此系统禁止对 DVD 碟中的信息进行数字复制或采样。⑳

CSS 加密方案相对较弱,密钥长度为 40 字节,㉑其算法设计过于简单,且密钥长度较短,㉒故 CSS 极容易被强制破译、明码文本攻击等基础性逆向工程技术所破译。㉓

1999 年,通过对 DVD 解码器软件实施反向工程,获得了 CSS 源码及其主密钥,㉔十几岁的挪威人 John Johansen 利用此项反向工程的成果编写了被称为 DeCSS 的程序,DeCSS 可完全破译 CSS 编码。㉕ Johansen 于 1999 年 10 月将

---

⑯ Movies, for example are stored on DVDs in the DVD-Video application format while the base format for holding arbitrary data is DVD-ROM. Id., § [1.1] (§ [1.1] What is DVD?).

⑰ Id., § [1.4] (§ [1.4] What are the disadvantages of DVD?).

⑱ Id., § [1.10] (§ [1.10] What are "regional codes," "country codes," or "zone locks"?).

⑲ Id., § [1.11] (§ [1.11] What are the copy protection issues?).

⑳ Id. For a technical description of the CSS algorithm, see, for example, Eddie Edwards, The Content Scrambling System (CSS), http://www.tinyted.net/eddie/css.html (last visited Feb. 17, 2003); Frank A. Stevenson, Analysis of DVD Contents Scrambling System, http://www-2.cs.cmu.edu/~dst/DeCSS/FrankStevenson/analysis.html (last updated Nov. 13, 1999).

㉑ See Declaration of Roland Parviainen, DVD Copy Control Ass'n v. McLaughlin (Cal. Super. Ct. Nov. 28, 2001) (No. 1-99-CV-786804), http://www.eff.org/IP/Video/DVDCCA_case/20011128_parviainen_decl.html. The keylength of an encryption scheme is one measure of its strength. A longer keylength usually corresponds to stronger encryption. See Key Length, Law-On-Line, http://www.law-on-line.com/cyberlaw/keylength.html (last visited Mar. 10, 2004).

㉒ See Eddie Edwards, The Content Scrambling System (CSS), http://www.tinyted.net/eddie/css.html (last visited Feb. 17, 2003).

㉓ Id.

㉔ For a timeline of the events surrounding the reverse engineering of CSS and the creation of DeCSS, see Informal DeCSS History Timeline, Berkman Center for Internet & Society, http://cyber.law.harvard.edu/openlaw/DVD/research/chronology.html (last visited Feb. 17, 2003).

㉕ Bunner II, 75 P.3d 1, 7 (Cal., 2003). Although Johansen was the author of the DeCSS program, the actual reverse engineering of the CSS algorithm was done by an anonymous programmer using the handle "the nomad" on Internet Relay Chat (IRC). See Jon Bing, The Norwegian DVD Case-Decision by Borgarting Appellate Court 5 (Dec. 22, 2003), http://www.ipjustice.org/johansen/DVD-Jon-Borgarting-1-eng.pdf (unofficial translation of decision of Norwegian court). The results of the reverse engineering were passed on to Johansen through an anonymous source using the IRC handle "mdx." Id.

DeCSS 程序公布于互联网上。[26]

为了阻止 DeCSS 及后续的诸多类似程序的传播，DVD-CCA 联合各大电影制片厂对传播某种形式的 DeCSS 程序或公开提供 DeCSS 或者相关程序的服务器位置的数百人发起了诉讼，包括知名的和不知名的。[27] 除了依据加州商业秘密法起诉 Bunner 和其他被告，[28]原告还根据《千禧年数字版权法》的反规避规定提起了诉讼。[29] 尽管如此，DeCSS 及类似程序仍在不断扩散。[30] 除了可从网站上下载外，DeCSS 及类似程序还出现在 T 恤上、诗歌和音乐中，以及 MIT 的《技术评论》[31]、《连线》杂志[32]等主流刊物中，甚至连《华尔街日报》上

---

[26] See Bunner II, 75 P.3d at 7. At the urging of the Motion Picture Association and the DVD-CCA, Jon Johansen was criminally tried under Norwegian law for his part in the DeCSS saga. See Bing, supra note 25, at 3. He was acquitted of all charges in the Oslo City Court in January of 2003, and this ruling was unanimously upheld on appeal by the Borgarting Appellate Court that December. Id. at 2, 11. The temporal proximity (less than one month) between the affirmation of Johansen's acquittal and the DVD-CCA's decision to drop its California trade secret case suggests that the outcome of Johansen's criminal case may have influenced the DVD-CCA's decision calculus.

[27] See, e. g., Universal City Studios, Inc. v. Reimerdes, 111 F. Supp. 2d 294 (S. D. N. Y., 2000). DVD Copy Control Ass'n v. McLaughlin was the only suit brought under trade secret law. The other suits were brought under copyright law.

[28] See Cal. Civ. Code § 3426 (West 1997).

[29] See 17 U. S. C. § § 101-1205 (2000); Bunner II, 75 P.3d at 7.

[30] At the time the injunction was entered, searches for DeCSS on the search engine Google revealed over 100,000 sites that provided DeCSS or information about it. See Answer Brief of Respondent Andrew Bunner at 3, DVD Copy Control Ass'n v. Bunner, 75 P. 3d 1 (Cal., 2003) (No. CV 786804), 2002 WL 1926020. As of March 11 2004, the number of hits was over 225,000. See Google Search: DeCSS, Google, http://www. google. com/search? hl = en&ie = UTF-8&oe = UTF-8&q = DeCSS.

[31] See Simson Garfinkel, The Net Effect: The DVD Rebellion, Tech. Rev., July-Aug., 2001, at 26. Unfortunately, the online version of the article (http://www. technologyreview. com/articles/garfinkel0701. asp) does not reproduce the code since it is contained in a side bar.

[32] See Victor C. Clarke, DVD Hacking for Dummies, Wired Mag., Issue 9.06, June 2001, at 78, http:// www. wired. com/wired/archive/9. 06/mustread. html? pg = 6. A gallery of DeCSS Descramblers compiled by computer science professor David Tourstzky is a good starting point to explore these alternative embodiments of DeCSS. See David Touretzky, Gallery of CSS Descramblers, http://www. cs. cmu. edu/ ~ dst/DeCSS/Gallery (last modified Aug. 17, 2003). For a whimsical look at some of the many ways to distribute DeCSS, see Samuel Hocevar, 42 Ways to Distribute DeCSS, http://decss. zoy. org (last updated Aug. 30, 2000). For those interested, here is the short Perl script that Wired Magazine published with the same functionality as DeCSS: s" $/ = \2048;while(< >){G = 29;R = 142;if((@ a = unqT = "C * ",_)[20]&48){D = 89;_ = unqb24, qT, @ b = map{ord qB8,unqb8,qT,_^ $a[--D]}@ INC;s/... $/1 $&/;Q = unqV,qb25,_;H = 73;O = $b [4] < <9256 $b[3];Q = Q > >8^(P = (E = 255)&(Q > >12^Q > >4^Q/8^Q)) < <17,O = O > >8^(E&(F = (S = O > > 14&7°)^S * 8^S < <6)) < <9,_ = (map{U = _%16orE^ = R^ = 110&(S = (unqT," \xb\ntd\xbz\ x14d") [_/16%8]);E^ = (72,@ z = (64,72,G^ = 12 * (U? 0:S&17)),H^ = _[/]? 12:0,@ z)[_%8]} (16..271)) [_]^((D > > =8) + =P + (~F&E)) for@ a[128.. $#a]}print + qT,@ a}´;s/[D-HO-U_]/\ $ $&/g;s/q/pack +/g;eval. See Clarke, supra; Keith Winstein & Marc Horowitz, qrpff, http:// www. 2. cs. cmu. edu/ ~ dst/DeCSS/Gallery/qrpff. pl.

也刊登了一个CSS编码密钥。[33]

三、法律框架

(一)案件事实和摘要

Andrew Bunner在阅读了科技新闻和讨论网站SlashShot中关于DeCSS的文章后,便将DeCSS发布到其个人网页上。[34] 据此,DVD-CCA在向加州Santa Clara高等法院提起商业秘密诉讼时将其列为被告。[35] 此项诉讼旨在禁止使用、公开和传播与CSS相关的商业秘密,并禁止公开披露此类商业秘密的网址或披露CSS相关信息的其他网页链接。[36] 双方提交书面陈述后,初审法院在法庭上正式发出了适用于所有被告的临时禁制令。[37] 由于Bunner是对DVD-CCA的动议提出反驳的唯一被告,故只有他对初审法院的裁决提出了上诉。[38]

上诉法院推翻了初审法院的裁决,认为根据《宪法第一修正案》和加州宪法相关条款,禁制令侵犯了Bunner的言论自由。[39] DVD-CCA提起上诉,加州最高法院决定对上诉法院指出的《宪法第一修正案》抗辩进行严格审查。[40] 两上诉法院均认为初审法院的事实认定有效。[41] 然而,在发回重审的决定中,加州最高法院要求上诉法院对全部记录进行独立评估,以判定该禁制令是否属于初审法院滥用司法裁量权的行为。[42] 本文接下来将对加州最高法院的推论进行检讨。

(二)加州商业秘密法

在盗用商业秘密的调查中,法院必须回答的第一个问题是:是否存在着

㉝ See David Hamilton, Banned Code Lives in Poetry and Song-Critics of DVD-Copyright Ruling Say the Constitution Protects Posting Program in All Forms, Wall St. J., Apr. 12, 2001, at B1, available at 2001 WL-WSJ 2860112.

㉞ See Bunner II, 75 P.3d at 7.

㉟ Id., at 8.

㊱ Id.

㊲ Id.

㊳ Id.

㊴ Id., at 8—9 (citing Cal. Const. art. I § 2(a)).

㊵ Id., at 10.

㊶ Id., at 9—10.

㊷ Id., at 19—20.

支持该诉讼的有效的实质性商业秘密。[43] 很多州都已采用了《统一商业秘密法》,加州便是其中之一。[44] 根据《统一商业秘密法》,若"信息,包括公式、样式、编译、程序、设计、方法、技术或工艺"满足以下条件,则可以作为商业秘密加以保护:"(1)由于不为公众或其他可从公开或使用该信息而获得经济利益的人所知,而具有现实的或潜在的经济价值;(2)同时是在特定情形下已采取了合理的保密措施"。[45] 就其目的而言,加州最高法院推定DVD-CCA所提出的CSS算法和主密钥均为应予以保护的商业秘密,在众多媒体中广泛公布这些商业秘密并未破坏算法或主密钥的秘密性的权利主张将可能被支持。[46]

法院调查的第二步是判定实质性商业秘密是否已经被盗用。根据《统一商业秘密法》,盗用商业秘密的一种情况是:在"知道或应当知道这些商业秘密是以不正当方式获得的"的情况下,获取、公开或使用"他人的商业秘密"。[47] 法院假定:DVD-CCA能够证明CSS商业秘密是通过不正当方式从DeCSS程序中获取和得知的,Bunner知道或应当知道获得此商业秘密的方式是不正当的。[48]

(三)《宪法第一修正案》

在提起上诉时,由于加州最高法院假定存在商业秘密盗用现象,因而该实质性商业秘密存在与否并非争议所在。相反,法院对《统一商业秘密法》与

---

[43] See Cal. Civ. Code § 3426.1(b) (West 1997).

[44] See Bunner II, 75 P.3d at 9. The Uniform Trade Secrets Act is codified at section 3426 of the California Civil Code. For a discussion of this law, see Jeff Danley, Note, Cadence v. Avant: The UTSA and California Trade Secret Law, 19 Berkeley Tech. L.J. 289 (2004).

[45] See Cal. Civ. Code § 3426.1(d).

[46] See Bunner II, 75 P.3d at 9—10.

[47] Cal. Civ. Code § 3426.1 defines "Misappropriation" as:

(1) Acquisition of a trade secret of another by a person who knows or has reason to know that the trade secret was acquired by improper means; or

(2) Disclosure or use of a trade secret of another without express or implied consent by a person who:

(A) Used improper means to acquire knowledge of the trade secret; or

(B) At the time of disclosure or use, knew or had reason to know that his or her knowledge of the trade secret was:

(i) Derived from or through a person who had utilized improper means to acquire it;

(ii) Acquired under circumstances giving rise to a duty to maintain its secrecy or limit its use; or

(iii) Derived from or through a person who owed a duty to the person seeking relief to maintain its secrecy or limit its use; or

(C) Before a material change of his or her position, knew or had reason to know that it was a trade secret and that knowledge of it had been acquired by accident or mistake.

[48] See Bunner II, 75 P.3d at 9—10.

《宪法第一修正案》的相互关系进行了审查。[49]

在确定计算机代码属于《宪法第一修正案》所称言论的范畴后，法院审查了初审法院在适用临时禁制令时采用的审查标准。[50] 为了确定适当的审查标准，法院将禁制令分为基于内容的禁制令和非基于内容的禁制令。[51] 基于内容的禁制令应采用更高的审查标准，[52]而内容中立的禁制令则采用较低的审查标准。[53]

针对本案事实，法院认为禁制令是内容中立的，应采用较低的审查标准。[54] 法院的理由在于，如上所述，既然禁制令的政府目的在于保护 DVD-CCA 的商业秘密，对 Bunner 言论的临时管制应保持内容中立。[55] 法院裁定，禁制令所反映的政府意图在于，若发生违反商业秘密法的行为，则可合法执行商业秘密法。[56]

随后，法院采用了 Madsen v. Women's Health Care 案[57]中提出的对基于内容中立的禁制令的较低审查标准。马德森检验标准要求“对言论的引发争议的禁制令规定是否超过了增进政府重大利益所需要的必要程度”[58]。根据法院在裁决内容中立的禁制令时所使用的方法，法院认为禁制令“实现了利益的必要平衡，而且禁制令所针对的言论并‘没有超过增进政府重大利益所需要的必要程度’”[59]。换言之，法院认为，既然阻止传播是保守商业秘密的唯一

---

[49] Id. Bunner also asserted a right to free speech originating from the relevant provision of the California Constitution. See Cal. Const. art. I § 2(a). The court concluded that these two rights were substantially coterminous. See Bunner II, 75 P.3d at 19.

[50] See Bunner II, 75 P.3d at 10. For more information on the speech aspects of computer code, see generally Lee Tien, Publishing Software as a Speech Act, 15 Berkeley Tech. L.J. 629 (2000).

[51] See Bunner II, 75 P.3d at 11.

[52] See Perry Educ. Ass'n v. Local Educators Ass'n, 460 U.S. 37, 45 (1983).

[53] See Bunner II, 75 P.3d at 11 (citing Madsen v. Women's Health Care, 512 U.S. 753, 765 (1994)).

[54] Id.

[55] Id.

[56] Id., at 9—10.

[57] Id., at 13 (citing Madsen, 512 U.S. at 765).

[58] See Madsen, 512 U.S. at 765.

[59] See Bunner II, 75 P.3d at 13 (quoting Madsen, 512 U.S. at 765).

方式，那么在实施商业秘密中的政府利益就是重大的(compelling)。[60] 此外，法院认为，Bunner关于不正当地获取CSS商业秘密的实际或推定认识阻止他散布DeCSS程序，因为这种散布行为会与商业秘密所要求的商业道德标准相违背。[61]

法院还认为，CSS算法和DeCSS不会涉及重大公共利益，也不会是公众关注的焦点。[62] 法院的理由是，CSS与DeCSS中所包含的信息"仅仅为技术信息"，仅有计算机编码爱好者才会对其表达的内容感兴趣，而商业秘密则仅仅涉及"纯粹的私人利益"。[63]

最后，法院将先行制止的分析应用于本案事实。[64] 先行制止指的是政府机构在言论行为发生之前发出命令禁止该言论。[65] 在确认通过结合禁制令的内容中立性质与Bunner此前发布DeCSS两种情况推翻先行制止的重要假定之后，法院则根据初审法院的假定区分了一系列案例，这些案例都包含由禁制令所构成的先行制止。[66]

四、无效的商业秘密

加州最高法院的意见最后并没有对本案的最终裁决产生实际影响。在发回重审时，上诉法院认为，DVD-CCA无法证明CSS属于商业秘密。另外，加州最高法院所阐述的商业秘密与《宪法第一修正案》之间的相互作用关系可能会产生较持久的影响。

---

[60] Id., at 13—14. The court did not address the government interests in protecting fair use, encouraging the free flow of ideas, ensuring access to personal property, promoting system interoperability, or any other interests on the side of disclosure. Instead, the court glossed over the analysis of the strength of the government interest and assumed that the only interest was in upholding the statute. Id. In Madsen, for example, the combination of government interests that the Court found compelling enough to enjoin speech were (1) protecting the freedom to obtain lawful medical and counseling services; (2) maintaining public safety and order; (3) promoting the uninhibited flow of traffic on public sidewalks and streets; (4) protecting the real property rights of citizens; and (5) assuring residential privacy. See Madsen, 512 U.S. at 767—68.

[61] See Bunner II, 75 P.3d at 14. The court's recitation of a "venerable standard of commercial ethics" is inapt as a reason for enjoining Bunner's constitutional free speech rights. Id. Bunner is not in competition with DVD-CCA, has no commercial obligation or relationship to them, and is not even engaged in commerce.

[62] Id., at 15—16.

[63] Id. (emphasis original).

[64] Id., at 17.

[65] See Alexander v. United States, 509 U.S. 544, 550 (1993).

[66] See Bunner II, 75 P.3d at 17—19.

（一）缺乏实质性的商业秘密

正如墨伦诺法官所表明的赞同意见那样，DVD-CAA 所声称的商业秘密权利主张显然没有“法律依据”。[67] 在发回重审时，上诉法院裁定，原告未能证明其商业秘密存在的可能性。[68]

法院通常将秘密要求作为一个相对的概念，需要对它进行深入的分析。[69] 在初审法院发布禁制令之前的几个月，DeCSS 程序和 CSS 算法的其他类似描述就已经通过互联网传播到了世界各地。[70] 当该信息广为人知时，DVD-CCA 的所有商业秘密已经都被破坏了。[71] 上诉法院在重审中裁定，DeCSS 并非实质性的商业秘密，因为“任何感兴趣者都可获得”DeCSS。[72] 如果继续打官司，最终结果可能对被告有利。由于没有可强制执行的商业秘密，DVD-CCA 则无法依据加州商业秘密法获得胜诉。[73]

（二）缺乏盗用商业秘密的证据

除了缺乏有效的实质性商业秘密外，是否存在盗用商业秘密的行为也令

---

[67] See Bunner II, 75 P. 3d at 21 (Moreno, J., concurring). Justice Moreno, whose concurring opinion was the only one to address the issue, found as a matter of law that "DVD-CCA did not establish a likelihood of prevailing on its trade secret claim."

[68] See Bunner III, 10 Cal. Rptr. 3d 185, 196 (Cal. Ct. App., 2004), http://www.courtinfo.ca.gov/opinions/documents/H021153A.PDF.

[69] Id., at 192 (citing 1 Milgrim on Trade Secrets § 1.07[2], 1-343, 1-352 (2003)).

[70] See Bunner I, 113 Cal. Rptr. 2d 338, 341 (Cal. Ct. App., 2001), rev'd, 75 P. 3d 1 (Cal., 2003).

[71] "'[O]nce the secret is out, the rest of the world may well have a right to copy it at will.'" Bunner II, 75 P. 3d at 26 (quoting Underwater Storage, Inc. v. U. S. Rubber Co. 371 F. 2d 950, 955 (D. C. Cir., 1996)). Posting information to the Internet in a non-minimal fashion destroys any trade secrets that may have existed. Id., at 27—28 (Moreno, J., concurring). See also, Religious Tech. Ctr. v. Netcom On-Line Communication Servs., Inc. 923 F. Supp. 1231, 1256 (N. D. Cal., 1995); Religious Tech. Ctr. v. Lerma, 908 F. Supp. 1362, 1368 (E. D. Va., 1995); Religious Tech. Ctr. v. F. A. C. T. NET, Inc., 901 F. Supp. 1519, 1527 (D. Colo., 1995).

[72] See Bunner I, 2004 WL 362414, at *7.

[73] See Bunner II, 75 P. 3d at 28 (Moreno, J., concurring). Even though the DVD-CCA admitted the hopelessness of its trade secret case by asking for a voluntarily dismissal, they are now trying to achieve the same results using patents instead of trade secrets. See John Borland, New Lawsuit Targets DVD Copying, CNET News. com, Feb. 13, 2004, http://news. com. com/2100-1025-5159279. html. On February 13, 2004, the DVD-CCA filed a patent infringement lawsuit against 321 Studios, Inc. in the Federal District Court for the Southern District of New York. Id.

人怀疑。[74] 假定 CSS 算法和主密钥受《统一商业秘密法》保护，则被告承担责任的前提条件是盗用了这些商业秘密。[75] 盗用指的是在知道或应当知道该商业秘密是通过不正当手段获得的情况下，仍获取、公开或使用此商业秘密。[76]

在加州，反向工程为《统一商业秘密法》所认可，并非为不正当获取。[77] CSS 算法和主密钥是通过对 Xing 技术公司设计的 DVD 重播计算机程序进行反向工程技术处理而获得的。[78] 根据经初审法院认可的原告控告，Xing 技术公司通过点击许可发布 DVD 播放器，并禁止反向工程。[79] 因此，原告认为，该许可已经明确禁止了反向工程，并将初次获得 CSS 商业秘密认定为不合法行为。然而，这种许可并不符合《统一商业秘密法》的规定。[80]

同时，Bunner 并没有理由知道对 Xing 技术公司的 DVD 播放器实施反向工程是非法的。即使根据反向工程师所在国的法律假定点击许可禁止反向工程是合法的，且不与美国的公共政策考量相矛盾，对 Bunner 不正当发现商业秘密的实际和（或）推定认识仍值得质疑。Bunner 与最初的反向工程师之间并不存在共同利益，[81]事实上，他与反向工程的原创行为没有任何关系，而仅仅是从大众新闻网站上知道了 DeCSS 程序。[82] Bunner 的行为并不足以构成故意盗用商业秘密的最低要求。[83]

---

[74] See Bunner II, 75 P.3d at 28 n.5 (Moreno, J., concurring). The court of appeal did not decide on remand whether or not DeCSS was created by improper means, but characterized the evidence presented by the DVD-CCA as "thin [and] circumstantial." See Bunner III, 10 Cal. Rptr. 3d at 194.

[75] See Cal. Civ. Code § 3426.1 (West 1997).

[76] Id., § 3426.1(b).

[77] Id., § 3426.1(a) ("Reverse engineering ... alone shall not be considered improper means.").

[78] See Bunner II, 75 P.3d at 7. The identity of the reverse engineer is still unknown. See supra note 25.

[79] Id. In actuality, Xing's DVD player software did not always include a click-through license. Defendant Andrew Bunner's Supplemental Responding Brief on Remand from the Supreme Court of California at 15, DVD Copy Control Ass'n v. Bunner, 10 Cal. Rptr. 3d 185 (Cal. App., 2004) (No. H021153) [hereinafter Bunner's Supplemental Responding Brief], http://www.eff.org/Legal/Cases/DVDCCA_case/20031222_bunner_reply_brief.pdf. For example, Xing sold its player to OEMs who pre-installed the software on systems. Id. A consumer who purchased such a computer would never have been presented with a click-through license. In addition, the anonymous reverse engineer probably did not even have a legal copy of the Xing program. See Bing, supra note 25, at 10. Since the identity of the reverse engineer is not known, it is not possible to know if he or she ever clicked on a license agreement. Id.

[80] See Cal. Civ. Code § 3426.1(a) (stating that "[r]everse engineering or independent derivation alone shall not be considered improper means.").

[81] See Bunner II, 75 P.3d at 26 (Moreno, J., concurring).

[82] Id., at 7.

[83] See Bunner III, 10 Cal. Rptr. 3d at 194.

假定最初的反向工程师点击屏幕时已经包含了禁止反向工程的许可,那么,就可以指控他或她非法盗用商业秘密。然而,法院及其案件评议人早就认识到反向工程是一个对商业秘密所有人权利的重要制衡。[84] 如果法院确认私人合约的效力优于商业秘密法,并授予商业秘密所有人排他性权利以防止他人通过合法购买商品而进行反向工程,该合法购买者对商业秘密所有人并无特殊义务,那么公众与商业秘密所有人之间的平衡将会被破坏。不过,合同问题不在本文的讨论范围之内。[85] 但是,即使存在针对最初反向工程师的案例,Bunner 也并不知道不正当手段意味着盗用商业秘密,而且他在任何情况下都不受这种假定的点击许可约束,因为他从未点击过它。

另外,DVD-CAA 可以以《千禧年数字版权法》中的反规避规定为由成功获得与本案相同的结果。[86] 考虑到第二巡回法院的类似诉讼,这种主张似乎更具合理性。[87]

五、《宪法第一修正案》与商业秘密之间矛盾的分析

在分析《宪法第一修正案》的过程中,法院裁定,在 DeCSS 源代码或任何

---

[84] See Pamela Samuelson & Suzanne Scotchmer, The Law and Economics of Reverse Engineering, 111 Yale L. J. 1575 (2002).

[85] See Vault Corp. v. Quaid Software, Ltd., 847 F.2d 255, 269—70 (5th Cir., 1988); Bunner II, 75 P.3d at 28 (Moreno, J., concurring); Samuelson & Scotchmer, supra note 84, at 1660. According to the Intellectual Property Clause, U.S. Const. art. I, § 8, cl. 8, patent law is the only way to grant a statutory monopoly that prohibits the right to engage in reverse engineering. See Bonito Boats, Inc. v. Thunder Craft Boats, Inc., 480 U.S. 141, 155 (1989). The court of appeal reserved the question of whether the injunction violated the Intellectual Property Clause since they found the injunction invalid on other grounds. See Bunner III, 10 Cal. Rptr. 3d at 196.

[86] See Bunner II, 75 P.3d at 29 (Moreno, J., concurring).

[87] See Universal Studios, Inc. v. Corley, 273 F.3d 429, 459 (2d Cir., 2001) (upholding an injunction against the publication of DeCSS under the DMCA). Early in 2004, the DVD-CCA filed new litigation related to CSS. Instead of asserting a trade secret in CSS or using the anti-circumvention provisions of the DMCA as was done in Corley, the DVD-CCA is trying to use patent law to stop the sale of DVD copying software. See Borland, supra note 73.

与 CSS 相关的商业秘密中不存在利害攸关的公共利益。[88] 法院认为 CSS 和 DeCSS 中的所谓商业秘密为"纯私人关注问题而与公共重要利益无关"。[89]

相反,DeCSS 和 CSS 算法却涉及重大公共利益及其相关问题,[90]而且先前的判例也表明法院对公众关注理论的表述和实施有失偏颇,那些案例中,法院裁定在披露盗用的商业秘密或其他非法获得的信息时涉及公众关注的问题。[91]

(一)法院的公共关注检验标准

法院依据"整个记录所显示的已知陈述的内容、形式及背景"对公共关注问题进行了审查。[92] 为了将此标准应用于案件事实,法院设计了一种隐式的专门方法。[93] 法院未引用任何权威规则。[94] 法院认为,正确评价盗用行为是否符合上述规则涉及两个问题:[95]第一,普通公众所知道的商业秘密内容是属于技术性还是表达性的?[96] 第二,盗用行为能否单独评价公共问题或争论?[97]

法院解决第一个问题时采用了否定的方式,认为 CSS 及有关商业秘密在普通公众看来属于纯粹技术性的,否定了"计算机加密技术爱好者"将该信息

---

[88] See Bunner II, 75 P. 3d at 16. Edward W. Felten, a professor of computer science at Princeton University, is one of many commentators to disagree with the court's handling of the public concern distinction: Information about Enron's finances is of public concern, even though only accountants can interpret it in its raw form. Information about the Space Shuttle wing structure is of public concern, even though only a few engineers understand it fully. CSS is a controversial technology, and information about how it works is directly relevant to the debate about it. True, many people who are interested in the debate will have to rely on experts to explain the relevant parts of DeCSS to them; but the same is true of Enron's accounting or the Shuttle's engineering.

Odder still, in my view, is the notion that because DeCSS is directly useful to members of the public, it is somehow of less public concern than a purely theoretical discussion would be. It seems to me that the First Amendment protects speech precisely because the speech may have an effect on what people think and how they act. To suppress speech because of its impact seems to defeat the very purpose of the free speech guarantee. See Edward W. Felten, Freedom to Tinker, Trade Secrets and Free Speech (Aug. 26, 2003), http://www.freedom-to-tinker.com/archives/000428.html.

[89] See Bunner II, 75 P. 3d at 16.

[90] See infra note 102.

[91] See infra Part V. 4.

[92] See Bunner II, 75 P. 3d at 16 (quoting Connick v. Myers, 461 U. S. 138, 147—48 (1983)).

[93] Id., at 15—16.

[94] Id.

[95] Id.

[96] Id.

[97] Id., at 16—17.

视为表达性质的重要性。[98] 法院在回答第二个问题时同样采用了否定的方式，认为 Bunner 发布 CSS 并不是为了评价公共问题或参与公共讨论。[99] 这些问题及其回答表明法院关注的是 Bunner 言论表达的方式和公众理解该言论的能力。[100] 的确，依此标准，任何为普通大众不易理解的技术信息的发布都可能被认为是“纯粹的私人关注问题”。[101]

（二）DeCSS 中的公共利益

在 DeCSS 源代码和相关程序以及算法中存在着强大的全球公共利益和关注。[102] 上诉法院承认，“DeCSS 首次公开后，很快为热心的观众所知，传播范围甚广”[103]。法院还将 CSS 中的公共讨论和利益的调查追溯到 1999 年 7 月，那时 DeCSS 尚未被公开。[104] 公共利益的更多表现包括 DeCSS 及相关程序的广泛流行、CSS 算法中的学术利益，以及由 DVD-CAA 诉讼所引发的民间抵抗运动。

某物的普遍性和可适用性可以作为衡量其是否具有公共利益的有用标准。每一个 DVD-Video 兼容播放器中都含有 CSS 算法，销售的每一张 DVD-Video 光盘也都含有有效的播放器钥匙。[105] 正如上面所讨论的，DVDs 和 DVD 播放器的反向工程和使用都较容易。另外，互联网上有大量 CSS、DeCSS 以及功能类似于 DeCSS 的其他程序，这些也会出现在出版物甚至 T 恤衫上。[106] 对于这样一个所谓的商业秘密，CSS 及其密钥的传播范围极其广泛，且较容易

---

[98] See Bunner II, 75 P. 3d at 15—16 (quoting Connick v. Myers, 461 U. S. 138, 147—48 (1983)).

[99] Id., at 16—17.

[100] Id., at 15—17.

[101] Id., at 16 ("Disclosure of this highly technical information adds nothing to the public debate ....").

[102] See Bunner III, 10 Cal. Rptr. 3d 185, 189 (Cal. Ct. App., 2004). Such interest is manifested in the many websites that provide DeCSS, the many creative ways that people have used DeCSS to generate expression, and the publication of the DeCSS algorithm in many trade and mainstream publications.

[103] Bunner III, 10 Cal. Rptr. 3d at 194.

[104] Id., at 193.

[105] See Bunner's Supplemental Responding Brief, supra note 79, at 7—12. The number of DVD players (hardware) and DVD discs (software) sold to the general public is in the millions. Id. This hardware and software was sold to consumers without any kind of end user licensing restriction or effective technological protection measure. Id.

[106] See Bunner III, 10 Cal. Rptr. 3d at 190. See also supra note 32.

获得。[107]

另外一个在主题上表现公共利益的是相关的学术研究和调查。CSS 算法已经是计算机科学课程和技术论文的研究对象。[108] CSS 的披露以及 DeCSS 程序的创造还可以满足许多公共政策目标。[109] 难以理解的是,为什么加州最高法院会拒绝承认 DeCSS 具有的深层学术团体利益以及广泛的公共利益?

除了广为流行和具学术利益外,由法律诉讼所引发的民间抵抗运动也表明了公众对 CSS 和 DeCSS 的关注。许多人对 DVD-CCA 起诉所有发布或链接 DeCSS 的人感到愤懑不平,[110]有些人通过有组织的民间抵抗运动表达了自己的愤怒,[111]使用的策略包括在判决前尽可能广泛地传播 DeCSS,以及拒绝删除网页上的 DeCSS,[112]有些人则来到法院大楼,分发带有 DeCSS 源代码的光盘和广告传单,还有些人则继续制作和分发背后印有源代码的 DeCSS T 恤衫。[113]这场民间抵抗运动显示了 DeCSS 及其相关程序中所具有的强烈的公共利益,进一步表明了法院裁决与事实不符。

(三)最近的先行制止判例

法院向来支持合法发布的而起初由第三方非法盗用信息的第一修正案权利。联邦最高法院的判决,如五角大楼文件案(New York Times Co. v.

---

[107] On the other hand, as shown by the discussion above, there is likely no longer any valid trade secret in CSS. See supra notes 67—73 and accompanying text.

[108] See, e. g., Declaration of Computer Scientist Gregory Kesden at 2—3, DVD Copy Control Ass'n v. McLaughlin (Cal. Super. Ct. Nov. 28, 2001) (No. 1—99-CV-786804) (describing a computer science course using CSS keys and algorithms), http://www.eff.org/IP/Video/DVDCCA_case/20011128_kesden_decl.html; Stevenson, supra note 20 (an in-depth technical look at the CSS algorithm); Parviainen, supra note 21.

[109] See Bunner II, 75 P.3d. at 13—14. The court did not address the government interests in protecting fair use, encouraging the free flow of ideas, ensuring access to personal property, promoting system interoperability, or any other interests on the side of disclosure. Instead, the court glossed over the analysis of the strength of the government interest and assumed that the only interest was in upholding the statute. Id. In Madsen, for example, the combination of government interests that the Court found compelling enough to enjoin speech were (1) protecting the freedom to obtain lawful medical and counseling services; (2) maintaining public safety and order; (3) promoting the uninhibited flow of traffic on public sidewalks and streets; (4) protecting the real property rights of citizens; and (5) assuring residential privacy. See Madsen, 512 U.S. at 767—68.

[110] See Bunner III, 10 Cal. Rptr. 3d at 189—91.

[111] Id., at 190.

[112] Id.

[113] Id. For more creative embodiments of DeCSS, see supra note 32.

United States)[114]、Bartnicki v. Vopper[115]案，虽然从严格意义上说并不属于商业秘密盗用案件，但有助于理解发布事实上正确但起初由第三方非法获得信息的动态。[116]

五角大楼文件案涉及越南战争的相关政府机密文件的发布，该文件是从美国国防部偷窃出来的。[117]《纽约时报》和《华盛顿邮报》从 Daniel Ellsberg 手中获得了这些文件，Daniel Ellsberg 在兰德公司工作时窃取了这些文件，并直接与报社联系以将这些文件公布出来。[118] 在一个法庭共同决议的意见书中，联邦最高法院裁决认为：不应禁止《纽约时报》和《华盛顿邮报》公开这些文件。[119]

与五角大楼文件案一样，在 Bartnicki v. Vopper 案中的信息也是由第三方非法获得的。[120] 在该案中，教师联盟两个成员的手机谈话被一匿名人士窃听并录了音，[121]该谈话涉及联盟所进行的有争议的集体协商谈判，后来在 Vopper 电台的广播节目中被播放出来，尽管 Vopper 承认该录音磁带是非法获得的。[122]联邦最高法院裁决认为，《宪法第一修正案》允许对谈话进行实况传播，因为它具有"新闻价值"。[123]

在 Bunner 案中，法院特别将美国联邦最高法院的判决描述为"明确拒绝将 Bartnicki 案的判决标准扩展至纯粹私人关注的商业秘密或者国内闲话或者其他信息的披露"[124]。这种描述不仅具有误导性，且有失偏颇。首先，法院

---

[114] See 403 U.S. 713 (1971) (per curiam).

[115] See 532 U.S. 514 (2001).

[116] See Pamela Samuelson, Resolving Conflicts Between Trade Secrets and the First Amendment 22 (Mar. 20, 2003) (working draft), http://www.sims.berkeley.edu/~pam/papers/TS% 201st% CCCC20A% CCCC203d% 20dr.pdf.

[117] See Times, 403 U.S. at 714. The study was called "History of U.S. Decision-Making Process on Viet Nam Policy." Id.

[118] See Pamela Samuelson, Resolving Conflicts Between Trade Secrets and the First Amendment 22 (Mar. 20, 2003) (working draft), http://www.sims.berkeley.edu/~pam/papers/TS% 201st% CCCC20A% CCCC203d% 20dr.pdf, at 22.

[119] See Times, 403 U.S. at 714.

[120] See Bartnicki, 532 U.S. at 517.

[121] Id., at 518—19.

[122] Id., at 519.

[123] Id., at 525. In the opinion the court equates matters of public concern with those matters that are newsworthy. Id. This formulation of the public concern doctrine is different from that of the Bunner court. See supra section V.1.

[124] Bunner II, 75 P.3d 1, 15 (Cal., 2003) (quoting Bartnicki, 532 U.S. at 533) (emphasis omitted).

引用这种断章取义的观点支持不明确的命题——所有商业秘密都是纯粹私人关注的东西。[125] 这种观点不仅不合理，而且与判例法相违背。在审查判决的背景时，Bartnicki 案的审理法院仅说明在信息的公开中无关公共利益的例子。虽然一些商业秘密具有纯粹的私人性质，但许多商业秘密本身就包含着最低限度的公众关注。其次，法院没有将 Bartnicki 案判决的标准扩展至纯粹私人关注的情形，这一标准适用范围极其广泛，可以为任何许可信息的披露提供支持，其理由是，Bartnicki 案中的事实至少表现出少量的公共利益。因此，在法院开始处理前，这一标准是不恰当的。

（四）其他商业秘密案例的公共关注

有些法院依据《宪法第一修正案》，反对禁止发布盗用的商业秘密。这些案例中的实质性商业秘密（大概除 CBS, Inc. v. Davis 案外）的公众关注度都没有 Bunner 案中的 CSS 商业秘密高。[126]

在 Proctor & Gamble Co. v. Bankers Trust Co. 案中，第六巡回法院认定，针对《商业周刊》杂志发布的临时限制命令和永久禁制令都是对言论行为的不合宪法的先行制止。[127] 该案中有争议的商业秘密是《商业周刊》杂志知道或应当知道的机密商业文件，该商业秘密已被违反披露规则的单独商业诉讼中的一方当事人披露。[128] 这些"标准诉讼文件"[129]中的公众关注或利益可能远少于 Bunner 案所涉及的公众关注和利益。的确，还没有记录表明 Proctor & Gamble

---

[125] Id., at 15 (characterizing all trade secrets as purely private information and not matters of public concern).

[126] See CBS, Inc. v. Davis, 510 U.S. 1315 (1994) (Blackmun, Circuit Justice). In Davis, Justice Blackmun, writing as Circuit Justice, stayed a preliminary injunction against CBS that allegedly would have revealed the trade secrets of Federal Beef Processors, Inc. Id., at 1318. Justice Blackmun decided that the underlying trade secrets in the case, the "confidential and proprietary practices and processes" employed at the Federal Beef meat processing plant could not overcome the strong prohibitions against prior restraints. Id., at 1317—18. He did not feel that Federal Beef had the burden of asking for a preliminary injunction even though it had shown that it faced "significant economic harm" and that CBS had engaged in "calculated misdeeds." Id., at 1318. Therefore, Justice Blackmun did not need to characterize the nature of the public interest at stake in the case. Arguably, however, the public interest in Davis, that of public health with respect to the sanitary practices of the meat processing industry is greater than that present in Bunner.

[127] See 78 F.3d 219 (6th Cir., 1996). The court found that "the private litigants' interest in protecting their vanity or their commercial self-interest simply does not qualify as grounds for imposing a prior restraint." Id., at 225. Instead, the court held that a prior restraint on pure speech could only be justified if the "publication ... threaten[s] an interest more fundamental than the First Amendment itself." Id., at 227.

[128] Id., at 222—23.

[129] Id., at 225.

案审判引发了任何有组织的民间抵抗运动。

另一个案例是 State of Oregon ex rel. Sports Management News, Inc. v. Nachtigal[130],该案中一个作为先行制止措施的禁制令被否决,但其中的实质性商业秘密不涉及公共利益。在该案中,俄勒冈州最高法院推翻了一个针对代表美国阿迪达斯公司利益的每周体育商业通讯的临时禁制令,[131]其主要商业秘密为一种新式网球鞋的设计。[132] 的确,与禁止未经许可而购买 DVDs 播放技术相比,这种商业秘密所涉及的公共利益较少。这种最新式的网球鞋不会吸引数以十万计的网站、主流媒体的新闻报道或者专科学校和大学新课程的注意。

第三个案例是 Ford Motor Co. v. Lane[133],也涉及一个作为先行制止措施的禁制令被否决,尽管该案中的主要商业秘密与 Bunner 案相比不涉及公共利益。在该案中,地区法院推翻了针对一网站发出的临时禁制令,该网站由罗伯特·莱恩创建。[134] 法院判决认为,既然该禁制令构成了对言论的先行制止,就不应禁止发布被盗用的商业秘密。[135] 该案中被盗用的商业秘密是福特公司的内部文件,如传动系统理事会战略及重点,以及一份有关福特野马眼镜蛇引擎质量问题的论文。[136] 这些文件中的公共利益要少于 Bunner 案中商业秘密含有的公共利益。有关福特引擎质量的论文不会激发诗情,传动系统理事会战略及重点也不会导致大批量 T 恤衫的生产。

虽然这些法院不必根据公共关注理论来判定有争议的言论是否应该被禁止,但若将加州最高法院制定的这一标准应用于这些案例,将会导致每 · 个案例都会出现相反的判决结果。这种不一致性进一步证明了 Bunner 案的审判法院所创造的检验标准并不具有可行性。

---

[130] See 921 P. 2d 1304 (Or., 1996).

[131] See 921 P. 2d 1310. The court based its finding of a prior restraint on the relevant portions of the Oregon Constitution. Although the court did not decide if the free speech guarantees in the Oregon Constitution were co-terminus with those of the First Amendment, the analysis made by the court was conceptually similar to that of a classic First Amendment prior restraint. Id., at 1307—08.

[132] Id., at 1305—06.

[133] See 67 F. Supp. 2d 745 (E. D. Mich. 1999).

[134] Id., at 754.

[135] Id., at 753. The court was not persuaded by "Ford's commercial interest in its trade secrets and Lane's alleged improper conduct in obtaining the trade secrets." Id.

[136] Id., at 747.

六、结　　论

DVD Copy Control Ass'n v. Bunner 案的判决,尽管涉及范围较小,但对《统一商业秘密法》与言论自由权的行使具有一定影响。虽然这些变化对商业秘密所有人和那些有意运用与此类商业秘密有关的言论来表达的人产生了影响,但上诉法院的重审意见表明,Bunner 及其共同被告人很有可能胜诉。另外,法院对公共关注理论的表述和适用表明,在加州,认定商业秘密和技术信息涉及公共利益的标准非常高。因此,Bunner 案的审判法院在《商业秘密判例法》与《宪法第一修正案》之间创造了一种不可调和的矛盾关系。

美国有关医生竞业禁止协议的若干问题分析

◇ 王芸芸*

内容摘要 美国各州普遍禁止律师竞业禁止协议，但是对于医生竞业禁止协议各州态度不一，有的州认为该协议本身即是无效的，有的州则给予特殊限制，而绝大多数州则认为应该采用“合理标准”判断医生竞业禁止协议的有效性和可执行性。本文将通过探究美国各州对医生竞业禁止协议迥然不同的做法，查找美国各州区别对待律师竞业禁止协议与医生竞业禁止协议的内在原因，分析判断医生竞业禁止协议的“合理标准”是否合理，并在此基础上提出能够更好平衡雇主与雇员医生及其病人之间利益的方法。

关键词 医生 竞业禁止协议 美国 合理标准 律师

首先必须明确，竞业禁止协议并不必然与商业秘密联系在一起，竞业禁止协议只是保护商业秘密的一种方式，它是双方当事人之间的合同约定。在美国考虑竞业禁止协议是否有效、可执行，主要是考虑该竞业禁止协议是否合理，也就是判断其是否满足“合理标准”的条件。但是，在美国，有些行业由于涉及公共利益而禁止竞业禁止协议，譬如律师行业，美国已经立法禁止使用竞业禁止协议，且各州都遵行。但是对于医生行业的竞业禁止协议可执行性的判断，却存在极大的争议，各州的做法也大相径庭。本文仅探讨针对医生的竞业禁止协议，分析美国各州对待医生竞业禁止协议的态度及其理由，

* 华东政法大学研究生教育学院，知识产权专业。

并试图探寻医生与律师行业的竞业禁止协议区别对待的原因，以期寻找针对医生竞业禁止协议的解决之道，更好平衡雇主与雇员医生及其病人之间的利益。

一、美国各州对待医生竞业禁止协议的态度

医生竞业禁止是指在医生雇佣合同中，医生与雇主签订竞业禁止协议，约定医生在雇佣结束后的一段时间内在特定地域范围内不得从事竞争性行为。[①] 长期以来，在美国，对于医生竞业禁止协议的看法就不统一，各州的司法实践也不相同。有的学者认为医生竞业禁止协议只要遵循"合理标准"即为可执行，而有的学者则认为医生竞业禁止协议应该与律师竞业禁止协议一样，因为公众利益的原因而禁止使用。这两派的观点在美国争论了很长的时间，到现在也没有统一的定论。总体而言在美国，绝大多数州对医生竞业禁止协议的态度都是只要满足"合理标准"即可执行，只有少数几个州在立法中予以明确禁止或限制医生竞业禁止，如科罗拉多、特拉华和马萨诸塞州。[②]

具体来说，美国各州对待医生竞业禁止的态度主要有三种：一种是通过立法完全禁止；一种是通过立法或者司法解释规定，只在有限的几种情况下允许竞业禁止的执行；还有一种就是通过"合理标准"对竞业禁止协议进行判断，如果协议合理，并不损害公众利益，则予以执行。下面就具体分析美国各州对待医生竞业禁止协议的态度及其司法适用情况。

（一）立法全面禁止医生竞业禁止

科罗拉多、特拉华和马萨诸塞三个州立法明确规定医生的竞业禁止协议无效。[③] 在科罗拉多州，立法表明医生竞业禁止协议被视为违反公众利益，因为协议是(1) 反竞争的；(2) 限制交易，促进垄断行为，并导致价格增加；(3) 以牺牲病人利益保护医疗机构的利益；(4) 负面地影响治疗；(5) 破坏医生—病

① See, e. g. , Ballesteros v. Johnson, 812 S. W. 2d 217, 220 (Mo. Ct. App. , 1991) (examining a covenant-not-to-compete that specified seven hospitals where the departing physician cardiologists could not practice).

② See Colo. Rev. Stat. Ann. § 8-2-113 (3) (West 1998); Del. Code Ann. tit. 6, § 2707 (1997); Mass. Gen. Laws ch. 112, § 12X (1998).

③ Id.

人的关系。[4] 马萨诸塞州则认为，法律应该留给顾客充分选择的权利。[5]

如上所述，上述三州之所以采取禁止医生竞业禁止协议的态度，主要还是因为医生竞业禁止协议违反了公共政策，认为医生竞业禁止破坏了病患关系，不能因为医院或者诊所的利益而损害病人选择医生的权利。即使合同行为是自由的，但是由于医生职业的特殊性，不应该允许医生竞业禁止。

（二）立法对医生竞业禁止协议有特别限制

亚拉巴马、加利福尼亚、佛罗里达、路易斯安那、蒙大拿和北达科他六州均通过立法或者司法解释规定，如果医生竞业禁止协议限制医生从事“医生行业”，协议不可执行。[6] 然而，有些法院认为医生竞业禁止协议禁止医生从事医生行业是合理的限制。如在 Jyoti Mohanty, M. D. , v. St. John Heart Clinic 案中，法院就认为限制医生从事医生行业的限制是合理的，因而该医生竞业禁止协议是可执行的。法院认为作为一个医生，其被许可行医，而不是仅在其专业领域。该医生从事的心脏医学与其他专业一样，与医疗行业是密不可分的。如果该医生选择从事其他领域行医，仍然会对雇主构成竞争。法院还认为，该医生仅仅是在有限的时间和地域范围内受到此限制，只要离开这个地域或者超出特定时间，其是不受竞业禁止协议的限制的，不会影响其受雇能力。[7] 由此可以看出，不同法院对于“合理标准”的把握也不同。

此外，田纳西州规定，在法律规定的限制情况下允许使用医生竞业禁止协议，其他情况下则不允许。其他一些州则通过解释规定了对医生竞业禁止

---

④ See Berg, Judicial Enforcement of Covenants Not To Compete Between Physicians: Protecting Doctors' Interests at Patients' Expense, 45 Rutgers L. Rev. 1 (1992), at 10, n.50.

⑤ See Falmouth Ob-Gyn Assocs. , Inc. v. Abisla, 417 Mass. 176, 180, 629 N. E. 2d 291 (1994)

⑥ See Ala. Code § 8-1-1(a) (1998); Cal. Bus. & Prof. Code § 16600 (West 1998); Colo. Rev. Stat. Ann. § 8-2-113(3) (West 1998); Del. Code Ann. tit. 6, § 2707 (1997); Fla. Stat. Ann. § 542.33(1) (West 1998); La. Rev. Stat. Ann. § 921 (West 1998); Mass. Gen. Laws ch. 112, § 12X (1998); Mont. Code Ann. § 28-2-703 (1997); N. D. Cent. Code § 9-08-06 (1997).

⑦ See Jyoti Mohanty, M. D. , v. St. John Heart Clinic, S. C. , 866 N. E. 2d 85, 25 IER Cases 859 at 99. Also see 358 Ill. App. 3d at 908, 295 Ill. Dec. 490, 832 N. E. 2d 940; Canfield v. Spear, 44 Ill. 2d 49, 254 N. E. 2d 433 (1969) (dermatologist); Prairie Eye Center, Ltd. v. Butler, 329 Ill. App. 3d 293, 263 Ill. Dec. 654, 768 N. E. 2d 414 (2002); Retina Services, Ltd. v. Garoon, 182 Ill. App. 3d 851, 131 Ill. Dec. 276, 538 N. E. 2d 651 (1989) (ophthalmologists).

协议的处理。[8]

田纳西州制定的 Tennessee Code Annotated Section 63-6-204 (Supp. 1998) 特别允许在两种有限的情况下,进行特别限制的医生竞业禁止协议可以存在。该州认为在以下两种情况下公众利益比较重要,支持执行医生的竞业禁止协议:(1) 当雇主是医院或者是医院的附属机构;(2) 当雇主是与医学院相关的专业实习单位(faculty practice plan)。[9] 该州对于该两种情况下医生竞业禁止协议可执行有不同的限制。第一种情况下,如果雇主是医院,并且善意购买医生的服务,竞业禁止协议中最大的地域限制是主要的执业地点所在的县或者以这个地点开始的 10 英里半径范围内,[10]而且最大的时间限制是两年。[11] 对于那些服务没有被雇主购买的医生来说,雇主只能限制医生治疗或者"引诱"前病人(不是所有的病人),而且最长的时间限制是一年。[12] 此外,如果雇佣是由雇主以任何原因终止的,而不是由雇员医生违约造成的,那么所有的竞业禁止协议都是无效的。[13] 第二种情况下的竞业禁止条款可以完全禁止前雇主/医生行医的权利,但是只能限制在该县主要的执业地点或者是 10 英里范围内,以更大的为准,最长限制为两年。[14] 不过,立法允许缔约方同意超出该限制的更进一步的限制,只要这些限制是合理的,且不损害公众利益。[15] 但是,当医生是从事眼科、放射科、病理科、麻醉科或急诊医学时,在医生雇主情况下和专业实习单位情况下立法都不允许竞业禁止协议。此外,医生在缺乏此类服务的地方从事初级保健、妇产科、儿科的,医生竞业禁止协议在两种情况下也是不被允许的。[16]

---

⑧ See Odess v. Taylor, 282 Ala. 389, 211 So. 2d 805 (1968); Bosley Med. Group v. Abramson, 161 Cal. App. 3d 284, 207 Cal. Rptr. 477 (1984); Bergh v. Stephens, 175 So. 2d 787 (Fla. Dist. Ct. App. 1965); Gauthier v. Magee, 141 So. 2d 837 (La. Ct. App. 1962); W. Montana Clinic v. Jacobson, 169 Mont. 44, 544 P. 2d 807 (1976); Spectrum Emergency Care, Inc. v. St. Joseph's Hosp. & Health Ctr., 479 N. W. 2d 848 (N. D., 1992).

⑨ See Tenn. Code Ann. § 63-6-204(d), (e) (Supp., 1998).

⑩ Id., at (d)(2) (A)(I).

⑪ Id., at (d)(2) (A)(ii).

⑫ Id., at (d)(2) (B), (C).

⑬ Id., at (d)(3).

⑭ Id., at (e)(2) (A), (B).

⑮ Id., at (e)(6).

⑯ Id., at (e)(5).

（三）立法没有对医生竞业禁止协议进行特别规定，而是通过"合理标准"判断医生竞业禁止协议是否有效、可执行

在美国，大多数州基本上都是根据普通法的"合理标准"对医生竞业禁止协议进行判断，以决定该协议是否有效、可执行。大多数州在判断医生竞业禁止协议时，并没有将其特殊化，有的州根本不考虑医患关系的特殊性，有的州则认为由于医患关系的特殊性及对公共利益的影响，所以对时间和地域方面的限制会要求的更严格。从 15 世纪早期开始，法院就已经开始评估竞业禁止协议的有效性了。⑰ 绝大多数竞业禁止协议都是根据州合同法来判断其有效性的。⑱ 根据合同法，法院采用"合理标准"确定竞业禁止协议是否有效。多数法院的一般规则是，如果竞业禁止协议所设的限制没有超过保护雇主所需要的，没有给雇员附加不合理的负担，没有损害公众，即是合理的。⑲ 此外，竞业禁止协议必须满足合同的书面和合理对价的要件。⑳

大多数州法院在裁判医生竞业禁止协议是否可执行时，都遵循合同自由的原则。㉑ 法院一般认为私人合同或者合同中的条款，都不会因为违反公共政策而被宣告无效，除非其明显违反宪法、法规或者法院判决宣告的公共政策，或者很明显该合同会损害公共利益。㉒

综上所述，虽然美国各州对医生竞业禁止协议的司法实践各不相同，但是都有其正当的理由。医生竞业禁止协议一般是附属于雇佣合同单独存在或者作为雇佣合同的条款，私人合同都遵循合同自由原则，只要当事人双方意思表示真实，即充分尊重当事人的意思自治，但是私人合同的订立不得违

---

⑰ The first case on record to deal with a noncompete agreement is the Dyer's Case, Y. B. Mich. 2 Hen. 5 (C. P. 1414). Dyer's Case stands for the proposition that all such restraints were invalid regardless of consideration of the reasonableness of the restraint. See Blake, Employee Agreements Not To Compete, 73 Harv. L. Rev. 625 (1960), at 636—37.

⑱ See Note, The Antitrust Implications of Employee Noncompete Agreements: A Labor Market Analysis, 66 Minn. L. Rev. 519 (1982).

⑲ See Raimonde v. Van Vlerah, 325 N. E. 2d 544, 547 (Ohio 1975).

⑳ See Iredell Digestive Disease Clinic v. Petrozza, 373 S. E. 2d 449, 452 (N. C. App., 1988).

㉑ See Vine Street Clinic v. HealthLink, Inc., 222 Ill. 2d 276, 305 Ill. Dec. 617, 856 N. E. 2d 422 (2006).

㉒ See Jyoti Mohanty, M. D., v. St. John Heart Clinic, S. C., 225 Ill. 2d 52, 866 N. E. 2d 85, 310 Ill. Dec. 274, 25 IER Cases 859 at 65. See also Vine Street Clinic v. HealthLink, Inc., 222 Ill. 2d at 300, 305 Ill. Dec. 617, 856 N. E. 2d 422, quoting Schumann-Heink v. Folsom, 328 Ill. 321, 330, 159 N. E. 250 (1927); Barr v. Kelso-Burnett Co., 106 Ill. 2d 520, 88 Ill. Dec. 628, 478 N. E. 2d 1354 (1985); Palmateer v. International Harvester Co., 85 Ill. 2d 124, 52 Ill. Dec 13, 421 N. E. 2d 876 (1981).

反公共政策，损害公众利益。所以，判断医生竞业禁止协议是否可执行的关键就在于该协议是否违反该州的公共政策，损害公众利益。对于是否违反公共政策，美国的观点是，先看是否宪法或者法律法规有规定，如果没有规定，再看司法判例是否有先例。㉓ 也就是说，只要执行医生竞业禁止协议不会违反宪法或者法律法规的规定，也不会与在先司法判例相悖，那么医生竞业禁止协议就不会与公共政策相违背。对于是否会损害公共利益，美国则采用比较严格的标准，法院不会轻易判断对于医生的限制会损害公共利益，所以才会导致美国医生竞业禁止协议被判禁止执行的案例非常少。美国各州的司法实践，不论是禁止还是限制医生竞业禁止协议，抑或是只要符合“合理标准”医生竞业禁止协议就是可执行的，都是基于上述做法（即“合同自由 + 公众利益（公共政策）”标准）实行的。

二、医生竞业禁止协议与律师竞业禁止协议的区别对待问题

在竞业禁止协议的执行问题上，律师从法院获得了特殊对待。㉔ 与医生和会计师对比，律师竞业禁止协议一律被宣判为本身不合理。㉕ 在宣判律师竞业禁止协议本身不合理时，法院依据的职业责任示范规则，该规则规定了对这些协议的道德限制：“律师不得参与或者提供决策：(a) 限制律师在雇佣关系终止后的执业权利的合伙或者雇佣合同，除非该合同包含退休之后的福利”㉖。

也就是说，在美国律师竞业禁止协议被禁止是因为法规的明确规定，而医生竞业禁止协议却非如此。有学者认为，和法律职业相同，医疗行业的竞业禁止协议也有公益的问题：社区中有更多数量的医生执业能够提供更多的医疗服务机会，会使公众获利；医生之间增加的竞争会提高医疗质量并且降

㉓ See Vine Street Clinic v. HealthLink, Inc., 222 Ill. 2d at 300, 305 Ill. Dec. 617, 856 N. E. 2d 422, quoting Schumann-Heink v. Folsom, 328 Ill. 321, 330, 159 N. E. 250 (1927). See also Barr v. Kelso-Burnett Co., 106 Ill. 2d 520, 88 Ill. Dec. 628, 478 N. E. 2d 1354 (1985); Palmateer v. International Harvester Co., 85 Ill. 2d 124, 52 Ill. Dec 13, 421 N. E. 2d 876 (1981).

㉔ See Kafker, Golden Handcuffs: Enforceability of Noncompetition Clauses in Professional Partnership Agreements of Accountants, Physicians, and Attorneys, 31 Am. Bus. L. J. 31 (1993), at 41.

㉕ See Berg, Judicial Enforcement of Covenants Not To Compete Between Physicians: Protecting Doctors' Interests at Patients' Expense, 45 Rutgers L. Rev. 1 (1992), at 36—37.

㉖ Kafker, Golden Handcuffs: Enforceability of Noncompetition Clauses in Professional Partnership Agreements of Accountants, Physicians, and Attorneys, 31 Am. Bus. L. J. 31 (1993), at 42.

低可负担的成本。执行医生竞业禁止协议会损害甚至否认上述利益。此外，一个人有权选择自己的医生继续持续的医患关系。[27] 直到1980年，美国医疗协会（AMA）才采纳以下观点：医生的竞业禁止协议会负面地影响医疗服务，不符合公众的利益。[28] 尽管不是完全禁止竞业禁止协议，美国医疗协会对于医生竞业禁止协议的态度还是强烈地不鼓励。[29] 美国医疗协会在过去几十年里一直认为，竞业禁止协议会限制竞争、阻碍医疗的继续，并且潜在剥夺公众的医疗服务。[30] 美国医疗协会还认为一个人选择医生的权利和医生间的自由竞争是道德实践的先决条件。[31] 值得注意的是，1980年以前美国医疗协会对医生竞业禁止协议采取的是更为宽松的立场。1960年到1980年，美国医疗协会的官方观点是，并不反对竞业禁止协议的道德禁制。[32] 有学者就认为，法院没有注意到美国医疗协会对医生竞业禁止协议的态度变化。而有的法院则认为律师与医生这两种行业中的竞业禁止协议之所以会有完全不同的对待态度，是因为在州的职业行为规则中明确规定了禁止律师竞业禁止协议，[33] 而并没有相关立法或者相关公共政策规定禁止医生竞业禁止协议，美国医疗协会对于医生竞业禁止协议的态度也只是不鼓励，而并未予以禁止。同时，美国医疗协会的意见是告知性（informative）的，不能与州的法规或者是职业行为规范等同。此外，美国医疗协会对竞业禁止协议的态度，与州对待医生雇佣合同中竞业禁止协议的方式是相同的。[34] 笔者也认为，法院之所以区别对待医生与律师的竞业禁止协议，是因为美国医疗协会的医学道德标准不能等同于职业行为规范。

综上所述，医生竞业禁止协议与律师竞业禁止协议区别对待的关键还是在于该协议是否违反公共政策，损害公众利益，而且是否损害公众利益，必须以宪法、法律法规或者法院判决为依据。美国各个法院均拒绝律师竞业禁止

---

[27] See Med. Educ. Assistance Corp., 19 S. W. 3d at 816; AMA Code of Medical Ethics § E-9.06 (1977).

[28] See AMA Code of Medical Ethics § E-9.02 (1998).

[29] Id.

[30] Id.

[31] Id., at § E-9.06.

[32] See AMA, Principles of Medical Ethics, Opinions and Reports of the Judicial Council 25 (1960).

[33] See Dowd, 181 Ill. 2d at 481—83, 230 Ill. Dec. 229, 693 N. E. 2d 358.

[34] See Jyoti Mohanty, M. D., v. St. John Heart Clinic, S. C., 225 Ill. 2d 52, 866 N. E. 2d 85, 310 Ill. Dec. 274, 25 IER Cases 859 at 66, 67. Dowd, 181 Ill. 2d at 481—83, 230 Ill. Dec. 229, 693 N. E. 2d 358. See also Cockerill v. Wilson, 51 Ill. 2d 179, at 183—84, 281 N. E. 2d 648 (1972); Canfield v. Spear, 44 Ill. 2d 49, 254 N. E. 2d 433 (1969).

协议,认为律师竞业禁止协议本身违法,就是因为该协议违反了法律规定,必定损害公众利益,因而无效。

三、美国绝大多数州适用的“合理标准”及其最新发展

美国判断医生竞业禁止协议的“合理标准”一般包含四个方面的内容:第一,协议是否保护合法的可保护的利益;第二,协议是否旨在合理保护利益;第三,执行是否会给契约人施加不合理的负担;第四,执行是否会违反公共政策。[35] 如果雇主具有可保护的合法利益,而竞业禁止协议设定的限制又在合理的范围内,不会给契约人造成不合理的负担,也不会损害公众利益,法院一般会判决该竞业禁止协议可执行。

(一)协议是否保护合法的可保护的利益

法院在确定医生竞业禁止协议是否有合法可保护的利益时,通常会考虑三个因素:[36](1)保密的商业信息,尤其是病人名单;(2)病人基础;(3)离职医生获得的培训或者任何独特的技巧。[37]

(1)病人名单

执行竞业禁止协议的理由之一源于保护商业秘密和保密信息的需求。然而,病人名单一般都不认为是商业秘密,[38]它们是有价值的资产,值得在决定是否执行协议时考虑。[39]

在 Dickinson Medical Group v. Foote 案[40]中,Sandra Foote 医生与专业医疗协会 Dickinson 签约。合同包含竞业禁止协议,即禁止 Foote 在雇佣终止后在同一社区行医。因为赔偿方面的争执,Foote 发出她要立即终止雇佣的通知,

---

[35] See Berg, Judicial Enforcement of Covenants Not To Compete Between Physicians: Protecting Doctors' Interests at Patients' Expense, 45 Rutgers L. Rev. 1 (1992), at 15—30.

[36] See Reddy v. Community Health Found of Man, 298 S. E. 2d 906, 912 (W. Va., 1982).

[37] Id.

[38] See, e. g., Saliterman v. Finney, 361 N. W. 2d 175, 178 (Minn. App., 1985) (holding that, although a confidential patient list was not a "trade secret," it was a protectable interest).

[39] See, e. g., Wausau Medical Ctr. v. Asplund, 514 N. W. 2d 34, 40 (Wis. App., 1994) (reasoning that patient lists are analogous to a business' stock of customers and thus can comprise a protectable legitimate interest); Pollack v. Calimag, 458 N. W. 2d 591, 599 (Wis. App., 1990) (reasoning that a covenantee had a legitimate interest in protecting itself from unfair competition that would result if its former employer had access to a patient list).

[40] See 9 Del. J. Corp. L. 180, 182 (Del. Ch., 1984).

在没有 Dickinson 同意或者知道的情况下，带走了其在受雇期间治疗的所有病人的名单。然后 Foote 在同一个社区开了一家诊所，并打算使用该名单邀请病人以执业。Dickinson 对其提起诉讼，试图阻止其使用该病人名单。Dickinson 认为病人名单构成了可保护的利益。法院认为病人名单等同于商业秘密，禁止盗用。

除病人名单外，依靠从其他医生处的转诊病人的医生，在离职的时候也可能带走转诊病人名单。在这些案件中，雇主认为转诊病人名单也包含保密信息，是值得保护的有价值的商业资产。[41]

（2）患者基础

执行协议的另一个重要原因是雇主在商誉上的利益——保留客户基础。[42] 病人从离职医生那里得到治疗并与其建立关系，同时希望继续跟随这个医生，这一因素在医疗背景下非常重要。在涉及竞业禁止协议的诉讼案件中，病人基础原因是最常提出的合法的可保护利益。[43]

Retina Services v. Garoon 案[44]涉及的是雇主是否可以证明以保护病人基础为理由的竞业禁止协议的执行是有理的。Retina Services 是伊利诺伊州专业做视网膜手术的医疗公司。法院详细描述该行业的开创者是如何投资扩张的。[45] 1982 年 Dr. Garoon 开始为 Retina Services 工作，他的合同中包含有竞业禁止协议。直到 1987 年 Dr. Garoon 还在为 Retina Services 工作，然后就没有续约了。尽管存在竞业禁止协议，Garoon 却在五家地区医院工作。Retina Services 对 Garoon 提起诉讼，以阻止其在地区医院实施医疗服务。

该案焦点在于，Retina Services 是否有可保护的商业利益证明执行竞业禁止协议有理。法院用了两部分标准来决定契约人是否有合法的保护利益：第一，雇主与顾客之间具有接近永久的关系（比较稳定）；第二，如果不被雇用，雇员不可能接触到雇主的顾客。法院认为该案中两个因素都满足，所以判决 Retina Services 的病人基础和商誉是可保护的利益，能够证明执行竞业禁止协议有理。

---

[41] See Berg, Judicial Enforcement of Covenants Not To Compete Between Physicians: Protecting Doctors' Interests at Patients' Expense, 45 Rutgers L. Rev. 1 (1992), at 21.

[42] Id., at 15.

[43] Id., at 16.

[44] See 538 N. E. 2d 651 (Ill. App., 1989).

[45] The court described how the founder marketed the practice by establishing contacts, speaking publicly, serving on the staff of several hospitals, and using "various other means" to expand the practice to include three eye centers and to serve eight hospitals. Id.

许多案件中，病人都被认为是属于雇主或者合作企业的有价值的资产。[46] 一旦病人基础被认为是合法的可保护利益，竞业禁止协议就成为阻止离职医生通过带走前雇主的病人来损害这种利益的机制。

（3）培训

第三个证明执行竞业禁止协议有理的因素是雇主向离职雇员提供的培训。如果雇主向其雇员提供培训或者传授了特有的技巧，法院倾向于执行该竞业禁止协议。[47] 执行的理由是这对于鼓励在人力资本上的有效率地和广泛地投资是有必要的。[48] 如果法院没有把培训视为合法的可保护利益，"那么在所需培训的投资管理的激励就会大大减少"[49]。实质上，竞业禁止协议使得雇主可以通过在雇佣终止之后暂时限制雇员使用该培训以重获他们的投资。[50] 法院在考虑是否执行竞业禁止协议以保护雇主在培训上的投资时的最大挑战在于，确定雇员偿还雇主培训、雇主已经就其最初投资获得补偿的准确时间。[51] 如果已经补偿了雇主在培训上的投资，就没有合法的可保护利益。

在评估培训这个因素时，主要的事实是前雇主是否支付了额外的雇员培训，或者前雇主是否仅提供离职雇员获得经验的机会。在后一种情况中，法院可能会认为没有可保护的利益。[52]

（二）该协议是否旨在合理保护利益

一旦法院判定契约人有合法的可保护利益，下一个问题就是竞业禁止协议是否合理地在保护该利益。在确定协议是否合理时，法院需要审查协议规定的受限行为的范围、应用的时间限制、地域限制是否合理，[53] 只有在这三个

---

[46] See Berg, Judicial Enforcement of Covenants Not To Compete Between Physicians: Protecting Doctors' Interests at Patients' Expense, 45 Rutgers L. Rev. 1 (1992), at 18.

[47] Id., at 19. See also, e.g., Isuani v. Manske-Sheffield Radiology Group, 798 S.W.2d 346, 347 (Tex. App., 1990) (holding that, because the employer had paid for physician-employee's training and because he had acquired unique skills at the "expense of the group," the restrictive covenant was enforceable).

[48] See Reddy, 298 S.E.2d at 913.

[49] Id.

[50] See Berg, Judicial Enforcement of Covenants Not To Compete Between Physicians: Protecting Doctors' Interests at Patients' Expense, 45 Rutgers L. Rev. 1 (1992), at 19.

[51] Id.

[52] See, e.g., Fields Found. v. Christensen, 309 N.W.2d 125, 130 (Wis. App., 1981) (reasoning that "experience and skill ... gained during his employment does not justify a post-employment restriction").

[53] See Ellis v. McDaniel, 596 P.2d 222, 224 (Nev., 1979).

因素都合理的情况下，协议才能执行。[54]

1. 受限行为的范围

竞业禁止协议可执行的范围为，阻止离职医生在与前雇主直接竞争的专业领域执业。[55] 如果竞业禁止协议实施的限制超出了前雇主执业的范围，那么法院将会将协议执行限制在与前雇主的执业直接重叠的领域。[56]

Ellis v. McDaniel[57] 案阐明了一个原则，即协议限制的行为必须与保护雇主的利益成比例。在该案中，Dr. Ellis 是与 Elko Clinic 签约的整形手术医生。合同包含竞业限制条款，规定"Ellis 两年内不得在该城市 5 英里范围内行医"[58]。合同期满后，Ellis 告知 Elko，其打算在 Elko 成立一个办公室做整形手术。Elko 提起诉讼以获得禁令救济，以阻止 Ellis 违反协议建立竞争诊所。

法院在认定时间地域限制都合理的情况下，考虑了行为限制。因为 Elko 没有其他医生做整形手术，法院因此认为禁止 Ellis 做整形手术的限制是不合理的。尽管为了保护 Elko 的商誉而对 Ellis 发布行医禁令是合理的限制，但是禁止其作为整形外科医生执业是不合理的，因为在这个领域没有医生执业。[59]

如果竞业禁止协议禁止离职医生在不同于前雇主的领域执业，那么该协议就是过于宽泛了。当法院认为该协议没有过于限制契约人的行为时，法院一般会执行协议，以必要地保护雇主远离雇员的直接竞争。

2. 时间限制

竞业禁止协议的持续时间，只要不比雇主替换该离职雇员且雇主向顾客证明有效所需的时间更长，就是合理的。[60] 法院不会询问特定事实，而是一般

---

[54] See Ellis v. McDaniel, 596 P. 2d 225 (Nev., 1979).

[55] See Berg, Judicial Enforcement of Covenants Not To Compete Between Physicians: Protecting Doctors' Interests at Patients' Expense, 45 Rutgers L. Rev. 1 (1992), at 23.

[56] Id. The "Blue Pencil" doctrine is employed when a court "shaves" covenants down to their proper proportions, "severing the unreasonable terms and enforcing the remainder." See Reddy, 298 S. E. 2d at 914.

[57] See 596 P. 2d 222 (Nev., 1979). See also Fields Found., 309 N. W. 2d at 125 (reasoning that a covenant not to compete was enforceable only to the extent of prohibiting a departing physician from performing a first trimester abortion, rather than practice obstetrics and gynecology, because his practice under the former employer was limited to performing first trimester abortions).

[58] Ellis v. McDaniel, 596 P. 2d 223 (Nev., 1979).

[59] Id., at 224—25.

[60] See Berg, Judicial Enforcement of Covenants Not To Compete Between Physicians: Protecting Doctors' Interests at Patients' Expense, 45 Rutgers L. Rev. 1 (1992), at 25.

认为时间限制为5年以下的都是合理的。[61]

3. 地域限制

竞业禁止协议限制的地域范围,如果不比雇主吸收其病人的领域更大,就是合理的。[62] 因此,如果竞业禁止协议划定了与医生—雇主市场范围及扩张范围相适应的地域限制,法院一般会予以执行。[63]

(三) 执行是否会给契约人施加不合理的负担

一旦法院确定竞业禁止协议保护的是合法利益,而且在保护该利益上是合理的,法院就会论述执行该协议是否会不当而给契约承诺人造成不合理的负担。[64] 一般而言,法院不愿意认定过分的困难,也不愿意否认执行除此以外都合理的协议。[65]

法院必须认定的以判决协议不能执行的困难程度,在 Lewis v. Surgery & Gynecology 案中有所体现。[66] 在该案中,Dr. Lewis 要求宣告其与 Surgery & Gynecology 的雇佣协议的竞业禁止条款是不可执行的。在确定不当困难的时候,法院注明,Lewis 的女儿患有"选择性缄默症",并且在前一年的学校生活中有明显改善。执行该协议则要求她迁至其他学校,这对她来说有明显的困难。因此,法院选择不执行该协议。

一般而言,离职医生不太可能以合理的协议会造成不合理的负担为由获得胜利。法院仅会在医生雇员显示了非同寻常的负担时,才会判定存在不合理的负担。

(四) 执行是否会违反公共政策

法院拒绝执行有损于公众的竞业禁止协议。在医生合同中,法院会考虑执行协议是否会导致一定地域范围内缺乏医疗服务提供者。合理获得特定

[61] See Berg, Judicial Enforcement of Covenants Not To Compete Between Physicians: Protecting Doctors' Interests at Patients' Expense, 45 Rutgers L. Rev. 1 (1992), at 25.

[62] Id., at 26.

[63] See Note, The Antitrust Ramifications of Noncompetition Clauses in the Partnership and Employment Agreements of Doctors, 30 Loy. L. Rev. 307, 326 (1984).

[64] See Berg, Judicial Enforcement of Covenants Not To Compete Between Physicians: Protecting Doctors' Interests at Patients' Expense, 45 Rutgers L. Rev. 1 (1992), at 28.

[65] Id.

[66] See 1991 WL 35010, at *4 (Ohio App., 1991).

专家的公共利益，会超过促进合同自由的公共利益。[67] 这里的公共政策与前面所讲到的宪法、法律规定或者是司法判例确定的公共政策不同，这里的公共政策考量主要指的是，该医生雇员的竞业禁止是否会使该社区缺乏医疗服务人员，影响社区的公众获得医疗服务的情况。

在 Statesville Medical Group v. Dickey 案[68]中，Dr. Dickey 是一个与 Medical Group 签约的内分泌科医生。合同包含禁止 Dickey 在其雇佣终止后两年内在 Iredell 县行医。在终止雇佣后两年期满前，Dickey 在 Iredell 县行医。初审法院对 Dickey 颁布了禁令，Dickey 提起上诉，认为执行协议会损害公众利益，因为在限制地域缺乏内分泌科医生。在上诉中，法院认为协议违反公共政策，并因为若干原因不可执行。Dickey 是该限制地域内唯一的内分泌科医生，因此，执行该协议会损害病人选择医生和寻求第二种方法的能力。此外，执行该协议会限制紧急情况下内分泌科医生的可得性，因为最近的内分泌科医生有 45 分钟的路程。

通过分析美国对"合理标准"的把握，可以发现普通法标准的合理性对于判断医生竞业禁止协议是很宽容的，尤其是在判断执行竞业禁止协议是否会给医生雇员造成不合理负担或者是否会因此违反公共政策时，法院都是持否定态度，导致医生雇员几乎没有希望豁免执行竞业禁止协议。

值得注意的是，伊利诺伊州 2009 年的最新司法判例[69]表明，法院在判决医生竞业禁止协议的可执行性时所适用的"合理标准"已经有了新的发展，审理该案的该州最高法院没有依靠甚至没有提及合法商业利益标准。[70] 该最高法院认为，在判决医生竞业禁止协议是否可执行时，应该仅评价其中包含的时间—地域限制。如果法院确定没有不合理的情况，那么竞业禁止协议应该被执行。法院不需要涉及关于合法商业利益标准的额外讨论。只要协议的特定限制是合理的，法院是不太可能判定医生雇员的不合理负担的。此外，公共政策的考量对执行没有多大帮助，只有在特定市场区域缺乏专家的时候

---

[67] See Berg, Judicial Enforcement of Covenants Not To Compete Between Physicians: Protecting Doctors' Interests at Patients' Expense, 45 Rutgers L. Rev. 1 (1992), at 29.

[68] See 418 S. E. 2d 256, 257 (N. C. App., 1992).

[69] See Sunbelt Rentals, Inc. v. Neil N. Ehlers III and Midwest Aerials & Equipment, Inc., 394 Ill. App. 3d 421, 158 Lab. Cas. P 60,874, 29 IER Cases 1475.

[70] Id., at 430. See also Lifetec, 377 Ill. App. 3d at 277—80, 316 Ill. Dec. 710, 880 N. E. 2d at 200—04; SKF USA, Inc. v. Bjerkness, 636 F. Supp. 2d 696, 710 n. 7 (2009); AMFM Broadcasting, Inc. v. Osowiec, No. 08 C 1519, 2008 WL 4542969, at ＊1 n. 2 (April 11, 2008); Brown & Brown, Inc. v. Mudron, 379 Ill. App. 3d 724, 731, 320 Ill. Dec. 293, 887 N. E. 2d 437, 443 (2008).

才适用公共政策。这种最新发展似乎会扩大医生竞业禁止协议的可执行情况的范围，似乎是将利益保护的天平再次向医生雇主倾斜，可能会使得医生竞业禁止协议几乎无一不可执行。

四、特殊对待医生竞业禁止协议是法律一致性的要求

众所周知，医生职业具有特殊性，医患关系也与纯粹的商业关系不同，那么雇主医生失去病人的商业风险是否比医患关系或者病人自由选择医生的能力更值得司法保护呢？由于医生职业的特殊性，以及医患关系的特殊性，美国法律对其给予了特殊保护，包括医患之间的证言特权和放弃等。美国绝大多数州在法律上并没有对医生竞业禁止协议给予特殊考虑，这与美国法律给予医患关系的特殊考虑是不一致的。

（一）医患之间的证言特权

医患的证言特权是法律意识到了医患关系值得特殊保护的一种表现。对于该特权，美国 41 个州中有相关立法。[71] 该特权禁止在没有病人同意的情况下，强迫医生作证，披露关于在治疗过程中的信息。[72] 该特权是建立在“允许病人与医生发展信任关系以便坦率披露精确诊断和治疗所必需的所有事实”的基础上的。[73]

通过制定医患特权的法规，大多数州都意识到了医患关系的重要性。但是，大多数州立法未意识到医患关系在竞业禁止协议背景下的重要性，这与法律要保护医生医患关系特权很难调和。

（二）放弃

医患关系的特殊重要性也在放弃的法律概念中得到承认。医患关系一旦建立，医生就有持续关心病人的责任，直到该关系适当终止。[74] 没有适当终

---

[71] See Alexander, Should Alabama Adopt a Physician-Patient Privilege? 45 Ala. L. Rev. 261, 266 (1993).

[72] See Friedland, Physician-Patient Confidentiality: Time to Re-Examine a Venerable Concept in Light of Contemporary Society and Advances in Medicine, 15 J. Legal Med. 249, 251 (1994).

[73] See Shuman, The Origins of the Physician-Patient Privilege and Professional Secret, 39 SW. L. J. 661, 664 (1985).

[74] See Torres, Wagner, & Proper, Terminating the Physician-Patient Relationship, 20 J. Dermatol. Surg. Oncol. 144 (1994).

止医患关系却单方面破坏该关系的医生将要承担放弃的责任。[75]

终止医患关系的标准比终止普通商业关系的标准要高。法院已经确认没有支付费用和时光消逝都不足以构成适当终止。[76] 通过设立这些终止的高标准,并且使医生因为没有符合这些标准而承担责任,法院无疑已经承认医生和他们的病人不仅仅是商业背景下的两个商业主体。因此,放弃的法律原则也很难与竞业禁止协议相关的法律一致,法律将医患关系视做纯粹商业性的。

此外,有研究表明,竞业禁止协议被执行,会迫使医疗护理中断,医患关系也被非自愿的终止,导致护理成本增加、护理质量降低以及病人满意度降低。[77] 经历过被迫中断护理的病人被证明会更高频率地使用专业服务和急诊室。[78] 此外,一份研究表明被迫中断会导致更多紧急入院和更长时间的住院的情况出现。[79] 另一份小儿科人口的研究发现,被迫中断会导致整体就诊、住院、手术、化验研究的增加。[80]

综上所述,由于医患关系的特殊性和重要性,美国法律也给予其特殊保护,但是,绝大多数州对于医生竞业禁止协议在法律上未有任何特别规定以保护雇员医生和病人的权益,这似有不妥。加之被迫终止医患关系对病人的消极影响,只有特殊对待医生竞业禁止协议才能够平衡雇主与雇员医生及病人之间的利益关系。

---

[75] Id. Abandonment can render a physician liable either through negligence or breach of contract.

[76] Id.

[77] See The impact of forced discontinuity of care has been studied in the contexts of residency programs and managed care. Id. See also Wasson, Sauvigne, Moglielnicki, Frey, Sox, Gaudette, & Rockwell, Continuity of Outpatient Medical Care in Elderly Men: A Randomized Trial, 252 J. A. M. A. 2413 (1984); Serwint & Johnson, The Impact on Families of Pediatric Resident Departure from a Continuity Clinic Practice, 151 Arch. Pedriatr. Adolesc. Med. 679 (1997); Becker, Drachman, & Kirscht, Continuity of Pediatrician: New Support for an Old Shibboleth, 84 J. Pediatrics 599 (1974); Toms, An Analysis of the Impact of the Loss of a Primary Care Physician on a Patient Population, 4 J. Fam. Pract. 115 (1977).

[78] See Hurley, Gage, & Freund, Rollover Effects in Gatekeeper Programs: Cushioning the Impact of Restricted Choice, 28 Inquiry 375 (1991). See also Flocke, Stange, & Zyzanski, The Impact of Insurance Type and Forced Discontinuity on the Delivery of Primary Care, 45 J. Fam. Pract. 129, 130 (1997), at 133.

[79] See Wasson, Sauvigne, Moglielnicki, Frey, Sox, Gaudette, & Rockwell, Continuity of Outpatient Medical Care in Elderly Men: A Randomized Trial, 252 J. A. M. A. 2413 (1984), at 2413.

[80] See Becker, Drachman, & Kirscht, Continuity of Pediatrician: New Support for an Old Shibboleth, 84 J. Pediatrics 599 (1974), at 599.

五、特殊对待医生竞业禁止协议的必要性及可行性方法

对于医生竞业禁止协议是否应该废除在学界的讨论很多,司法实践中的做法则已经非常清晰,也就是如果法律规定了关于医生竞业禁止协议的限制问题,则按照相关法律法规处理。如果在立法或者司法实践中没有加以特别区分,则按照"合理标准"进行判断。美国学界对医生竞业禁止协议的讨论,主要针对的是,由于医生职业的特殊性及其所涉及的公共利益问题,是否有必要将医生竞业禁止协议在立法中予以特别规定,就像在职业规范中对律师竞业禁止协议进行特殊规定一样,以更好地保护医生与病人的利益。由于适用"合理标准"并不能够有效保护医生雇员和病人的利益,利用普通法标准的合理性对于判断医生竞业禁止协议是很宽容的,医生雇员几乎没有希望豁免协议的执行。

医生竞业禁止协议在医疗界越来越受重视,部分也归因于医生流动性的增加。现在的医生比过去更有可能改变雇主。在1990年之前,少于2%的医生在职业生涯中会换工作。1990年之后工作的医生,在2000年前大约换三次雇主。[81] 事实上,有调查表明每年大约有10%的医生会换工作。[82] 许多医生都没有意识到竞业禁止协议[83]对他们的流动和职业机会的影响。[84] 通常医生都会因为竞业禁止协议的执行而被迫停止或者转移他们的职业。尽管因为竞业禁止协议选择离开医生业务的医生可能因为丧失病人基础而承受经济上的损失,但是医生对于法律上不允许与其有医患关系的病人仍然有继续

---

[81] See Howard Markel, Doctors Now Need Well-Honed Skills in Job Hunting, N. Y. Times, May 22, 2001, at F5.

[82] Id. See also Am. Acad. of Family Physicians, More Docs Job Hunting, Fam. Prac. Mgmt., July/Aug. 2001, at 23.

[83] See Arthur S. Di Dio, The Legal Implications of Noncompetition Agreements in Physician Contracts, 20 J. Legal Med. 457 (1999) ("[U]nder current law, the physician-employee faces an uphill battle in challenging a restrictive covenant."). See also Derek W. Loeser, The Legal, Ethical, and Practical Implications of Noncompetition Clauses: What Physicians Should Know Before They Sign, 31 J. L. Med. & Ethics 283, 284 (2003).

[84] Physicians expend significant time and energy developing professional relationships with hospitals and other physicians. When faced with a restrictive covenant, a physician must choose between staying in the employment relationship or leaving and effectively completely terminating his practice. See Brian Wyatt, Scrutinize Restrictive Covenants, Physician's News Dig., June, 1997, http://www.physiciansnews.com/law/697wyatt.html. See also Michael R. Burke, Limiting Restrictive Covenants, Fam. Prac. Mgmt., Apr., 2001, at 50.

的责任。[85]

综上所述，医生竞业禁止协议必须给予特殊对待，只有给予特殊对待才能够平衡雇主与雇员医生、病人之间的利益。医生竞业禁止协议的处理方式可以借鉴律师竞业禁止协议处理模式——在职业行为规范中以立法方式予以特别规定，或者提高判断医生竞业禁止协议的“合理标准”，否则该“合理标准”也只是形同虚设，根本不能够保护雇员医生和病人的利益，与法律上给予医生的医患关系特权不一致。

六、结　　论

竞业禁止协议长久以来都被认为是合同自由的合法行使，医生合同中的竞业禁止协议也不例外。大部分对竞业禁止协议执行的质疑都是根据普通法。但是，普通法的“合理标准”也只是给不执行医生竞业禁止协议带来了一丁点儿胜利的希望。另外，竞业禁止协议也是州和联邦的反托拉斯法的客体。虽然有少部分判例禁止了医生合同的限制协议，但几乎没有为医生阻止竞业禁止协议提供任何希望。

然而，不特殊对待医生竞业禁止协议就无法平衡雇主与雇员医生及病人的利益，也与其他几个与医生特权的法律原则不相符，如医患的证言特权和放弃原则。此外，不特殊对待医生竞业禁止协议也会产生一些负面的政策影响。特殊对待医生竞业禁止协议帮助的不仅仅是雇员医生，更重要的是帮助了他们的病人和社会整体。因此，在立法上或者司法实践上给予医生竞业禁止协议特别考量，已经刻不容缓。

---

[85] See Arthur S. Di Dio, The Legal Implications of Noncompetition Agreements in Physician Contracts, 20 J. Legal Med. 457 (1999), at 474—75.

上市公司知识产权信息披露问题及其规范

◇ 袁真富*

内容摘要 最近以来，苏州恒久、星网锐捷等公司频频因为知识产权信息披露不当而被暂停上市，显示了系统研究上市公司知识产权信息披露问题的重要性和必要性。目前，上市公司的知识产权信息披露，既没有制度上的系统规范，又存在主观上的误识或误导，更缺乏操作上的指导和专业性的服务。通过实证分析上市公司的信息披露文件，可以发现上市公司在知识产权信息披露方面存在许多问题，并可能引发不利的后果，因此，需要从制度完善、操作指导、服务改进、信息核查、严格监督等方面，规范、改进或指导我国上市公司的知识产权信息披露行为。

关键词 上市公司 知识产权 信息披露 问题 规范

伴随着知识经济的发展，知识产权在上市公司资产中的构成比例将日益增加，对上市公司业务经营的影响将日益提升。与此同时，知识产权信息披露对于上市公司的价值影响、股价变化和经营活动也会变得日益重要。然而，国内目前对上市公司知识产权信息披露的问题缺乏足够的关注和研究。有鉴于此，对上市公司的知识产权信息披露进行专门研究，发现其中存在的问题，挖掘其中蕴藏的风险，提出相应的建议，进行相应的规范，显得十分重要。

* 袁真富，上海大学知识产权学院。

一、我国上市公司知识产权信息披露的制度评价

（一）我国上市公司知识产权信息披露的现行制度要求

证券市场的灵魂在于信息公开披露制度。我国《上市公司信息披露管理办法》、《公开发行证券的公司信息披露内容与格式准则》等规章制度，都比较详细地规范了上市公司（包括发行人等信息披露义务人，下同）的信息披露行为。这些规定自然适用于知识产权的信息披露，比如，根据2007年施行的《上市公司信息披露管理办法》第2条第1款的规定，知识产权信息披露行为也应当遵循真实性、准确性、完整性和及时性等基本原则。再如，根据《上市公司信息披露管理办法》第5条，上市公司可以通过招股说明书、募集说明书、上市公告书、定期报告（年度报告、季度报告等）和临时报告等信息披露文件，披露知识产权相关信息。还比如，根据《上市公司信息披露管理办法》，重大的知识产权诉讼也属于上市公司必须披露的“重大诉讼、仲裁等重大事件”范围。

目前，虽然没有专门的规章制度来规范上市公司的知识产权信息披露行为，但现有制度也在个别规定上明确涉及知识产权的信息披露，兹简要归纳如下：

1. 要求披露发行人业务经营所必需的知识产权信息。比如，2003年修订的《公开发行证券的公司信息披露内容与格式准则第1号——招股说明书》（简称《1号准则》）第55条要求披露发行人业务经营所必需的商标、专利与非专利技术、重要特许权利等知识产权使用及权属情况。

2. 要求披露对发行人有重大影响的知识产权信息。比如，2001年发布的《股票发行审核标准备忘录第1号》要求，拟上市公司应在获准发行前将商标权处置相关的手续办理完毕，并在招股说明书中充分披露商标权的处置方式。《1号准则》第82条要求发行人应披露对其有重大影响的知识产权、非专利技术情况，主要包括：(1) 发行人所有或使用的知识产权、非专利技术的名称、用途、价值；(2) 发行人所有或使用的知识产权的保护状况，如发明、实用新型、外观设计是否已申请专利；(3) 发行人所有或使用的知识产权的剩余保护年限。2009年颁布的《公开发行证券的公司信息披露内容与格式准则第28号——创业板公司招股说明书》（简称《28号准则》）第45条也要求，发行人应按对业务经营的重要性程度列表披露与其业务相关的无形资产等资源要

素，包括商标、专利、非专利技术等的数量、取得方式和时间、使用情况，并披露使用期限或保护期、最近一期末账面价值，以及上述资产对发行人生产经营的重要程度。

3. 要求披露发行人的知识产权许可合同信息。比如，《1号准则》第83条第1款要求发行人披露知识产权、非专利技术的许可合同情况，主要包括许可人、被许可人、许可方式、许可年限、许可使用费等。

4. 要求披露发行人现实或潜在的知识产权纠纷信息。比如，《1号准则》第83条第1款要求发行人应披露知识产权相关纠纷，即明确提示其所有或使用的知识产权、非专利技术存在的纠纷或潜在纠纷。

5. 要求披露发行人的知识产权关联交易信息。比如，2000年上海证券交易所发布的《关于上市公司收购母公司商标等无形资产信息披露问题的通知》对上市公司收购母公司商标等无形资产关联交易的信息披露作出了具体的要求。2002年颁布的《公开发行证券的公司信息披露编报规则第17号——外商投资股份有限公司招股说明书内容与格式特别规定》（简称《17号规则》）第5条要求披露知识产权关联交易，即发行人应详细披露其与股东的关联交易情况，包括但不限于发行人的业务与技术是否依赖外国股东，是否存在商标、专利及专有技术使用方面的限制。

（二）我国上市公司知识产权信息披露的现行制度评价

总体上看，目前涉及知识产权信息披露行为的明确规定，主要分布在个别《公开发行证券的公司信息披露内容与格式准则》以及一些通知之中，没有集中统一地对上市公司知识产权信息披露作出详细的规范。

1. 现有信息披露的制度关于知识产权信息披露的明确要求，主要针对首次公开发行证券的上市公司（发行人）的招股说明书，对于已上市公司的定期报告（如年度报告、季度报告）和临时报告等信息披露文件未作明确要求。比如，《1号准则》第83条要求发行人披露的知识产权许可合同情况，主要包括许可人、被许可人、许可方式、许可年限、许可使用费等信息。但对于上市公司年报等文件应当披露的知识产权许可信息范围，却没有明确要求。所以，中粮屯河（本文均使用上市公司的公司简称）2009年年报虽然只披露了屯河集团将商标权转让给该公司的价格（500,000元），却难以给其戴上违法或违规的帽子。

2. 多数信息披露制度对于知识产权信息披露的类型范围没有统一的界定。有的规章制度直接提到知识产权（有时又与非专利技术并列），有的规章制度直接列明专利、商标、非专利技术或专有技术等，但总体而言，很少有规章制度单独提及著作权（版权）、集成电路布图设计专有权、植物新品种权等其他知识产权信息的披露。

3. 不同的信息披露制度在知识产权信息披露细节和披露程度的要求上并不统一。如《28号准则》比较详细规定了创业板公司披露的知识产权信息，应当包括数量、取得方式和时间、使用情况、使用期限或保护期、最近一期末账面价值，以及上述资产对发行人生产经营的重要程度等。然而，《1号准则》对于知识产权使用及权属情况、知识产权相关纠纷信息，只笼统地要求发行人披露，没有更进一步的详细规范。

二、我国上市公司知识产权信息披露的总体情况

（一）披露知识产权信息的上市公司近年来日渐增多

过去二十几年里，我国专利、商标等知识产权的申请量和授权量迅速提升，与之相适应，越来越多的上市公司开始拥有知识产权，并日益认识到知识产权作为无形资产一部分的重要价值。因此，披露知识产权信息的上市公司也逐年增多，由1999年的169家上市公司上升到2007年的421家（如表1所示）。①

表1 历年披露知识产权信息的沪市A股上市公司数量

年份	1999	2000	2001	2002	2003	2004	2005	2006	2007
上市公司数量（家）	169	231	299	327	355	376	402	414	421
占上市公司比例（%）	26.57	36.32	47.01	51.42	55.82	59.12	63.21	65.09	66.19

（二）创新型中小上市公司更重视知识产权信息披露

对三十余份沪深两市上市公司招股说明书（意向书）或年度报告进行考察，初步可以发现，创新型的中小上市公司往往更加重视知识产权信息的披露。比如，工商银行在2006年沪市A股的招股说明书中，对商标信息仅披露“截至2006年6月30日，本行已取得《商标注册证》共31项”，而对这些商标

① 参见刘志国：《知识产权信息披露及其价值相关性研究——基于沪市A股上市公司的实证研究》，河北农业大学2009年管理学硕士学位论文，第22—23页。

注册的详细信息未再提及。1993 年上市的复旦复华，在其 2009 年年报中对本公司及其控股子公司的知识产权拥有状况未作任何披露。相比较而言，中小企业，尤其是创新型的上市公司对知识产权信息披露往往重视有加，因为知识产权是这些公司核心竞争力的重要体现和无形资产的重要部分。比如，创业板上市公司朗科科技 2009 年年报全方位地披露了知识产权信息，包括专利、商标的申请和授权数量，以及每件专利商标的详细信息、基于专利技术的核心竞争力、专利盈利模式发展规划、专利申请及维护发展规划、专利收入不稳定的风险、专利权利灭失的风险、专利申请失去商业价值的风险、知识产诉讼或争议事项、知识产权相关财务报告等。

（三）上市公司披露的知识产权信息日益丰富

过去上市公司披露的知识产权信息主要包括与知识产权相关的财务会计信息和知识产权的权属信息。随着知识产权向公司业务经营的不断渗透，上市公司披露的知识产权信息也日益丰富，远远超出知识产权财务信息和权属信息的范围。比如，华谊兄弟 2009 年招股说明书披露了其影视作品著作权质押贷款的信息，朗科科技 2009 年年报披露了专利盈利模式信息，中国石油 2009 年年报披露了公司知识产权使用许可合同的关联交易情况，而汉王科技 2010 年招股说明书甚至披露了大量的与知识产权相关的技术风险等潜在风险。此外，一些上市公司披露的知识产权信息不再限于专利、商标和非专利技术，版权、集成电路布图设计、域名等也进入了披露的范围。

（四）知识产权在上市公司信息披露中日渐突出

伴随着知识产权的价值提升，尤其是科技创新型上市公司的迅速增长，知识产权也逐渐成为一些上市公司重点披露和突出披露的信息，除了前述上市公司披露的知识产权信息日益丰富可以证明此点外，从上市公司信息披露文件中知识产权出现的频率也能“管中窥豹，可见一斑”。比如，在星网锐捷 2010 年 387 页的招股意向书中，“知识产权”一词出现了 25 次，“专利”一词出现了 57 次；而在朗科科技 2009 年 156 页的年报中，知识产权的信息披露更是占据了极大的篇幅，其中“商标”一词出现了 48 次，“专利”一词出现了 358 次，频度之高令人惊奇。

三、我国上市公司知识产权信息披露的主要问题

根据中国证监会发布的《上市公司行业分类指引》中所划分的13个行业分类，每类随机抽取2—3家上市公司，从中国证监会指定信息披露网站“巨潮资讯网”(http://www.cninfo.com.cn)上，笔者检索获得了36份沪深两市上市公司招股说明书(意向书)、年度报告或临时报告等信息披露文件。通过详细检阅这些信息披露文件的文本，以信息披露应当遵循的基本原则来衡量，并从信息披露的规范性和信息披露文件的对比上，即可发现目前上市公司知识产权信息披露存在不少质量问题。

(一)知识产权信息披露不真实

上市公司信息披露的真实性原则要求对外披露的信息内容须与事实相符，无虚假性陈述。苏州恒久2010年的招股说明书披露其共计拥有专利5项，并列明了这5项已授权专利的信息。但事实上，这5项专利均因未缴年费而失效。[②] 由于未真实披露专利的法律状态，违背信息披露的真实性原则，苏州恒久被证监会要求核查相关问题，以致未能如期上市。此后，在2010年6月13日，中国证监会作出了《关于撤销苏州恒久光电科技股份有限公司首次公开发行股票行政许可的决定》，决定撤销2010年2月26日作出的关于苏州恒久首次公开发行股票的行政许可。

(二)知识产权信息披露不准确

上市公司信息披露的准确性原则要求对外披露信息的内容须与实际相符，无误导性陈述。一些上市公司担心利益受到不利影响，有可能对不利信息的披露避重就轻，或玩弄文字游戏。南开越洋公司2010年2月4日发布公告，宣称汉王科技2010年的招股说明书“故意将天津高院关于管辖权的判决说成是南开越洋起诉被驳回，误导公众以为‘汉王科技侵权纠纷已了’。但事实真相是，天津高院并未对侵权案件本身做任何判决，而只是通过管辖权裁定将案件转至香港仲裁”[③]。《每日经济新闻》的报道似乎的确受到了汉王科

---

② 参见赵建国:《中小企业上市应切实注重专利管理》，载《中国知识产权报》2010年3月29日。

③ 《南开越洋第一号公告:汉王上市招股书、保荐书隐瞒汉王侵权重大纠纷》，http://www.sino-ose.com.cn/yygg.asp，2010年2月4日访问。

技招股说明书的误导:“南开越洋起诉汉王科技及其经销商侵犯计算机软件著作权,该案件已于今年1月8日由法院作出终审裁定——驳回南开越洋对汉王科技的起诉。”④

(三)知识产权信息披露不完整

上市公司信息披露的完整性原则要求对外披露的信息内容完整,无重大遗漏。但一些上市公司的知识产权信息披露与此项要求尚有距离。比如,中国平安2007年招股说明书披露,截至2006年9月30日,公司因经营及业务需要,许可平安寿险、平安产险等控股子公司使用公司部分注册商标、标识或名称。中粮屯河2009年年报披露,屯河集团将截至2009年9月22日注册在其名下的商标权作价500,000元全部转让给本公司。这些商标许可、转让的信息并没有充分、透明地披露许可或转让的是哪些注册商标、标识或名称。

苏州恒久因招股说明书中的专利信息披露不真实而被媒体曝光后,在2010年3月18日发布了《关于苏州恒久光电科技股份有限公司有关事项的公告》,全文仅有寥寥数语:“近日,本公司接到保荐机构广发证券股份有限公司的通知,有关监管部门要求保荐机构等中介机构对媒体报道本公司的有关问题进行核查,特此公告。”苏州恒久对于公告中所谓“有关问题”语焉不详,而该“有关问题”正是其所披露专利和专利申请的信息与事实不符之部分。

相反,星网锐捷在自查发现其招股意向书的专利信息披露存在问题后,在2010年4月15日发布了《关于福建星网锐捷通讯股份有限公司首次公开发行股票暂缓发行的公告》和《关于福建星网锐捷通讯股份有限公司部分专利情况更正的公告》,详细说明了其部分专利法律状态与招股意向书所公告内容存在的差异,以及被终止的专利基本情况、在审专利申请的变化情况等。

(四)知识产权信息披露不及时

上市公司信息披露的及时性原则要求在法定时间内及时完成对外信息披露。华谊兄弟2009年年报披露的公司商标注册情况显示,截至报告期末(指2009年年底)公司注册或待审的商标标识“华谊兄弟”、“HUAYIBROTHERS”、“HYBROTHERS”共计36件,但检索商标局官方网站发现,截至2009年年底,华谊兄弟一共申请了51件商标。可见,华谊兄弟并未及时披露包括2008年11月即已申请的“非诚勿扰 IF YOU ARE THE ONE”等商标。

---

④ 许凤婷、任思强:《汉王上市之前公布多笔“旧债”》,载《每日经济新闻》2010年2月3日。

（五）知识产权信息披露范围不全面

知识产权信息披露的范围不全面表现在很多方面。比如，一些上市公司仅仅披露专利、商标信息，而对重要的非专利技术、集成电路布图设计等不予披露。有的上市公司在年报中不披露任何知识产权的权属或取得情况。如三一重工在2009年年报中除了在财务会计报告中对专利权的累计摊销额、账面价值进行了报告以外，对专利无形资产信息只字未提，更没有当年专利申请或授权的信息披露，但检索国家知识产权局网站，可以查询到三一重工申请的发明专利“混凝土搅拌站骨料输送装置”（专利号为200810006115.6）已于2009年10月28日授权。

尤其值得注意的是，有的上市公司对其核心业务的知识产权来源及关联交易信息没有披露。比如，一些母公司剥离部分资产发起成立上市公司，但并未充分披露上市公司业务经营必须使用的知识产权及其权属状况。结果掌握了知识产权所有权的母公司透过转让或许可商标等知识产权，从上市公司手中套取了巨额现金。[⑤]

（六）知识产权信息披露程度不相同

上市公司对于知识产权信息的披露程度也各不相同。以知识产权的拥有情况为例，有的上市公司披露的信息十分详细，如莱美药业在2009年年报中把拥有的专利一一列出。同洲电子在2006年招股说明书中详细披露了公司每件注册商标的注册号、核定使用商品和有效期限。但有的上市公司却惜字如金，只有宏观数据，没有详细情况。比如太极集团2009年年报只披露了其当年获国家发明专利授权7项、申请发明专利6项；上海汽车2009年年报仅仅披露其当年申请专利627项，其中发明专利147项，获授权专利329项，其中发明专利21项。太极集团与上海汽车均未对专利、商标的具体信息（如名称、有效期限、注册国别等）进行披露。同济科技2009年年报中除了在“财务会计报告”部分披露了专利的财务数据以外，没有其他任何专利相关的信息。

在知识产权诉讼方面，同洲电子2006年招股说明书在披露一桩专利侵权诉讼时，比较详细地说明了以下情况：(1) 案件受理情况和基本案情，包括受诉法院、起诉日期、当事人和代理人以及起诉原因等；(2) 诉讼请求；(3) 诉讼

---

⑤ 参见苏静：《上市公司商标剥离决策研究》，中国金融出版社2009年版，第1—4页。

进展情况;(4)争议专利介绍;(5)案件管辖权;(6)案件后果及其影响分析;(7)公司采取的应对措施等。三一重工2009年年报对其与戴姆勒奔驰公司诉讼事项的披露,就简略得只有一句话:“2009年10月23日,英国伦敦高等法院判决书裁定,驳回戴姆勒奔驰公司有关三一商标侵权其三叉星商标的诉讼请求”。

(七)知识产权信息披露内容不明晰

有的上市公司对本公司及其控股子公司的知识产权信息合并披露,但又未相互区分或分别介绍,导致无从观察上市公司及其控股子公司各自拥有的知识产权情况。比如,中国平安2007年招股说明书只是笼统地披露了截至2006年9月30日,公司及控股子公司已取得注册商标共169项。其并未像冠福家用2006年招股说明书那样,将公司及子公司拥有的注册商标在列明的清单中进行了区隔。

一些上市公司的年报只是披露了截至某年某月某日的知识产权数量,没有对报告期内获得的知识产权数量明确告知。比如,隆平高科2009年年报披露其“截至2009年12月,公司在国内已经注册商标638件,在国外注册商标320件”,但没有清晰地告诉公众2009年这一报告期内取得多少件注册商标。乐普医疗2009年年报就明确地披露了2009年公司共申报专利13项(其中发明专利11项,国际发明专利2项),获得批准专利5项。

此外,有的上市公司的知识产权信息披露也比较含糊。海信电器2009年年报披露,“目前海信在平板电视的绿色节能技术领域拥有发明专利近20项,实用新型专利近40项”。显然,“近20项”、“近40项”都是一些比较模糊不定的数字。

(八)知识产权信息披露细节不一致

如果考察一下上市公司在每项知识产权上所披露的信息细节,就会发现相互之间存在许多差异,表2已经充分展示了不同上市公司在信息披露细节上的不一致,兹不详述。事实上,同一家上市公司对知识产权信息细节的披露也会出现前后不一致。比如,爱尔眼科在2009年9月的招股说明书中披露的每项注册商标信息包括商标标识、注册号、种类、所有权人、取得方式(受让)、注册有效期限6项信息,但其在2009年年报中披露的每项商标信息,就仅列明了商标标识、注册号、注册有效期限3项信息。

此外,在披露商标注册的类别时,华谊兄弟在2009年招股说明书中只是标注商标注册在第几类上，星网锐捷在2010年招股意向书中标注的只是商品或服务类似群组的编号，而同花顺在2009年年报中标注的却是核准使用的具体商品。可见，虽然它们都有披露商标注册类别，但各自在细节的处理上仍然不相同。

表2　上市公司对各项知识产权的披露细节比较

知识产权类型	上市公司	披露项目数量	披露的具体项目	信息披露文件
已授权专利	朗科科技	8项	专利取得地区、专利类型、发明创造名称、专利号、专利申请日、授权公告日、权利期限、是否存在他项权利	2009年招股说明书
	星网锐捷	6项	专利号、专利名称、专利类型、申请日、授权公告日、专利权人	2010年招股意向书
	同洲电子	7项	专利类型、名称、设计人（发明人）、专利号、专利申请日、专利权期限、专利权人	2006年招股说明书
已注册商标	朗科科技	6项	注册地区、注册证号、注册商标、使用范围、注册有效期限、是否存在他项权利	2009年招股说明书
	爱尔眼科	6项	商标标识、注册号、种类、所有权人、取得方式（受让）、注册有效期限	2009年招股说明书
	华谊兄弟	4项	商标名称、状态、注册号、类别	2009年招股说明书
	星网锐捷	5项	商标图样、注册号、类别、有效期终止日、取得方式	2010年招股意向书
	同花顺	4项	商标标识、核定使用商品类别及具体商品、证书编号、有效期限	2009年年报
著作权	华谊兄弟	5项	影视作品名称、发行（公映）许可证、共有人或其他第三方权利限制（质押权人）、取得方式、是否进行著作权登记	2009年招股说明书
	星网锐捷	4项	软件著作权登记号、软件名称、首次发表日期、著作权人	2010年招股意向书
	同花顺	5项	软件著作权名称、软件登记编号、权利范围、首次发表日期、所有权归属	2009年年报
非专利技术	苏州恒久	4项	技术名称、来源、作用、技术先进性	2010年招股说明书
	同花顺	3项	非专利技术名称、所有权归属、技术来源	2009年年报

（九）知识产权信息披露用语不规范

目前上市公司对知识产权信息的披露，在知识产权的相关用语上并不规范。比如，同洲电子2006年招股说明书中将实用新型专利的“发明人”写成“设计人”，事实上，“设计人”是外观设计专利专用的术语。同花顺2009年年报则把“作品名称”或“软件名称”写成“著作权名称”。

此外，许多上市公司对于知识产权相关用语的表述极不统一，也可以视为用语不规范。以“商标权”为例，分别有注册商标、商标、商标权、商标证书标准文号、商标注册费及商标注册等多种表述。[6]

四、我国上市公司知识产权信息披露问题的成因

（一）缺乏制度上的系统规范

虽然现有的信息披露制度都可以适用于知识产权信息披露，但由于并非专门针对知识产权，所以规范指导的作用会大打折扣，而目前涉及知识产权信息披露的明确规定又比较分散零乱，显得支离破碎。正是由于制度上对知识产权信息披露行为缺乏系统的规范和指引，更没有统一的知识产权信息披露标准来指导知识产权信息披露的类型范围、内容细节、程度要求、发生情形等，所以，上市公司在知识产权信息披露上各有不同，差异较大，并容易出现各种问题。

（二）出于利益考虑披露失当

有的上市公司可能出于利益上的考虑而有意不规范或模糊地披露知识产权信息。比如，基于商业秘密保护或防止竞争对象利用的考虑，不详细披露公司所拥有的知识产权清单；基于避免给公司带来负面影响的考虑，对公司的知识产权争议或诉讼情况轻描淡写或误导性陈述。比如2007年阿里巴巴赴港上市时，其招股说明书中将已经出现的“阿里巴巴”商标争议风险描述为“可能出现”，遭受媒体质疑。[7]

---

⑥ 参见宋建萍：《上市公司无形资产信息披露存在的问题》，载《浙江经济》2005年第11期。

⑦ 参见观明：《上市即遇知识产权官司“阿里巴巴”遭八年抗战》，载《科学时报》2007年11月6日。

（三）对于知识产权不太了解

由于知识产权相对于传统上的有形资产尚属新生事物，而且极具专业性和复杂性，因此，有的上市公司，特别是其负责信息披露事宜的内部员工，对于知识产权可能并不完全了解，不了解知识产权的正确表达方式，分不清商标申请与注册商标；不了解非专利技术也是重要的知识产权资产等。在此情形之下，上市公司的知识产权信息披露极可能发生不准确、不完整甚至不真实等诸多问题。

（四）不认为属于重要的信息

《上市公司信息披露管理办法》规定："凡是对投资者作出投资决策有重大影响的信息，均应当在招股说明书中披露。"然而，一些上市公司可能认为其知识产权或部分知识产权情况并不属于对投资者作出投资决策有重大影响的信息，因而没有必要披露相关知识产权信息，或者只披露知识产权数量，而不详细列明清单与使用情况。

（五）相关机构尽职调查不当

2006年《保荐人尽职调查工作准则》第16条、21条、23条等对于保荐人的知识产权尽职调查工作作出了详细规定。比如，其第16条要求保荐人查阅商标、专利、版权、特许经营权等无形资产的权属凭证、相关合同等资料，调查发行人是否具备完整、合法的财产权属凭证以及是否实际占有；调查商标权、专利权、版权、特许经营权等的权利期限情况，核查这些资产是否存在法律纠纷或潜在纠纷。一些保荐机构传统上并不关心知识产权问题，可能缺乏知识产权的专业知识和调查经验，导致未能调查核实上市公司的知识产权信息，结果发生信息披露不当的情形。苏州恒久2010年招股说明书中专利信息披露不真实，保荐机构显然没有尽到足够的尽职调查义务，事实上，只要检索一下国家知识产权局网站，就可以避免专利信息披露不真实的后果。

五、我国上市公司知识产权信息披露不当的后果

真实、准确、完整、及时地披露信息是上市公司承担的法定义务。如果上市公司知识产权信息披露行为不当或存在问题，可能给上市公司自己、投资人等带来不利的后果。当然，有的知识产权信息披露问题，如披露细节不一

致，也可能不会带来什么后果，但从规范性的角度仍应加以改善。

（一）受到监管机构的监督处罚

如果上市公司知识产权信息披露不当，违反了《证券法》、《上市公司信息披露管理办法》等法律制度，有可能被证监会采取监管措施，甚至被处以行政处罚。根据2005年修订的《证券法》第193条的规定，发行人、上市公司或者其他信息披露义务人未按照规定披露信息，或者所披露的信息有虚假记载、误导性陈述或者重大遗漏的，由证券监督管理机构责令改正，给予警告，处以30万元以上60万元以下的罚款。对直接负责的主管人员和其他直接责任人员给予警告，并处以3万元以上30万元以下的罚款。《上市公司信息披露管理办法》第57条还规定，证监会可以要求上市公司及其他信息披露义务人对有关信息披露问题作出解释、说明或者提供相关资料，并要求上市公司提供保荐人或者证券服务机构的专业意见。其第59条又规定，信息披露义务人及相关人员违反本办法的，证监会可以采取以下监管措施：(1) 责令改正；(2) 监管谈话；(3) 出具警示函；(4) 将其违法违规、不履行公开承诺等情况记入诚信档案并公布；(5) 认定为不适当人选；(6) 依法可以采取的其他监管措施。

（二）影响上市公司的发行交易

知识产权信息披露对于上市公司的业务经营、股价变动等都可能产生巨大的影响。2009年1月6日，长城汽车与菲亚特的知识产权纠纷胜诉后，加上憧憬利好汽车业政策将要出台，长城汽车的股价当天上升幅度达8.47%。[⑧] 如果知识产权信息披露不当，显然会给上市公司带来不适当的利益或负面性的影响。2010年5月，诺基亚公司在威斯康星州西区的联邦地区法院起诉苹果公司侵犯了其5项专利权，消息传出后，苹果公司的股价开始大幅下跌，最大跌幅达6%。[⑨] 苏州恒久、星网锐捷在2010年首次公开发行证券时，因披露专利信息不真实被暂停上市交易。[⑩]

---

⑧ 参见《长城汽车涉及知识产权纠纷胜诉 股价曾升逾8%》，http://finance.sina.com.cn/stock/hkstock/marketalerts/20090106/12265721869.shtml，2009年1月6日访问。

⑨ 参见《诺基亚起诉苹果的iPhone、iPad专利侵权》，http://finance.qq.com/a/20100507/007198.htm，2010年5月7日访问。

⑩ 参见张梁：《星网锐捷等中小板公司专利信息披露涉嫌不实》，载《第一财经日报》2010年4月22日。

（三）存在信息披露的不公平后果

由于对上市公司知识产权信息的披露行为缺乏统一规范，导致不同上市公司的信息披露状况存在差异，有可能造成不公平之后果。比如有的公司披露知识产权信息十分详细，反而容易被他人检核发现问题，并承受不利的后果（苏州恒久即为典型）。有的科技企业可能同样存在许多专利被终止或申请被驳回的问题，只是未列明专利清单，不易被查核，反而顺利上市。显然，如果上市公司知识产权信息披露程度不统一要求，那些披露信息详细的公司将会承担更大的风险，实则有不公平的问题。

（四）影响或误导投资人的知情与决策

加强和提高上市公司知识产权信息披露的规范性和透明度，不仅可以维护投资人的知情权利，更能进一步提高投资人的投资意愿。如果知识产权信息披露不当，可能影响甚至误导投资人正确认识和理解上市公司的知识产权资产状况与经营风险，从而不能为投资人作出投资决策提供正确的信息依据。以知识产权风险为例，知识产权风险可以区分为显性风险（即已经发生的风险）与隐性风险（潜在的且存在现实可能的风险）。由于知识产权显性风险已经发生，且有据可查，上市公司对其披露不可回避，也难以回避。知识产权隐性风险，如业务模式的知识产权潜在风险、知识产权关联交易的潜在风险，由于尚未发生，要么不受上市公司重视，要么被轻描淡写，甚至故意忽略。然而，这些风险信息的揭示，对于投资人作出正确理性的投资判断可能十分重要。

（五）引发第三方的质疑或投诉

上市公司披露的知识产权信息如果不适当、不规范，有可能引起媒体的质疑或渲染。特别是相关知识产权信息与第三方存在利益关系时，更是可能引起第三方的强烈质疑，甚至向证券监督管理部门投诉。南开越洋公司认为汉王科技发布的首次公开发行股票招股意向书片面引用法院司法管辖权裁定书，歪曲了南开越洋与汉王科技一起诉讼的案情的实质发展，因而在其官方网站发布公告澄清。[11]

---

⑪ 参见《南开越洋第一号公告：汉王上市招股书、保荐书隐瞒汉王侵权重大纠纷》，http://www.sino-ose.com.cn/yygg.asp，2010 年 2 月 4 日访问。

六、我国上市公司知识产权信息披露行为的规范

鉴于上市公司知识产权信息披露的重要性和必要性,应当从信息披露制度规范、上市公司信息披露行为和投资人利益保护等角度,规范、改进或指导我国上市公司的知识产权信息披露行为。

(一)进一步完善知识产权信息披露制度

从现行的制度规范看,我国上市公司知识产权相关的信息披露制度还有很大的改进空间。比如,可以进一步明确知识产权信息披露的文件形式,不仅限于招股说明书,还应当包括定期报告、临时报告等其他信息披露文件;进一步明确知识产权信息披露的权利类型,不仅明确包括专利、商标和非专利技术(专有技术),还应当明确包括著作权、植物新品种权、集成电路布图设计专有权,甚至域名权等;进一步明确知识产权信息披露的内容范围,不仅包括知识产权的数量多少、权利归属、使用情况、交易情况(特别是关联交易)、诉讼仲裁、财务信息(账面净值、累计摊销额等),还应当包括公司业务模式的知识产权现实与潜在风险、专利无效宣告或商标注册争议等纠纷、知识产权灭失风险、知识产权质押信息等信息内容。

当然,知识产权相关的信息披露制度,主要是确立最基本的知识产权信息披露义务。从实践上看,很多上市公司,特别是创业板公司披露的知识产权信息十分完整和详细,比如,有的上市公司还披露了专利收入不稳定的风险、技术泄密的风险、品牌受侵害的风险、专利出资瑕疵承诺、商标被认定为驰名商标等信息。这些知识产权信息的披露不仅仅是为了陈述资产状况和描述经营风险,有时还是为了形象包装和吸引投资。可以鼓励上市公司自愿披露这些知识产权信息,而不宜进行强制要求。

(二)指导知识产权信息披露的具体操作

即使相关规章制度对于知识产权信息披露进行了比较详细的规定,但也不可能细致入微,毕竟上市公司类型各异、情况不同,知识产权又专业性强、牵涉面广。比如,规章制度不可能详细地规定到母子公司的知识产权信息应当分开披露、报告期内的知识产权情况应当按年度列明。此外,如何理解什么是对投资者作出投资决策有重大影响的知识产权信息,也肯定存在认知上的差异。比如,复旦复华的控股子公司有不少专利申请公布后被视为撤回,

其对上市公司业务经营是否有影响，是否应当向投资人披露？

事实上，对于上市公司知识产权的信息披露，更缺乏的是信息披露的行为指导。因此，最为适宜的做法是由相关机构（如证券业协会）发布上市公司知识产权信息披露的示范说明或规范指南，或者在相关的现有指南性文件中特别增设或进一步完善知识产权信息披露的指导内容，特别要明确上市公司的最低信息披露标准，指导哪些知识产权信息需要披露，应该如何披露知识产权信息，知识产权信息披露可采用的通常格式等。比如，可以指导上市公司在披露专利授权情况时，最低应当披露哪些详细信息（如发明创造名称、专利取得地区、专利类型、专利号、专利申请日、授权公告日、权利人等信息）。

（三）提升专业服务机构的知识产权素质

知识产权的信息披露涉及申请维持、权利归属、交易利用、侵权争议等方方面面，如何合理界定知识产权信息披露的范围和程度，如何做到知识产权信息披露的透明与客观，如何平衡信息披露义务与商业秘密保护等，都需要专业的知识和技能。特别是对于公司上市发行和投资人利益影响重大的知识产权隐性风险，具体包括哪些范围、如何充分有效揭示，需要谨慎的反复论证。近段时间一些发行人因招股说明书中知识产权信息披露与实际情况不符，导致发行终止或者取消发审会审核，其实反映了部分保荐机构和其他相关证券服务机构在知识产权尽职调查等方面可能是未做到勤勉尽责，也可能是欠缺业务能力。因此，保荐机构和其他相关证券服务机构作为上市公司的专业服务机构，应当加强知识产权知识技能的学习，提高知识产权的业务能力，强化知识产权的审查责任，尽可能避免上市公司知识产权信息披露不当的问题发生。证监会也可以在保荐业务检查时抽查招股说明书等信息披露文件，从而促进服务机构业务素质的提升。

（四）建立知识产权信息披露的核查机制

上市公司可以自行建立信息披露前的核查机制，或委托要求专业机构进行核查，以防止知识产权信息披露出现问题，并引发不良后果。苏州恒久专利信息披露不真实的事件发生后，星网锐捷于2010年4月14日自查其招股意向书，发现部分实用新型专利和外观专利存在因未续缴年费等原因已被终止，亦有部分正在申请的专利审理阶段发生变化，这些专利法律状态与其招股意向书所公告的内容存在差异，因此主动暂缓了A股发行。中国证监会也在苏州恒久、星网锐捷知识产权信息披露不当事件发生后不久，向各保荐机构发出通知，要求其对2010年5月1日前上报的首次公开募股（IPO）在审项目进行全面核查，核查内容包括专利、商标、诉讼和仲裁、关联方及招股说明书等文件披露的相关重要事项。[12]

（五）严格执行信息披露不当的惩戒措施

证监会作为监督管理机构，应当严格检查上市公司的知识产权信息披露情况，一旦发现违反信息披露法律制度的行为，应当严格执行相关惩戒措施。对于一些虽未明显违法但有不当之处的知识产权信息披露行为，也应当采取各种措施加以纠正。2008年3月19日上市的福晶科技，其主导产品LBO产品是基于"用三硼酸锂单晶体制造的非线性光学器件"专利（即LBO专利）制造的。根据福晶科技2008年2月26日招股意向书，LBO产品销售毛利占公司销售毛利的60%左右。但在该公司的招股书中却并没有披露此项技术专利的第一项权利要求在2006年7月11日已被国家知识产权局专利复审委员会宣布无效，[13]但与苏州恒久不同，福晶科技并未因"专利门"而受到任何惩戒，显然，这不利于规范上市公司知识产权信息披露行为。

---

⑫ 参见赵建国：《证监会紧急核查拟上市公司专利状况》，载《中国知识产权报》2010年5月12日。

⑬ 参见白宝玉：《同样的专利门：苏州恒久被叫停 福晶科技高管大赚》，载《证券日报》2010年3月23日。

诋毁商誉还是表达自由

——从3Q大战谈起

◇ 高荣林*

内容摘要 3Q大战已经偃旗息鼓,战争的双方握手言和。一审法院判决360构成不正当竞争,但由此引发的问题仍然值得我们继续探讨。本文从表达自由与诋毁商誉之不正当竞争的角度,对3Q大战一方360的行为略作探讨。

关键词 360 QQ 表达自由 诋毁商誉 商业言论 不正当竞争

2011年4月26日,北京腾讯科技有限公司(以下简称"QQ")诉"360隐私保护器"侵权案一审宣判。法院审理认为,"360隐私保护器"对QQ2010软件监测提示的可能涉及隐私的文件,与客观事实不符。同时,"360隐私保护器"界面用语和360网站的360安全中心等网页中还对QQ软件进行了一定数量的评价和表述。这些评价和表述,使用了"窥视"、"为谋取利益窥视"、"窥视你的私人文件"等语句来评价QQ软件。这些表述采取不属实的表述事实、捏造事实的方式,具有明显不正当竞争的意图,损害了原告的商业信誉和商品声誉,构成了商业诋毁。因此,法院判令北京奇虎科技有限公司(以下简称"360")、奇智软件科技有限公司以及三际无限科技有限公司停止发行使用涉案"360隐私保护器",删除相关网站涉案侵权内容,公开致歉并赔偿原告损

* 高荣林,男,湖北警官学院法律系讲师,华中科技大学法学院2009级博士研究生,研究方向:知识产权法。

失40万元。

案件回放:2010年9月27日,360发布直接针对QQ的“360隐私保护器”工具,宣称其能实时监测曝光QQ的行为,并提示用户“某聊天软件”在未经用户许可的情况下偷窥用户个人隐私文件和数据,由此引发3Q大战。[①] 关于360发表的“QQ偷窥用户隐私”的言论的性质,是不正当竞争还是表达自由?法院的判决结论是不正当竞争。笔者认为,此案待商榷。

一、与知识产权有关的不正当竞争

什么是不正当竞争?根据《巴黎公约》第10条之二,不正当竞争是指“在工商活动中违反诚实惯例的任何竞争行为”。世界知识产权组织制定的《反不正当竞争示范法》第1条(1) a规定:“在工商业活动中违反诚实行为的任何行为或者做法,均构成不正当竞争行为。”德国《反不正当竞争法》第1条规定:“不正当竞争行为是指行为人(任何人)在经营过程中为竞争目的而实施的违反善良风俗的行为。”[②]学界则认为,不正当竞争行为,实质是违反平等公正、诚实信用的竞争规则的非法行为。[③] 综上,笔者以为,不正当竞争行为,是指经营者在市场竞争中,采取非法的或者有悖于公认的商业道德的手段和方式,与其他经营者相竞争的行为。

《巴黎公约》第10条之二列举了三种不正当竞争行为:混淆行为、误导行为、诋毁行为。世界知识产权组织制定的《反不正当竞争示范法》将不正当竞争行为概括为混淆行为、误导行为、损害信誉行为、侵犯商业秘密的行为。我国的《反不正当竞争法》列举出11种行为,与知识产权有关的不正当竞争行为有:混淆行为、侵犯商业秘密行为、虚假宣传行为、诋毁商誉行为。[④] 当然也有论者认为,与知识产权有关的不正当竞争行为可以分为两类:“损害未获绝对权保护之知识财产的不正当竞争和滥用知识产权的不正当竞争,而第一类又侵害使用标记的不正当竞争和侵害智力成果的不正当竞争。”[⑤]

① 参见《腾讯360之争》,http://baike.baidu.com/view/4604380.htm。

② 转引自孔祥俊:《反不正当竞争法新论》,人民法院出版社2001年版,第75页。

③ 参见吴汉东主编:《知识产权法》,北京大学出版社2007年版,第358页。

④ 同上书,第361—362页。

⑤ 刘春田主编:《知识产权法(第三版)》,高等教育出版社、北京大学出版社2007年版,第354—355页。

二、诋毁商誉与非商业表达

商誉是商业主体的无形资产，属于其知识产权的一个部分。有学者指出：“知识产权是人们对自己的智力活动创造的成果和经营管理活动中的标记、信誉依法享有的专有权。”也有论者认为：“商标绝不仅仅表征商品来源，它更多地表征着消费者赋予商品的价值和赋予商品来源的声誉，这被称为声誉。”[⑥]由此，我们认为商誉属于知识产权的范围，所以探讨诋毁商誉与表达自由的问题属于本文研究的范围。

笔者认为，360 发表的言论最有可能构成诋毁商誉的行为。商誉诋毁，通常是指损害或者可能损害竞争对手的商业信誉的虚假宣传。[⑦] 当然也有论者将此种行为称为“商业诽谤行为”，即经营者采取捏造、散布虚假事实等不正当手段，对竞争对手的商业信誉、商品声誉进行诋毁、贬低，以削弱其竞争力的行为。[⑧] 在此，我们要讨论两个问题：一是 360 与 QQ 之间的竞争关系；二是 360 发表的“QQ 偷窥用户隐私”的言论的真实性。如果 360 与 QQ 之间不存在竞争关系，也就是说，如果我们假设 360 是个网络高手，其检测到“QQ 偷窥用户隐私”的可能性(也许却有此事，也许没有)，然后发表了“QQ 偷窥用户隐私”的言论，那么该言论受不受表达自由保护?

我们先看两则案例。案例 1:1995 年 2 月，北京市中级人民法院二审终结邱氏鼠药案。该案中，邱满囤是河北省的一位公民，声称发明了一种诱杀老鼠的特效药，在这一技术的基础上，邱氏创建了一个颇有名气的老鼠药工厂。五位科学家根据他们的经验和一般的科学原理，在未对邱氏鼠药进行实证研究的情况下，在科技类报纸对邱氏鼠药及其宣传提出了批评。他们认为邱氏鼠药中含有某种或某些对生态有害并为国家法令严格禁止使用的有毒化学物质，认为科技界和新闻界应当严肃认真地对待这种科学的或涉及科学的问题，防止伪科学的泛滥。邱氏因此对这五位科学家提起诉讼，认为科学家的批评违背了真实，侵犯了邱满囤本人和邱氏鼠药工厂的名誉权。此案一审的中心问题是邱氏鼠药中究竟有没有被国家严格禁止使用的有毒物质。据称经 6 次检验，结论是一半对一半。在没有结论性实验报告的情况下，一审法院

⑥ 吴汉东主编：《知识产权法》，北京大学出版社 2007 年版，第 2 页。

⑦ 参见孔祥俊：《反不正当竞争法新论》，人民法院出版社 2001 年版，第 617 页。

⑧ 参见吴汉东主编：《知识产权法》，北京大学出版社 2007 年版，第 362 页。

判决邱氏胜诉。科学家们不服，遂上诉。二审判定科学家的批评没有侵犯邱氏的名誉权。⑨

案例2：在 Hertel v. Switzerlang 一案⑩中，瑞士一个叫 Hertel 的科学家发表了一篇研究论文，该论文称用微波炉烹调食物有害于健康。瑞士的一家法院禁止 Hertel 发表有关微波炉对健康有害的言论，并且禁止其在谈论微波炉时使用"死"这样的词汇。瑞士联邦法院认为，科学家可以在其研究领域自由地发表研究报告，但是在涉及竞争，并且该研究成果还有争论时，科学家不得滥用其还处于悬而未决的研究结论，为自己或他人以伪装的方式做肯定或否定的广告。欧洲人权法院认为，此案涉及不正当竞争中的商业言论，当处于危险的利益不是纯粹的个人商业言论，而是事关公共利益如公共健康时，各成员国对该商业言论的限制必须克减。此案中，Hertel 发表的研究报告不是个人的商业广告，而是为了引起对公共利益的争论。因此，欧洲人权法院认为，瑞士法院的禁令部分审查了原告的作品，并且实质上削弱了其提出公众关心的事关公共利益问题的能力，因此违反了《欧洲人权公约》第10条有关表达自由的规定。

以上两个案例的案情相似，在邱氏案中，我国的一审法院认为，科学家的言论损害了邱氏的名誉（其实应该是邱氏鼠药的商誉）。二审法院在"邱氏鼠药中是否含有违禁的剧毒物质"悬而未决时，判定科学家的言论不侵害邱氏的名誉。其实，法院可以援引表达自由作为判决的理由。正如有论者所言：在邱氏案中，就算科学家们的批评与事实不完全相符，并因此使邱氏鼠药工厂的经济收益受到了损害，那么又怎么样呢？如果每个科学家都必须对自己讨论的每个问题以至于每个细节有了完全了解之后才能发言，那么还有哪一位科学家敢批评其他人呢？还有谁敢一般性地就科学技术问题发表任何批评或表扬意见呢（由于要抽象，对任何一般现象发表看法必然会省略许多细节，而任何批评在一定意义上都是有意要使被批评者受到某种事实上的"伤害"）？这样的"严格要求"只能窒息科学研究、讨论和批评，只能阻碍科学技术的发展。⑪ 这样的观点实际上与 Hertel 案中欧洲人权法院的判决理由一致，都是以表达自由为依据，只不过一个是学术自由（苏力）；一个是公共问题

---

⑨ 参见苏力：《〈秋菊打官司〉案、邱氏鼠药案和言论自由》，载《法学研究》第18卷第3期。据《人民日报》1995年4月12日的报道，国家有关机关认定邱氏鼠药中含有违禁的剧毒物质，严令禁止使用。

⑩ See Hertel v. Switzerlang, 28 Eur. Ct. H. R. 534, 534 (1998).

⑪ 参见苏力：《〈秋菊打官司〉案、邱氏鼠药案和言论自由》，载《法学研究》第18卷第3期。

的讨论自由(欧洲人权法院)。

在 Hertel 案中,法院认为 Hertel 发表的言论涉及不正当竞争,而在邱氏案中,法院认为科学家的言论侵犯了邱氏名誉权。其实,所谓的不正当竞争行为可以分为狭义的不正当竞争行为和广义的不正当竞争行为。[12] 以上两案都属于广义的不正当竞争行为,在 Galthouse, Inc. v. Home Supply Company and Aij. Schneider 一案[13]中,美国法院认为,不正当竞争的范围已经扩展到不正当侵占或侵害他人商誉的保护和救济,即使不是一个竞争者,也不影响不正当竞争行为的构成。

根据以上论述,即使我们假设 360 是个网络高手(与 QQ 不存在竞争关系),在其发表"QQ 偷窥用户隐私"的言论后,也涉及广义的不正当竞争行为。只不过 360 的行为与上述两案中的科学家的角色一样,360 可以以表达自由为自己的言论辩护。因为该言论并非商业言论(没有推销自己的产品或诋毁 QQ 的目的),并且该言论还引起了公众对聊天软件是否会窥探用户隐私问题的讨论,而该问题也事关公共利益,所以,不管该言论是否真实都属于宪法表达自由保护的范围。正如密尔在《论自由》中所论述的:"假如那意见是对的,那么他们是被剥夺了以错误换真理的机会;假如那意见是错的,那么他们是失掉了一个差不多同样大的利益,那就是从真理与错误的冲突中产生出来的对于真理的更加清楚的认识和更加生动的印象。"[14]美国最高法院法官布伦南在沙利文案中指出:"在自由讨论中,错误的描述不可避免。如果表达自由也是为了让错误描述有一个可以生存的呼吸空间,那么错误的描述也应该得到保护。"[15]由此,笔者以为,如果 360 发表的"QQ 偷窥用户隐私"的言论没有推销自己产品的目的或"诋毁"QQ 的目的,也就是说,该言论属于非商业性言论,即使该言论最后被国家权威部门证实是虚假的,360 也可以获得表达自由的辩护。

---

⑫ 狭义的不正当竞争行为的竞争双方之间的商品或服务必须具有替代关系,而广义的不正当竞争行为则无此要求。参见孔祥俊:《反不正当竞争法新论》,人民法院出版社 2001 年版,第 158、160 页。

⑬ See Anselm Kamperman Sanders, Unfair Competition Law, Clarendon Press, 1997, pp. 13—14. 转引自孔祥俊:《反不正当竞争法新论》,人民法院出版社 2001 年版,第 161 页。

⑭ 〔英〕约翰·密尔:《论自由》,程崇华译,商务印书馆 1982 年版,第 17 页。

⑮ 转引自邱小平:《表达自由——美国宪法第一修正案研究》,北京大学出版社 2005 年版,第 159 页。

三、诋毁商誉与商业表达

当然,如果为了向用户推销自己的安全产品,360 发表"QQ 偷窥用户隐私"的言论就可能属于"商业言论"。关于商业言论,在 1976 年的 Virginia State Board of Pharmacy v. Virginia Citizens Consumer Council 一案中,美国最高法院将其界定为"仅仅提供商业交易的言论"[16]。在 1983 年的 Bolger v. Youngs 药品案中,美国最高法院指出了构成商业言论的三要素:"以广告的形式发表言论;针对某一产品;发表言论的人具有商业动机"[17]。在 2002 年 Kasky v. Nike, Inc. 一案[18]中,美国加利福尼亚州最高法院也提出了界定商业言论的三条标准:言论的发布者是否参与商业活动;言论的接收者是不是实际或潜在的消费者;言论的内容是否具有商业性质。

那么"商业言论"在表达自由中的地位如何呢?在美国学界有所谓的表达自由的分层理论,即"言论应根据其内容划分为政治言论(或称非商业表达、公共言论)与商业表达,政治言论受到第一条修正案的全面保护,对被认为只具有低价值的商业表达则采取与政治言论完全不同的保护原则"[19]。美国最高法院开始不愿保护商业言论表达主要是因为其认为:"商业表达是一种经济行为,因此对于商业表达不应给予或只应给予有限的第一修正案的保护。"[20]在 1976 年的 Virginia State Board of Pharmacy v. Virginia Citizens Consumer Council 案中,最高法院宣称:"即使商业广告注重的是纯粹的经济利益,也不排除其应受第一条修正案的保护,从而第一次将商业表达纳入了第一条修正案的保护范围之内。"[21]但是,本案的法官怀特和斯图尔特在附议中特别强调:"非商业表达即使不实也受到第一修正案的保护,而商业表达只有属实才能受到第一修正案的保护。"[22]有论者认为商业表达之所以可以得到宪法表达自由的保护,是因为其有助于"经济领域言论自由的实现;消费者权益的保

---

⑯ Virginia State Board of Pharmacy v. Virginia Citizens Consumer Council, 425 U. S. 748 (1976).

⑰ Bolger v. Youngs Drug Prods. Corp., 463 U. S. 60 (1983).

⑱ See Kasky v. Nike, Inc., 45 P. 3d 243 (Cal., 2002).

⑲ 秦前红、陈道英:《公司法人的言论自由——美国言论自由研究领域中的新课题》,载《法商研究》2005 年第 3 期。

⑳ 邱小平:《表达自由——美国宪法第一修正案研究》,北京大学出版社 2005 年版,第 312 页。

㉑ Virginia State Board of Pharmacy v. Virginia Citizens Consumer Council, 425 U. S. 748 (1976).

㉒ 邱小平:《表达自由——美国宪法第一修正案研究》,北京大学出版社 2005 年版,第 325 页。

障;政府权力的限制”[23]。其实,用美国学者温伯格的话来说就是:“保护商业表达更强调的是保护听取表达,获取信息的权利和这些信息的传播过程。”[24]美国宪法第一修正案之所以只保护真实的商业言论,是因为:首先,真实的商业言论很容易被言论的发布者证实。因为言论的发布者发表的是其自己提供的某一商品和服务的信息,他对此比任何人都清楚。其次,商业言论不会对言论产生“寒蝉效应”。因为商业言论的发布者具有发表商业言论的经济动因,由此可抵消对商业言论规范所产生的“寒蝉效应”。[25] 最后,商业言论会产生危害。因为商业言论比非商业言论产生的商业危害更加严重。[26] 正如Stevens法官所述:“虚假的商业言论,可以给商业交易产生即刻的损害……”[27]比如,虚假的商业言论会给消费者带来经济损失,因为该言论误导了消费者,使他们购买了他们不期望的商品和服务。

根据以上论述,笔者以为,如果360发表的“QQ偷窥用户隐私”的言论后来被国家权威部门证实是真实的,则即使360的言论属于商业言论,也可以因为其真实性而获得宪法表达自由的辩护。当然,从网民的角度来讲,我们也赞许360的行为,因为我们享有知晓QQ是否窥探我们隐私的知情权(表达自由的前置构成部分),但是,360未经QQ同意擅自检测其软件的行为的合法性有待探讨。中国电子商务协会政策法律委员会副主任、法律专家阿拉木斯认为:“360作为一款电脑软件的提供商,既不是执法机构,也不是网络‘警察’,这样随意去认定另一家与其有竞争关系的公司侵权是十分荒谬的,其本身才是赤裸裸的侵权。”[28]由此,如果360的擅自检测行为本身违法,则通过检测行为获取并发表该信息的行为,也就无法获得表达自由的抗辩。

如果说360发表“QQ偷窥用户隐私”的言论,意在诋毁QQ产品的商誉,以推销自己的安全卫士产品,则360发表的“QQ偷窥用户隐私”的言论应属于典型的商业言论。因为其符合Bolger案商业言论的三要素:360以广告(在网络上)的形式发表言论;针对QQ“隐私保护器”这一产品;360发表言论的目的是推销自己的安全卫士产品。同时,它也符合Nike案中商业言论的三要

---

[23] 赵娟:《商业言论自由的宪法学思考》,载《江苏行政学院学报》2009年第4期。

[24] 邱小平:《表达自由——美国宪法第一修正案研究》,北京大学出版社2005年版,第325页。

[25] See Virginia State Board of Pharmacy v. Virginia Citizens Consumer Council, 425 U.S. 748 (1976).

[26] See Cincinnati v. Discovery Network, Inc., 507 U.S. 410, 426 n.21 (1993).

[27] Rubin v. Coors Brewing Co., 514 U.S. 476, 496 (1995) (Steven, J., concurring).

[28] 参见《腾讯正式起诉360不正当竞争》, http://tech.ifeng.com/internet/special/360pkqq/content-1/detail_2010_10/15/2793569_0.shtml。

件：首先，360作为言论的发布者参与了与QQ竞争的商业活动；其次，言论的接收者是作为实际或潜在的使用360或QQ产品的网民；最后，言论的内容是为了推销360的安全卫士产品，具有商业性质。由此笔者认为，360发表的言论属于商业言论，但是否就可得出360的行为构成诋毁QQ商誉的不正当竞争行为呢？

其实，在证明了360发表的言论属于商业言论后，要认定360发表的言论构成不正当竞争行为，还得论证360发表的是虚假的商业言论。由于360发表的言论并不是关于自己的产品或服务，而是他人——QQ的产品的言论，这与美国宪法判例之保护真实的商业言论的理论有别。因为美国宪法判例认为，之所以只保护真实的商业言论，是因为“真实的商业言论很容易被言论的发布者证实。因为言论的发布者发表的是其‘自己’提供的某一商品和服务的信息，他对此比任何人都清楚”㉙。由此，在360发表的商业言论在未证实为虚假言论之前，宪法之表达自由的权利必须赋予360。

在QQ起诉360不正当竞争的诉讼过程中，360仍然认为QQ通过扫描用户的可执行文件，窥探了用户的隐私。QQ的律师认为，“在可执行文件中，并不包括个人信息……这是个IT常识”㉚。不过，360和QQ以及IT业所谓的侵犯隐私，其实就是指该公司用软件扫描了用户的可执行文件。这种对所谓侵犯隐私的理解与网民的理解大相径庭。我们所理解的隐私权，是指自然人享有的对自己的个人秘密和个人私生活进行支配并排除他人干涉的一种人格权。内容包括：生活安宁权；个人信息、生活情报的控制权；个人通讯秘密权；个人隐私利用权。㉛ 侵犯隐私的类型有：侵入；骚扰；窥视、拍摄；窃听、截取；刺探、调查；检查、检测；公开、传播；不当收集个人资料；违反保密义务；歪曲报道；干涉自主决定。㉜显然，如果我们承认以上侵犯隐私的类型，则QQ对网络用户文件的扫描就属于上述侵犯隐私的类型中的窥视、检查、检测行为，360发表的QQ窥视网络用户隐私的言论就具有合理性。既然如此，360的安全卫士产品又何尝没有窥视、检查、检测网络用户的隐私呢？其实，安全软件都在

㉙ Virginia State Board of Pharmacy v. Virginia Citizens Consumer Council, 425 U.S. 748, 722 n. 24 (1976).

㉚ 付中：《QQ诉360：软件是否能窥探用户隐私成法庭焦点》，http://www.ce.cn/cysc/tech/07hlw/guonei/201012/15/t20101215_20603457.shtml。

㉛ 参见魏振瀛主编：《民法》，北京大学出版社、高等教育出版社2000年版，第661—662页。

㉜ 马特：《侵犯隐私权责任的构成与抗辩》，载王利民、葛维宝主编：《中美法学前沿对话》，中国法制出版社2006年版，第215—219页。

不同程度上有侵犯用户隐私的嫌疑，这是由安全软件的性质决定的，网民在选择使用安全软件时也默许了这种侵犯，同时安全软件的生产商也应对其产品在执行任务时获取的用户隐私负有保密的义务。

与此同时，360 发表的商业言论也关涉计算机安全和用户隐私的公共话题。此时商业言论和非商业言论交织在一起，则该言论可以获得较高程度的宪法第一修正案的保护。1994 年，德国一本名为《星》(Stern)的杂志登载了三幅图片广告。第一幅广告是一只受原油污染的鸭子，在被原油污染的水面上游泳；第二幅广告是由第三世界许多不同年龄层辛苦工作的小孩的照片组成；第三幅广告则为一张裸露的人体臀部的照片，其上盖有“艾滋病(HIV)阳性反应”的印章。每张照片嵌在绿色边框中，边框上标有广告主的信息：“班尼顿彩色”。[33] 德国反不正当竞争协会总部要求《星》杂志不再刊登这几幅广告，遭拒绝后，向州法院起诉，此案最后诉至联邦宪法法院。联邦宪法法院认为：“整体而言，三幅广告对于‘良好商业习惯’的侵害，即滥用公众对于严重不幸的同情心以达成商业目的的行为……但是，三幅广告图片，含有对社会和政治重要问题的否定价值判断，公开谴责环境污染、童工和艾滋病肆虐这些社会问题，以提醒市民对这些社会问题进行注意，即属于上述言论自由与新闻自由所保护的对象。”[34]在 Hoffman v. Capital Cities/ABC, Inc. 案[35]中，被告出版的杂志刊登了一个电脑合成的穿连衣裙和高跟鞋的男模特形象，该形象是原告在某电影里主演的一个角色。由此，原告起诉被告侵犯其形象权。美国上诉法院认为该杂志刊登的形象具有一些表达性的元素，因为这个形象融合了流行图案、幽默和编辑对经典电影和著名演员的评论。在某种意义上，任何商业言论都与表达性元素密不可分，因此它从整体上受到表达自由的保护。在 Kasky v. Nike, Inc. 一案[36]中，美国媒体报道，在中国、越南和印度尼西亚的 Nike 公司支付其员工非常少的薪水，违反法律规定延长劳动时间，并伴有语言和身体暴力，且没有安全的工作环境。Nike 在给媒体、大学校长和运动员教练的信中企图掩盖以上事实，发表了关于 Nike 劳工待遇的虚假信息。由此，一个名叫 Kasky 的人，以 Nike 公司发布虚假广告和不正当竞争为由起

---

[33] 参见张永明编译：《“惊吓广告”判决》，载《德国联邦宪法法院裁判选辑(十一)》，台湾“司法院”印行，2004 年 11 月，第 88 页。

[34] 林海：《反不正当竞争与表达自由的较量》，http://www.civillaw.com.cn/Article/default.asp?id=46792。

[35] See Hoffman v. Capital Cities/ABC, Inc., 255 F.3d 1180, 1183 (9th Cir., 2001).

[36] See Kasky v. Nike, Inc., 45 P.3d 243 (Cal., 2002).

诉 Nike。加利福尼亚州地区法院和上诉法院认为,Nike 发表的言论属于非商业言论,即使是虚假和误导的,仍然受宪法第一修正案的保护。因为它没有促销商品,而是引起公众对公共利益和公共讨论的关注,但加利福尼亚州最高法院却认为,Nike 的言论属于商业言论,而虚假和误导的商业言论不受宪法第一修正案的保护。

由此,笔者以为,360 发表"QQ 偷窥用户隐私"的言论,由于事关计算机安全和用户隐私等公共话题,因此具有非商业性质,即使该言论具有虚假成分,也应该获得表达自由的抗辩。况且,QQ 到底有没有偷窥用户隐私还悬而未决。此时,即使认定 360 发表的言论是纯粹的商业言论,对于 QQ 的用户来讲其真假也难辨。[37] 同时这也引发了 QQ 用户对知情权,即知晓 QQ 是否偷窥用户的隐私的关注。这也更加坚定了 360 发表的言论需要得到宪法表达自由的保护的理念,即使它有可能伤害到 QQ 的商誉。

四、"言论市场"的理论破灭

其实,为了证实 360 发表的是虚假信息,QQ 可以请求国家权威部门对 QQ 软件的安全性进行鉴定,以消除影响,安抚 QQ 用户。QQ 也确实这样做了。QQ 发表声明:"QQ 没窥探隐私,扫描文件是监测木马。"[38]此时,QQ 也在理性地行使表达自由,为自己扫描用户文件的行为辩护。根据"言论市场"的理论,"至善最好通过思想的自由交流,而不是政府或法律的强迫来获得。对真理的最佳检验,在于思想在市场竞争中获得接受的力量。"[39]笔者以为,如果 3Q 大战的双方当事人能够遵循"言论市场"的游戏规则,则真理会越辩越明,社会公众最终也会从双方的辩论中获得事实的真相。

然而,3Q 大战双方好像都有一些急躁,在"QQ 窥探用户隐私"事件还没有水落石出之前,双方又进入第二阶段的对攻,不过双方却转移了辩论的主题"QQ 偷窥用户隐私",从而引发新一轮的"口水仗"。3Q 大战的烈火继续燃烧:QQ 声称 360 浏览器借色情网站推广,360 声称 QQ 造谣;腾讯正式起诉 360 不正当竞争,360 称将提起反诉;QQ 发表《反对 360 不正当竞争及加强行

㊲ 360 发表"某聊天软件"在未经用户许可的情况下偷窥用户个人隐私文件和数据的言论,引起了网民对于 QQ 客户端的担忧和恐慌。参见《腾讯 360 之争》,http://baike.baidu.com/view/4604380.htm。

㊳ 《腾讯声明:QQ 没窥探隐私 扫描文件是监测木马》,http://tech.ifeng.com/internet/special/360pkqq/content-1/detail_2010_09/27/2646604_0.shtml。

㊴ See Abrams v. United States, 250 U. S. 616(1919).

业自律的联合声明》,360弹窗指责QQ老板享受经适房补贴;360推新产品扣扣保镖,称让QQ安全快速更好用,QQ称360扣扣保镖为非法外挂,将追究法律责任;QQ宣布将停止在装有360的电脑上运行QQ,360回应声明:将保证360和QQ同时正常使用;360推出WebQQ客户端,腾讯关闭WebQQ服务;360发致网民紧急求助信,呼吁停用QQ三天,并要求腾讯向6亿QQ注册用户道歉;腾讯公布三大和解条件:360卸载所有扣扣保镖,360发声明要求腾讯向6亿QQ注册用户道歉。[40] 就这样,3Q大战的烈火越烧越旺,最后烧到了6亿QQ用户,也烧到QQ自己。

此时,双方的言论已经超出了表达自由的范围,进入了行为的范畴(QQ宣布停止在装有360的电脑上运行QQ),这使网络用户产生了巨大的外部性。关于QQ的这种行为,社会各界的主要观点有:"腾讯未尊重网民选择权,可调查其垄断行为"[41];"腾讯行为已违反消费者权益保护法"[42];"腾讯将抄袭和垄断做到极致"[43];"腾讯的不正当竞争是对用户选择权的严重侵犯"[44];"腾讯的做法已经危害网络公共安全"[45]。笔者以为,不管双方的言论如何激励,只要双方的言论没有影响网民对该两款软件的使用,则双方的言论仍然属于表达自由的范围。但是,由于此时双方的言论都属于商业言论,所以,双方发表的言论必须是真实的,才可以获得表达自由的保护;而对于虚假的攻击,则不受表达自由的保护,应该受到反不正当竞争之"诋毁商誉"的规制。

然而,3Q大战的实际情况是:战况越来越激烈;言论越来越无序;真理越辩越糊涂。也就是说,3Q大战不但没有使真理越辩越明,反而产生了巨大的外部性(影响到数亿网络用户),出现这种严重后果是由"言论市场"失灵造成的。根据"言论市场"理论,政府采取的是不干预政策。对于该"言论市场"理论,有论者认为:"一个具有自我纠偏能力的'思想市场'是对观念传播与交流过程的浪漫而不切实际的描述。"[46]也有论者认为:"'思想市场'只是一个虚

[40] 有关内容可参见《360与腾讯的战争》,http://tech.ifeng.com/internet/special/360pkqq/。

[41] 胡钢:《腾讯未尊重网民选择权,可调查其垄断》,http://tech.163.com/10/1104/11/6KL2CQ2M00094ISQ.html。

[42] 何兵:《腾讯行为已违反消费者权益保护法》,http://news.sohu.com/20101104/n277139508.shtml。

[43] 张朝阳:《腾讯将抄袭和垄断做到极致》,http://tech.sina.com.cn/i/2010-11-03/23374824579.shtml。

[44] 胡延平:《不正当竞争是对用户选择权的严重侵犯》,http://tech.ifeng.com/internet/special/360pkqq/content-0/detail_2010_11/03/2992164_0.shtml。

[45] 《社科院法学所研讨3Q之战:司法解决可能性渺茫》,http://tech.sina.com.cn/i/2010-11-06/06574835409.shtml。

[46] 转引自吴飞:《平衡与妥协——西方传媒法研究》,中国传媒大学出版社2006年版,第60页。

构的神话。”[47]从3Q大战的实战经历看，在我国，“言论市场”理论确实是个遥远的美梦，必须修正，也就是国家必须干预“言论市场”，虽然此种干预有可能产生哈耶克所担心的“通往奴役之路”。现实是：在国家工信部的干预下3Q大战最终偃旗息鼓，握手言和，这场“口水仗”（表达自由）也在亿万网民的唾弃声（表达自由）中销声匿迹。

五、结　　论

当然，我国法院在审理诋毁商誉案时，被告很少援引宪法之表达自由为自己辩护，法院也很少从言说者之表达自由的角度判决。笔者以为，为了平衡保护商誉与表达自由之间的利益，在涉及诋毁商誉的不正当竞争中，可以引进“实际恶意标准”。“实际恶意标准”源自Sullivan案[48]。在该案中，1960年3月29日，一个民权组织在《纽约时报》刊登了题为《请倾听他们的呐喊》的政治宣传广告，广告描述了南部黑人正在进行的反种族歧视的非暴力抗争运动，以及他们遭到地方警察残酷镇压的情形。L. B. Sullivan是当地警察局负责人，他控告《纽约时报》严重损害了他的名誉，犯有诽谤罪。蒙哥马利市地方法院陪审团最后判Sullivan胜诉。《纽约时报》不仅不服，还把官司一直打到了联邦最高法院。1964年3月9日，联邦最高法院就《纽约时报》诉Sullivan案作出裁决：《纽约时报》虽然刊登了内容不实的广告，并且也的确对原告的名誉造成了一定的损害，但由于原告是一名政府官员，他必须证明《纽约时报》事先知道广告上的指控是虚假的，并仍然明知故犯，照登不误，或者证明《纽约时报》严重失职，对于广告上的指控存有严重疑问，而未作任何努力去查核事实真相。这就是所谓的“实际恶意标准”。当然，该标准是为了让社会公众可以自由地评说公众人物，而不必担心侵犯名誉。

为什么要引进“实际恶意标准”呢？因为我国《反不正当竞争法》第14条规定，经营者不得“捏造、散布”虚伪事实，损害竞争对手的商业信誉、商品声誉。从上述立法中使用的术语“捏造、散布”看，行为人只能是故意。正如有论者所言：“商业诋毁以侵犯他人商誉为目的，商誉的本质是一种信用，而对信用之侵害，应当以故意为构成要件，即要求行为人明知自己的行为会发生

[47] 徐显明：《人权研究》第1卷，山东人民出版社2001年版，第383页。转引自吴飞：《平衡与妥协——西方传媒法研究》，中国传媒大学出版社2006年版，第60页。

[48] See N. Y. Times v. Sullivan, 376 U. S. 254, at 271—72 (1964).

损害他人商誉的结果，但希望或放任这种后果的发生。”[49]当然也有论者认为，过失也构成诋毁商誉。[50] 比如，散布人不同于捏造人的情况下，散布人可能是轻信了别人捏造的虚假事实而进行散布，并在客观上使他人商誉遭受损失。[51]其实，在这里，诋毁商誉的是“捏造人”，而不是过失的“散布人”。“捏造人”明显属于故意，过失的“散布人”根本不是反不正当竞争法规制的对象。从目前我们阅读过的诋毁商誉的案例看，上述情形在司法实践中根本没有出现过。从各国的诋毁商誉的立法中，我们也可以推论出诋毁商誉的主观状态只能是故意。比如，英国《侵权法》上的诋毁行为存在两者情况：诽谤和损害性欺骗。美国《普通法》上的诋毁行为有：商业诽谤、商业诋毁、损害性欺骗和商品诋毁等。瑞士《反不正当竞争法》第 3 条规定：商业诋毁是贬低他人及其商品。法国判例认为，商业诋毁行为包括：通过散布贬低的或恶意的信息贬低竞争对手的产品。希腊《反不正当竞争法》第 12 条规定，知道有关信息虚假而仍然散布的构成犯罪。[52] 在以上立法例中，在解释“诋毁商誉”时大都使用了“诽谤”、“欺骗”、“诋毁”、“贬低”、“知道仍然散布”等词汇，这些词汇表明诋毁他人商誉的行为人主观上只能是故意，而不可能是过失。

其实，企业在面向社会公众开展商业活动时，也就成为社会公众关注和评说的对象。况且企业还得承担社会责任，即“企业在创造利润、对股东承担法律责任的同时，还要承担对员工、消费者、社区和环境的责任。它要求企业必须超越把利润作为唯一目标的传统理念，强调要在生产过程中对人的价值的关注，强调对消费者、对环境、对社会的贡献”[53]。因此，企业具有公众人物的某些特性或者称为企业的公共性特质。所以，企业在维护自己的商誉时必须证明毁誉的行为人符合“实际恶意标准”，否则对大胆公开批评企业的人诉以诋毁等威吓，其结果只能是造成对表达自由的“寒蝉效应”。

---

[49] 吴汉东：《论商誉权》，载《中国法学》2001 年第 3 期。

[50] 参见江帆：《商誉与商誉侵权的竞争法规制》，载《比较法研究》2005 年第 5 期；孔祥俊：《反不正当竞争法新论》，人民法院出版社 2001 年版，第 628 页。

[51] 参见江帆：《商誉与商誉侵权的竞争法规制》，载《比较法研究》2005 年第 5 期，第 46 页。

[52] 这些立法例援引自孔祥俊：《反不正当竞争法新论》，人民法院出版社 2001 年版，第 631—635 页。

[53] 《企业社会责任》词条，http://baike.baidu.com/view/160938.htm。

从各国版权法合理使用制度的法律实践看中国版权法下的合理使用制度

——Google 图书馆计划案引发的思考

◇ 宋海燕*

一、导　　论

2004 年底，Google 宣布推出庞大的图书数字化计划，该计划如能顺利实施，将会极大地改变人们阅读图书、获取知识的途径和方式。然而，该计划对版权作品的扫描和展示却颇受版权人质疑，计划推出不久便诉讼缠身，频频遭到全球出版界的抗议和诉讼。在中国，Google 数字图书馆未经授权非法扫描 570 位中国作家的 17922 种作品上网的行动引起了中国作家的公愤。2009 年 11 月 18 日，中国作协向 Google 发出维权通告，国内作家棉棉则于 11 月 6 日以一纸诉状将 Google 告上法庭。此为国内第一例以个人名义起诉 Google 主张权利的案件。Google 图书馆计划争议的焦点是：Google 图书馆的复制行为是否构成法律允许的合理使用？遗憾的是，现行中国著作权法规定的合理使用行为不包括 Google 的行为，学界对此的态度也莫衷一是，大致分为认为 Google 的行为违反著作权法规定的批判派和认为其符合著作权法规定的赞同派。出现这种现象的原因一方面是中国著作权法关于合理使用的规定存在模糊性，另一方面是这些规定

* 宋海燕，美国洛约拉玛莉曼特大学（洛杉矶）法学院。

主要出自数字时代前的传统环境，且由于规定得过于限制性，无法适应新技术发展带来的挑战。在将 Google 图书馆在法律上是否构成合理使用的不确定性和模糊性分析研究之后，本文试图重审中国版权法下的合理使用问题。

在最近关于修改中国《著作权法》①的讨论中，有学者建议应修改合理使用条款。所谓合理使用，即允许出于评论、批评、新闻报道、研究及教学等目的，不经著作权人许可，而无偿使用受著作权保护的作品之实体部分的法律原则。② 现行中国著作权法中的合理使用条款仅适用于符合明文罗列的目的之情形，因其过于限制性及缺乏灵活性而受到批评。③

合理使用原则肇始于英国法官造法——“合理删节摘录”，该规则由 18 世纪一系列案例发展而来，这些案例中，英国法院对在何种情况下除作者以外的人可以不经过作者许可而“删节摘用”作品持较为宽松的态度。④ 如今，合理使用规则在普通法国家和欧洲大陆国家也被称为公平交易原则，已编纂进入《伯尔尼公约》⑤、《罗马公约》⑥、TRIPS 协议⑦、《世界知识产权组织版权条约》(WCT)⑧及《世界知识产权组织表演和录音制品条约》(WPPT)⑨，且为世界多国广泛接受，尽管各国的合理使用规则不尽相同。

---

① 本文中“中国”仅指中国大陆地区，不包括香港、澳门及台湾地区。

② 参见《著作权法》第 22 条。

③ 参见王迁:《论认定“模仿讽刺作品”构成“合理使用”的法律规则》，载《科技与法律》2006 年第 1 期。

④ See Gyles v. Wilcox, Barrow, and Nutt, (1740) 3 Atk 143; Tonson v. Walker, (1752) 3 Swans (App) 762; Millar v. Taylor, (1769) 98 ER 201.

⑤ 参见《伯尔尼公约》第 9 条第 2 款及第 10 条。《伯尔尼公约》全文可见于世界知识产权组织网站，http://www.wipo.int/treat-ies/en/ip/berne/tr-tdocs_wo001.html#P140_25350。

⑥ 《罗马公约》第 15 条规定，任何缔约国可以依其国内法律与规章，在涉及下列情况时，对本公约规定的保护作出例外规定:(甲)私人使用;(乙)在时事报道中少量引用;(丙)某广播组织为了自己的广播节目利用自己的设备暂时录制;(丁)仅用于教学和科学研究之目的。《罗马公约》全文可见于世界知识产权组织网站，http://www.wipo.int/treaties/en/ip/rome/trtdocs_wo024.html#P132_12542。

⑦ TRIPS 协议第 13 条明确规定了《伯尔尼公约》规定的“三步检验标准”:全体会员均应将专有权的限制或例外局限于一定特例中，该特例应不与作品的正常利用冲突，也不应不合理地损害权利持有人的合法利益。

⑧ WCT 第 10 条第 1 款规定，缔约各方在某些不与作品的正常利用相抵触、也不无理地损害作者合法权益的特殊情况下，可在其国内立法中对依本条约授予文学和艺术作品作者的权利规定限制或例外。WCT 全文可见于世界知识产权组织网站，http://www.wipo.int/treaties/en/ip/wct/trtdocs_wo033.html#P83_10885。

⑨ WPPT 第 16 条第 1 款规定，缔约各方在其国内立法中，可在对表演者和录音制品制作者的保护方面规定与其国内立法中对文学和艺术作品的版权保护所规定的相同种类的限制或例外。WPPT 全文可见于世界知识产权组织网站，http://www.wipo.int/treaties/en/ip/wppt/trtdocs_wo034.html#P133_18440。

合理使用/合理交易大致表现为三种立法模式:(1) 美国所采用的模式,即不明文列举各种允许使用的情形,而是规定一系列可供考虑的法定因素加以判断是否构成合理使用;[10](2) 以英国为代表的大多数普通法系及欧洲大陆法系所采用的模式,即明文列举构成版权的例外和限制的各种情形;[11](3) 融合英国及美国模式之混合式,中国台湾地区"著作权法"[12]及最近修改的韩国《著作权法》[13]即采用该立法模式,即明文列举允许使用的各种情形(类似英国模式),同时也规定一系列在判断特定情形是否可构成合理使用时可供考虑的因素(类似于美国模式)。

本文通过考察世界各国所采纳的合理使用规则,对中国在立法改革中应当采取何种合理使用立法模式提出建议。本文第二部分讨论美国由一系列版权侵权案例中发展而来的合理使用原则,并分析如何运用四因素分析法加以判断合理使用的构成;[14]第三部分将聚焦于普通法系国家(比如英国和加拿大)、欧洲大陆国家(如德国和法国)的公平交易原则,分析其版权侵权案例中涉及的公平交易原则;第四部分将讨论中国著作权法律制度下关于著作权的例外和限制的规定,并考察中国法院审判的几则合理使用案例;第五部分则提出现行中国著作权法中的合理使用条款存在的问题,并且提出一系列将来立法改革中可供参考的建议。

二、美国法律关于合理使用的规定

(一)美国合理使用立法

根据美国《版权法》,合理使用是对版权人专有权利的一种限制。[15] 在版

⑩ See 17 U. S. C. § 107 (2000).

⑪ See U. K. 1 & 2 Geo. V, c. 46, Section 2(1) (i).

⑫ 中国台湾地区"著作权法"第44—63及第65条规定,为立法或行政目的、教育目的等特殊情况下使用他人著作,可认定构成合理使用。另外,该法也规定了类似于美国的四大分析因素。该法全文可见于中国台湾地区"经济部智慧财产局"网站,http://www.tipo.gov.tw/en/AllInOne_Show.aspx?path=2557&guid=26944d88-de19-4d63-b89f-864d2bd2dac&lang=en-us。

⑬ 最近提出的韩国《著作权法修正案(草案)》,建议在《著作权法》第23条至35条及101-3条至101-5条列举的各种可构成合理使用的情形之外新增条文,即第35条第2款"作品的合理使用",也包括类似于美国的四大分析因素。资料来源:http://eng.copyright.or.kr/law_01_01.html。

⑭ See 17 U. S. C. §107(2000).

⑮ See 17 U. S. C. §107(2000). 此外,美国版权法也规定了针对教育机构、图书馆、档案馆及博物馆,复制档案馆收藏作品、为残疾人复制版权作品的特定例外。See 17 U. S. C. § 108—112, 117, 119, 121—122.

权侵权诉讼中，被告须将合理使用作为一种积极抗辩。[16] 该原则源于在 Gyles v. Wilcox, Barrow, and Nutt 案中对英国第一部版权法案即《安妮法》所作出的司法解释。[17] 1841 年，Story 大法官在 Folsom v. Marsh 一案的审判意见中引用了这些英国案例，并将“合理使用”这一概念引入了美国《版权法》。[18] 后来，1976 年《版权法》编入了合理使用条款，即《美国法典》第 17 编第 107 条。[19]

《版权法》第 107 条由三部分组成：(1) 前言部分，将对版权作品的合理使用界定为版权人专有权利的一种例外，并且为阐释之需要而列举了几个非排他性的允许使用的例子，如“批评、评论、新闻报道、教学(包括为课堂使用而进行的多份复制)、学习及研究”[20]。(2) 列举在判断特定情形是否可构成合理使用时必须考虑的四大因素。[21] (3) 1992 年关于未出版书籍的补充规定。[22] 在判断某一具体使用是否合理时，第 107 条并不能自动适用。在每个特定的合理使用案件中，都需考虑四大因素。

(二) 四大因素平衡标准

1. 使用的目的和性质

第 107 条所列的第一个因素是“使用的目的与性质，包括该使用是商业性使用或是基于非营利性教育目的之使用”[23]。总体上说，与非营利性教育目的相比，若某种使用为商业性使用，则往往不利于合理使用的认定。[24] 然而在大多案例中，如何区分“充满贪欲的商业性使用”[25]与“具有启发意义的利他的

---

⑯ See Campbell v. Acuff-Rose Music, Inc., 510 U.S. 569, 590 (1994); Harper & Row, Publishers, Inc. v. Nation Enters Prises, 471 U.S. 539, 561 (1985); Video Pipeline, Inc. v. Buena Vista Home Entm't, Inc., 342 F.3d 191, 197 (3d Cir., 2003).

⑰ See Gyles v. Wilcox, Barrow, and Nutt, (1740) 2 Atk 141.

⑱ See Folsom v. Marsh, 9 F. Cas. 342 (C. C. D. Mass., 1841) (No. 4901). See also R. Anthony Reese, The Story of Folsom v. Marsh: Distinguishing Between Infringing and Legitimate Uses, in Intellectual Property Stories 259 (Jane C. Ginsburg & Rochelle Cooper Dreyfuss eds., 2006).

⑲ 17 U.S.C. § 107 (2000).

⑳ Id.

㉑ Id.

㉒ 即 Act of Oct. 24, 1992, Pub. L. No. 102—492, 106 Stat. 3145。该补充规定规定：“作品尚未出版这一事实本身并不影响合理使用的认定，若该认定是考虑上述因素而作出的。”

㉓ 17 U.S.C. § 107 (2000).

㉔ See Harper & Row Publishers v. Nation Enterprises, 471 U.S. 539, 105 S. Ct. 2218 (1985), at 14.

㉕ See Salinger v. Random House, Inc., 650 F. Supp. 413. 425 (S. D. N. Y. 1986), revised, 811 F.2d 90 (2d Cir., 1987), cert. denied, 484 U.S. 890 (1988).

使用"并不容易。[26] 正如 Nimmer 所说：教科书出版商和专事诽谤的小报出版商一样都追求利润，而一名以其学术研究赚钱的严肃学者也不应因此被鄙视从而无法受到法律保护。[27]

（1）商业性使用

早前的案例中，法院在解释 1976 年《版权法》时认为对版权作品的商业性使用应被推定不合理，判定商业性使用不构成合理使用。在 Sony Corp. of America v. Universal City Studios[28] 一案中，Betamax 录像机被用以为在家庭中"改变观看时间"而录制电视节目。最高法院将"改变观看时间"认定为"非商业性使用"，并在其附带意见中指出："任何版权作品的商业性使用均应推定为不合理的"[29]。

然而，后来的 Campbell v. Acuff-Rose Music[30] 一案否定了这一用以判断合理使用的明确标准。在 Campbell 一案中，被告是一个名为 2 Live Crew 的乐队，其因对 Roy Orbinson 的歌曲《漂亮女人》进行了"滑稽模仿"而遭版权侵权诉讼。第六巡回法院推翻了初审法院的意见，认为根据 Sony 案提出的推定原则，该乐队的行为不构成合理使用。[31] 然而，最高法院推翻了这一判决并指出：某项作品的商业性质并不应是决定性的。[32] 该法院认为："非营利性的教育使用不一定免于侵权之构成，同样地，商业性使用也未必不能构成合理使用。"[33]结合以上两个判例，可将《版权法》第 107 条所列的第一个因素即"使用的目的与性质，包括该使用是商业性使用或是基于非营利性教育目的之使用"作一小结：第一，商业性使用应推定为不合理。第二，既然是"推定"，就可被相反事实推翻，即"商业性使用"不是判断是否构成合理的绝对条件。如果事实证明，被告的行为虽具商业性目的，但符合第 107 条规定的"使用的目的与性质"，也不能认为不合理。个案审判中，商业性使用仍作为推定不合理的首要考虑，而不是在考虑是否合理时完全不予考虑的因素，因此，商业性使用

---

[26] See Salinger v. Random House, Inc., 650 F. Supp. 413. 425 (S. D. N. Y. 1986), revised, 811 F. 2d 90 (2d Cir., 1987), cert. denied, 484 U. S. 890 (1988).

[27] See Melville B. Nimmer & David Nimmer, Nimmer on Copyright, § 3.05 The Defense of Fair Use (2009) at 3, quoting cases Salinger v. Random House, Inc., 650 F. Supp. at 425 and Sunderman v. Seaja Society, Inc., 142 F. 3d 194, at 202—203 (4th Cir., 1998).

[28] See Sony Corp. of America v. Universal City Studios, 464 U. S. 417, 104 S. Ct. 774 (1984).

[29] Id., at 451.

[30] See Campbell v. Acuff-Rose Music, 510 U. S. 569, 114 S. Ct. 1164 (1994).

[31] See Campbell v. Acuff-Rose Music, 972 F. 2d 1429 (6th. Cir., 1992).

[32] See Campbell v. Acuff-Rose Music, 510 U. S. 569, 114 S. Ct. 1164 (1994), at 581.

[33] Id., at 584.

的认定仍然更有利于原告。

在 Harper & Row Publishers v. Nation Enterprises 一案[34]中,联邦最高法院对商业性使用和非营利性使用作出如下区分:“区分标准不在于使用者是否将营利作为唯一动力,而在于其是否通过不支付惯常费用而从版权作品中获利。”[35]换言之,不论被告是个人还是机构,只要法律规定需要支付惯常费用而未支付的,如个人从互联网下载音乐,本应支付费用,但未支付,即被视为商业性地利用了版权作品。

(2) 转换性使用

在 Campbell v. Acuff-Rose Music 一案中,最高法院将“转换性使用”[36]定义为“该新作品仅仅是代替了原有的独创性内容,还是增加了新的用途或者特色”[37]。法院指出,“创作转换性作品总体上说和版权法的宗旨相一致”[38],因而得出如下结论:“新作品越具转换性,其他不利于合理使用的认定的因素(如商业性使用)意义越小”[39]。

再谈谈滑稽模仿,法院认为,滑稽模仿若在创作新作品过程中“有明显的转换性价值”且“通过评论先前作品而有利于社会”,则与其他评论、批评一样,可根据《版权法》第 107 条主张构成合理使用。[40] 联邦法院将滑稽模仿定义为:“使用原先作者的创作成分创作出新作品,该新作品至少有一部分构成了对原先作者作品的评论。”[41]因此,法院确认 2 Live Crew 的新创歌曲包含滑稽模仿所需的批评性要素,因而属于滑稽模仿。[42]

尽管联邦法院在审理 Campbell 案中并未指出所有的滑稽模仿均属合理使用,[43]但在之后的许多滑稽模仿案件中,法院均将滑稽模仿认定为合理使

---

[34] See Harper & Row Publishers v. Nation Enterprises, 471 U.S. 539, 105 S. Ct. 2218 (1985).

[35] Id., at 14.

[36] “转换性使用”这一术语源自 Leval, Toward a Fair Use Standard, 103 Harv. L. Rev. 1105, 1111 (1990)。

[37] Campbell v. Acuff-Rose Music, 510 U.S. 569, 114 S. Ct. 1164 (1994), at 579.

[38] Id.

[39] Id.

[40] Id.

[41] Id., at 580.

[42] Id., at 582.

[43] Id., at 581.

用。[44] 比如,在 Suntrust Bank v. Houghton Mifflin Co. 一案[45]中,原告对小说《风逝》(Wind Done Gone)的出版提起诉讼,该小说运用了《飘》中大量人物、背景,但以奴隶而非奴隶主的视角叙事。第十一巡回法院引用 Campbell 案,认为小说《风逝》是对《飘》"关于奴隶制及黑人白人之间关系的描写所作的特定批评、驳斥"[46],因此,《风逝》应当被认定为受法律保护的滑稽模仿,并且撤销了地区法院作出的禁止出版的禁令。

2. 版权作品的性质

法院在分析此因素时考虑的是:被使用的作品是描述事实的还是虚构的,该作品是已出版还是尚未出版。

(1) 描述事实的或是虚构的

总体上说,创造性越强的作品享受越多的法律保护。必须肯定的是,一部作品首先需具备受版权保护所需的独创性,然后才能进一步分析是否构成合理使用。这里所说的独创性标准高于判断是否应当受版权保护时运用的独创性标准。[47]法院在审判 Campbell 一案时指出,判定合理使用的第二项因素"让人认识到某些作品比其他作品更接近版权保护的核心意义,因此复制这些作品的行为较难被认定为构成合理使用"[48]。根据上述原则,虚构作品更具创造性,因而较难认定为合理使用,而描述事实的作品因创造性、独创性较弱,认定为构成合理使用的可能性较大。

但若存在转换性使用,则被使用的版权作品究竟是虚构的还是事实性的并不影响合理使用判断。比如:

法院在审理 Campbell 一案时指出,第二项因素"作用不大"或者"在滑稽模仿案件中,对于区分何为合理使用、何为侵权行为作用不大,因为一般滑稽模仿都针对那些人尽皆知的、富有表现力的作品"[49]。

另外,在 Bill Graham Archives v. Dorling Kindersley Ltd. 一案中,法院也作

---

[44] See Pamela Samuelson, When World Collide: Intellectual Property at the Interface Between Systems of Knowledge Creation: Article: Unbundling Fair Uses, 77 Fordham L. Rev. 2537 (2009). 该文引用了过去十年间多起关于滑稽模仿是否构成合理使用的案例。

[45] See Suntrust Bank v. Houghton Mifflin Co., 268 F. 3d 1257, 1267 (11th Cir., 2001).

[46] Id.

[47] See Melville B. Nimmer & David Nimmer, Nimmer on Copyright, § 3.05 The Defense of Fair Use (2009), at 11. Cf. Campbell v. Acuff-Rose Music, 510 U. S. 569, 114 S. Ct. 1164 (1994); Monster Communications, Inc. v. Tuner Broadcasting Sys., Inc., 935 F. Supp. 490, 494 (S. D. N. Y. 1996).

[48] Campbell v. Acuff-Rose Music, 510 U. S. 569, 114 S. Ct. 1164 (1994).

[49] Id., at 586.

了类似的评论:“然而,我们承认,在转换性使用创造性作品的情形下,第二项因素的作用有限”[50]。

(2) 尚未出版的作品

在 Harper & Row Publishers v. Nation Enterprises 一案[51]中,联邦最高法院指出:“尚未出版”这一状态对一部作品来说是“其‘性质’的关键因素”[52],且“对于尚未出版的作品来说,成立合理使用的范围较窄”[53]。法院认为:“通常情况下,作者决定其尚未传播的作品何时首次公开的权利比使用者提出的合理使用抗辩更为重要。”[54]因此,法院判定“尚未出版”这一因素是不利于被告的。Brennan 大法官在其不同意见中指出,上述表述“将否定出版前存在合理使用的绝对化推定引入了本案分析”[55]。在之后的一系列案件中,将“尚未出版”作为否认合理使用成立的因素之一的这一明确规则得以适用。[56] 1992 年美国国会出台修正案[57],规定:“某作品尚未出版这一事实本身并不影响合理使用的认定,只要这一认定是在考虑上述所有因素的基础上作出的。”

3. 被使用部分的数量和质量

考虑此因素不仅仅需要定量分析,也需进行实质性的定性分析。有时,从数量上说仅使用了版权作品的很小部分,但由于使用的部分是该版权作品的核心内容,法院仍判定该使用不合理。有时,被告复制了整个版权作品,而法院认定该使用是转换性使用,而且使用的数量为实现这种转换性目的所必须,从而作出支持被告的判决。[58]

在 Harper & Row Publishers v. Nation Enterprises 一案中,作为被告的 Nation 公司仅引用了 Ford 创作的 20 万字的传记中的 300 字,法院通过定性分

---

[50] Bill Graham Archives v. Dorling Kindersley Ltd. ,448 F. 3d 605(2d Cir. , 2006) , at 612.

[51] Id. , at 546.

[52] Id. , at 564.

[53] Id.

[54] Id. , at 555.

[55] Id. , at 595(Brennan, J. , dissenting.).

[56] See Wright v. Warner Books, Inc. , 953 F. 2d 731 ,737(2d Cir. ,1991) ;New Era Publ'ns International v. Henry Holt & Co. ,Inc. ,873 F. 2d 576 ,583(2d Cir. ,1989) ; Ass'n of Am. Med. Colls. v. Carey, 728 F. Supp. 873 ,885(N. D. N. Y. 1990).

[57] 即 Fair Use of Unpublished Works, Pub. L. No. 102—492 ,106 Stat. 3145(1992) ,后来被编入《美国法典》第 17 编第 107 条。

[58] 即使不存在转换性使用,复制整个版权作品也可能构成合理使用。See Sony Corp. of America v. Universal City Studios ,464 U. S. , at 449—450 ,104 S. Ct. , at 2232. 法院判定,为家庭观看而复制整个电视节目和通常复制整个版权作品的后果不同,并不妨碍合理使用的认定。

析,判定 Nation 公司使用了“该书的核心部分”,[59]从而对“被使用部分的数量和质量”这一因素作出了不利于被告的认定。另外,有时即使被告复制了整个作品,但其若能证明是为了新的目的而使用,法院仍然可能在该因素的认定上支持被告。

在 Bill Graham Archives v. Dorling Kindersley Ltd. 一案[60]中,被告在其记叙 Grateful Dead 乐队历史的书上使用了 Bill Graham Archives 享有版权的演唱会海报,法院判定被告该行为不承担版权侵权责任。第二巡回法院指出,被告在其书中以缩略图形式使用了七幅海报,并将其作为书中时间表的一部分,是为了纪念 Grateful Dead 的演唱会,而且这种使用是以缩小的方式复制的,因此该使用对于原告的版权作品来说“影响不大”[61],进而判定该使用为实现转换性目的所必须,是合理的。[62]

4. 该使用对于市场的影响

版权法的意义在于为作者创作提供经济动力。因此,未经许可而使用版权作品的行为若减少了版权人的收益,则可能被认定为不合理。然而,法院区分了版权人收益减少的两种不同情形:被告通过滑稽模仿等方式对原告的作品进行批评,从而造成原告的作品需求量减少;侵损原告现有市场及潜在市场的利润。在 Campbell 一案中,法院认为“意在批评的滑稽模仿作品,比如用语刻薄的戏剧评论,可能减少了原作的现有市场需求,但这并不构成版权法意义上的损害”[63],从而判定被告不应对原告可能遭受的现有市场损失承担责任。在 Basic Books v. Kinko's Graphics Corp. 一案[64]中,法院认为被告复制课程讲义并向大学生售卖的行为很可能会减少内容完整的书籍的购买需求,因而损害原告售卖内容完整的书籍的现有市场,也损害了原告收取许可费的潜在市场。因此,法院作出了不利于被告的认定。[65]

(三)数字环境下的合理使用案例

近几年有不少涉及互联网的合理使用案例。在这些案例中,搜索引擎为

---

[59] See Harper & Row Publishers v. Nation Enterprises, 471 U.S. 539, 105 S. Ct. 2218 (1985), at 565.

[60] See Bill Graham Archives v. Dorling Kindersley Ltd., 448 F.3d 605 (2d Cir., 2006).

[61] Id., at 13.

[62] Id., at 17—18.

[63] Campbell v. Acuff-Rose Music, 510 U.S. 569, 114 S. Ct. 1164 (1994), at 591—592.

[64] See Basic Books v. Kinko's Graphics Corp., 758 F. Supp. 1522 (S.D.N.Y. 1991).

[65] Id.

了索引方便或者使公众更易获取作品信息,可能会对整个作品进行复制。典型情形就是这些互联网搜索引擎利用网页抓取程序获取版权作品的复制件,以便用户更快访问,对版权内容进行处理以对内容进行索引及制作链接至原始网站的缩略图、缩略展示。[66] 美国法院根据四因素分析法,通常将这些行为认定为合理使用。

1. Kelly v. Arriba Soft Corp. 案[67]和 Perfect 10, Inc. v. Amazon. com, Inc. (2007)案[68]

在 Kelly v. Arriba Soft Corp. 一案中,作为被告的 Arriba Soft 经营一家图片搜索引擎。该搜索引擎以缩略图的形式显示搜索结果。用户在点击 Arriba 提供的缩略图后,可在 Arriba 网页上通过新窗口观看完整尺寸的图像。[69] 原告 Leslie Kelly 是一名商业摄影师,其就使用缩略图和完整图像对被告提起版权侵权诉讼。[70]

地区法院认定使用缩略图和完整图均构成合理使用,因此同意了 Arriba 提出的简易审判请求。[71] 第九巡回法院确认了地区法院对于缩略图的认定,但推翻了地区法院对于完整图的认定,理由是该认定不应当在当时诉讼阶段作出。[72]

该案中,第九巡回法院运用四因素分析法,认定 Arriba 制作缩略图的行为构成合理使用。对于目的因素,法院认为制作缩略图以供预览,而并不能以与原图相同的像素观看图像,因而构成实质上的“转换性”。[73] 另外,法院判定

---

[66] See Pamela Samuelson, When World Collide: Intellectual Property at the Interface Between Systems of Knowledge Creation: Article Unbundling Fair Uses, 77 Fordham L. Rev. 2537(2009), at 26.

[67] See Kelly v. Arriba Soft Corp., 336 F. 3d 811 (9th Cir., 2003).

[68] Perfect 10, Inc. v. Amazon. com, Inc., 508 F. 3d 1146(9th Cir., 2007). 该判决修改了第九巡回法院上诉庭的判决(487 F. 3d 701(9th Cir., 2007))。

[69] Arriba 的软件有两大特点,即抓取和内嵌式链接。第一,运用抓取软件下载完整尺寸的图像至 Arriba 服务器。该程序继而用这些复制件制作图像的缩略图。缩略图制作完成后,该程序将完整尺寸的图像从服务器删除。第二,Arriba 的软件第二个功能于用户双击缩略图时发生作用。这些缩略图上添加了内嵌式链接,链接至完整尺寸的原始图像,缩略图旁有图像尺寸、指向原始网站的链接、Arriba 标语及广告。第九巡回法院仅认定缩略图为合理使用。对于完整尺寸的图像是否构成合理使用的问题,则发回地区法院进一步审理。

[70] Kelly v. Arriba Soft Corp., 336 F. 3d 811 (9th Cir., 2003), at 815.

[71] Id.

[72] Id., at 817. 法院基于如下理由作出该认定:原被告双方均未针对完整尺寸的图像的版权侵权问题提出简易审判的动议,且 Arriba 并没有机会主张这些图像的侵权问题证据确凿,因而法院不能在双方均未提出的情况下对某争议进行简易审判。据此,法院推翻了地区法院对“完整尺寸图像”的审判意见并发回重审。

[73] Id., at 819.

Arriba 制作这些缩略图的目的在于“提高这些图片的网络点击率”[74]而并非在于“取代”Kelly 创作的摄影作品所赋予消费者的审美体验。[75] 据此,法院在第一项因素的认定上支持被告。

关于使用作品的性质这一因素,法院认为尽管被复制的作品具有高度创造性,但由于 Kelly 已经在其网页上发布了这些照片,这就降低了照片的创造性程度。因此,法院在这一因素的认定上相对而言较为支持原告。[76]

关于被使用部分的数量和质量这一因素,法院既不支持原告也不支持被告。原因在于,法院认为尽管被告对整个作品进行了复制,但该等复制行为“对于用户辨识这些图片,并据此决定是否搜寻关于该图片及原始网页的相关信息来说是必须的”[77]。

关于最后一项因素,即该使用对潜在市场的影响,法院认为制作这些缩略图非但不会减少对原始作品的市场需求,反而有助于使更多的用户发现 Kelly 的摄影作品从而能向 Kelly 或其被许可人购买这些作品。[78] 权衡上述四大因素,法院判定 Arriba 不应承担版权侵权责任。

与 Kelly v. Arriba Soft Corp. 案相似,在 Perfect 10, Inc. v. Amazon. com, Inc. (2007)案中,法院作出了相同的判决。在该案中,原告为 Perfect 10(一家提供订阅服务的成人杂志网站),其以直接侵权、间接版权侵权起诉 Google,理由是 Google 从未经许可就发布原告要求支付订阅费的图片的网站抓取原告版权所有的图片,并对这些图片进行缓存,制作缩略图。[79]

对于 Google 制作缩略图这一行为,第九巡回法院推翻了地区法院的判决,其根据四因素分析法认定 Google 的行为构成合理使用。针对使用目的这一因素,法院援引了 Kelly 案,认为 Google 使用缩略图的目的与“Perfect 10 所追求的目的有着本质的区别”[80],且“明显有利于公众”[81],从而判定 Google 使

---

[74] Kelly v. Arriba Soft Corp. ,336 F.3d 811 (9th Cir. ,2003), at 819.

[75] Id. , at 820. 法院在审理中确认了如下事实:若用户放大这些缩略图,则图像清晰度下降。据此,法院确信这些缩略图并不能替代消费者对原始照片的需求。

[76] Id.

[77] Id. , at 821.

[78] Id. 经查明,Kelly 并不存在缩略图许可市场,因而法院判定 Arriba 制作缩略图并使用的行为并不会损害 Kelly 缩略图领域的潜在市场。

[79] Perfect 10, Inc. v. Amazon. com, Inc. ,508 F.3d 1146(9th Cir. ,2007). 原告诉称 Google 提供链接的行为构成间接侵权,而其复制作品从而制作缩略图的行为则构成直接侵权。

[80] Id. , at 15466.

[81] Id.

用缩略图的行为是极具“转换性”的。[82] 尽管Google基于商业性目的而使用缩略图且该等使用对原告的版权许可市场存在潜在危害,[83]但第九巡回法院仍然判定“Google搜索引擎所具备的转换性性质,尤其是对公众提供的利益,超过其使用缩略图的取代性目的及商业性目的”[84],从而在这一因素的认定上强烈支持作为被告的Google。

针对版权作品的性质这一因素,法院认定原告的作品极具创造性,但由于其已在网络上发布,即使被告行为不存在,公众亦可登陆原告网站获得原告作品。鉴于这一背景,法院在考虑版权作品性质这一因素时略微偏向原告。[85]

针对使用数量这一因素,法院再次引用Kelly案,认为该等使用为实现转换性目的所必须,是合理的,因而在该因素的认定上,法院既不支持原告,也不支持被告。[86]

对于最后一项因素,法院认为原告的主张,即“Google对其缩略图市场造成了潜在危害”,仅仅是“假想”。因此,对于该因素,法院既不支持原告,也不支持被告。[87] 总而言之,第九巡回法院判定Google的行为构成合理使用。

2. Google图书馆计划

2004年末,Google与几家检索图书馆合作,启动了图书检索图书馆计划,该计划宣称将把上百万册书籍扫描进入网络数据库,以供读者检索,并向读者提供这些图书的完整内容(若该作品已经进入公共领域)或者图书摘录。[88]不到一年,作者及出版商代表已就大规模的版权侵权对Google提起诉讼,其诉称Google将书籍扫描进入图书检索数据库及提供检索结果的行为直接侵犯了版权人独享的复制权。[89]这些诉讼后来被合并为一起集体诉讼。[90]

原告(作者及出版商)声称,即使这些作品已经存在于相关大学的图书馆

---

[82] Perfect 10, Inc. v. Amazon. com, Inc., 508 F. 3d 1146(9th Cir., 2007), at 15466.

[83] Id., at 15471. 原告将其缩略图卖给手机厂商,可见原告拥有缩略图许可市场。

[84] Id.

[85] Id., at 15472.

[86] Id., at 15473.

[87] Id., at 15474.

[88] 最初五所合作机构为:哈佛大学、密歇根大学、纽约州公共图书馆、牛津大学及斯坦福大学。参与合作的机构目前已有所增长。目前合作机构列表可参见Google图书页面:http://books.google.com/googlebooks/library.html。

[89] See The Authors Guild, Inc., et al. v. Google Inc., No. 05-CV-8136 (S. D. N. Y); The McGraw-Hill Companies, Inc. v. Google Inc., No. 05-CV-8881(S. D. N. Y).

[90] Id.

中，或者经授权允许在 Google 图书搜索计划中使用，也不意味着版权人允许 Google 任意复制其作品或者在 Google 图书馆计划中使用该作品。虽然 Google 辩称扫描这些书籍并将其电子化的行为是帮助用户搜索到相关作品的必要步骤，但实际上，就此目的而言，Google 的行为是完全没有必要的。原告指出：Google 的根本目的是增加其网站流量及广告收入，“公众通过 Google 搜索获取书籍的电子版本，这会增加 Google 网站流量，从而提高网站广告价格”[91]。Google 持续不断的侵权行为窃取了出版商以数字化方式复制、存储、搜索及向公众发布其作品的商业机会，这将对出版商版权作品的潜在市场造成实质性的负面影响。[92] 此外，Google 要求出版商提供一份不愿意被收录到 Google 图书馆计划中的作品清单，但是每个出版商都已经明确告知 Google 未经允许不可复制、传播其作品，出版商也没有任何义务向 Google 提供更多信息。[93]

针对这些指控，Google 抗辩称：虽然其扫描了相关大学图书馆中的作品，但大部分作品已经进入公共领域，或者相关权利人已经丧失或放弃版权，因此扫描此类作品的行为并不构成侵权。[94]

对于其他尚未进入公共领域的作品，Google 以合理使用的理由进行了抗辩。[95] Google 援引 Kelly 案辩称，将版权作品转化为数字版并存入可供检索的网络数据库的行为极具转换性目的，[96]应当属于“转换性使用”，而且涉案的部分作品本身也不是原创作品。Google 只是通过页面链接将读者指引到销售该书的在线零售商网站，Google 本身并没有从中赚取一分钱利益，而且 Google 也没有在图书显示页面添加任何广告，[97]因此也不是商业性使用。针对使用质量及数量这一因素，Google 向用户显示作品搜索结果时，充分考虑了不同作品的版权保护状态。针对那些未经授权的版权作品，Google 会向公众提供一些出版信息，或者根据作品的类型至多再提供三英寸长甚至更短的摘要。[98] Google 进一步辩称，数据库及摘要并不会对原始作品市场造成损害，相反，该

---

[91] The Authors Guild, Inc. ,et al. v. Google Inc. , No. 05-CV-8136 (S. D. N. Y); The McGraw-Hill Companies, Inc. v. Google Inc. , No. 05-CV-8881(S. D. N. Y).

[92] Id.

[93] Id.

[94] Id.

[95] See Adam Mathes, The Point of Google Print, The Official Google Blog, Oct. 19, 2005, http://googleblog. blogspot. com/2005/10/point-of-google-print. html.

[96] Id.

[97] Id.

[98] See The Authors Guild, Inc. ,et al. v. Google Inc. , No. 05-CV-8136 (S. D. N. Y); The McGraw-Hill Companies, Inc. v. Google Inc. , No. 05-CV-8881(S. D. N. Y).

图书馆计划能更好地让用户发现自己感兴趣的书籍从而促进书籍的销售。[99] 基于以上几点理由，Google 认为自己的行为是“合理使用”，因而不需要得到版权人的允许。

2008 年 10 月 28 日，Google 和原告达成了 1.25 亿美元的和解协议，根据该协议，Google 可以继续推行其图书馆计划。[100] 该和解协议的公布引起各方关注，其中包括美国司法部[101]、美国版权办公室[102]、Google 的竞争对手等[103]。2009 年 11 月，双方修改了和解协议，将外国作品排除在和解协议的适用范围之外，并且删除了“最惠国条款”，根据该条款，Google 可确保获得最高的电子使用许可率。[104] 另外，新协议还修改了对孤儿作品的安排，孤儿作品即版权人较难或无法确定的版权作品。新协议规定，孤儿作品不受图书版权登记处之管辖，而是将其交由独立受托人管理。[105] 2009 年 11 月，纽约州南区联邦地方法院初步批准了该修改后的和解协议，并于 2010 年 2 月 18 日举办听证会以论证修改后的和解协议是否公正。[106] 目前 Google 图书馆计划案尚未终结。

从以上三个案件我们看到，第一，为判断被告行为是否适用合理使用规定，法院在运用《版权法》第 107 条规定的四因素时，第一因素“使用的目的与性质”往往是最关键的。第二，关于何为“使用的目的与性质”，判断的关键已从过去的“商业性使用”，逐渐转到“转换性使用”。第三，判断网络环境下是否属于合理使用，“转换性使用”扮演的角色尤其重要，但并不是唯一的考虑因素，而是在个案中综合考虑四个因素，这在前两个案例中已得到印证。第四，Google 图书馆计划案比较特殊，由于法院未作最后判决，美国司法界的意

---

[99] See Adam Mathes, The Point of Google Print, The Official Google Blog, Oct. 19,2005, http;//googleblog.blogspot.com/2005/10/point-of-google-print.html

[100] See Miguel Helft & Motoko Rich, Google Settles Suit over Book-Scanning, N. Y. Times, Oct. 28, 2008.

[101] 司法部建议法院驳回该和解协议，因为其认为该和解协议违反了美国反垄断法。更多内容可参见美国司法部网站：http://www.justice.gov/opa/pr/2010/February/10-opa-128.html。

[102] See Copyright Office Opposes Google Settlement, Orphan Works Issue Also Topic at Hearing, BNA's Patent, Trademark & Copyright Journal, 78 PTCJ 588.

[103] See Geoff Duncan, Amazon, Microsoft, Yahoo Take Stand Against Google Books, Digital Trends, August 21, 2009, http://www.digitaltrends.com/lifestyle/amazon-microsoft-yahoo-take-stand-aganist-google-books/.

[104] 修改后的和解协议可参见 Google 图书和解网站：http://www.googlebooksettlement.com/agreement.html.

[105] 同上。

[106] See Creg Sandoval, Judge in Google Books Case Says No Ruling Thursday, CNET News, Feb. 18, 2010, http://news.cnet.com/8301-31001_3-10455667-261.html.

见和态度不得而知。笔者认为,本案不同于Kelly案,前者被告有复制并上传(特别是复制)他人作品的行为,没有被告的行为,公众不可能获得原告的作品;而后者被告是以缩略图的形式显示搜索结果,即使被告行为不存在,公众亦可直接登陆原告网站获得原告作品。因此,虽然Google图书馆计划案中被告的其他行为如其所抗辩的,属于合理使用,但是在未经许可复制他人作品这一点上并非无懈可击。这也可能是被告愿以巨资和解的原因。

三、其他国家的合理使用/公平交易规则

以英国、加拿大为代表的普通法系国家及以德国、法国为代表的欧洲大陆法系国家在公平交易/合理使用的概念上虽然法律渊源不同,但也算是殊途同归,都盖指版权法的限制与例外规则,并以"明文列举式"的方式详细列明各种版权例外的情形。因此,公平交易规则被指过于限制性、缺乏灵活性。[107]

(一)英国

1. 立法情况

英国的公平交易规则源于英国法官造法的"合理删节摘录"原则,[108]后来被编入英国1911年《版权法》。[109] 1988年的《版权、外观设计与专利法》(CDPA)第三章将关于公平交易的条文命名为"关于版权作品经允许的行为"。[110]第29节、第30节规定的公平交易条款明文列举了如下几种允许使用的情形:

---

[107] See Justice Laddie, Copyright: Over-Strength, Over-Regulated, Over-Rated, 18 European Intellectual Property Review (1996), at 253, 258—259. See also Report of the Committee to Consider the Law on Copyright and Designs, 1977. 该报告建议英国应当采取一种概括式的合理使用抗辩,但该提议最终被立法机构否决。See Sing., (2004) 78 Hansard Parliamentary Debates 10 (Jayakumar) [Debate 2004] (S. Jayakumar,时任新加坡副总理兼律政部长,认为有必要摒弃过于限制性的英国模式)。

[108] See Gyles v. Wilcox, Barrow, and Nutt, (1740) 3 Atk 143. 在该案中,Hartwicke大法官判定:删节可以分为两类,即"true abridgement"和"coloured shortenings"。"true abridgement"体现了编者创作新作品所付出的努力,因而并不侵犯原作的版权。根据文学、法学专家阅读该案中重新装帧的书籍提出的意见,Hartwicke判定这些重新装帧的书籍不构成"true abridgement",而是企图规避法律的盗版行为。

[109] See U.K. 1 & 2 Geo. V, c. 46, Section 2(1) (i).

[110] 资料来源:http://www.opsi.gov.uk/acts/acts1988/ukpga_19880048_en_3#pt1-ch3-pb2-11g29。

研究及个人学习;批评及评论;时事新闻报道。[111]

根据英国法律,被告若主张其行为构成公平交易,则需举证说明具备以下三大要素:该等行为必须属于法律明文列举的允许使用的情形之列;该等行为需符合普通法标准所要求的合理性;若是为了评论、批评及时事新闻报道,则必须充分标明作者姓名。[112] 与美国法所采取的并不列明每种允许使用的情形的立法形式不同,英国的公平交易规则要求被告首先须证明其行为属于法律明文列举的情形之一,然后才可考虑该交易的“合理性”。

英国的公平交易规则中的“合理性”标准所需考虑的因素与美国判断合理使用的因素相类似。Hubbard v. Vosper 一案[113]“第一次界定了 1956 年《版权法》第 6 节规定的公平交易条款中的‘合理性’概念”[114]。审判 Hubbard 案的法院指出,某项交易是否合理是个事实问题,该特定案例的所有相关情形都应得到充分考虑。[115] 迄今为止,英国判例法已发展出如下几个用以判断某项交易之合理性的因素:作品的性质;[116]获取该作品的途径;[117]使用作品的数量;[118]使用

---

[111] 此外,CDPA 第 31 节列举了几项允许附带性包含版权作品的情形;第 32—36 节列举了几种基于教育性目的的使用;第 37—44 节是关于图书馆、档案馆的规定;第 45—50 节是关于公共管理的条款;第 51—53 节是关于外观设计的条款;第 54—55 节是关于字体的条款;第 56 节是关于电子版作品的条款;第 57—75 则是兜底条款;第 76 节规定了针对改编行为的抗辩。

[112] 须注意的是,以录音、电影、广播或有线电视节目形式报道时事新闻的,不需要标明作者姓名。参见 CDPA 第 30(3)节规定。

[113] See Hubbard v. Vosper, [1972] 1 ALL E. R. 1023, [1972] 2 W. L. R. 389(C. A.) [Hubbard cited to ALL E. R.]. 为符合国际版权法及技术发展,英国通过了 1956 年《版权法》,http://www.opsi.gov.uk/acts/acts1956/pdf/ukpga_19560074_en.pdf。

[114] Guiseppina D'Agostino, Healing Fair Dealing? A Comparative Copyright Analysis of Canada's Fair Dealing to U. K. Fair Dealing and U. S. Fair Use, (2008) 53 McGill L. J. 309, at 341. Citing Cary Jane Craig, Fair Dealing and the Purposes of Copyright Protection.

[115] See Hubbard v. Vosper, [1972] 1 ALL E. R. 1023, [1972] 2 W. L. R. 389(C. A.) [Hubbard cited to ALL E. R.], at 1027.

[116] 若某作品尚未发表,则该因素的认定不利于被告。See Hyde Park Residence Ltd. v. Yelland, [2000] EWCA Civ 37, [2000] 3 W. L. R. 215.

[117] 若某人窃取或违反保密协议获取作品,则该等使用较难被认为具有合理性。See Beloff v. Pressdram Ltd. (1972), [1973] 1 ALL E. R. 241, at 264.

[118] 该因素的判断与美国所采用的方式相似。换言之,总体上说使用的数量越少,则越容易构成合理使用。然而,法院也可能认定复制整部作品的行为是合理的。

目的;[119]该使用对市场的影响;[120]该交易是否存在其他选择。[121]

2. 英国的公平交易案例

(1) Pro Sieben Media AG v. Carlton U.K. Television Ltd. (1998)

在Pro Sieben一案中,原告(一家德国电视公司)起诉被告(一家英国电视台)侵犯其版权,原因是被告在未经许可的情况下在其一档节目中使用了原告版权所有的30秒的节目片段。[122] 被告这一节目旨在批判有偿新闻。[123] 在播放该原告节目片段时,画面右下角以明显的方式显示该节目名称,画面右上方则以相对不明显的方式显示原告的标志(造型化的数字7)。[124]

初审法院驳回了被告的主张,即使用该片段是出于1988年《版权、外观设计与专利法》第30(1)(2)节规定的批评、评论及新闻报道的目的。[125] 另外,法官判定在节目中显示原告的商标标志的做法并未充分标明作者姓名。[126] 最终法官总结如下:即使该使用确属第30(1)及/或(2)节规定的情形,综合该案情形而言,该使用并不具备合理性,因此被告应当承担版权侵权责任。[127]

上诉法院推翻了初审法院的判决,认为批评或评论及时事新闻报道这一表达的范围是"宽泛且不确定的",应当予以"自由地"解释,[128]从而判定该案中使用版权作品的行为属于第30(1)及/或(2)节规定的范围。关于该行为的合理性,法院根据该片段较短(仅30秒),且并未使用被采访者说的话以及并不存在影响原告行使其权利的不正当竞争,得出该使用是合理的结论。[129] 关于是否标明作者姓名这一要素,上诉法院认为被告节目中显示原告的商标标志即可认为充分标明了作者的姓名,"尤其是在电视节目的作者将标志作为自我识别的惯常方式的情况下"[130]。总而言之,上诉法院推翻了初审法院的

---

[119] 该因素考虑的是该等使用是出于商业性目的、转换性目的抑或是利他性目的。See Newspaper Licensing Agency Ltd. v. Marks & Spencer PLC,[1999] R.P.C. 536,[1999] E.M.L.R. 369(C.A.); Hyde Park Residence Ltd. v. Yelland, [2000] EWCA Civ 37,[2000] 3 W.L.R. 215, at para. 36; Pro Sieben Media AG v. Carlton U.K. Television Ltd.,[2000] E.C.D.R. 110.

[120] 若该作品可代替原作,则较难成立公平交易。

[121] 若该交易存在其他选择,则较难成立公平交易。

[122] See Pro Sieben Media AG v. Carlton U.K. Television Ltd.,[2000] E.C.D.R. 110, at 3.

[123] Id.

[124] Id., at 4.

[125] Id.

[126] Id.

[127] Id.

[128] Id., at 7—8.

[129] Id., at 10.

[130] Id.

判决,并判定被告的行为构成公平交易。

(2) Ashdown v. Telegraph Group Ltd. (2001)

在 Ashdown 一案中,Ashdown(一位政要)起诉一家英国日报侵犯其版权,理由是被告发表了 Ashdown 与总理召开的关于悬而未决的英国新政府组成的会议的机密会议记录。[131] 初审法院判定被告应承担版权侵权责任并且通过了 Ashdown 提出的禁令请求。随后被告上诉。

上诉法院援引 Pro Sieben 一案中对"时事"的宽泛解释,认定该案中被告使用版权作品是出于《版权、外观设计与专利法》第 30 节规定的"新闻报道需要"。[132]

在分析该使用的合理性时,法院并不依据判例法发展出的一系列开放性标准,而是按如下先后顺序列出一系列可供考虑的不同层次的因素:第一,商业竞争性,即该新作品是否与版权人利用版权作品形成商业性竞争关系。[133] 第二,是否已出版,即该作品是否已出版或已向公众公开。若尚未,则较难成立公平交易,尤其是在通过泄密及其他不正当手段获得该作品的情况下。[134] 第三,使用作品的数量及使用部分的重要性。[135]

关于最重要的因素,即是否存在商业竞争性,上诉法院认为复制部分"使得该事件的描写更为生动"且"使得该文章更吸引读者",因而增加了该报纸的商业价值。[136] 更重要的是,上诉法院确认了有证据可以表明会议记录在被告报纸上的发表损害了 Ashdown 计划发行的调查报告的价值,事实也确实如此。[137]

关于次重要的因素,即是否已发表,上诉法院认定被告复制的内容从未发表且被告以侵犯机密的方式获取该内容,因而对该因素作出了不利于被告的认定。[138]

关于使用作品的数量及使用部分的重要性这一因素,上诉法院同意初审法院的认定,即"复制了会议记录的很大部分",因而对该因素也作出了不利于被告的认定。权衡上述因素,上诉法院同意初审法院的审判决定,驳回了

---

[131] See Ashdown v. Telephone Group Ltd. ,2002 [E. S. D. R] 32.

[132] Id. , at 13.

[133] Id. , at 14.

[134] Id.

[135] Id. , at 15.

[136] Id.

[137] Id.

[138] Id.

被告的上诉。

(二)加拿大

1. 立法情况

公平交易条款于1921年首次规定于《加拿大版权法》[139],此后经历了两次修改。[140] 效仿英国法,《加拿大版权法》规定基于以下目的使用版权作品为公平交易,不构成版权侵权:研究或个人学习、批评或评论及新闻报道。[141]《加拿大版权法》也规定了美国版权法为教育机构及图书馆、档案馆、博物馆、复制档案馆馆藏作品及为残疾人复制版权作品所设立的特定版权例外情形。[142]

传统上,加拿大一般将公平交易作为版权侵权的一项抗辩事由。与英国一样,被告必须举证说明以下三点:该等行为必须属于法律明文列举的允许使用的情形之列;[143]该等行为具有合理性,该合理性的判断标准与美国判断合理使用的因素类似;若是为了评论、批评及时事新闻报道,则必须充分标明作者姓名。[144] 然而,加拿大最高法院对 CCH Canadian Ltd. v. Law Society of Upper Canada (2004)案作出的意见一致的判决可以说改变了上述传统。该案中,法院指出公平交易应被看做"版权法的组成部分,而非仅仅作为抗辩事由"及"使用者之权利"。[145] 因此,法院将使用者之权利提升到其他权利之上,从而扩展了合理使用的范围。

2. 相关案例

在 CCH 一案中,原告(出版社)起诉被告(法律协会)侵犯版权,理由是被告在未经许可的情况下向律师等提供审判意见、案例摘要、立法及规则之复印件,以支持其包括为客户提供建议、给出法律意见、起草司法文书及代理案子等在内的营利性活动。

---

[139] 参见《加拿大版权法》, S. C. 1921, http://laws. justice. gc. ca/eng/C-42/index. html。

[140] See North American Free Trade Agreement Implementations Act, S. C. 1993, C. 44, S. 64 (1); An Act to Amend the Copyright Act, S. C. 1997, C. 24, S. 18.

[141] 参见《加拿大版权法》(S. C. 1921)第29节。

[142] 参见《加拿大版权法》(S. C. 1921)第29.4节至30.4节、第32节。

[143] 参见《加拿大版权法》(S. C. 1921)第29节。

[144] See Guiseppina D'Agostino, Healing Fair Dealing? A Comparative Copyright Analysis of Canada's Fair Dealing to U. K. Fair Dealing and U. S. Fair Use, 53 McGill L. J. 309, at 319.

[145] See CCH Canadian Ltd. v. Law Society of Upper Canada (2004) SCC 13, [2004] 1 S. C. R. 339, 236 D. L. R. (4th) 395, at para. 48.

(1) 第29节规定的版权例外

对于律师从事营利性的法律业务而展开的研究是否属于《加拿大版权法》第29节所列的版权例外情形这一问题,法院认为应对第29节作较为自由的解释,并指出"不应过于限制性地解释"第29节。据此,应当对"研究"作出"宽泛而自由的解释以确保使用者的权利不过分受限",且对其解释"不应仅限于非商业性目的或者个人使用的情形"。因此,法院认为律师开展的研究活动属于第29节规定的情形,不属于侵权行为。

对第29节规定的版权例外情形之一"研究"作出如上宽泛解释与在其他先前案例中对公平交易作出的限制性解释存在尖锐冲突。在Michelin-Michelin & Cie v. National Automobile, Aerospace, Transportation and General Workers Union of Canada(CAW-Canada)一案[146]中,米其林轮胎公司起诉一家劳工组织侵犯其版权,理由是被告在劳工纠纷中分发的传单上使用了米其林男人标志。被告辩称使用该标志属于滑稽模仿,应当属于《加拿大版权法》第29.1节规定的版权侵权例外情形之一,即基于批评目的。然而,法院驳回了这一主张,判定根据《加拿大版权法》,滑稽模仿并非版权侵权的例外情形,而且滑稽模仿并不同于批评。法院进而指出应当严格解释版权侵权例外情形,且《加拿大版权法》规定了全面详尽的可构成公平交易的各种情形。[147]

(2) 交易的合理性

在CCH案中,法院援引Hubbard一案,运用六大因素判断该交易是否具有合理性:该交易的目的(及其商业性质)[148]、交易的性质[149]、交易的数量[150]、作

---

[146] See Compagnie Général des Établissments Michelin-Michelin & Cie v. National Automobile, Aerospace, Transportation and General Workers Union of Canada(CAW-Cananda)(1996),[1997] 2 F.C. 306,124 F.T.R. 192(F.C.T.D).

[147] Cited from Bishop v. Stevens,[1990] 2. S.C.R. 467, at 483—484,72 D.L.R.(4th)97, 31 C.P.R.(3d)394.

[148] 法院将考察该交易的目的是否属于《加拿大版权法》第29节规定的允许使用的情形。See CCH Canadian Ltd. v. Law Society of Upper Canada (2004) SCC 13, [2004] 1 S.C.R. 339, 236 D.L.R. (4th) 395, at para. 54.

[149] 若大量发行复制品,则较难被认定为合理。但若仅提供一份复制品,则较易被认定为公平交易。Id., at para. 55.

[150] 法院认为该因素无关紧要。Id., at para. 56.

品的性质[151]、该交易是否存在其他选择[152],以及该交易对作品产生的影响。[153]

对于第一项因素,法院认为被告的图书馆政策为确保资料用于研究及个人学习目的提供了合理保障,从而认定该交易的目的是合理的,因此对该因素作出了有利于被告的认定。[154]

关于该交易的性质这一因素,因为被告仅提供一份复制件,法院在该因素上也同样支持被告。[155]

关于交易数量这一因素,法院认为多伦多 Great Library 可行使自由裁量权以确保交易的数量的合理性,因而对该因素也作出了有利于被告的认定。[156]

关于该交易是否存在其他选择这一因素,法院认为多伦多 Great Library 图书复印服务并无其他替代方式,原因如下:Great Library20% 的读者来自多伦多之外的城市;该馆不允许研究人员外借馆藏资料。[157] 法院在此采取使用者中心论,关注更多的是获取这些作品的便捷程度而非这些作品的实际获取。

关于作品的性质这一因素,法院持与英国、美国判例法相反的观点,即认为若作品尚未出版,则更易被认定为公平交易。因为复制该作品且标明作者能使该作品在更大范围内出版发行。[158] 该观点再次体现了法院的使用者中心论,即将使用者权利置于其他权利之上。加拿大最高法院赞同上诉法院的如下意见:“反对不公正地限制公众获取司法意见及其他法律资源是符合公众利益的”,因而在该因素的认定上支持被告。[159]

关于市场影响这一因素,法院认为应当由原告举证说明受到了该交易的不利影响,而不该由被告承担举证责任,理由在于被告“较难获取可证明交易对出版者市场造成影响的证据”[160]。法官再次强调公平交易例外并不应被解

---

[151] 与美国、英国法院不同,审理 CCH 案的法院认为若作品尚未出版,则更易被认定为公平交易。理由是复制该作品且标明作者能使该作品在更大范围内出版发行。See CCH Canadian Ltd. v. Law Society of Upper Canada (2004) SCC 13, [2004] 1 S. C. R. 339, 236 D. L. R. (4th) 395, at para. 58.

[152] 对于该因素,法院会考虑:是否存在与该作品类似的不受版权保护的作品可供使用及/或若不复制批评的作品是否可达到相当的批评效果。Id., at para. 57.

[153] 若该复制品可能与原作产生市场竞争,则较难被认定为公平交易,但法院强调该因素并非判断公平交易的唯一因素,也非六大因素中最为重要的因素。Id., at para. 59.

[154] Id., at para. 66.

[155] Id., at para. 67.

[156] Id., at para. 68.

[157] Id., at para. 69.

[158] Id., at para. 58.

[159] Id., at para. 71.

[160] Id., at para. 72.

释为是一种被告承担举证责任的积极抗辩事由,而是一种"使用者权利"。[161]

从 CCH 一案中,我们可以清晰地看到加拿大最高法院向用户中心主义的转变,即将公平交易从积极抗辩提升为一项用户权利。该法院对《加拿大版权法》的立法宗旨作出的解释或许能更好地阐释这一主张。该法院指出,《加拿大版权法》有双重目的,即"在致力于提升公众传播艺术、才智作品的兴趣与为创作提供合理的报偿之间建立一种平衡"[162]。CCH 案的法律意见引发了激烈争论。一方面,法院在该案中对公平交易所作的宽泛解释使得以后根据《加拿大版权法》判断公平交易更具灵活性;另一方面,版权人则担心用户权利扩大,可能导致以后判例法的不明确。[163]

三、其他欧洲国家

尽管欧洲大陆法系国家与英美法系国家关于著作权(版权)产生的法律基础不同,[164]但是在法律允许特定条件下不经权利人许可免费使用其作品或贡献的限制与例外的规定方面,欧洲大陆法系国家的立法形式却十分接近英国法的规定,即全面列举了各种可构成公平交易的版权例外情形,而非开放式的。换句话说,根据欧洲大陆法系国家的立法原则,适用所谓合理使用或公平交易规定的情形,应当由法律规定,即所谓"例外法定主义"。法律未规定的情形,一般不考虑适用不经权利人许可免费使用其作品或贡献的例外规定。因此,Google 提出的合理使用抗辩在包括德国、法国在内的欧洲国家难觅法律依据。

1. 德国 Google 缩略图诉讼

2008 年 10 月,德国汉堡法院判定 Google 在其搜索引擎的链接结果中显示缩略图的行为侵犯了原图版权人之版权。[165] 在两起诉讼中,德国漫画作家 Thomas 和德国摄影家 Michael Berhard 对 Google 图片搜索及其他搜索引擎在

---

[161] CCH Canadian Ltd. v. Law Society of Upper Canada (2004) SCC 13, [2004] 1 S. C. R. 339, 36 D. L. R. (4th) 395, at para. 48.

[162] Id., at para. 10. Cited from Théberge v. Galerie d'Art du Petit Champlian, 2002 SCC 34, [2002] 2. S. C. R. 336 at para. 30—31, 310 D. L. R. (4th) 385.

[163] See Guiseppina D'Agostino, Healing Fair Dealing? A Comparative Copyright Analysis of Canada's Fair Dealing to U. K. Fair Dealing and U. S. Fair Use, (2008) 53 McGill L. J. 309.

[164] 前者以自然法思想为基础,后者以国家对精神劳动的鼓励与扶持思想为基础。Urheberrecht, Manfred Rehbinder, 2003 C. H. Verlag Muenchen.

[165] See Bloomberg, Google Loses German Copyright Cases over Image-Search Previews, October 13, 2008, http://www.bloomberg.com/apps/news? pid=20601204&sid=a_C1wVkCvPww&refer=technology#.

搜索结果中显示其版权所有的图片的缩略图提起诉讼。[166] 法院未接受Google提出的"转换性使用"辩称意见,指出"缩略图比原图小、分辨率低与本案并无关系……以缩略图形式使用图片,并未创造新作品",从而判定Google应当承担版权侵权责任。[167] 法院建议Google可采用文字描述以替代缩略图,Google认为该解决方案不便操作且非用户友好型。[168] Google随后上诉。

2. Google图书馆计划在法国

2009年12月18日,Tribunal de Grande Instance de Paris 3ème Chambre, 2ème Section对法国数家出版商和作家对Google提起的版权诉讼作出了判决。[169] 该起Google图书馆计划案要解决如下两大争议:首先,关于该起诉讼应当适用哪国法律的法律冲突问题;其次,若适用法国法,Google是否应当为其未经许可提供侵权复制件的行为承担侵权责任。

对于第一个争议,即法律冲突,法院驳回了Google提出的应当适用美国法的主张(若适用美国法,则Google可主张合理使用抗辩),判定应当适用法国法,原因在于法国与该争议有"最密切联系"。[170]

对于第二个争议,即法国法下的侵权责任,Google辩称用户并不能获取整部作品,仅能"在适当限制内"获取作品摘要,[171]因而可援引L122-5的3条"简短引用例外"[172],从而不承担版权侵权责任。法院驳回了Google的辩称意见,判定"对作品的数字化处理属于对该作品的复制,若该作品受版权保护,则该复制行为需要经由作者或其权利继承人的事先许可"[173]。法院据此驳回了Google提出的简短引用例外抗辩,判定Google"未经许可而完整复制作品并提供作品摘要的行为"构成版权侵权。[174]

[166] See Bloomberg, Google Loses German Copyright Cases over Image-Search Previews, October 13, 2008, http://www.bloomberg.com/apps/news? pid=20601204&sid=a_C1wVkCvPww&refer=technology#.

[167] See Adi Robertson, Google Image Search Thumbnails "Infringement" under German Ruling, Public Knowledge, October 17, 2008, http://www.publicknowledge.org/node/1803.

[168] Id.

[169] See Syndicat National De L' Edition(SNE) v. Google, 09/00540, Tribunal de Grande Instance de Paris 3ème Chambre, 2ème Section, 2009.

[170] Id., at 15.

[171] Id.

[172] Id.

[173] Id.

[174] Id., at 21.

四、中国的合理使用/公平交易规则

（一）立法情况

中国采用与欧洲大陆法系国家类似的法律允许特定条件下不经权利人许可免费使用其作品或贡献的限制与例外规定。尽管合理使用或公平交易不是欧洲大陆法系使用的概念，但是，考虑到中国学界和司法界长期以来一直将《著作权法》规定的特定条件下不经权利人许可免费使用其作品或贡献情形称为合理使用或公平交易，本文在论述我国著作权法相关内容时，为简便起见，直接将此称为合理使用。中国《著作权法》第22条列举了12种版权例外的情形，[175]其中包括为个人学习、研究目的，为评论目的，为报道时事新闻目的。针对数字环境，《信息网络传播权保护条例》（简称"2006年《条例》"）第6条将中国《著作权法》规定的允许使用的情形扩展到了网络领域；[176]第7

[175] 中国《著作权法》规定若欲主张合理使用，则需指明作者姓名、作品名称。《著作权法》第22条规定了可以不经著作权人许可使用作品的12种情况。其中包括：① 为个人学习、研究或者欣赏，使用他人已经发表的作品；② 为介绍、评论某一作品或者说明某一问题，在作品中适当引用他人已经发表的作品；③ 为报道时事新闻，在报纸、期刊、广播电台、电视台等媒体中不可避免地再现或者引用已经发表的作品；④ 报纸、期刊、广播电台、电视台等媒体刊登或者播放其他报纸、期刊、广播电台、电视台等媒体已经发表的关于政治、经济、宗教问题的时事性文章，但作者声明不许刊登、播放的除外；⑤ 报纸、期刊、广播电台、电视台等媒体刊登或者播放在公众集会上发表的讲话，但作者声明不许刊登、播放的除外；⑥ 为学校课堂教学或者科学研究，翻译或者少量复制已经发表的作品，供教学或者科研人员使用，但不得出版发行；⑦ 国家机关为执行公务在合理范围内使用已经发表的作品；⑧ 图书馆、档案馆、纪念馆、博物馆、美术馆等为陈列或者保存版本的需要，复制本馆收藏的作品；⑨ 免费表演已经发表的作品，该表演未向公众收取费用，也未向表演者支付报酬；⑩ 对设置或者陈列在室外公共场所的艺术作品进行临摹、绘画、摄影、录像；⑪ 将中国公民、法人或者其他组织已经发表的以汉语言文字创作的作品翻译成少数民族语言文字作品在国内出版发行；⑫ 将已经发表的作品改成盲文出版。

[176] 2006年《条例》第6条规定："通过信息网络提供他人作品，属于下列情形的，可以不经著作权人许可，不向其支付报酬：（一）为介绍、评论某一作品或者说明某一问题，在向公众提供的作品中适当引用已经发表的作品；（二）为报道时事新闻，在向公众提供的作品中不可避免地再现或者引用已经发表的作品；（三）为学校课堂教学或者科学研究，向少数教学、科研人员提供少量已经发表的作品；（四）国家机关为执行公务，在合理范围内向公众提供已经发表的作品；（五）将中国公民、法人或者其他组织已经发表的、以汉语言文字创作的作品翻译成的少数民族语言文字作品，向中国境内少数民族提供；（六）不以营利为目的，以盲人能够感知的独特方式向盲人提供已经发表的文字作品；（七）向公众提供在信息网络上已经发表的关于政治、经济问题的时事性文章；（八）向公众提供在公众集会上发表的讲话。"

条则涉及图书馆等馆舍允许使用的情形;[177]第10至12条对允许使用的情形进行了进一步规定。[178]此外,《中国计算机软件保护条例》第16条和第17条亦规定了特定条件下法律允许不经许可免费使用计算机软件的情形;[179]第29条则规定:“软件开发者开发的软件,由于可供选用的表达方式有限而与已经存在的软件相似的,不构成对已经存在的软件的著作权的侵犯”。

尽管立法者试图对合理使用的各种情形作出清晰而详尽的规定,目前的立法语言仍存在模糊之处,比如“适当引用他人已经发表的作品”[180]及“在合理范围内”[181],需要法官行使自由裁量权以确定何为“适当”及“合理”。此外,由于中国《著作权法》第22条源自欧洲大陆法系国家几十年前制定的规则,因

---

[177] 2006年《条例》第7条规定:“图书馆、档案馆、纪念馆、博物馆、美术馆等可以不经著作权人许可,通过信息网络向本馆馆舍内服务对象提供本馆收藏的合法出版的数字作品和依法为陈列或者保存版本的需要以数字化形式复制的作品,不向其支付报酬,但不得直接或者间接获得经济利益。当事人另有约定的除外。前款规定的为陈列或者保存版本需要以数字化形式复制的作品,应当是已经损毁或者濒临损毁、丢失或者失窃,或者其存储格式已经过时,并且在市场上无法购买或者只能以明显高于标定的价格购买的作品。”

[178] 2006年《条例》第10条规定:“依照本条例规定不经著作权人许可、通过信息网络向公众提供其作品的,还应当遵守下列规定:(一)除本条例第六条第(一)项至第(六)项、第七条规定的情形外,不得提供作者事先声明不许提供的作品;(二)指明作品的名称和作者的姓名(名称);(三)依照本条例规定支付报酬;(四)采取技术措施,防止本条例第七条、第八条、第九条规定的服务对象以外的其他人获得著作权人的作品,并防止本条例第七条规定的服务对象的复制行为对著作权人利益造成实质性损害;(五)不得侵犯著作权人依法享有的其他权利。”第11条规定:“通过信息网络提供他人表演、录音录像制品的,应当遵守本条例第六条至第十条的规定。”第12条规定:“属于下列情形的,可以避开技术措施,但不得向他人提供避开技术措施的技术、装置或者部件,不得侵犯权利人依法享有的其他权利:(一)为学校课堂教学或者科学研究,通过信息网络向少数教学、科研人员提供已经发表的作品、表演、录音录像制品,而该作品、表演、录音录像制品只能通过信息网络获取;(二)不以营利为目的,通过信息网络以盲人能够感知的独特方式向盲人提供已经发表的文字作品,而该作品只能通过信息网络获取;(三)国家机关依照行政、司法程序执行公务;(四)在信息网络上对计算机及其系统或者网络的安全性能进行测试。”

[179] 《中国计算机软件保护条例》第16条规定:“软件的合法复制品所有人享有下列权利:(一)根据使用的需要把该软件装入计算机等具有信息处理能力的装置内;(二)为了防止复制品损坏而制作备份复制品。这些备份复制品不得通过任何方式提供给他人使用,并在所有人丧失该合法复制品的所有权时,负责将备份复制品销毁;(三)为了把该软件用于实际的计算机应用环境或者改进其功能、性能而进行必要的修改;但是,除合同另有约定外,未经该软件著作权人许可,不得向任何第三方提供修改后的软件。”第17条规定:“为了学习和研究软件内含的设计思想和原理,通过安装、显示、传输或者存储软件等方式使用软件的,可以不经软件著作权人许可,不向其支付报酬。”

[180] 中国《著作权法》第22条第1款第2项规定,“为介绍、评论某一作品或者说明某一问题,在作品中适当引用他人已经发表的作品”构成合理使用。

[181] 中国《著作权法》第22条第1款第7项规定,“国家机关为执行公务在合理范围内使用已经发表的作品”构成合理使用。

其已不足以应对允许使用的新趋势而备受批评。[182]

（二）中国的合理使用案例

通过详细分析中国最近的一些合理使用案例，我们仍无法明确法院如何判断合理使用之构成。各法官运用自由裁量权对合理使用进行判断，有的司法意见对中国《著作权法》第22条加以严格解释，而有的司法意见则借鉴美国所采用的较为自由的合理使用立法模式，对合理使用的情形进行开放式的规定，根据一系列因素判断合理使用之构成。由于中国各法院采用各不相同的判断标准，因而在中国，合理使用案件的结果较难预测。

1. 对第22条的严格解释

在陈玉中等与峄城区史志办著作权纠纷案中，被告为一家国有史料出版机构，因未经过原告许可而在其出版物中使用了原告具有版权的作品的大部分内容被起诉。[183] 被告援引第22条第1款第7项“国家机关为执行公务”这一例外主张合理使用。[184] 法官却认为被告的行为不属于第22条第1款第7项规定的情形，但并未解释原因，因此驳回了被告的合理使用主张，判定其承担著作权侵权责任。

2. 对第22条的多因素分析

尽管中国《著作权法》第22条规定了版权例外的12种情形，在这些情形下使用版权作品，无须经过版权人许可，但由于该条文语言存在模糊，法院在判断某种行为是否属于第22条所列情形时需要运用自由裁量权。

在北京三面向版权代理有限公司与合肥邦略科技发展有限公司著作权侵权纠纷案中，被告因未经许可在其网页上发布了原告享有版权的一篇描述中国移动通信服务新近趋势的文章而遭版权侵权诉讼。[185] 被告援引中国《著作权法》第22条第1款第3项及2006年《条例》第6条第7项规定的“报道时事新闻”例外作为合理使用抗辩。法院认为“时事”应同时具备“时效性”和“重大性”两个特征。该受版权保护的文章讨论的是中国移动通讯服务发展

[182] 比如，美国判例法已承认滑稽模仿是一种允许使用的情形，但中国《著作权法》第22条对滑稽模仿并未作出规定。

[183] 参见陈玉中等与峄城区史志办著作权纠纷案，山东省枣庄市中级人民法院(2008)枣商知初字第10号判决书。

[184] 同上。

[185] 参见北京三面向版权代理有限公司与合肥邦略科技发展有限公司著作权侵权纠纷案，安徽省高级人民法院(2007)皖民三终字第0029号判决书。

趋势,因而具有时效性,但并不具备该例外所要求的重大性。法院据此总结:使用该文不属于《著作权法》第 22 条第 1 款第 3 项、2006 年《条例》第 6 条第 7 项规定的版权例外情形,因此被告应当承担著作权侵权责任。

在杨洛书与中国画报出版社著作权纠纷案中,原告杨洛书作为著名绘画世家的继承人对被告中国画报出版社提起著作权侵权诉讼,理由为被告未经原告许可在其出版的传记《杨家埠年画之旅》中使用了原告享有版权的 16 幅年画作品。[186] 被告援引《著作权法》第 22 条第 2 款为合理使用抗辩,即"为介绍、评论某一作品或者说明某一问题,在作品中适当引用他人已经发表的作品"不构成著作权侵权行为。[187]

法院根据下列三大因素判断被告的使用行为是否属于《著作权法》第 22 条第 1 款第 2 项规定的例外情形:使用目的;使用的数量;该种使用对市场的影响。对于使用目的这一因素,法院认为该使用并不属于"介绍或评论该年画本身",而是为了记叙"杨家的历史与事件",因此在该因素认定上作出对被告不利的认定。对于使用数量这一因素,法院认为使用 16 幅年画已超过第 22 条第 1 款第 2 项规定的"适当引用"标准,但并未明确引用几幅画可以被认定为"适当"。对于该使用对市场的影响这一因素,法院认为在被告的书中包含了原告的 16 幅作品,使得该书审美及商业价值得以提升,因此该使用对原告开发潜在市场的能力造成消极影响。综合上述因素的分析,法院判定该使用不属于第 22 条第 1 款第 2 项规定的例外情形,因而被告应当承担著作权侵权责任。[188]

3. 第 22 条规定情形之外的其他允许使用的情形

尽管中国的传统理解是根据《著作权法》第 22 条列举的允许使用的情形严格判定合理使用之构成,但一些法院在审判中发现现行法律并不能完全应对新生案例,因而采取了一种较为灵活的标准,即借鉴美国合理使用模式,综合分析多重因素判断合理使用之构成,并不限于第 22 条所规定的情形。

国家广播电影电视总局电影卫星频道节目制作中心诉中国教育电视台侵犯著作权纠纷案中,原告国家广播电视总局电影卫星频道节目制作中心对

---

[186] 参见杨洛书与中国画报出版社著作权纠纷案,山东省高级人民法院(2007)鲁民三终字第 94 号判决书。

[187] 同上。

[188] 同上。

被告中国教育电视台(CETV)提起著作权侵权诉讼,理由为被告未经许可播放了原告享有著作权的电影作品——《冲出亚马逊》。[189] 被告辩称:其作为国有电视台,播出涉案影片是为青少年教育宣传使用,属合理使用,该播放行为属于《著作权法》第22条第1款第6项列举的“教育目的例外”,该项规定:“为学校课堂教学或者科学研究,翻译或者少量复制已经发表的作品,供教学或者科研人员使用,但不得出版发行”。

对于被告的合理使用抗辩,法院指出第22条第1款第6项规定的“学校课堂教学”,应专指“面授教学”,不适用于“函授、广播、电视教学”,故驳回了被告根据第22条第1款第6项提出的抗辩。同时,法院分析指出:“合理使用作为著作权法律制度的一项重要内容,既有长期稳定存在的必要,又将随着社会发展不断变化。”[190]法院的分析并不局限于第22条明文列举的12种允许使用的情形,而是对被告的播放行为是否系一种新的合理使用形式进行进一步分析判断。

在该案中,法院采用两大判断标准加以分析,即使用的目的、该使用对市场的影响。对于第一项判断标准,法院指出,被告在播放涉案影片过程中插播了多处广告内容,故认定其播放行为带有一定的商业目的。因此,法院在该因素上作出不利于被告的认定。对于第二项判断标准,法院将“市场”区分为“实际市场”与“潜在市场”。法院认为由于原被告双方均为面向全国的电视台,被告播放原告享有著作权的电影并插播广告从中获利,显然对原告开发潜在市场形成不利影响。因此,法院在对该因素也作出了不利于被告的认定。综上,法院驳回了被告的合理使用抗辩,认定被告应当承担著作权侵权责任。[191]

以上若干案例对于“合理使用”的判定标准不一,也没有形成统一的解释或者方法以判定被告是否符合“合理使用”的情形。目前中国法院针对“合理使用”的判定往往是依靠法官的自由裁量,或是严格按照《著作权法》第22条规定的例外情形判断被告是否可以免责,或是比照美国的因素判断模式采用相对宽松的方式考量被告的行为,这种欧洲体系和美国体系的交错混用难免造成中国对于“合理使用”标准解释的混乱。

---

[189] 参见国家广播电影电视总局电影卫星频道节目制作中心诉中国教育电视台侵犯著作权纠纷案,北京海淀区人民法院(2006)海民初字第8877号判决书,第2页。

[190] 同上。

[191] 同上。

4. Google 图书馆计划在中国

2009 年 12 月 29 日，国内首个以个人身份起诉 Google 侵犯著作权的案件——作家棉棉状告 Google 一案，在北京市海淀区人民法院进行了证据交换。原告棉棉诉称 Google 中国没有经过许可便将自己的作品《盐酸情人》扫描并在网上以片段的方式向公众提供，侵犯了自己的复制权、网络传播权以及保护作品完整权。[192] 棉棉的举动得到中国作家协会（下面简称"中国作协"）与中国文字著作权协会（下面简称"中国文著协"）的支持。中国作协早在 2009 年 11 月 18 日便在其官方网站向 Google 发出了维权通告，通告要求 Google 在一个月内向中国作协提供已经扫描收录使用的中国作家作品清单；Google 未经授权不得再以任何形式扫描收录使用中国作家作品；对此前未经授权扫描收录使用的中国作家作品，Google 须在 2009 年 12 月 31 日前向中国作协提交处理方案并尽快办理赔偿事宜。[193]

Google 之后提供的作品清单显示中国作家被扫描的出版物大约有 10 万多册。2009 年 12 月 25 日，经中国文著协与 Google 代表初步检索，此清单涉及中国作协会员约 2600 人总计约 8000 种图书。[194] 2009 年末，Google 迫于压力出台了相关和解方案，即对每一本图书赔偿 60 美元以及以后在线阅读收入的 63%。如果只是使用了其中的一小部分或者使用了插入内容，则给予 5 至 15 美元的赔偿，但赔偿需要权利人在 2010 年 6 月 5 日前提出申请，否则视为自动放弃权利。如果权利人不接受以上和解协议，则可通过诉讼途径解决。不过，中国大部分作家普遍表示难以接受这样的"霸王和解协议"。2010 年 1 月 9 日，Google 向中国作协提交了回应本次维权事件的正式文本：向中国作家道歉，作出承诺并提出了处理方案的时间表，表示将与中国文著协具体谈判并于 2010 年 3 月底前确定处理方案和协议框架。不过时至今日，中国著作权人和 Google 的纠纷仍无定论，对于此纠纷最终会以和解的形式结束还是以法院的判决定论，我们仍旧拭目以待。

然而，可以确定的是，Google 图书馆计划在中国亦是根据前文所述的中国现行《著作权法》以及 2006 年《条例》的例外规定，以合理使用进行抗辩，即主

---

[192] 参见《中国作协支持棉棉起诉谷歌数字版权之争再起波浪》，http://news.sohu.com/20100108/n269446788.shtml。

[193] 参见《中国作协为中国作家拔刀　正式向谷歌发维权通知》，http://tech.163.com/09/1119/11/5OFTI2SF000915BF.html。

[194] 参见《中国作协支持棉棉起诉谷歌数字版权之争再起波浪》，http://news.sohu.com/20100108/n269446788.shtml。

张图书扫描行为是用于公益性电子图书馆建设，本身不具有商业使用目的，因此应免受著作权人的指控。

根据之前关于合理使用的几则在先案例来推测，Google纠纷在中国的判决情形无非是以下几种：其一，若是严格遵照《著作权法》第22条以及2006年《条例》第7条的规定，Google合理使用的抗辩似乎难以成立。毕竟图书馆在不经著作权人许可的情形下，通过信息网络仅能向“本馆馆舍内服务对象”提供数字作品，而Google图书馆计划既不是具有馆舍物理空间的传统图书馆，其受众又无法限定于特定的服务对象。此外，根据2006年《条例》第7条，法律允许图书馆不经著作权人许可免费以数字化形式复制其作品的条件，是该作品已经损毁或者濒临损毁、丢失或者失窃，或者其存储格式已经过时，并且在市场上无法购买或者只能以明显高于标定的价格购买。因此，Google未经授权的扫描行为不属于《著作权法》规定的特定条件下不经权利人许可免费使用其作品或贡献的情形，Google的行为有可能视为版权侵权。其二，如果法官采用美国式的四因素分析法进行审理，Google成功提出合理使用的抗辩机会似乎更大些。按照之前美国的相关案例，我们可以想见：在使用目的和性质的第一因素方面，Google有机会成功抗辩其扫描形式已构成“转换性使用”。在第四因素“对市场的影响”方面，Google或可抗辩其扫描行为不仅不会影响原有市场的销售，相反消费者在浏览片断文章后很有可能产生购买、阅读全文的欲望，从而促进原有市场的销售。另外，从“三步检验标准”看，Google的行为当属合法，因为Google如果仅仅复制了馆藏图书，但并未发行或者网络传播，不可能发生实际侵权后果。可见，重点在于Google是否此后将复制的作品发行或者上网传播。实际情况是Google只上传作品的很少部分(按照Google的说法，取得出版社授权的，最多只上传作品的20%，对于孤儿作品，每页只上传三行)。如果Google既未实质损害著作权人的利益，也未影响作品的正常利用，反而起到促销作品和方便公众获取信息的客观效果，岂不是一种新的合法交易模式诞生？若如此，Google纠纷在中国的结果或可以胜诉而告终。

当然，以上的结果只是笔者的推测。不管法院最后采用哪种模式，也不论最后的结果如何，Google图书馆计划的推行无疑将对作品市场产生巨大影响。随着新的电子阅读产品(如iPad)的出现，我们可以预测：消费者阅读习惯的改变以及Google这种数字化信息网络经营公司的电子图书馆的商业模式的出现，对于传统的出版市场将提出新的挑战，同时对网络时代下的经济发展和著作权立法都必将产生巨大影响。

五、建　　议

（一）英美合理使用/公平交易规则的利弊分析

美国合理使用模式即通过一系列法定因素判断合理使用之构成，构成合理使用的情形为开放式的，与其他普通法系国家、欧洲大陆法系国家相比，该种模式的优势在于更具灵活性与活力，较能适应新技术之发展。Google缩略图案在美国[195]、欧洲[196]不同的审判结果即可充分显示两种立法模式间的区别。但是，美国合理使用立法模式的“灵活性”也有其弊端，并因缺乏事先预测性而备受指责。[197] 在考察多起合理使用案件后，David Nimmer 得出以下结论：“此四大因素并不有助于分析，而成为得出以上结论的借口。”[198]Barton Beebe 对两百多起合理使用案例所作的数据分析也得出了类似结论。[199] 因此，对美国现行合理使用模式持批评态度者认为，由于明确的规则缺乏、诉讼费高昂且法定赔偿金额巨大，本来完全可以合理使用的人不敢冒险使用版权作品，从而形成一种“因害怕而清除”的氛围。[200]

反观以英国为代表的普通法系及欧洲大陆法系国家的公平交易模式，虽因过于限制性、无法适用商业新模式及技术发展被批评，但其现行制度被认为更具确定性、明确性。事实上，很多国家均驳回了采用开放式的合理使用

---

[195] See Perfect 10, Inc. v. Amazon. com, Inc., 508 F. 3d 1146 (9th Cir., 2007).

[196] See Bloomberg, Google Loses German Copyright Cases over Image-Search Previews, October 13, 2008, http://www.bloomberg.com/apps/news? pid = 20601204&sid = a_C1wVkCvPww&refer = technology#.

[197] See Melville B. Nimmer & David Nimmer, Nimmer on Copyright 13.05 [A] [1] [b] (Cited from Castle Rock Entm't, Inc., v. Carol Publ'g Group, Inc., 150 F. 3d 132, 142 (2d Cir., 1998). See also Paul Goldstein, Goldstein on Copyright § 12.2.2, at 12.34 (3d ed., 2005).

[198] David Nimmer, "Fairest of Them All" and Other Fairy Tales of Fair Use, (2003) 66 Law & Contemp. Probs., at 263, 280.

[199] See Barton Beebe, An Empirical Study of U.S. Copyright Fair Use Opinions, 1978—2005, 156 U. Pa. L. Rev. 549 (2008).

[200] See Marjorie Heins & Tricia Beckles, Will Fair Use Survive: Free Expression in the Age of Copyright Control, 2005, http://www.fepproject.org/policyreports/WillFairUseSurvice.pdf, at 5-6.

模式的立法建议,如澳大利亚[201]、英国[202]及新西兰[203]。

(二) 中国或可选择的合理使用改革方案

在针对中国应当如何修正现行合理使用模式提出具体建议前,以下两种合理使用模式值得引起我们特别关注,该两种合理使用模式或可为中国将来修改法律提供有益借鉴。

1. 中国台湾地区的合理使用模式

中国台湾地区的合理使用模式融合了英国公平交易模式及美国的合理使用模式的特点。被告若欲根据中国台湾地区"著作权法"提起合理使用抗辩,则必须举证说明:(1) 该使用行为属于"著作权法"第44—63条规定的某一特定情形;(2) 根据"著作权法"第65条第2款规定的法定因素可认定该行为之合理性。[204] 与英国模式相同的是,根据中国台湾地区"著作权法",被告在主张合理使用抗辩时将面临双重难题:首先,需证明该使用属于法定情形之一;其次,需证明该种行为之合理性。另外,中国台湾地区合理使用模式与美国模式也有相同之处:中国台湾地区"著作权法"第65条第2款采用了与美国《版权法》第107条几乎相同的四大法定因素,即使用的目的与性质、版权作品的性质、使用部分占被使用的版权作品的比重及重要性、该使用对潜在市场及版权作品价值造成的影响。

总的来说,台湾地区的合理使用模式在总体结构上更接近于英国的公平交易模式。其与英国模式的主要差异在于:在行为合理性的判断上,台湾地区的法官必须根据与美国《版权法》第107条相同的四大法定因素判断行为

---

[201] 经过争论,澳大利亚驳回了引入合理使用或者扩展型的公平交易模式的立法建议,主张详细、明确地设立一系列例外情形。See Australia Fair Use and Other Copyright Exceptions: Issues Paper (May 2005); Australia, Copyright Amendment Bill 2006, Explanatory Memorandum.

[202] 英国也拒绝采用开放式的合理使用模式,而主张设立一系列符合英国法律的特定例外。See Taking Forward the Gowers Review of Intellectual Property: Proposed Changes to Copyright Exceptions (2008). 该文驳回了 2006 Gowers Review of Intellectual Property 的主张。

[203] 在考察了合理使用制度后,新西兰政府拒绝采用该制度,并指出并无采纳任一合理使用制度的原因。See New Zealand, Digital Technology and the Copyright Act 1994, Internal Working Paper (July 2002), at para. 264; Digital Technology and the Copyright Act 1994, Position Paper (December 2002), at 160—61.

[204] 中国台湾地区"著作权法"第44—63条规定了可构成合理使用的情形:为立法或行政目的、为教育目的、学术研究、文化保留及促进、新闻报道、非营利性目的、计算机程序改编等。该法全文可见于中国台湾地区"经济部智慧财产局"网站,http://www.tipo.gov.tw/en/AllInOne_Show.aspx? path = 2557&guid = 26944d88-de19-4d63-b89f-864d2bd2dac&lang = en-us。

之合理性，而不可使用自由裁量权。因此，台湾地区的合理使用模式可以说是所有模式中最为严厉苛刻的模式。[205]

2. 韩国的合理使用模式

关于合理使用，韩国《著作权法修正案（草案）》提出：除了保持现有的韩国《著作权法》第23条至35条及101-3条至101-5条列举的各种可构成合理使用的情形之外，建议新增条文，即第35条第2款，意在增加不属于上述明文列举的各种情形下的对作品的合理使用行为的讨论。

新增条款第35条第2款规定，即使不属于明文列举的合理使用情形之列[206]，若“与使用该作品的惯常方式并无冲突且并未不合理地损害作者的合法利益”[207]，则在例外情况下也可能允许使用该作品。该条款的设置与TRIPS协议第13条关于“三步检验标准”的规定如出一辙。为了进一步明确判断某种使用是否属于上述段落所述情形的标准，第35条第2款第2段采用了和美国《版权法》第107条相同的四大法定因素，即使用目的与性质（包括营利性目的或者非营利性目的）、被使用作品的性质及用途、使用部分在整部被使用作品中所占比重及重要性，以及该使用对现有市场、潜在市场及作品价值造成的影响。可见，韩国采用了欧洲大陆法系和美国因素模式的综合方式，同时也遵从了TRIPS协议关于一国著作权立法对著作权进行合理限制的标准，即“全体成员均应将专有权的限制或例外局限于一定特例中，该特例应不与作品的正常利用冲突，也不应不合理地损害权利持有人的合法利益”。

与被告若欲主张合理使用抗辩则需满足两大前提性条件的中国台湾地区模式不同，韩国《著作权法修正案（草案）》的新增内容主要借鉴了美国合理使用规则，以处理不属于法律列举的允许使用的情形的行为，从而扩大了合理使用的范围，因此更具灵活性。

3. 中国将来应当采取的合理使用模式——平衡明确性和灵活性

如前所述，中国的合理使用立法似乎面临如下两大问题：首先，并未明确应当考虑哪些因素，因此法官在审判意见中运用不同的判断因素；其次，《著作权法》规定了允许使用的12种情形，该种规定可能过于死板，因而无法适应新技术与商业模式之发展所带来的全新挑战。

---

[205] 参见章忠信：《著作权保护、技术发展与合理使用》，中国台湾地区科技法律研讨会，2003年11月20日。

[206] 不属于明文列举的合理使用情形之列即指不属于韩国《著作权法》第23条至35条及101-3条至101-5条列举的各种可构成合理使用的情形。

[207] 韩国《著作权法建议修正案》第35条第2款第1段。

关于第一个问题,即法院在不同个案中采用不同的因素判断使用之合理性,笔者建议可借鉴中国台湾地区或韩国模式,在立法中规定法定因素以增强明确性及一致性。其中的法定因素或可采用美国《版权法》第107条所规定的四大因素,因为此四大因素似乎已越来越多地被各国所采用。

关于更宽泛的问题,即在将来立法修改时,中国应当采用哪种合理使用模式,究竟是对合理使用持严格解释,要求被告在主张合理使用时须满足两大前提性条件(类似于台湾地区模式及在杨洛书与中国画报出版社著作权纠纷案中的做法),抑或采用较为自由的模式,即被告可先考虑自己的行为是否属于法律列举的允许合理使用的情形,若不属于,则根据法定因素作进一步分析(类似于韩国模式及在国家广播电影电视总局电影卫星频道节目制作中心诉中国教育电视台侵犯著作权纠纷案中的做法),笔者在此不作出明确建议。毕竟,这是中国政府在平衡各方利益后最终应考虑的一个政策问题:中国是否应扩展现有的合理使用范围?如果中国根据公共政策考虑决定扩展合理使用范围,则可借鉴韩国模式,该模式有双重优势,不仅通过法律明确规定一系列允许合理使用的情形从而具有明确性及确定性,同时若某种使用不属于法律规定的情形,则可根据一系列法定因素判断合理使用之构成,从而具有灵活性。相反,若决定保持合理使用的现有范围,则可以借鉴中国台湾地区模式,在修改法律时确定法定判断因素以增加审判的一致性。

六、结　　论

中国的合理使用模式源于英国及欧洲大陆之公平交易模式,其特点在于明确列举了各种可构成合理使用的情形。但通过对一系列中国法院审判的合理使用案例,特别是Google纠纷的考察,可发现当立法存在模糊或者不足以应对新挑战时,中国法院会运用自由裁量权判断合理使用之构成。不同的法院会采用不同的判断方式:有的法院严格解释《著作权法》第22条,有的法院则运用多重因素进行较为自由的分析,这就造成了审判结果的不确定及不可预测。为了更为确定、更为一致地判断行为之“合理性”,中国应当考虑借鉴采用美国、中国台湾地区及韩国版权法所规定的法定因素。关于中国应当扩展抑或保持合理使用的现有范围这一问题,中国应当审慎考虑其公共政策、平衡各方利益,并借鉴台湾地区模式(较为严格的模式)或者韩国模式(较为自由的模式)修改合理使用立法。最后,不管Google纠纷在中国会有何种结果,此案给我们带来的启示是,在传统的版权保护规则不变的条件下,新技术的发展迫使人们不得不寻求新的交易模式。如果这种交易模式与传统的版权保护规则不冲突,又有利于我们实施科教兴国的国策,在跳出狭隘的民族主义小圈子的基础上(假如不是Google,而是一家民族企业设计并实施了同样的图书馆计划,您又作何感想),我们为什么要拒绝呢?

网络环境下侵害著作权纠纷案件的调研报告

◇ 黄国新　叶若思　祝建军　叶　艳*

内容摘要　从统计数字看，网络著作权案件呈逐年递增的趋势，新类型案件亦不断出现，司法审判面临持续挑战。目前，审理网络著作权案件遇到的突出问题是：人们对信息网络传播权的内涵把握不全面；在判定侵犯信息网络传播权的标准上还存在着“服务器标准”和“用户感知标准”之争；如何准确认定直接侵犯信息网络传播权和间接侵犯信息网络传播权仍是审判中的难点；如何通过对类型化帮助侵权（间接侵权）行为的研究，来总结判定各类型帮助侵权的条件，仍是需要努力研究的问题。本课题拟将司法实践中遇到的典型、疑难案例作为研究素材，对上述人民法院在审理网络著作权案件中遇到的突出问题进行调查研究。

我国《著作权法》第10条第1款规定了著作权人享有13项著作财产权和4项著作人身权，其中，信息网络传播权是著作权人在网络环境下所享有的一项重要著作财产权，人民法院审理的网络著作权案件主要围绕信息网络传播权展开，准确把握信息网络传播权的内涵是正确审理网络著作权案件的基石。根据我国《著作权法》的规定，信息网络传播权与发行权、广播权有本质区别。

在司法实践中存在两种有分歧的信息网络传播行为的判断标准，一种是服务器标准，另一种是用户感知标准。课题组认为，服务器标准比用户感知

* 黄国新、叶若思、祝建军、叶艳，深圳市中级人民法院知识产权庭。

标准更应被接受，因为用服务器标准来判别信息网络传播行为符合我国《著作权法》的立法本意；用服务器标准能维护著作权法技术中立原则；在采用服务器标准判断信息网络传播行为时，可以采用帮助共同侵权的理论来判定网络服务商构成侵权与否；国外的司法判例以及国内的司法判例基本上都是采用服务器标准来判断网络服务商是否实施了信息网络传播行为。另外，服务器标准比较客观，而用户感知标准带有主观性，采用客观标准相比主观标准来说，更有利于维护司法的统一性。

依通说，侵犯信息网络传播权的行为可以分为直接侵权行为和间接侵权行为。直接侵犯信息网络传播权需承担停止侵权民事责任的构成要件为：(1) 行为人未经许可将他人作品、表演、录音录像制品上传到服务器上向公众传播；(2) 行为人的行为没有法定免责事由。未经许可在局域网范围内传播作品属于直接侵犯信息网络传播权的行为，而未经许可通过网络定时播放作品的行为不属于直接侵犯信息网络传播权的行为。当两个以上的网络服务商涉嫌共同侵犯他人信息网络传播权时，如通过事实能够认定它们之间存在共同侵犯他人著作权的意思联络，尽管只是由其中一个网络服务商的服务器存储了他人作品，但由于这些网络服务商(被告)只是分工不同而已，故可以认定它们之间共同直接实施了侵犯他人著作权的信息网络传播行为，将承担共同侵权的民事责任。如网络服务商对网络用户上传的内容进行了选择、编辑、整理、审查，此时网络服务商对网络用户的上传行为起到了实际控制作用，这属于提供内容服务的行为，即信息网络传播行为，从而构成直接侵权。如网络服务商没有对网络用户的上传内容进行选择、编辑、整理、审查，则网络服务商是否构成侵权，只能依据间接侵权(帮助侵权)原理进行认定。

从类型化的角度分析，网络服务商间接侵权可以分为帮助型侵权、引诱型侵权和承担替代责任三种类型。帮助型共同侵权是指网络服务商在知道或有理由知道直接侵权行为的情况下，向直接侵权人提供了实质性帮助的行为。引诱型侵权是指网络服务商的引诱行为导致直接侵犯信息网络传播行为的发生。替代责任的构成要件为：经营者有权利和能力监督直接侵权行为；从直接侵权行为中获得直接的经济利益。只有满足了这两个要件，方需承担替代责任。

关键词 网络版权 信息网络传播权 侵权标准 直接侵权 间接侵权

前　言

随着计算机技术及互联网技术的迅速发展与普及，网络已极大拉近了人与人之间的距离，并深刻改变了人们的娱乐方式、生活方式和交易方式。网络在给人们带来极大生活便利的同时，也给人们相对稳定的生活带来了猛烈冲击，伴随而来的网络侵权行为也越来越多。从网络侵权行为发生的类型看，网络侵权案件主要有侵犯名誉权案件①、侵犯肖像权案件②、侵犯隐私权案件③、侵犯著作权案件④、侵犯商标权案件⑤、侵犯专利权

---

① 比如，2005 年 9 月，南京大学新闻传播学院副教授陈某发现网名为“长套袜”的网络用户在中国博客网站上发表《烂人烂教材》的帖子对其进行辱骂，陈某随即与中国博客网站进行了电话联系，要求该网站立刻删除侵犯其名誉权的帖子。该网站答复该帖不违反发帖规则，要求删帖必须提供身份证明。于是陈某向南京鼓楼区法院提起诉讼，请求追究中国博客网站侵犯其名誉权的民事责任。南京鼓楼区法院一审认为，原告当初电话通知被告删除信息，可以认定被告此时已经发现侵权信息，其应当在合理期限内删除该信息，但被告仅仅要求原告提供身份证明而不采取任何措施，未尽到善良管理人的注意义务，因此判决被告在中国博客网站首页向原告刊登赔礼道歉的声明，并赔偿原告精神损失费人民币 1000 元。一审判决后，被告不服，向南京市中级人民法院提出上诉，南京中院判决驳回上诉，维持原判。参见王眉：《博客名誉侵权：网络服务提供者该当何责？——中国博客第一案引发的法律思考》，载《国际新闻界》2007 年第 1 期。

② 比如，2004 年，奥运冠军刘翔发现《精品购物指南》报社、北京精品卓越科技发展有限公司、北京中友百货有限公司未经许可，在《精品购物指南》、精品网和精品购物指南网上，利用其肖像为中友公司第 6 届购物节做广告，认为三被告侵犯了其肖像权，构成共同侵权，将三被告起诉至法院。法院终审判决《精品购物指南》报社向刘翔公开赔礼道歉，并赔偿刘翔精神损失费人民币 2 万元。具体案情详见北京市第一中级人民法院(2005)一中民终字第 8144 号民事判决书。

③ 比如，2007 年 12 月，王菲因有外遇而与其妻姜岩闹离婚，后姜岩跳楼自杀。姜岩死后，其同学张乐奕在其注册的“北飞的候鸟”网及“大旗”、“天涯”网上刊登辱骂王菲的帖子，随后网友对王菲进行“人肉搜索”，王菲的个人信息被网友曝光，有网友甚至在王菲家的墙壁上写上辱骂、威胁的言辞。王菲将大旗网、北飞的候鸟网、天涯网起诉至法院。北京朝阳区法院一审认定，被告构成对王菲隐私权和名誉权的侵犯，判令大旗网在其网站首页公开向王菲赔礼道歉，张乐奕、大旗网分别赔偿其精神损害抚慰金人民币 5000 元和 3000 元。具体案情详见北京市朝阳区人民法院(2008)朝民初字第 29276 号民事判决书。

④ 目前法院涉及网络著作权的案件在法院所受理的全部著作权案件中已占很高比例。参见芮松艳：《网络著作权案件综述》，载《电子知识产权》2010 年第 1 期。

⑤ 比如，2007 年，港益公司发现谷歌公司利用其提供的网络竞价排名服务侵犯其“绿岛风”核定在第 11 类电扇等商品上的注册商标专用权，遂将谷歌公司起诉至法院，请求追究侵犯其注册商标权的民事责任。法院认定，谷歌公司侵犯了港益公司“绿岛风”注册商标专用权，判决谷歌公司承担停止侵权、赔偿损失的民事责任。具体案情详见广州市白云区人民法院(2008)云法民三初字第 3 号民事判决书、广州市中级人民法院(2008)穗中法民三终字第 119 号民事判决书。另外，网络交易平台服务商被起诉侵犯商标权的案件屡有发生，这类案件的审理难度亦较大。参见《淘宝网和网络卖家被诉侵犯商标使用权》，载《人民法院报》2011 年 1 月 19 日。

案件[⑥]和不正当竞争案件[⑦]等类型。

在上述网络侵权案件中,网络著作权案件所遇到的问题最突出,不仅案件日趋增多,侵权手段也日益隐蔽多样,而人民法院在审理中也面临很多难点。[⑧] 2009 年最高人民法院知识产权案件年度报告所公布的三大著作权典型案例中,其中一例就是网络著作权案件,[⑨]网络技术已对著作权立法及司法带来了强有力的挑战。网络成为著作权保护的主战场,网络市场竞争日益激烈,与网络技术开发和应用有关的著作权纠纷受到业界的高度关注,越来越多的网络市场行为需要依法界定与规范,加强版权保护与促进新商业模式发展的利益平衡空前重要。[⑩]

考虑到网络侵权案件类型较多,并分跨好几个民事审判庭管辖,对上述类型的网络侵权案件由一个审判业务庭进行逐一研究不太现实,因此,我们拟选择网络著作权案件为研究素材,对网络著作权案件中的热点疑难问题进行经验总结。

一、当前网络著作权纠纷司法审判的基本情况及遇到的问题

(一) 全国法院审理的网络著作权案件的大致情况

2009 年,全国地方法院共新收知识产权民事一审案件 30626 件,著作权民事一审案件 15302 件,约占全部知识产权民事一审案件的 50%。在北京、上海等地,涉及网络的著作权案件又占当地著作权纠纷案件的一半左右,而且这个比例还有上升趋势,网络著作权纠纷案件的审判已经成为人民法院知识产权审判的重要内容。[⑪] 2008 年,北京法院共受理一审著作权案件 3493 件,其中网络环境下的著作权案件 1281 件,约占所有著作权案件的 37%;上

---

⑥ 根据我国《专利法》的规定,专利权控制的行为范围包括许诺销售行为,而网站上为专利产品做广告的行为属于许诺销售行为控制的范围。另外,因专利侵权纠纷案件涉及网络环境下的电子证据问题、公知技术(设计)抗辩等问题,因此,侵犯专利权案件与网络技术的发展息息相关。

⑦ 如深圳腾讯公司与北京奇虎 360 公司之间发生的不正当竞争纠纷案件。

⑧ 参见《网络著作权案件适用法律研讨会召开》,载《人民法院报》2010 年 9 月 20 日。

⑨ 参见《最高人民法院知识产权案件 2009 年年度报告》。该报告公布了最高人民法院再审海南省高级人民法院二审终审的北京慈文影视制作有限公司诉中国网络通信集团公司海南省分公司网络版权纠纷案。

⑩ 参见《知产审判与自主创新——访最高人民法院副院长奚晓明》,载《人民法院报》2011 年 1 月 19 日。

⑪ 参见陈锦川:《网络服务提供者过错认定研究》,载《人民司法》(应用版)2010 年第 17 期。

海法院共受理一审网络著作权案件 600 件,占著作权案件总数的 40%。[12] 浙江法院 2005 年 1 月至 2009 年 5 月底,共受理一审网络著作权侵权纠纷案件 881 件,且每年网络著作权案件呈持续上升状态。[13]

(二)广东省法院审理的网络著作权案件的基本数据

2007 年,全省一审新收网络著作权案件 954 件,占全省一审新收著作权案件 1271 件的 75.1%,审结 919 件,结案率为 96.3%。2008 年,全省一审新收网络著作权案件 889 件,占全省一审新收著作权案件 1404 件的 63.3%,审结 846 件,结案率为 95.2%。2009 年,全省一审新收网络著作权案件 1031 件,占全省一审新收著作权案件 2516 件的 41%,审结 1033 件,结案率为 100.2%。2007 年、2008 年、2009 年全省二审新收网络著作权案件分别为 76 件、81 件、214 件。[14]

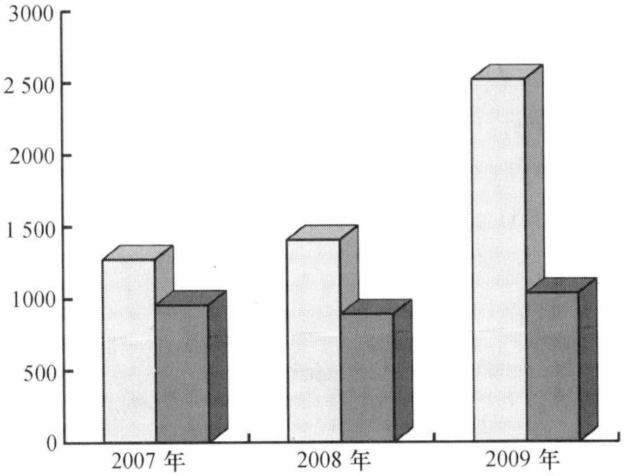

图 1　广东法院 2007 年至 2009 年新收一审网络著作权案件数量图

⑫ 参见陈锦川:《网络环境下著作权审判实务中的几个问题》,载《法律适用》2009 年第 12 期。

⑬ 参见浙江省高级人民法院课题组:《关于网络著作权侵权纠纷案件法律适用的调研》,载《法律适用》2009 年第 12 期。

⑭ 参见广东省高级人民法院民三庭:《关于网络环境下著作权司法保护问题的调研报告》,载《法庭》2010 年第 6 期。

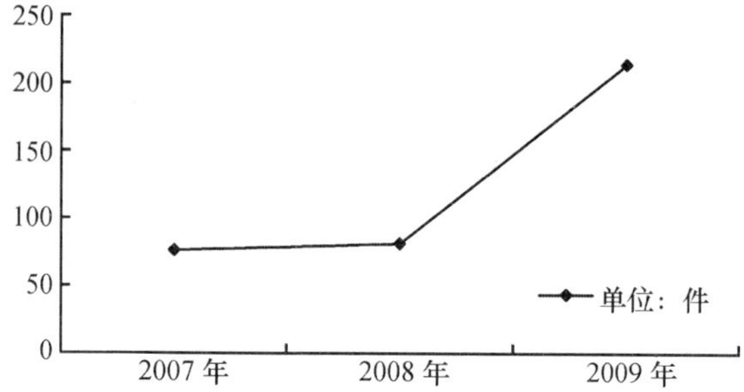

图 2　广东法院 2007 年至 2009 年新收二审网络著作权案件增长趋势图

（三）深圳法院审理的网络著作权案件的基本数据

2008 年，深圳两级法院一审新收知识产权案件 1163 件，其中新收著作权案件 481 件，而网络著作权案件有 132 件，网络著作权案件占全市一审新收知识产权案件的 11.3%，占全市一审新收著作权案件的 27.4%。2009 年，深圳两级法院一审新收知识产权案件 2054 件，其中新收著作权案件 1050 件，而网络著作权案件有 379 件，网络著作权案件占全市一审新收知识产权案件的 18.5%，占全市一审新收著作权案件的 36.1%。2010 年，深圳两级法院一审新收知识产权案件 4381 件，其中新收著作权案件 2918 件，而网络著作权案件有 1498 件，网络著作权案件占全市一审新收知识产权案件的 34.2%，占全市一审新收著作权案件的 51.3%。

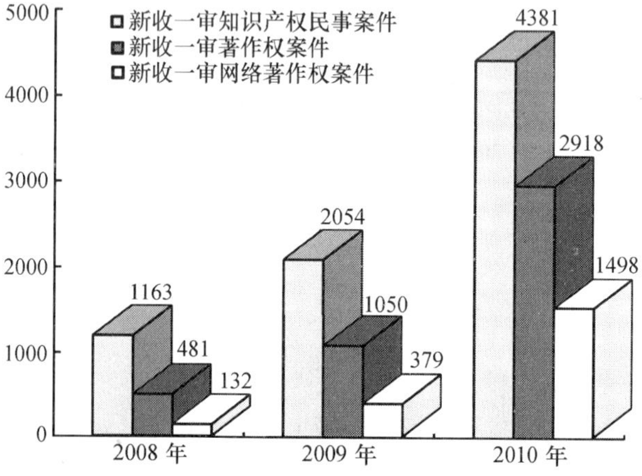

图 3　2008 年至 2010 年深圳法院新收一审网络著作权案件数量图

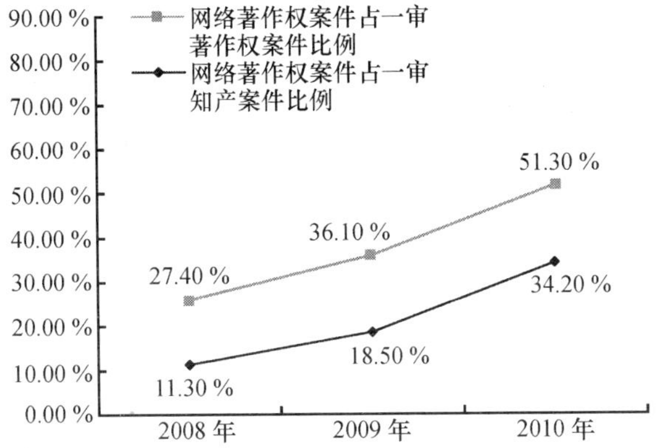

图 4　2008 年至 2010 年深圳法院新收一审网络著作权案件比例增长趋势图

（四）人民法院受理的网络著作权案件的主要特点

从上述人民法院受理网络著作权的情况看，该类型案件呈现出以下特点：

1. 案件数量每年呈迅速增长的趋势，网络著作权案件已成为著作权案件中一种常见而重要的类型。

2. 网络侵权所表现的手段多样化，案件矛盾焦点突出。案件主要集中在局域网传播影视作品、视频分享网站、搜索引擎服务、深度链接服务、音像制品、数字图书馆等侵权纠纷。

3. 关联案件比重较大。不少案件是同一个权利人分别起诉不同的被告侵权，系列案件、串案较多；被诉侵权的对象有时涉及整个行业，比如卡拉 OK 厅和网吧被大规模起诉侵权。

4. 新类型案件不断出现，司法审判面临持续挑战。网络技术发展迅猛，新的网络功能和新的网络经营模式不断推出，司法审判所面临的新情况、新问题不断涌现，不断总结司法审判经验成为法官审好网络著作权案件的必备条件。

（五）人民法院审理网络著作权案件遇到的突出问题

我国《著作权法》第 10 条第 1 款规定了著作权人享有 13 项著作财产权和 4 项著作人身权，这表明著作权人依法享有 17 项专有权利。因为专有权利是用于控制特定行为的，享有一项专有权利就意味着能够控制他人利用作品的特定行为。基于适应网络环境的需要，我国《著作权法》于 2001 年修改时增加了著作权人应享有的一项新权利——信息网络传播权，信息网络传播权是著作权人在网络环境下所享有的一项重要的著作财产权，人民法院审理的网络著作权案件主要围绕信息网络传播权展开，因此，准确把握信息网络传播权的内涵是正确审理网络著作权案件的基石。

我们通过本课题的调研发现，人民法院审理网络著作权案件遇到的突出问题是：

1. 人们对信息网络传播权的内涵把握不全面，甚至是存在错误的认识，比如，不能准确区分该权利与“发行权”和“广播权”的区别，有时甚至将这些权利混同；

2. 在判定侵犯信息网络传播权的标准上还存在着“服务器标准”和“用户感知标准”之争，如何合理地确定判定侵犯信息网络传播权的标准仍需要认真分析、研究；

3. 如何准确区分直接侵犯信息网络传播权和间接侵犯信息网络传播权仍是审判中的难点，这需要通过对典型案例的分析进行深入研究；

4. 帮助侵犯（间接侵犯）信息网络传播权有许多种类型，如何通过对这些类型化侵权行为的研究，总结判定各类型帮助侵权的条件，从而澄清审判实践中出现的模糊认识或者错误的思想观念，进而提高法官裁判帮助侵犯著作权案件的能力显得非常迫切。

鉴于此，本调研课题拟将司法实践中遇到的典型、疑难案例作为研究素材，对上述人民法院审理网络著作权案件遇到的突出问题进行调查研究，目的是指导网络知识产权司法实践，依法规范并妥当定性网络环境下被控侵权行为的性质，指导网络产业的行为模式，保护著作权人的合法权益，维护社会公共利益，并期望能为立法机关完善著作权立法提供有益的参考经验。

二、信息网络传播权的准确内涵

（一）从“网络著作权第一案”析信息网络传播权与发行权的区别

原告王蒙于1989年在《中国作家》第2期发表了小说《坚硬的稀粥》，被告世纪互联通讯技术有限公司未经许可，将该小说从其他网站上下载后存储在其计算机系统内并通过WWW服务器在国际互联网上传播，网络用户只需通过拨号上网方式进入被告的网站（http://www.bol.com.cn）主页后，根据点击提示即可浏览或下载《坚硬的稀粥》。针对原告的侵权指控，被告抗辩称，我国《著作权法》并未规定在国际互联网上传播他人作品要征得著作权人的同意,也未规定怎样向著作权人支付作品使用费,因此,被告没有侵犯原告的著作权。

审理王蒙案的终审法官正确地指出,在国际互联网上传播作品是使用作品的一种方式,著作权人有权决定其作品是否在互联网上进行传播使用,世纪互联通讯技术有限公司的行为侵犯了王蒙的著作权。考虑到审理该案时,我国《著作权法》并未规定著作权人享有信息网络传播权,终审法院依据当时的《著作权法》第 10 条第 5 项兜底条款[15](兜底性权益)作为王蒙享有著作权的依据,判决世纪互联通讯技术有限公司停止在互联网上传播《坚硬的稀粥》,赔礼道歉并赔偿损失。[16]

王蒙案被称为"网络著作权第一案",我国基于加入世界贸易组织的需要以及为法官审理网络著作权案件提供法律依据的需要,于 2001 年修改《著作权法》时增加了著作权人享有一项信息网络传播权。当时有人主张,可以通过《著作权法》规定的"发行权"来规制网络传播行为,从而通过发行权提供对王蒙的保护,该主张并未被采纳。王蒙案判决后,有人提出,网络服务商未经许可将作品置于网络供人下载或欣赏,属于侵犯著作权人发行权的行为。[17]应当说,我国《著作权法》规定的信息网络传播权与发行权有本质区别,将二者混同的观点是错误的。

我国《著作权法》所规定的"信息网络传播权"的定义是:"以有线或者无线方式向公众提供作品,使公众可以在其个人选定的时间和地点获得作品的权利"。从该定义可知,受信息网络传播权控制的行为为"信息网络传播行为",即以有线或者无线方式向公众提供作品,使公众可以在其个人选定的时间和地点获得作品的行为。[18] 从该定义看,我国《著作权法》规定的信息网络传播权针对的是"交互式"传播行为。"交互式"传播行为的特点是:(1) 对信息内容的传输是由受众而非传播者的行为直接触发的,受众可以自主地选择

---

⑮ 我国《著作权法》设置该条款的目的是,在著作权法规定的类型化子权利无法提供对著作权人保护的情形下,基于社会经济、技术发展的需要,需给予著作权人保护时,利用兜底条款赋予著作权人兜底性权利来保护其利益。

⑯ 具体案情详见北京市海淀区人民法院(1999)海知初字第 00057 号民事判决书、北京市第一中级人民法院(1999)一中知终字第 185 号民事判决书。

⑰ 参见贵润:《评王蒙诉世纪互联通讯技术有限公司侵犯著作权纠纷案》,载《中国知识产权报》2003 年 8 月 16 日。

⑱ 我国《信息网络传播权保护条例》规定的"信息网络传播权"的定义为:以有线或者无线的方式向公众提供作品、表演、录音录像制品,使公众可以在其个人选定的时间和地点获得作品、表演、录音录像制品的权利。

信息内容，以及接收传播的时间和地点，即“按需传播”；(2) 传输采用“点对点”的模式，受众是点播内容的特定个人。[19]

我国《著作权法》所规定的“发行权”的定义是：“以出售或者赠与的方式向公众提供作品的原件或者复制件的权利”。从该定义可知，发行权控制通过作品有形物质载体所有权转移的方式来向公众提供作品的原件或者复制件的行为。发行权适用“权利一次用尽原则”，即作品原件和经授权合法制作的作品复制件经著作权人许可，首次向公众销售或赠与后，著作权人就无权控制该特定原件或复制件再次流转了，获得该作品原件或复制件的所有权人可以不经著作权人许可将其再次出售或赠与。[20]

由上可见，以网络方式“交互式”传输作品是一种数字信息的流动过程，并不涉及有形物的转移，而发行行为必然要求作品有形物质载体的转移，故信息网络传播权与发行权有本质区别。北京市朝阳区人民法院审理的“原告华夏电影发行公司诉被告华网汇通技术服务公司、湖南在线网络传播公司侵犯电影发行权纠纷案”的判决就是建立在正确区分发行权和信息网络传播权的基础之上的。该案中，原告以其对电影《终结者 3》在中国大陆地区享有独家发行权为权利依据，而被告的被控侵权行为属于未经许可将《终结者 3》上传至互联网上供网络用户有偿下载的行为，被告的行为未侵犯原告的独家发行权。[21]

值得注意的是，我国最高人民法院和最高人民检察院于 2004 年联合发布的《关于办理侵犯知识产权刑事案件具体应用法律若干问题的解释》第 11 条第 3 款规定：通过信息网络向公众传播他人作品的行为，应当视为《刑法》第 217 条规定的“复制发行”，而我国《刑法》第 217 条规定：以营利为目的，未经著作权人许可，复制发行其文字作品、音乐、电影、电视、录像作品、计算机软件及其他作品，且违法所得数额较大或者有其他严重情节的，构成侵犯著作权罪。两高的上述解释混淆了我国《著作权法》中“网络传播”与“发行”的法定权利内涵，违反了《刑法》“罪刑法定”和“知识产权法定”的规则，值得商榷。

[19] 参见王迁：《论“信息网络传播权”的含义——兼评“成功多媒体诉时越公司”案一审判决》，载《法律适用》2008 年第 12 期。

[20] 参见王迁：《知识产权法教程》，中国人民大学出版社 2007 年版，第 147—150 页。

[21] 具体案情详见北京市朝阳区人民法院（2004）朝民初字第 1151 号民事判决书。

(二) 从“圣火耀珠峰案”析信息网络传播权与广播权的区分

我国首都北京成功申办了第29届奥林匹克运动会。原告中央电视台对在我国西藏珠穆朗玛峰之奥运圣火采集活动进行现场直播并报道,根据国际奥委会与中国奥委会签订的协议的约定,中央电视台享有在中国大陆地区通过互联网、移动平台独家向公众传播该节目的权利。被告世纪龙信息网络有限责任公司未经许可在其经营的网站(www.21cn.com)实时转播了中央电视台CCTV奥运频道正在直播的奥运火炬珠穆朗玛峰传递节目,被告网站播放界面标题是“北京奥运火炬接力珠峰传递直播视频”,播放视频左上角有CCTV奥运频道的台标,直播的内容包括中央电视台播放的涉案节目和广告。该网站用户可以对该节目进行回放。被告在转播过程中没有插播广告。原告以其广播权和信息网络传播权受到侵犯为由,要求被告承担停止侵权、赔偿损失的民事责任。广州市中级人民法院认定被告的行为侵犯了原告的信息网络传播权,判决被告赔偿原告经济损失30万元,驳回了原告的其他诉讼请求。[22]

从“圣火耀珠峰案”看,受案法院并未认定被告的行为侵犯了原告的广播权。广播权与信息网络传播权有时难以区分,因此,有必要清晰地区分二者之间的界限。我国《著作权法》所规定的“广播权”是指以无线方式公开广播或者传播作品,以有线传播或者转播的方式向公众传播(被)广播的作品,以及通过扩音器或者其他传送符号、声音、图像的类似工具向公众传播广播的作品的权利。由此可见,法定的广播权控制三种行为:(1) 以无线方式公开广播或传播作品;(2) 以有线方式转播无线广播的行为(这里的有线本义指地下广播有线线路);(3) 利用扩音器等工具向公众传播广播的作品的行为。广播行为并不包括直接以有线方式传播作品的行为(包括通过有线互联网络传播作品)。[23] 广播行为的本质特征是“点对多”的“非交互式传播”模式,具体表现为:(1) 对作品的传播是由传播者单方发起的,受众只能被动地接收,而不能对内容和时间加以主动选择;(2) 这类传播采用“点对多”的模式,即受众是不特定的多数,对于通过无线方式播出的节目,在信号覆盖的区域内任何人都可以同时接收,对于通过有线方式播出的节目,有线节目的用户也

---

[22] 具体案情详见广州市中级人民法院(2008)穗中法民三初字第352号民事判决书。

[23] 参见王迁:《论在网吧等局域网范围内传播作品的法律性质》,载《中国版权》2009年第2期。

可以同时欣赏。[24]

"圣火耀珠峰案"中,被告世纪龙信息网络有限责任公司在其经营的网站实时转播了中央电视台 CCTV 奥运频道正在直播的奥运火炬珠穆朗玛峰传递节目,用户可以对该节目进行回放。由此可见,被告未经许可通过网络转播奥运节目包括两个方面的内容:一是对已经转播的内容,网络用户可以进行点播回放;二是对正在转播和即将转播的内容,网络用户只能按照转播的固定时间收看,而无法进行点播。被告实施的上述第一种有线转播行为,使网络用户可以在其个人选定的时间和地点获得该已经转播的奥运节目的任何内容,从而侵犯了原告的信息网络传播权。被告实施的上述第二种有线转播行为,属于"点对多"的"非交互式传播"模式,网络用户只能定时收看该正在播出的最新奥运直播节目,而不能在其选定的时间收看正在直播的节目,也不能通过其他方式影响正在直播节目的进程。由于被告的网络转播行为是在接收到中央电视台发送的无线电视节目收视信号后,再以有线(互联网络)的方式转播该正在直播的奥运节目,所以我们认为,如果把被告使用有线互联网络转播作品的行为,与广播行为中以有线方式转播无线广播行为的"有线"作广义的解释,也就是说,把有线互联网络与有线转播无线广播网络均看做为"有线"线路,则可以将被告的行为纳入广播权调整的范围。反之,被告的行为无法通过类型化的著作财产权来调整,只能通过我国《著作权法》第 10 条第 1 款第 17 项所规定的兜底条款来保护。

综上,信息网络传播权控制的是"点对点"的"交互式"传播行为;而广播权控制的是"点对多"的"非交互式传播"行为。

(三) 从"《奋斗》案"析我国著作权立法界定信息网络传播权的弊端与完善建议

在电视剧《奋斗》著作权侵权纠纷案中,被告未经原告(著作权人)许可通过网络定时播放电视剧《奋斗》,审理案件的法官将网络定时播放这种"非交互式"传播行为定性为"信息网络传播行为",从而引发争议。[25] 为何会引发该争议呢?

从立法的用语上看,我国《著作权法》关于信息网络传播权的立法来源于

---

[24] 参见王迁:《论"信息网络传播权"的含义——兼评"成功多媒体诉时越公司"案一审判决》,载《法律适用》2008 年第 12 期。

[25] 同上。

1996年世界知识产权组织(WIPO)制定的《世界知识产权组织版权条约》(WCT)第8条"向公众传播权的权利",内容为"文学和艺术作品的作者应享有专有权,以授权将其作品以有线或无线的方式向公众传播,包括将其作品向公众提供,使公众中的成员在其个人选定的地点和时间可获得这些作品"[26]。显然,我国《著作权法》关于信息网络传播权的立法几乎逐字采用了WCT第8条中"包括"之后的用语。

我国《著作权法》关于广播权的立法则完全照搬了《保护文学艺术作品伯尔尼公约》关于赋予作者广播权的条文,所控制的行为包括对作品的无线广播、以有线方式对无线广播的转播和公开播放接收到的广播。[27] 受当时广播技术的限制,该公约没有将"直接通过有线方式传播作品的行为"纳入到广播权控制的范围。

正是由于我国《著作权法》全文照搬了《保护文学艺术作品伯尔尼公约》关于广播权的条文,同时又只照搬了世界知识产权组织WCT第8条后半段条文,从而导致"直接通过有线方式传播作品的行为"成为我国《著作权法》调整的空白区域。[28] 当被告实施"直接通过有线方式传播作品的行为"时,当事人及办案法官往往会错误地引用法条,[29]导致引发争议的判决。

在我国《著作权法》目前的立法背景下,"直接通过有线方式传播作品的行为"既不能被广播权调整,也无法由信息网络传播权控制,只能由我国《著作权法》第10条第1款第17项"应由著作权人享有的其他权利"(兜底条款)来调整,但法官适用兜底条款应非常慎重,否则有可能违反"知识产权法定主义"的规则。

从比较法的视野看,许多国家将"直接通过有线方式传播作品的行为"纳入到广播权调整的范围。比如,德国《著作权法》第21条将"广播权"定义为传播广播作品的权利,广播的方式包括广播电台、电视台、卫星广播、有线广播,以及其他类似技术方式,使公众可以接触作品的行为。日本《著作权法》第2条规定:"向公众传播是指为了使得公众直接接收而通过无线电信或有

---

[26] 该译文来自世界知识产权组织(WIPO)网站上《世界知识产权组织版权条约》(WCT)的正式中文译文。

[27] See Berne Convention, Article 11bis.

[28] 胡康生在《中华人民共和国著作权法释义》一书中也承认,我国《著作权法》未将"直接以有线方式传播作品"纳入"广播权"调整的范围。参见胡康生主编:《中华人民共和国著作权法释义》,法律出版社2002年版,第64页。

[29] 具体案情详见北京市海淀区人民法院(2008)海民初字第4015号民事判决书、北京市第一中级人民法院(2008)一中民终字第5314号民事判决书。

线通讯进行的传播”。韩国《著作权法》第2条第8款将“广播”定义为:为使一般公众同步接收,而通过有线或无线通讯方式发送声音或图像的行为。

综上,根据我国司法实践的现状及参考其他国家广播权的立法,我们建议,应利用我国《著作权法》第四次修改的契机,明确将“直接通过有线方式传播作品的行为”纳入到广播权调整的范围。

三、判定侵犯信息网络传播权的标准

(一)判定侵犯信息网络传播权存在“服务器标准”与“用户感知标准”之争

在通常情况下,行为人将作品上传到互联网环境下的向公众开放的服务器的行为,就可以使互联网用户在其个人选定的时间和地点登陆该服务器,从而在线欣赏或下载复制该作品,此时,行为人的行为属于典型意义上的“信息网络传播行为”。

随着网络科技的发展,一些网络服务商开发出了一些新的促进网络作品传播的技术,比如深度链接技术,网络服务商将链接技术深入到第三方网站存储的文件中,网络用户点击链接后,其电脑操作界面显示是在设链服务商的网站中进行操作,而不是在被链接的第三方网站中进行操作,但最终是从第三方的网站中打开文件进行作品欣赏或在线下载该第三方网站的文件作品,从而可能使网络用户产生一种错觉,误以为自己是从网络服务商的网站中在线欣赏或下载该作品。如此一来,当第三方网站是未经著作权人的许可而上传作品时,如何判断网络服务商深度链接行为的性质,即该行为是客观上的技术行为,还是信息网络传播行为,在理论和司法实践中均存在争议。

争议发生在两种学说之间,一种是“用户感知标准”,另一种是“服务器标准”。所谓用户感知标准是指,以用户为判断主体,只要网络服务商提供的网络技术行为,比如深度链接行为,使用户感觉到是该网络服务商提供的作品上传行为,就可以认定提供了该深度链接的网络服务商从事了信息网络传播行为。比如,自2005年以来,在唱片公司和音乐著作权人诉百度、雅虎、搜狐等提供MP3音乐搜索与链接的网络服务商的起诉状中,权利人提出:百度等未经许可对网络中的音乐文件提供深度链接,使用户可以在线收听或下载,用户无须离开百度等网站直接进入真正存在音乐文件的第三方网站获取音乐文件,百度等实际上是将第三方网站作为自己的外置存储器来使用,从而可以在节省大量硬盘资源的情况下,控制第三方网站中的音乐文件并向公众进行传播。[30] 2010年9月19日，最高人民法院《关于审理涉及信息网络著作权纠纷案件适用法律若干问题的解释》（试拟稿）第6条第2项规定，提供链接服务的网络服务提供者，无须进入被链接页面或被链接文件页面，公众可在链接页面直接获得作品、表演、录音录像制品的，人民法院应当认定其构成侵犯他人著作权、表演者权、录音录像制作者权。可见，该司法解释草案采用的是“用户感知标准”。

所谓“服务器标准”是指只有将作品上传到向公众开放的服务器上的行为，才是网络传播行为。在七大唱片公司诉百度案的终审判决中，北京市高级人民法院认为，将作品上传至或以其他方式将其置于向公众开放的网络服务器中的行为即构成信息网络传播行为，其后果是使公众可以在其个人选定的时间和计算机上通过访问作品所在的网站而获得作品。因此，判断被控侵权行为是否构成侵犯信息网络传播权，应该以该被控行为是否属于上传等方式提供作品的行为进行判定。[31] 这显然是“服务器标准”的体现。北京市高级人民法院《关于网络著作权纠纷案件若干问题的指导意见》（一）第4条规定，网络服务提供者的行为是否构成信息网络传播行为，通常应以传播的作品、表演、录音录像制品是否由网络服务提供者上传或以其他方式置于向公众开放的网络服务器上为标准。可见，该指导意见采用的是“服务器标准”。

综上，“服务器标准”是一种客观标准，而“用户感知标准”具有主观性。

（二）判定侵犯信息网络传播权应采用“服务器标准”

我们认为，“服务器标准”比“用户感知标准”更应被接受，理由如下：

用“服务器标准”判别信息网络传播行为符合我国《著作权法》的立法本意。从民法解释学之文意解释法看，《著作权法》所规定的信息网络传播行为是指以有线或者无线的方式向公众提供作品，使公众可以在其个人选定的时间和地点获得作品的行为。如网络服务商仅提供深度链接技术，从而链接到第三方网站的文件，从该技术实现的过程看，上传作品到服务器上的行为是由第三方网站完成的，第三方网站的行为符合信息网络传播行为的法定条件，而网络服务商只是提供了深度链接技术，并没有从事上传作品的行为，其

---

[30] 具体案情详见北京市海淀区法院（2005）海民初字第14665号民事判决书；北京市第一中级人民法院（2005）一中民初字第7978号民事判决书；北京市第一中级人民法院（2006）一中民初字第6273号民事判决书；北京市第二中级人民法院（2007）二中民初字第02629号民事判决书；北京市高级人民法院（2007）高民初字第1201号民事判决书。

[31] 具体案情详见北京市高级人民法院（2007）高民终字第594号民事判决书。

提供的深度链接技术只能被看做是在客观上帮助了第三方网站扩大了作品传播的行为，这种行为不符合信息网络传播行为的法定条件。深度链接是法律人对上述网络技术的概括，其实质在于，网络用户在搜索服务提供商网站上直接获得的只是文件存放的地址，而并非获得内容，真正的内容还是来源于第三方网站。[32]

用“服务器标准”能维护著作权法技术中立原则。[33] 网络服务商深度链接的文件可分为三种情况，一是公有领域里的文件，二是经过著作权人许可上传的文件，三是未经著作权人许可上传的文件。这说明通过网络服务商提供的深度链接技术，网络用户既可能获得合法的文件，也可能获得侵犯著作权人信息网络传播权的文件，也就是说，网络服务商提供的深度链接技术既具有合法的用途，也可能具有非法的用途，采用“服务器标准”能较好地贯彻著作权法中的技术中立原则。如采用“用户感知标准”，就意味着只要第三方网站上传的是侵犯版权的作品，则网络服务商提供深度链接的行为将被认定为信息网络传播行为，即其是因为提供了深度链接技术而被认定为从事了网络传播行为，这不符合技术中立的著作权法原则。

在采用“服务器标准”判断信息网络传播行为时，可以采用帮助共同侵权的理论来判定网络服务商构成侵权与否。即当第三方网站构成直接侵犯著作权人信息网络传播权的情况下，如网络服务商为该第三方网站传播作品的行为在客观上提供了帮助，而网络服务商在明知或应知该事实的情况下，仍为第三方网站的直接侵权行为提供诱导、指使或其他实质性帮助的行为，其将与第三方网站构成共同侵权，从而承担共同侵权的民事责任。这样，采用“服务器标准”判断信息网络传播行为，并辅之以网络服务商帮助共同侵权的原理，就可以平衡著作权技术中立原则与保护著作权人利益之间的关系，既促进了技术进步又保护了著作权人的利益，实现了网络技术提供者与著作权人利益博弈之平衡。

在国际社会讨论《世界知识产权组织版权条约》的基础提案时，为了限制或免除在线服务提供商的责任，非洲国家代表团和新加坡代表团建议，向“公

---

[32] 参见北京市高级人民法院知识产权庭：《网络著作权审判中的若干法律问题》，载《人民法院报》2010年11月24日。

[33] See Sony Corporation of America et al. v. Universal City Studios, Inc., et al., 464 U.S. 417 at 442 (1984). 技术中立原则最早由美国判例法中的Sony案所确立，后被其他国家的立法和判例所接受。根据该原则，即使某人提供的技术被他人用于侵权，提供技术的人也不应被认定为侵权，其只有在主观上存在过错的情况下，才能被认定构成侵权（帮助或引诱侵权）。

众传播权"是指"将作品向公众提供的初始行为","不包括仅仅为促成或进行传播提供设施或方法"。《世界知识产权组织版权条约》第8条的议定声明指出,"不言而喻,仅仅为促成或进行传播提供设施不构成本条约或《伯尔尼公约》意义下的传播"[34]。这表明,如某人实施了一项不是公约或内国著作权法规定的权利所控制的行为,则他不应承担该权利所涉及的直接侵权行为之责任;根据具体情况,他可能会承担其他形式的责任,比如帮助侵权、引诱侵权或替代侵权责任。如此一来,《世界知识产权组织版权条约》亦采用的是"服务器标准"。

国外的司法判例与国内的司法判例基本上都是采用"服务器标准"来判断网络服务商是否实施了信息网络传播行为,[35]以有利于维护司法判决的统一性,避免矛盾判决的出现。因为"服务器标准"比较客观,而"用户感知标准"带有主观性,采用客观标准相比主观标准来说,更有利于维护司法的统一性。

可见,采用"服务器标准"判断行为人是否实施了信息网络传播行为符合法律的规定和法理,更容易被司法实践所接受。

(三)判定侵犯信息网络传播权的标准与举证责任之间的关系

在司法实践中,著作权人欲指控网络服务商侵权,其必须选择合理的诉因,并根据诉因来进行举证,比如,著作权人指控网络服务商实施了信息网络传播行为,构成直接侵权,其要在诉讼中获得有利的地位,就必须举出证据证明能从网络服务商(被告)的网站中在线欣赏或下载作品,而无须举证证明曾有他人实际进行过下载、浏览或以其他方式在线获得作品的事实。如果网络服务商辩称其没有实施信息网络传播行为,仅是提供了一种深度链接的客观上的技术传播行为,就必须举出证据证明其抗辩主张的事实成立,如其举证不能,则只能认定其实施了信息网络传播行为。[36] 如网络服务商能举证证明其提供的不是信息网络传播行为,而是深度链接行为或其他技术行为,则著

---

[34] 转引自〔美〕约格·莱因伯特、〔美〕西尔克·冯·莱温斯基:《WIPO因特网条约评注》,万勇、相靖译,中国人民大学出版社2008年版,第138页。

[35] 参见王迁:《论网络环境中版权直接侵权的认定标准》,载《东方法学》2009年第2期。

[36] 有关案情详见深圳市中级人民法院(2010)深中法民三终字第210号民事判决书。在该案中,上诉人(一审被告)称其网吧没有在线播放电影《三分钟先生》,其只是提供链接的行为,但提供的证据并不能证明其抗辩主张成立,最后法院认定其实施了信息网络传播行为。

作权人必须从网络服务商构成帮助侵权的路径来证明其主张成立。[37]

四、网络内容提供商直接侵犯信息网络传播权的认定

（一）从“电影《门》案”析网络内容服务商直接侵犯信息网络传播权的认定

原告北京荣信达公司、星美传媒公司是电影《门》的著作权人，被告激动公司经原告同意取得了该电影在中国大陆地区的视频点播权。随后，被告激动公司未经原告同意，将电影《门》转授权给被告四川电信公司。被告将电影《门》上传在其网站上供网络用户点播。法院认定被告未尽合理的审查注意义务，其通过网站上传电影《门》供网络用户下载或在线欣赏的行为，侵犯了原告的信息网络传播权。法院判决被告承担停止侵权、赔偿损失的民事责任。[38]

“电影《门》案”中被告属于网络内容提供商（Internet Content Provider，ICP），其在案件中实施的行为属于典型的直接侵犯信息网络传播权的行为。通过该案，我们可以抽象出直接侵犯信息网络传播权需承担停止侵权民事责任的构成要件为：(1) 行为人未经许可将他人作品、表演、录音录像制品通过信息网络向公众传播；(2) 行为人的行为没有法定免责事由。著作权人如让行为人承担赔偿责任，其还必须进一步举证证明：(1) 行为人在主观上有过错；(2) 该行为给著作权人造成了损失。

著作权为绝对权（对世权），只要著作权人的作品被行为人进行非法网络传播，无论其在主观上有无过错，在行为人不存在法定免责事由的情况下，其依法都应承担停止侵权的民事责任，但著作权人要主张行为人（侵权人）承担赔偿责任，因为其在性质上属于损害赔偿之债，著作权人还必须证明行为人（侵权人）在主观上有过错。[39] 最高人民法院《关于审理涉及网吧侵犯影视作品信息网络传播权纠纷》（征求意见稿）第4条规定：“网吧经营者提供的证据能够证明其传播的涉案影视作品系合法的网络文化内容产品企业提供，其已尽合理注意义务的，人民法院可以判决驳回原告的诉讼请求”。该规定忽略

---

[37] 有关案情详见深圳市南山区人民法院(2009)深南法知民初字第78号民事判决书。

[38] 具体案情详见上海市第一中级人民法院(2008)沪一中民五(知)初字第136号民事判决书。

[39] 参见杨明：《知识产权请求权研究——兼以反不正当竞争为考察对象》，北京大学出版社2005年版，第11页；阳平：《论侵害知识产权的民事责任——从知识产权特征出发研究》，中国人民大学出版社2005年版，第153—158页。

了承担停止侵犯著作权民事责任不以侵权人主观上有过错为要件。后最高人民法院在出台的《关于做好涉及网吧著作权纠纷案件审判工作的通知》第4条规定:“网吧经营者能证明涉案影视作品是从有经营资质的影视作品提供者合法取得,根据取得时的具体情形不知道也没有合理理由应当知道涉案影视作品侵犯他人信息网络传播权的,不承担赔偿损失的民事责任。但网吧经营者经权利人通知后,未及时采取必要措施的,应对损害的扩大部分承担相应的民事责任。”该规定符合侵犯著作权停止侵权民事责任承担的要件与赔偿损失要件的法律原理,值得肯定。

(二)司法实践中几种特殊直接侵犯信息网络传播权的认定

1. 未经许可在局域网范围内传播作品是否属于侵犯信息网络传播权的行为

我们注意到,许多法院都审理过著作权人起诉“局域网吧经营者”侵犯著作权纠纷的案件,不同法官在认定“局域网吧经营者”侵权行为的性质时存在着不同观点,有认定属于侵犯信息网络传播权的,[40]有认定侵犯复制权的,也有认定侵犯发行权的,[41]还有认定侵犯播放权的,[42]也有的法官干脆说侵犯了著作权、著作财产权或相关著作权,至于侵犯了哪项著作财产权,不予交代。[43]

“局域网吧经营者”实施的行为是否属于信息网络传播行为存有争议,主要归因于局域网的特征。因为局域网给人的感觉是,经营者经营的是特定地点的网吧,公众只能在这个特定的地点获得作品,这与信息网络传播权行为中的“公众可以在其个人选定的地点获得作品”的法定条件似乎是不同的,因为公众好像不能选定上网的地点。

在《世界知识产权组织版权条约》和《世界知识产权组织表演和录音制品条约》的制定过程中,与会国家的代表也注意到了该问题。《WIPO因特网条约评注》一书的国际版权法专家约格·莱因伯特、西尔克·冯·莱温斯基是这样评述国际条约中的“个人选定的时间”和“个人选定的地点”的:“个人选定是指按照个人需要的意思,它排除了下列情形:在特定的时间将事先准备

[40] 具体案情详见深圳市龙岗区人民法院(2009)深龙法民初字第9886号民事判决书。

[41] 具体案情详见深圳市中级人民法院(2008)深中法民三初字第51号民事裁定书。

[42] 具体案情详见深圳市中级人民法院(2010)深中法民三终字第392号民事判决书。该案二审立法庭法官把案由定为侵犯广播权纠纷。

[43] 具体案情详见深圳市中级人民法院(2009)深中法立上裁字第1—3号民事裁定书;深圳市中级人民法院(2010)深中法民三终字第214号民事调解书;深圳市南山区人民法院(2010)深南法知民初字第232—238号民事判决书。

好的节目提供给公众,例如通过传统的方式或者通过数字网络、同时播放、实时播放及按需服务,在上述情况下,使用者都依赖节目设计,不能在个人选定的地点和时间获得某一作品”;“个人选定的地点:如果可以获得作品的终端不止一个,则选择地点的要求就可以满足,例如,某一作品以 CD-ROM 的形式提供给大学、研究所、图书馆的内部网”。[44]

在开放的互联网上将作品上传至服务器上的行为被认定为是信息网络传播行为,大家是无争议的。通过将开放的互联网与局域网相比较,我们发现,开放的互联网站的特点是,有一个服务器,有众多的与之相连的计算机终端,这些计算机终端通过该服务器可以欣赏或下载该服务器中存储的作品,而局域网有一个局域网服务器,一般有两台以上的计算机终端与之相联,通过局域网的计算机终端可以欣赏或下载局域网服务器中存储的作品。由此可见,两者的特征是相同的,都符合“点对点”的“交互式传播”模式的特征,即作品的传输都是由用户的点击行为来触发,每一个用户都可以在其自行选定的时间和自行选定的地点(某一个计算机终端)来单独接收影片的传输。如此一来,开放的互联网与局域网所采用的技术原理是一样的,都符合法定的信息网络传播行为的特征。两者的唯一区别仅仅是,与开放的互联网相连的计算机终端的数量比较多,而与局域网相连的计算机终端的数量比较少。

依据民法解释学文意解释法和体系解释法,“局域网吧经营者”在局域网实施的行为应被认定为信息网络传播行为。理由是,我国《信息网络传播权保护条例》第 7 条将图书馆、档案馆、博物馆、美术馆等局域网向本馆馆舍内服务对象提供本馆收藏作品的行为看做是信息网络传播行为,只不过该行为属于著作权人的信息网络传播权控制的例外行为。[45] 由于经营性的局域网吧从事的行为和上述图书馆等局域网从事的行为并无不同,故经营性局域网吧的行为亦应被看做是信息网络传播行为。

2. 未经许可通过网络定时播放作品是否属于侵犯信息网络传播权的行为

网络定时播放行为的特征是,网络服务商将其服务器上的影视作品按固定时间播放,网络用户只能定时收看影视作品,不能在其选定的时间进行观看,也不能通过其他方式影响播放的进程。定时播放行为是否属于信息网络传播行为对于裁判案件非常重要。在北京慈文公司诉深圳腾讯公司、中凯公

[44] 参见〔美〕约格·莱因伯特、〔美〕西尔克·冯·莱温斯基:《WIPO 因特网条约评注》,万勇、相靖译,中国人民大学出版社 2008 年版,第 148—149 页。

[45] 参见王迁:《论在网吧等局域网范围内传播作品的法律性质》,载《中国版权》2009 年第 2 期。

司侵犯信息网络传播权纠纷案[46]中,北京慈文公司享有《神雕侠侣》影视作品的著作权,其授权中凯公司可以将《神雕侠侣》影视作品的信息网络传播权转授权他人行使,中凯公司又将此信息网络传播权转授权给深圳腾讯公司,深圳腾讯公司则通过其网站定时播放《神雕侠侣》,后北京慈文公司起诉深圳腾讯公司、中凯公司侵犯其著作权,认为其转授权的是信息网络传播权,而被告实施的是网络定时播放行为。可见,认定定时播放行为是否属于信息网络传播行为,将对本案各方利益产生重大影响。

从我国目前的《著作权法》的规定看,有可能对网络定时播放行为提供调整的是"信息网络传播权"和"广播权"。信息网络传播权的特点是"点对点"的"交互式传播"方式,即以有线或者无线的方式向公众提供作品,使公众可以在其个人选定的时间和地点获得作品的行为。网络定时播放行为属于"点对多"的传播方式,用户不能在其个人选定的时间获得作品,因此,信息网络传播权无法控制或调整网络定时播放行为。广播权是指以无线方式公开广播或者传播作品,以有线传播或者转播的方式向公众传播广播的作品,以及通过扩音器或者其他传送符号、声音、图像的类似工具向公众传播广播的作品的权利。但如前文所述,法定的广播权不包括直接以有线方式传播作品的行为,而网络定时播放行为正属于此类行为。因此,广播权亦无法调整网络定时播放行为。

前文已述及出现这种情形的原因,是我国《著作权法》严格按照《保护文学艺术作品伯尔尼公约》的规定对广播权作出规定,而对信息网络传播权的规定却是照搬了《世界知识产权组织版权条约》中向公众传播权中的半段内容(只控制"交互式传播"行为),从而使得通过计算机进行网络定时播放作品的行为落入了法律无明文规定的空白状态。

我们注意到有些法院是用我国《著作权法》中著作权人应享有的兜底性权利(应当由著作权人享有的其他权利)来控制该行为,我们比较赞成这种处理方式。应当说,未经许可实施网络定时播放行为,与信息网络传播行为和广播行为具有相似性,因而有人提出对网络定时播放行为的调整应类推适用信息网络传播行为或广播行为。该观点有一定的道理,但在我国目前的《著作权法》立法背景下,采用兜底条款进行保护应该更有说服力,在推理论证上更具有法律逻辑性。但应注意的是,我国《著作权法》第 10 条第 1 款第 17 项

---

[46] 具体案情详见深圳市南山区人民法院(2007)深南法知民初字第 37 号民事判决书、深圳市中级人民法院(2008)深中法民三终字第 6 号民事判决书。

仅适用于网络定时播放作品的行为,而不适用于定时在线传播表演及录音录像制品的行为,因为我国《著作权法》第 37 条针对表演者权的规定和第 41 条针对录音录像制作者权的规定,并没有授予这二者以"兜底权利",即表演者和录音录像制作者享有的权利无法控制非交互式传播行为。[47] 综上,网络定时播放行为不属于信息网络传播行为。

3. 司法实践中共同侵犯信息网络传播权的认定

(1) 合作关系情形下的认定

在原告星美公司诉被告成功公司、腾讯公司共同侵犯信息网络传播权纠纷一案[48]中,星美公司享有《天黑请闭眼》电影作品的著作权,成功公司与腾讯公司存在合作经营关系,两公司未经许可实施了《天黑请闭眼》的信息网络传播行为,即由成功公司在其服务器上存储《天黑请闭眼》电影,由腾讯公司提供电影的网络宣传、在线收看电影的支付平台,并将其网站深度链接到成功公司的电影文件上。一审法院认为成功公司直接实施了信息网络传播行为,构成直接侵权,腾讯公司提供的电影宣传、在线支付平台、深度链接行为属于帮助行为,且主观上存在过错,按照帮助共同侵权的原理,判令成功公司、腾讯公司承担帮助型共同侵权的民事责任。二审认定成功公司、腾讯公司存在共同侵权的意思联络,只是分工不同而已,以有意思联络型共同侵权的理论判决成功公司和腾讯公司承担共同侵权的民事责任。

从该案例看,当两个以上的网络服务商涉嫌共同侵犯他人信息网络传播权时,如通过事实能够认定它们之间存在共同侵犯他人著作权的意思联络,尽管只是由其中一个网络服务商的服务器存储了他人作品,但由于这些网络服务商(被告)只是分工不同而已,因而可以认定它们之间共同实施了侵犯他人著作权的信息网络传播行为,将承担共同侵权的民事责任。

(2) 对上载内容进行选择、编辑、整理、审查情形下的认定

如网络服务商对网络用户上传的内容进行了选择、编辑、整理、审查,因此时网络服务商对网络用户的上传行为起到了实际控制作用,所以如这些事实在案件中能够认定,则网络服务商因实施了这些行为,可能被认定为属于提供内容服务的行为,即信息网络传播行为,从而构成直接侵权。如网络服

---

[47] 参见张冬梅:《网络著作权审判面临挑战——北京法院的应对》,载《中国版权》2010 年第 4 版。

[48] 具体案情详见深圳市南山区人民法院(2007)深南法知民初字第 87 号民事判决书、深圳市中级人民法院(2008)深中法民三终字第 23 号民事判决书。

务商没有对网络用户的上传内容进行选择、编辑、整理、审查，则网络服务商是否构成侵权，只能依据帮助共同侵权原理进行认定。

我院审理的中凯公司诉腾讯公司视频分享网站侵犯信息网络传播权一案[49]中，腾讯公司将视频分享网站上的视频内容进行了分类，比如分为创造、娱乐、音乐、影视、游戏等多项视频分类与编排，并设置了网络用户点击视频内容次数的排行榜，涉案的韩国电视剧有几十集。在该案中，腾讯公司作为视频分享网站，其未对网络用户上传的内容进行选择、编辑、整理、审查，故不能认定其实施了信息网络传播行为，而只能从是否构成帮助侵权来分析其是否实施了帮助侵权行为。

五、网络服务提供商间接侵犯信息网络传播权的认定

审理网络著作权案件的基本原则是妥当平衡著作权人的利益、网络服务提供商的利益和社会公共利益。网络服务提供商（Internet Service Provider，ISP）与网络内容提供商（ICP）不同，其并不直接向网络用户提供上传文件服务，仅为其他网络用户或网络内容提供商上传或获得文件信息提供网络技术支持。网络服务提供商在一般情况下不负有主动审查、监控网络用户是否实施了侵犯他人著作权的义务，因此，网络服务提供商一般不可能直接侵犯他人著作权，但有可能帮助、引诱、替代侵犯他人著作权。

（一）网络服务提供商帮助侵犯著作权的认定

从我国著作权法律规范及司法判例看，网络服务提供商可以被分为提供网络自动接入服务或传输服务商、提供信息存储空间服务商、提供搜索或者链接服务商、提供P2P服务商等。在司法实践中，认定上述网络服务提供商帮助侵犯他人著作权各有自己的特点。

1. 从“《血染的风采》案”析网络自动接入服务或传输服务商帮助侵权的认定

歌手苏越将《血染的风采》曲作品的著作权授予中国音著协管理，被告网易公司未经许可将该音乐作品通过其开办的www.163.com网站提供给移动电话用户作为音乐振铃下载，每一移动用户下载振铃时，首先要通过拨号进入中国电信的公众互联网，并登陆www.163.com网站，选择所需歌曲，然后由

[49] 具体案情详见深圳市南山区人民法院（2008）深南法知民初字第137号民事判决书、深圳市中级人民法院（2009）深中法民三终字第36号民事判决书。

网易公司的服务器将该歌曲编辑成为二进制编码，通过公众互联网发送至移动短信网关，最后由移动通信部门通过其掌握的移动电话网——GSM 网络发送至移动电话用户。北京地区的移动电话用户须通过被告北京移动公司实施上述下载过程。原告中国音著协认为被告网易公司和被告北京移动公司共同侵犯了其著作权，要求其承担停止侵权、赔礼道歉、赔偿损失的民事责任。

北京二中院经审理认为，被告网易公司的行为侵犯了著作权人对《血染的风采》享有的信息网络传播权，故判决其承担停止侵权、赔偿损失的民事责任。但对于被告北京移动公司而言，其设置的短信网关为接收网易公司发送的信息及向移动电话用户发送该信息提供了短信平台，它成为移动终端用户与互联网之间连接的纽带，从而实现移动电话到互联网、互联网到移动电话的双向沟通功能，北京移动公司接收到的信息是由网易公司选择后发布的，其并不对信息内容进行遴选，即其短信网关无法对所传输的信息进行识别、记录和编辑，亦无能力将已知的侵权信息予以剔除、过滤，整个接收、传输过程均是在计算机之间进行，在客观上是机械、全自动的，在主观接受程度上始终是被动的，其对信息的接收和传送提供了连接平台，其向公众和网络公司提供基础设备服务的行为，不应成为其承担侵权责任的依据。同时，责令北京移动公司停止提供基础设备服务的行为，对网络技术的应用与发展和社会公共利益无益，因此，北京移动公司的行为不构成对苏越著作权的侵害。[50]

"《血染的风采》案"属于典型的网络接入服务或传输服务商被控侵权的案例。本案中，北京移动公司根据其与网易公司签订的协议提供基础设备传输服务的行为，在著作权法上属于纯粹中立的提供技术服务的行为，其并未选择并且改变所传输的作品、表演、录音录像制品。如此一来，北京移动公司不是涉案侵权作品的上传人，同时，其对涉案侵权作品的传输在主观上不存在明知或应知的过错，因此，法院对北京移动公司行为的定性是准确的。从全国法院审理的网络著作权案例看，还没有网络接入服务或传输服务商被判侵权成立的案件，这是因为提供自动网络接入服务或传输服务商多为我国的电信部门，其提供的网络基础设施服务除具有营利性外，还具有社会公共利益的性质，这类部门为广大网络服务商或网络用户提供网络通信管道服务，不具有侵权的过错。同时，当出现特定的网络服务商或网络用户侵权时，由于网络接入服务或传输服务商社会公共利益的性质，基于维护社会公共利益的需要，法院无法也不可能判决提供网络管道服务商停止侵权。

[50] 具体案情详见北京市第二中级人民法院(2002)二中民初字第 03119 号民事判决书。

值得注意的是,2010 年 9 月 19 日,最高人民法院《关于审理涉及信息网络著作权纠纷案件适用法律若干问题的解释》(试拟稿)第 1 条第 2 款规定:“提供网络通道……网络服务提供者,明知或应知网络用户利用其服务侵犯他人著作权……未采取必要措施,原告请求其与网络用户承担连带责任的,人民法院应当支持”。该司法解释草案的规定值得商榷。

在北京朝阳区法院审理的电视剧《杀虎口》著作权侵权纠纷案中,原告网尚公司起诉被告嘉成网吧侵犯了其对该电视剧享有的信息网络传播权。经查,上海宽娱公司为被告网吧提供“英雄宽频”播放软件及影视剧管道接入服务,并远程提供更新影视剧的服务,被告网吧播放的电视剧《杀虎口》由上海宽娱公司提供,被告审查了上海宽娱公司有经营网络文化产业的经营资质。法院最终认定被告尽了审查注意义务,判决驳回原告的诉讼请求。[51] 该案表明,接受互联网管道服务的经营商在无法控制管道上侵权作品传输的情况下,只要其对提供互联网管道服务的经营商之经营资质尽了合理审查注意义务,则法院既不能判决该网络服务商停止侵权,也不能判决其承担赔偿责任。

2. 从“电视剧《宫》案”析信息存储空间服务商帮助侵权的认定

原告中凯公司享有韩国电视连续剧《宫》在中国大陆地区的独家信息网络传播权。被告深圳腾讯公司在其“腾讯网”为网络用户提供“QQ 播客”视频分享网站服务。该播客上设置了创造、娱乐、音乐、影视等多项视频分类与编排。2008 年 5 月,中凯公司发现腾讯公司在其“QQ 播客”影视栏目下有电视连续剧《宫》可供点击播放,且该剧的用户点击排行靠前,播放时间持续了几个月。中凯公司要求腾讯公司承担停止侵权、赔偿损失的民事责任。

深圳南山区人民法院一审认为,要求腾讯公司每天对存储空间的海量上传信息进行事先的版权审查是不可行的,腾讯公司不存在明知或应知的过错,依照《信息网络传播权保护条例》第 22 条的规定,判决驳回中凯公司的诉讼请求。深圳中院二审认为,腾讯公司在其视频分享网站上设置了创造、娱乐、音乐、影视等栏目,电视连续剧《宫》被网络用户未经许可上传到影视栏目中,且在腾讯播客榜单中被排在点播榜前列并持续了几个月的时间,腾讯公司对用户的上传行为存在明知或应知的过错。依照《民法通则》第 130 条、《最高人民法院关于审理涉及计算机网络著作权纠纷案件适用法律若干问题的解释》第 3 条的规定,判决撤销一审判决,改判腾讯公司赔偿中凯公司经济

[51] 具体案情详见北京市朝阳区人民法院(2010)朝民初字第 18147 号民事判决书。

损失人民币8000元。[52]

从本案看，腾讯公司的“QQ播客”将其视频分享文件事先划分了创造、娱乐、音乐、影视等视频分类与编排，这种分类编排意味着腾讯公司应对影视栏目中的影视作品要有积极的审查义务，因为影视作品的制作要花费大量的人力、物力、财力，影视作品的制片人免费将其影视作品上传到视频分享网站上的可能性微乎其微。根据《互联网视听节目服务管理规定》的规定，视频分享网站服务商有义务对其网站中的视频内容进行审核，以防止色情、反动及低俗的视频内容在网络上传播，虽然该行政法律规范是对网络服务商所设定的公法义务，但却会对视频分享网站服务商是否注意到有人上传了侵权影视作品产生影响，因为只要视频分享网站审查员稍加注意就会发现，如有人将完整的影视作品上传到其网站影视栏目上，则意味着该网络用户侵犯他人著作权的可能性极大。本案中，有网络用户将电视连续剧《宫》上传到腾讯公司的“QQ播客”（影视栏目）中去，且在用户点击排行榜中排在前列，在时间上持续了几个月。网络用户上传的电视连续剧《宫》有几十集，网络用户未经许可将电视连续剧《宫》上传到腾讯公司“QQ播客”上时，该电视连续剧比较“火”、知名度高，腾讯公司作为专业的视频分享网站服务商，只要稍加注意就会意识到排在点击榜前列的该剧是未经许可上传的，存在着极大的侵权可能性。然而，腾讯公司未尽其应有的审查注意义务，在主观上存在着明知或应知的过错，二审法院判决其承担赔偿损失的帮助侵权责任是妥当的。

根据“连续剧《宫》案”，信息存储空间服务商在下列情况下可能被认定存在明知或应知的过错：(1) 未经许可上传的影视文件被上传到其划分的影视栏目中；(2) 侵权的影视文件位于其设立的排行榜中；(3) 侵权的影视文件处于热播、热映、档期或流行期；(4) 侵权的影视文件位于信息存储空间服务商网站首页、其他主要页面等显著位置。

在信息存储空间服务商被控侵权的案件中，其如欲免责，必须举证证明

[52] 具体案情详见深圳市南山区人民法院(2008)深南法知民初字第137号民事判决书、深圳市中级人民法院(2009)深中法民三终字第36号民事判决书。

存在我国《信息网络传播权保护条例》第 22 条所规定的 5 项条件。[53] 信息存储空间服务商对网络用户上传信息的审查分为两种情形：一种是为维护国家和社会公共利益而针对色情、反动及低俗等内容的审查，此种审查是所有信息存储空间服务商都必须承担的法定义务，法院通常认为该种审查并不改变信息存储空间服务商的性质。比如，在新传在线诉土豆网一案中，土豆网设有"土豆审片组"，法院认定该审片组的审核行为属于对色情、反动内容的审核，不改变土豆网信息存储空间服务商的性质。[54] 另一种是对网络用户上传的文件内容进行取舍，以决定哪些内容能够在其网站上发布。在该种情形中，信息存储空间服务商已成为网站信息文件的直接发布者，属于直接的信息网络传播行为，而非信息存储空间提供行为。

在司法实践中，信息存储空间服务商发布广告是其收入的主要来源，具体表现为：(1) 仅在其网站页面投放广告；(2) 在视频播放界面投放广告；(3) 在具体的视频文件不同播放的不同阶段插播广告。投放广告的行为会影响《信息网络传播权保护条例》第 22 条所规定的"是否构成改变作品、表演、录音录像制品"和"是否属于获得直接的经济利益"免责条件的认定。在北京慈文公司诉北京我乐案中，法院认定信息存储空间服务商投放广告的行为不构成对作品的改变，且认定如果仅投放广告，对所提供的信息服务不收取费用，亦不属于直接获得经济利益。[55] 当然，在司法实践中有些法院持相反的态度。[56] 我们课题组赞同前一种观点。

有些信息存储空间服务商为方便网络用户对上传的信息进行查找，将杂乱无序的内容分为不同栏目，比如动漫、音乐、影视等。有些法院认为只要对上传内容进行了分类编辑，其就应承担更高的注意义务。例如，在"广电伟业诉合一信息案"中，法院认定，在被编辑整理的内容构成侵权的情况下，应认

---

[53] 我国《信息网络传播权保护条例》第 22 条规定："网络服务提供者为服务对象提供信息存储空间，供服务对象通过信息网络向公众提供作品、表演、录音录像制品，并具备下列条件的，不承担赔偿责任：(一) 明确标示该信息存储空间是为服务对象所提供，并公开网络服务提供者的名称、联系人、网络地址；(二) 未改变服务对象所提供的作品、表演、录音录像制品；(三) 不知道也没有合理的理由应当知道服务对象提供的作品、表演、录音录像制品侵权；(四) 未从服务对象提供作品、表演、录音录像制品中直接获得经济利益；(五) 在接到权利人的通知书后，根据本条例规定删除权利人认为侵权的作品、表演、录音录像制品。"

[54] 具体案情详见上海市高级人民法院(2008)沪高民三(知)终字第 62 号民事判决书。

[55] 具体案情详见北京市朝阳区人民法院(2008)朝民初字第 16141 号民事判决书。

[56] 参见广东省高级人民法院民三庭：《关于网络环境下著作权司法保护问题的调研报告》，载《法庭》2010 年第 6 期。

定信息存储空间服务商在主观上存在明知或应知的状态。[57] 但在“龙乐诉网络秀案”中，法院认为分类编辑的行为不能当然说明信息存储空间服务商在主观上存在明知或应知的状态，还必须结合个案进行具体认定。[58] 对于信息存储空间服务商在其播放的视频上加注其网站标识的行为，有的法院认定属于改变作品、表演、录音录像制品的行为，[59]而有的法院则持否定的态度。[60] 我们课题组赞同后一种观点。

3. 从“《我的青春谁做主》案”析搜索、链接服务商帮助侵犯著作权的认定

原告搜狐公司通过继受方式取得了32集电视连续剧《我的青春谁做主》的独占信息网络传播权，被告迅雷公司在其网站页面设置了“我的青春谁做主—2009—迅雷下载—在线点播”搜索框，且页面有《我的青春谁做主》的简介、剧照、故事大纲等内容，通过点击“搜索本片”等一系列提示，可以下载《我的青春谁做主》电视剧。同时，点击进入被告迅雷公司的网址 http://www.xunlei.com，进入“迅雷在线”设置有“本周推荐”栏下的《我的青春谁做主》，进入“我的青春谁做主—2009—迅雷下载—在线点播”页面，通过点击“搜索该片”等提示，可以下载《我的青春谁做主》电视剧。原告发现上述情形之后向被告发出三份 EMS 特快专递，但 EMS 详情单仅宣示了原告独家信息网络传播权利人的地位，未附上被告涉嫌侵权的 URL 地址。原告认为被告侵犯了其对涉案电视剧享有的信息网络传播权，要求其承担停止侵权、赔偿损失的民事责任。针对原告的侵权指控，被告举证中央电视台网站和搜狐网站有正版的《我的青春谁做主》免费观看服务。深圳市南山区法院以搜索引擎及下载软件具有技术中立性，被告网站虽有推荐《我的青春谁做主》及该片的内容介绍，但同时中央电视台网站和搜狐网站上亦提供涉案电视剧在线观看服务，故无法认定被告存在应知的过错，因而判决驳回原告搜狐公司的诉讼请求。[61]

搜索引擎作为网络查询工具，是一种依照机器抓取相关网页信息，建立在超链分析基础上的网页搜索工具。[62] 其作用是帮助人们在海量的网络信息中快速地找到自己需要的信息。互联网上常见的搜索引擎有两类：一是提供

---

[57] 具体案情详见北京市海淀区人民法院(2008)海民初字第14023号民事判决书。

[58] 具体案情详见北京市第二中级人民法院(2007)二中民终字第05328号民事判决书。

[59] 具体案情详见北京市海淀区人民法院(2008)海民初字第9200号民事判决书。

[60] 具体案情详见北京市朝阳区人民法院(2008)朝民初字第16141号民事判决书。

[61] 具体案情详见深圳市南山区人民法院(2009)深南法知民初字第78号民事判决书。

[62] 参见靳学军、宋鱼水主编：《互联网的理性与秩序——网络侵权法律适用与典型案例精析》，人民法院出版社2006年版，第150页。

“空白搜索框”，网络用户可以输入任意的关键词查找相关内容，比如“百度”等专业搜索引擎通常采取这种方式提供搜索服务；二是在特定的范围内对网络用户可能感兴趣的信息进行分类或者排列，相关关键词已经被作为搜索指令列出，用户只需点击该关键词，就可以搜索出相关的信息。搜索引擎提供者往往同时采用两种方式以满足用户的不同需要。[63]

以提供空白搜索框的方式提供搜索服务

所谓链接，是指通过使用超文本标示语言（Hyper Text Markup Language, HTML）编辑包含标记指令的文本文件，在两个不同的文档或同一文档的不同部分建立联系，从而使访问者可以通过一个网址访问不同网址的文件或通过一个特定的栏目访问同一站点上的其他栏目。链接有多种分类，其中最具有法律意义的分类是普通链接与深度链接。普通链接是设链者在其网站上直接显示普通链接的标志，设链者的网络用户能够清楚地知道设链者的网站同其他网站建立了链接，并且能够通过点击普通链接标志指令浏览器访问被链接对象。深度链接是指设链者将被链接对象的网址“埋”在自己的网站或网页当中，成为自己网页的一个组成部分，可以在网页初次下载时就导引浏览

[63] 参见李芬莲：《信息定位服务提供者帮助侵犯著作权的认定》，载《中国版权》2010 年第 3 期。

经过分类和排列的搜索链接

器去连接对象所在服务器自动获取所链信息。由于在浏览器的地址栏里不显示被链接的网址,设链者的网络用户并不一定知道设链者网站或网页同其他网站或网页建立了链接,并不一定知道其访问的网站或网页非屏幕上所显示的网址所在,以及其下载行为是通过链接的方式完成的。也就是说,如果设链者采用了深度链接,用户即便点击的是该网站内的链接,但网络终端设备也会绕过被链接网站的首页而直接显示具体的内容页,如果这一内容页上没有被链接网站的标志,网络用户就有可能认为自己访问的仍然是设链网站内的内容。[64]

本案迅雷公司采用的是第二种搜索引擎技术,即迅雷公司在自己的网站上设置了"我的青春谁做主—2009—迅雷下载—在线点播"页面,该页面显示有该剧的简介、剧照、故事大纲等内容。可见,迅雷公司在自己的网站上将用户可能感兴趣的《我的青春谁做主》作为预先设定搜索的关键词,用户如愿意搜索该信息,只需点击"搜索本片"等提示即可搜索链接下载《我的青春谁做主》。迅雷公司提供的该链接技术属于深度链接技术,该技术的实施使得网

---

[64] 参见赵丽梅:《链接引发的法律问题探析》,http://www.netlawcn.net/second/content.asp?no=370,2011年1月30日。

络用户对涉案影视作品的搜索和下载始终没有离开自己的网络环境(或者是使网络用户认为是在迅雷在线的服务器上进行相关的下载),从而也使得第三方网站上的影视内容直接被迅雷公司所利用。

根据我国《信息网络传播权保护条例》第 14 条规定的“通知—删除”规则,原告搜狐公司向被告迅雷公司发出的通知仅宣示了其独家信息网络传播权人的地位,没提供被告迅雷公司涉嫌侵权的 URL 地址,原告搜狐公司发出的通知不属于“发出确有证据的警告”,故被告迅雷公司无法按其通知删除所谓侵权信息,依据“通知—删除”规则无法认定被告迅雷公司主观上有过错。然而,被告迅雷公司在其网页上将“我的青春谁做主—2009—迅雷下载—在线点播”设置为搜索关键词,并将该关键词作为搜索指令列出,用户只需点击该关键词,就可以搜索出相关的信息。配合该关键词搜索,被告迅雷公司还在其“迅雷在线”页面上对电视连续剧《我的青春谁做主》进行了广告宣传,包括该剧的简介、剧照、故事大纲等内容。同时,被告迅雷公司还在其“迅雷在线”网页上对该电视剧进行了“本周推荐”,网络用户如对该电视剧感兴趣,通过在该页面上点击“搜索本片”,并根据点击提示,就可以完成对电视剧《我的青春谁做主》的搜索链接下载。电视连续剧《我的青春谁做主》被上传到互联网上时,该电视连续剧正在央视每天按集播出,正处于热播期,比较“火”,知名度高。从上述事实看,被告迅雷公司对其预先设定的搜索链接下载《我的青春谁做主》的下载资源是否侵犯他人版权,应具有很高的谨慎注意义务。

按照商业习惯,著作权人将其影视作品置于互联网上供网络用户欣赏时,一般只提供在线播放欣赏,而不提供下载服务,但被告迅雷公司对《我的青春谁做主》提供的搜索链接服务,不仅可以在线播放,而且可以下载。被告迅雷公司对涉案电视连续剧《我的青春谁做主》采用的是深度链接,而通常情况下,著作权人是不允许其他网站通过深度链接的方式与自己的正版网站设立链接,同时,提供正版电视连续剧《我的青春谁做主》之在线观赏的网站非常少。被告迅雷公司作为专业的网站,只要稍加注意就会意识到其深度链接的电视连续剧《我的青春谁做主》是未经许可上传的,存在着极大的侵权可能性,但被告迅雷公司通过提供预先设定好的搜索链接下载技术,将第三方网站上的侵权影视内容直接为自己所利用,被告迅雷公司未尽其应尽的合理注意义务,其主观上存在着明知或应知的过错。我们认为,一审判决认定被告迅雷公司在主观上没有过错不承担赔偿责任,值得商榷。

通过“《我的青春谁做主》案”我们可以总结出以下裁判规则:如搜索、链接服务商根据其预见能力和预见范围,明知或应知其行为的不良后果,即知道或有合理的理由知道他人利用其服务传播被控侵权的作品、表演、录音录像制品的,应认定其主观上有过错。该过错的具体表现形式为:(1)搜索、链接服务商在接到著作权人符合法定条件的"通知"(确有证据的警告)后,仍不"删除"侵权信息;(2)将与侵权影视作品相关的关键词设置为固定搜索关键词,或者在其网站首页或某个页面的显著位置对侵权信息之内容做广告宣传,并对侵权信息设置深度链接;(3)按照自己的意志,在搜索、整理、分类的基础上,对被诉侵权的影视作品、表演、录音录像制品作相应的分类、列表;[65](4)被侵权的影视作品比较火,或知名度高,被公众较广泛注意;(5)其他可以认定搜索、链接服务商有过错的情形。

4. 从"《七剑》案"析 P2P 服务提供者帮助侵权的认定

原告北京慈文公司享有电影《七剑》作品在中国大陆地区的版权。被告数联公司通过其经营的网站供用户下载 POCO 之 P2P 软件。被告数联公司在其网站设置了"电影交流区"网页,其上有电影《七剑》宣传页的内容,包括电影海报、文件大小、上映时间等信息。通过搜索"《七剑》"可以实现对该电影的下载。原告认为,被告侵犯了其对电影《七剑》的信息网络传播权,要求被告停止侵权,登报赔礼道歉,赔偿损失。广州中院经审理认为,被告是一家提供 P2P 服务的网络公司,被告在其网站页面上对电影《七剑》进行介绍,包括影片的宣传图片、文件大小、上映时间、搜索次数等内容,页面上还有指引下载的标志,这为 P2P 用户下载电影《七剑》起到了帮助作用,侵犯了原告的信息网络传播权,判决被告立即停止侵权,向原告赔礼道歉并赔偿原告损失 8 万元。广东高院二审维持原判。[66]

本案是我国首例 P2P 网络服务提供者承担侵犯著作权责任的案例。传统网络传播采用"服务器—客户端"的基础结构模式,而 P2P 技术的出现,摆脱了对网络中心服务器的依赖,网络用户间能够进行点对点的数据交换,而不需要通过网络中心服务器进行中转。利用 P2P 技术可以建立对等联网的网络,P2P 网络用户能直接连接到其他用户的计算机,并可以对其他用户提供的共享文件进行下载。在 P2P 网络系统中,由于每个 P2P 用户的 P2P 软件在

---

[65] 在上海市浦东新区人民法院审理的电影《伤城》案中,被告迅雷公司在其网站首页设置了"影视频道"等栏目,其"影视频道"中设置了《伤城》内容介绍,受案法院判决被告侵权成立。具体案情详见(2007)浦民三(知)初字第 69 号民事判决书。

[66] 具体案情参见广州市中级人民法院(2006)穗中法民三初字第 7 号民事判决书,以及广东省高级人民法院(2006)粤高法民三终字第 355 号民事判决书,电影《七剑》著作权侵权纠纷案是我国首例 P2P 网络服务运营商承担民事责任的案例。

本机上都有一个共享目录,这就相当于一个文件服务器。对于一名P2P网络用户来说,只要其愿意与他人分享电影、音乐或软件等文件,就可以将这些文件拷贝至P2P软件在硬盘上划定的“共享目录”中,只要其打开计算机,保持联网状态并运行该P2P软件,其他任何同样使用该P2P软件的用户就可以通过输入关键词搜索到这名用户硬盘“共享目录”之中的文件,并可以将其感兴趣的文件下载到自己的计算机中。[67]

P2P下载技术

就本案看,原告发现其电影《七剑》被侵权的行为,是由被告的POCO之P2P软件用户上传至POCO网络环境中去的,该P2P软件用户构成对原告《七剑》电影作品信息网络传播权的直接侵权。本案被告并未将电影《七剑》上传至自己的网络服务器中供用户下载,因此,其没有实施侵犯原告《七剑》电影信息网络传播权的直接侵权行为,其仅可能承担帮助侵权责任。[68] 如此一来,认定被告主观上有无过错,是判断被告是否构成侵权的关键环节。原告《七剑》电影作品在中国大陆上映仅3个月就有POCO软件用户将其上传至P2P网络系统,供其他POCO用户免费下载,对于任何一个通常的理性人来说,都应当意识到该POCO用户在实施侵犯他人电影作品著作权的行为。被告作为

---

[67] 参见王迁:《知识产权法教程》,中国人民大学出版社2007年版,第165页。

[68] 参见宋哲:《P2P网站运营商著作权法律责任评析》,载万鄂湘主编:《知识产权法理论与适用》,人民法院出版社2005年版,第178页。

一家专业网站，亦应当知晓该事实，但被告面对 POCO 用户插起的这面“红旗”视而不见，俨然“像一只将头埋在沙子里的鸵鸟”佯装不知，因此，可以推定被告作为专业网站没有尽到谨慎注意义务，应认定其主观上存在过错。

P2P 作为一种新的网络传播技术，促进了信息的传播，但也带来了复杂的 P2P 网络著作权侵权问题。P2P 服务提供者没有直接实施网络传播作品的行为，当有 P2P 用户利用 P2P 软件非法传输作品时，P2P 服务提供者在客观上帮助了该 P2P 用户实施著作权侵权行为，当 P2P 服务提供者在主观上存在明知或应知的过错时，将构成共同侵权行为，应依法承担共同侵权的民事责任。判断 P2P 服务提供者主观上存在明知或应知过错的条件有：(1) P2P 服务提供者的网站之明显位置对侵权的影视作品进行了推荐；(2) 被侵权的影视作品处于档期，知名度高，比较火；(3) 侵权影视作品的访问量急剧上升，影响迅速扩大；(4) P2P 服务提供者对侵权的影视作品设置了预设的搜索关键词，用户只需点击即可获得该侵权影视作品。

（二）网络服务提供商引诱侵犯著作权的认定

原告华夏视联控股公司享有电影《十全九美》在中国大陆的独占信息网络传播权，被告李军经营的 www.babady.com 网站未经许可上传《十全九美》电影供网络用户下载，深圳快播科技公司因其开发的 QVOD 软件支持了 www.babady.com 网站的电影下载而成为共同被告。QVOD 软件由服务器软件和客户端播放器软件两部分组成。如要建构一个视频点播网站，必须要安装 QVOD 服务器软件，用来将流媒体（包括音频、视频或影视节目等）发布到网站上供用户点播。普通用户安装 QVOD 软件后可以播放自己电脑上的音频、FLASH、视频（影视节目），也可以点播 QVOD 服务器发布的流媒体（包括音频、视频或影视节目等），还可以在线观看其他 BT 流媒体。原告指控被告深圳快播公司存在引诱、帮助被告李军实施侵犯其著作权的行为。法院认定，被告深圳快播公司提供的 QVOD 软件服务虽在客观上帮助了被告李军传播涉案电影，但其主观上并不存在引诱侵权的过错，判决驳回了对被告深圳快播公司的诉请。[69]

网络著作权中的引诱侵权与帮助侵权虽都属于共同侵权的范畴，但二者的区别是显然易见的。在引诱侵权的情形下，一般是先有引诱行为，后在该行为的引诱下发生直接侵权行为，引诱是因，侵权是果；而帮助侵权则是先有

---

[69] 具体案情详见深圳市福田区人民法院(2009)深福法知产初字第 227 号民事判决书。

直接侵权,然后在明知或应知的主观状态下,帮助直接侵权行为。从比较法的角度看,美国最高法院在Grokster案确立的引诱侵权规则为,只要产品提供者具有引诱消费者实施侵权的言行,无论产品是否具有"实质性非侵权用途",其都应当作为引诱侵权者承担责任,这实际上改变了"实质性非侵权用途"标准的法律地位。[70]

本案中,原告欲指控被告深圳快播公司侵权成立,其必须证明在被告深圳快播公司的引诱下,被告李军实施了侵权行为,但被告深圳快播公司仅是为网络用户和影视网站提供高清和快速的下载服务,不能仅因该软件也可能被他人用做侵权用途,就认定被告深圳快播公司存在引用他人侵权的主观过错。同时,被告深圳快播公司在自己的网站为宣传QVOD软件而鼓吹利用该软件可以下载百万高清影视作品,但该行为不可能构成引诱网络用户实施侵犯著作权的行为,因为在我国网络用户下载盗版影视作品的行为不被认为是侵犯著作权的行为。我国《著作权法》明确规定,"为个人学习、研究或者欣赏"而进行的复制为合理使用。[71] 事实上,在我国,著作权人指控网络服务提供商构成引诱侵权的案件还未曾出现。

(三)网络服务提供商替代责任的认定

按照大陆法系传统侵权行为法的原理,替代责任(Vicarious Liability)是指雇主对雇员在受雇范围内实施的侵权行为所承担的责任。[72] 后来美国法院将替代责任的规则改造为,如果对他人的侵权行为具有监督的权利和能力,同时又从侵权行为中获得了直接经济利益,即使其不知道他人的行为是侵权行为,也应当为其侵权行为承担责任。[73] 比如,夜总会聘用的乐队未经许可演奏他人享有著作权的音乐时,该夜总会要承担侵犯他人著作权的法律责任。

综上,替代侵权责任的构成要件为:(1)经营者有权利和能力监督直接侵权行为;(2)从直接侵权行为中获得直接的经济利益。只有满足了这两个要件,方需承担替代责任。可以说,该条件极为严格。欧美等发达国家至今尚未出现

---

[70] 参见王迁:《知识产权法教程》,中国人民大学出版社2007年版,第292—296页。

[71] 我国《著作权法》的上述规定使得我国成为世界上唯一有此规定的国家,许多国家将从互联网上大量下载盗版影视作品的行为定为侵犯著作权的行为。值得注意的是,我国《信息网络传播权保护条例》并未规定为个人学习、研究或欣赏从互联网下载影视作品的行为为合理使用行为。

[72] 参见〔德〕克雷斯蒂安·冯·巴尔:《欧洲比较侵权行为法》,张新宝译,法律出版社2003年版,第141页。

[73] See Gershwin Publishing Corp. v. Columbia Artists Mangagement, Inc. ,443 F. 2d 1159, at 1162 (2d Cir. ,1971); Polygram Intern. Pub. , Inc. v. Nevada/TIG, Inc. , 855 F. Supp. 1314 (D. Mass. , 1984).

网络服务提供商承担替代责任的案例。在我国,网络用户习惯于免费使用网络服务提供商提供的网络服务,网络服务提供商多通过提高流量等手段来吸引他人在其网站中作广告,以间接收取广告费用。如此一来,在网络环境下,网络服务提供商不具备构成替代责任的条件。因此,我国亦未发生网络著作权替代责任的案例。

社会创新和合同自由的博弈

——论软件许可协议中禁止反向工程条款的效力

◇ 阙紫鹏*

内容摘要 软件许可协议中禁止反向工程条款的效力与软件行业的发展休戚相关,同时也是合同自由和社会创新天平上的重要砝码。在计算机产业界,软件之间的程序兼容性反向工程是普遍存在的。结合对美国和欧盟的司法实践的分析,可以认为程序兼容性反向工程是对计算机软件的一种合理使用。在 DMCA 后,由于立法的原因,美国对于软件许可协议中禁止反向工程条款的态度倾向于认定其有效。笔者认为,美国的判决在分析中存在问题,其优先适用理论在我国并不适用。基于我国现行法和相关法理,合理使用条款是强行法,软件许可协议中禁止反向工程条款除与强行性法律规范抵触的部分无效外,其余部分应当被认定为有效。

关键词 许可 程序兼容性 反向工程 软件 合理使用

在计算机软件领域,反向工程是指"通过一个对复杂的软件系统样本的有序审查来研发一套复杂软件系统的说明书的过程"①。在软件工程意义上,反向工程是研发软件的逆过程,是从一程序产品的目标代码和手册中分析获取各种

* 阙紫鹏,华东政法大学。

① Reverse engineering is defined as "the process of developing a set of specifications for a complex hardware system by an orderly examination of the specimens of that system." See Elliot J. Chikofsky and James H. Cross II, Reverse Engineering and Design Recovery: A Taxonomy, citing M. G. Rekoff Jr., On Reverse Engineering, IEEE Trans. Systems, Man and Cybernetics, Mar.-Apr., 1985, at 244—252.

数据信息，例如，处理流程和组织结构的设计、数据结构算法的设计、用户界面设计、功能和性能规格等的过程。[②] 易言之，反向工程可以理解成对一个现有软件的“分解”，进而了解其中相应部分的工作原理。这可以类比研究一台机器，将其拆卸之后，研究其某一部分的构造或者使用原理等。在美国的相关法律资料中，反向工程一般以“reverse engineering”来表达，而在欧盟立法文件中，则使用了与“reverse engineering”意思相近的“decompilation”一词来表达。严格地说，“decompilation”的意思是“解汇编”或者“反汇编”，是软件业通常进行反向工程的最主要途径，在许多环境下经常互相替代使用。因此，在本文的讨论中，将不对上述两个词汇进行区分，都使用“反向工程”这一中文术语。

自从软件被纳入著作权法的保护客体以来，对软件的反向工程就成了一项平衡软件著作权人和公共创新，促进软件行业和社会创新发展的利益平衡工具。随着软件许可协议的普及，越来越多的软件公司为了维护其竞争优势地位以及经济利益，往往通过“压缩包”协议（shrimp-wrap）来授权用户使用软件。“压缩包”协议最早存在于软件载体的包装盒的封口上，用户启封就意味着对许可协议的同意，在该“压缩包”协议中往往存在着禁止反向工程的条款。现在随着网络技术的普及，软件往往通过网络下载获得，此时“压缩包”协议一般存在于软件安装的程序中，只有用户选择“接受”才能进一步安装软件，同时在软件许可协议中加入了“禁止反向工程”条款。[③] 综观发达国家和地区的立法，往往是通过对知识产权权利的限制来达到鼓励社会创新的目的。无论是否被法律明文规定为权利限制，反向工程作为推动社会创新的重要手段，能否通过合同来约束反向工程，成了各个国家面临的重大问题。因涉及利益众多，“禁止反向工程”条款自在美国问世以来各方观点层出不穷，在欧盟也是众说纷纭，在我国更是争议颇多。如何确定“禁止反向工程”条款的效力，对我国的法制建设有着不言而喻的意义。

一、计算机软件硬件之间的兼容性与反向工程的关系

计算机的软件和硬件之间彼此都存在兼容的问题。软件不仅仅与软件，

② 参见应明、孙彦：《计算机软件的知识产权保护》，知识产权出版社2009年版，第417、418页。

③ 以常用软件QQ2010bata3为例，其禁止反向工程条款为：“3.4 用户在遵守法律及本《协议》的前提下可依本《协议》使用本‘软件’。用户无权实施包括但不限于下列行为：…… 3.4.3 对本‘软件’进行反向工程、反向汇编、反向编译等；……”

也与硬件可能产生兼容性的问题。所谓兼容性是指几个软硬件之间相互配合的程度。硬件与硬件之间的兼容性越好,计算机工作的稳定性越强;软件与软件之间的兼容性越好,越能彼此相互稳定地工作,方便地传输数据,计算机工作的效率越高。软件与硬件之间相互配合工作与硬件之间的兼容及软件之间的兼容的原理相同,兼容性越好则工作得越好,但在计算机产业界往往不用兼容性一词描述硬件与软件之间的工作配合度。原因是在计算机行业,硬件一旦制作完成,其技术参数都已经确定,此时各个软件的制作商都根据硬件的技术参数设计新软件或者对旧软件作相应的更改。如果达不到硬件各个技术参数的要求,软件是几乎不可能在硬件上顺利运行的,而一旦达到了硬件技术参数的要求,软件几乎都能顺利地在硬件上运行。

软件与硬件在技术上的各种特性决定了其兼容性研究方法的不同。对于硬件之间的兼容性,往往是通过阅读硬件的说明书来了解各个技术参数,继而制作与欲匹配的硬件的技术参数相匹配的硬件。若一个软件想在一个硬件上运行,往往也是通过阅读硬件的说明书,进而对软件按照硬件技术参数的要求进行设计的。由于硬件制作完成,为了便于用户使用,在其说明书上往往明确写明其各种技术参数,因而想要兼容硬件,不需要通过反向工程进行。

软件之间兼容性的研究方法则与上述研究方法有很大区别。其原因在于,软件一旦研发完毕,不可能像硬件一样公布出其“技术参数”,而是向购买软件使用权的用户公开了软件的目标代码。要兼容一个软件,其原理同兼容硬件类似,需要在其目标代码中寻找软件的各种技术参数。目标代码是机器阅读的数码化序列,由 0 和 1 组成,必须转化成人可以阅读的源代码才能了解该软件的各种技术特性。正常的软件研发过程,是先确定软件的技术特性,再编写源代码,最后转化为目标代码。而这个从目标代码中寻找软件的技术特性的过程是正常研发软件的逆过程,因此被称为“反向工程”。同时由于正常的软件研发过程被称为“汇编”,因此反向工程也被称为“反汇编”。

与硬件市场的群雄并起不同,软件市场往往是“一家独大”,使用率高的软件往往在相关市场上占有率很大,如我们常见的 Windows 操作系统。因此,软件之间的兼容性对于一个软件推向市场至关重要。所谓软件兼容性,是指几种软件之间不需要通过复杂的转换就能方便地传输和共享数据。首先,该软件需要兼容操作系统软件。操作系统是硬件与人交流的最后一道媒介,所有的软件都必须在操作系统上运行。其次,该软件可能需要兼容市面上使用率高的若干款软件以提高自己的使用率。再次,与各种软件之间的兼容性高低，已经成为决定一款软件是否受欢迎的重要因素。由此可见软件兼容性对于计算机产业的重要性。

如今的软件界，存在着开源软件和闭源软件两种形式。开源软件就是公开软件源代码，而闭源软件则反之，绝大多数的软件产商都是以闭源方式许可软件使用权，把软件源代码作为商业秘密保护。上文也提到，反向工程是软件兼容性的重要手段。可以说，绝大多数的兼容性在源代码不公开的前提下，只能通过反向工程以寻求源代码，了解软件的技术特性。这就产生了所谓程序兼容性反向工程，即指反向工程是以兼容某程序为主要目的，如某软件原本只能在 Windows 操作系统上使用，通过兼容性处理之后，能够在 Linux 操作系统上使用；WPS 办公软件能够兼容微软的办公软件。在该反向工程中，技术人员往往通过解读某软件的目标代码，将其转化为相应的源代码，之后再对相应部分的工作原理和功能进行研究。

要研究软件许可协议中禁止反向工程条款的效力，首先有必要研究最为常见的程序兼容性反向工程的性质。

二、程序兼容性反向工程的性质：合理使用

（一）美国司法实践

在美国的司法实践中，法院的普遍意见是将程序兼容性的反向工程看做社会创新的需要并解释为合理使用的一种。Sega Enters. v. Accolade, Inc.④（Sega 案）、Atari Games Corp. v. Nintendo of Am., Inc.⑤（Atari 案）和 Sony Computer Entm't, Inc. v. Connectix Corp.⑥（Sony 案）是对此观点最好的注脚。这三个案件都认为：对软件的反向工程是合理使用。下面对这三个著名的案件进行简要分析。

这三个案件的事实十分相似。在 Sega 案和 Atari 案中，游戏开发和制作公司制作游戏机和游戏卡，并在游戏机软件中加入识别程序，只有插入本公司制作的游戏卡才能正常玩游戏。游戏开发和制作公司与若干独立游戏开发商签订协议，独立的游戏开发商协助游戏开发和制作公司开发游戏，但是制作游戏的权利排他地属于游戏开发和制作公司。独立游戏开发商对游戏

④ See Sega Enters. v. Accolade, Inc., 977 F.2d 1510 (9th Cir., 1992).

⑤ See Atari Games Corp. v. Nintendo of Am., Inc., 975 F.2d 832 (Fed. Cir., 1992).

⑥ See Sony Computer Entm't, Inc. v. Connectix Corp., 203 F.3d 596 (9th Cir., 2000).

开发和制作公司的游戏程序进行了反向工程，研发出了兼容游戏开发和制作公司游戏的游戏机。在 Sony 案中，被告通过反向工程研发了能应用于苹果操作系统的模拟游戏机（VGS）和能在苹果电脑上兼容 Sony 的 PSP 游戏。上述案件诉讼的原因之一都是侵犯版权。

在对这三个案件的审判中，法官们结合合理使用的四个要素，对反向工程作出了许多解释。在对"版权作品的性质"这一要素分析中，法官们认为软件中交织着各种不受版权法保护的信息。如果认为对软件的反向工程侵犯了版权，那么就阻止了他人接触软件中不受版权法保护的信息。[7] 同时，受版权法保护的作品中还包含着不受版权法保护的思想以及具有功能性的信息，[8]公众获得这些信息并不侵犯软件的版权。在对第三个要素"使用的目的和性质"的分析中，法官们认为软件反向工程没有直接的商业目的，具有适度的转换性。在第四个要素"市场的影响"的分析中，法官们认为版权法不能授予软件开发商分割市场的垄断权利。[9] 综上所述，美国司法实践中比较统一的观点是：若反向工程是为了兼容某程序而研发与原程序竞争的替代品，无论是否以商业为目的，该种对软件的反向工程为合理使用。

在美国，司法实践中并未认定所有的反向工程都是合理使用，只是讨论了为了程序兼容的反向工程是合理使用。不能否认的是，程序兼容的反向工程在我国也比较普遍存在，因此美国司法实践的结论对我国认定软件兼容性的反向工程的性质具有很高的参考价值。

（二）欧盟的立法

早在 1991 年，欧共体就通过了 91/250 关于计算机软件的保护指令，其中第 6 条"解汇编"对反向工程行为作出了限制。[10]

---

⑦ See Sega Enters. v. Accolade, Inc., 977 F.2d 1510 (9th Cir., 1992), at 1518. The court had first rejected Accolade's other arguments: (1) intermediate copying does not infringe the reproduction right unless the end product of the copying infringes the reproduction right; (2) decompilation of object code to understand functional elements is permissible under the idea and expression dichotomy of 17 U.S.C. § 102(b); (3) disassembly is authorized by 17 U.S.C. § 117, which exempts from copyright scrutiny those copies made "as an essential step in the utilization of the computer program ...." Id., at 1517. See also 17 U.S.C. § 117(a)(1) (2008).

⑧ See Sega Enters. v. Accolade, Inc., 977 F.2d 1510 (9th Cir., 1992).

⑨ See Sony Computer Entm't, Inc. v. Connectix Corp., 203 F.3d 596 (9th Cir., 2000), at 606, 607.

⑩ See Council Directive 91/250/EEC of 14 May 1991 on the Legal Protection of Computer Programs, Article 6.

该指令第6条第1款规定，解汇编他人软件必须符合以下条件：分解的行为人是相关软件的被许可人或者有权使用相关软件复制件的人，或者可以代表该使用者的人；上述分解人此前不知道有关兼容目的的必要信息；分解的范围仅限于原有软件的部分内容（而非整个软件）。此外，该条还规定，通过分解软件而获得的信息，不得用于超出软件兼容性的目的；不得提供给他人，除非是为了与独立开发的软件兼容；不得用于开发、生产和上市实质性相似的软件或者用于侵权。同时，还必须满足"三步检验法"的要求。⑪

从欧共体指令的规定看，计算机软件的反向工程被法律所允许，只是加上了许多限制。首先是目的要求，反向工程的目的必须是独立开发软件之间的兼容性；其次是主体要求，必须是相关软件的被许可人或者有权使用相关软件复制件的人等，并不得以非指令规定的目的提供给他人；再次是行为要求，即不得用于开发、生产和上市实质性相似的软件或者用于侵权。易言之，欧共体的计算机软件保护指令只对目的是独立开发的软件之间的兼容性的反向工程留下了空间，而且独立开发的软件之间不能存在实质性相似。从理论上说，在反向工程中难免存在从目标代码向源代码的转化，因此涉及复制行为。法律明文对复制行为加以许可，并且不需要经过权利人的许可，亦不需要支付报酬，故是合理使用。综上，在欧洲，以兼容性为目的的计算机软件反向工程被法律明文列为合理使用。

结合美国和欧洲的规定可以看出，两者在规定程序兼容性反向工程上是相似的，可反向工程的范围也十分明确。

（三）我国法律规范的类推适用和相关解释

我国与美国都加入了《伯尔尼公约》、《与贸易有关的知识产权协议》以及《世界知识产权组织版权条约》等一系列国际公约，因此两国在著作权法上的相关规定有很多一致性。《伯尔尼公约》中第9条⑫对复制权作出了限制和例外，并为今后各国规定限制和例外提供了依据。1994年的《与贸易有关的知识产权协议》第13条和1996年的《世界知识产权组织版权条约》第10条都对专有权利的行使作出了限制和例外的规定，而且其措辞与《伯尔尼公约》基

⑪ 参见李明德等：《欧盟知识产权法》，法律出版社2010年版，第174页。

⑫ Berne Convention for the Protection of Literary and Artistic Works, Article 9 (2): "It shall be a matter or legislation in the countries of the Union to permit the reproduction of such works in certain special cases, provided that such reproduction does not conflict with a normal exploitation of the work and does not unreasonably prejudice the legitimate interests of the author."

本相同。这样,这三个国际条约明确了“三步检验法”:对专有权利的限制和例外只能限于特殊情况,不能与作品的正常利用相冲突,不能损害权利人的合法权益。在加入了《伯尔尼公约》等国际条约之后,“三步检验法”在我国《著作权法实施条例》中转化为国内法[13],正式成为我国的法律。在我国现行法的规定中,没有对任何性质的反向工程的定性加以规定,要论证软件兼容性的反向工程是合理使用,除了需要满足《著作权法》第22条第1款,涉及软件的需要满足《计算机软件保护条例》第16、17条的规定之外,还需要满足《著作权法实施条例》第21条的规定。

首先,程序兼容性反向工程是《计算机软件保护条例》第17条中的应有之义,这是该条规定的类推适用。

软件是一项特殊的作品,因为它除了由代码编写而成,还具有功能性。《计算机软件保护条例》第3条明确规定,“目标代码和源代码是同一软件作品的不同表达方式”。一个计算机软件往往分为三个层次:需求规格层、处理逻辑层和编码表达层。其中,需求规格层是计算机软件的创作主题和目标,就是该软件的功能所在;处理逻辑层是实现该程序功能性能需求规格的设计,具有很强的技术特性,属于技术性设计;编码表达层就是表达为目标代码或者源代码的代码序列本身。[14] 为了达到兼容其他软件的目的,必须了解该软件的设计思想和原理。要了解一个软件的设计思想和原理,在没有正向工程资料的前提下,必须从最底层的代码入手反向工程进行研究,而研制出能够兼容原程序的软件的过程中必然涉及对代码的复制,因为软件代码一般是对外公开机器可读的目标代码,其通过反向工程势必将目标代码转化为源代码,方可为人所阅读。而目标代码向源代码的转化则是对计算机软件这一特殊作品在著作权法意义上的复制行为。对代码的复制行为是作者复制权所控制的行为,若没有合理使用或者法定许可等免责理由,他人在获得作者许可之前无权实施该行为。

《计算机软件保护条例》第17条明确规定:“为了学习和研究软件内含的设计思想和原理,通过安装、显示、传输或者存储软件等方式使用软件的,可以不经软件著作权人许可,不向其支付报酬。”从该规定的字面意思看,安装、显示、传输或者存储等方式并未包含“反向工程”这种方式。但是,细究条例出台时的立法目的可知,设定对软件著作权的限制和例外是为了鼓励社会公

---

⑬ 参见《著作权法实施条例》第21条。

⑭ 参见应明、孙彦:《计算机软件的知识产权保护》,知识产权出版社2009年版,第98—101页。

众对软件的设计思想和原理等不受版权保护的部分加以研究，以促进技术的发展和进步。从软件界的研究现状看，程序兼容性反向工程是对软件原理、思想和功能进行研究的必要手段，若对作者的复制权不加以限制，那么对于整个软件界技术的发展和创新十分不利。但是，从实际操作而言，程序兼容性反向工程是学习和研究软件原理、思想和功能的必备方法之一，如果排除了这种方法，那么该条款的立法目的将大打折扣。囿于当时的技术状况，该条款仅列举了若干种行为，显然不符合如今技术进步与社会发展的需求。此时，出现了嗣后法律漏洞，对于法律漏洞的填补，需要对法律规范进行类推适用，[15]以适应现代社会的需求。综上所述，该条款经过类推适用之后能够规范对软件的程序兼容性反向工程这一行为。

其次，程序兼容性反向工程满足《著作权法实施条例》第 21 条的规定。

一方面，为了达到兼容某软件的目的而反向工程该软件，不会与原软件的正常利用相冲突。在欧共体就《美国版权法》第 110 (5)条诉美国案的裁决中，WTO 专家组对“三步检验法”作出了解释。解释认为：“利用”主要指版权人从行使其专有权利中获得经济利益的行为；而“正常”的含义不仅仅要考虑在当前能够产生巨大和现实收入的作品的利用形式，也要考虑哪些可能合理地具有相当经济价值的作品的利用形式。当一种利用作品的行为与版权人通常从行使专有权利中获取经济价值的行为相竞争，并且因此使得版权人丧失大量的实体商业利益时，如果国内法将这种利用行为规定为对专有权利的例外或者限制，这一规定就上升到了与作品的正常利用相冲突的程度。[16]

程序兼容性反向工程本身不会导致原软件权利人从该行为中丧失大量的实体性经济利益，而是反向工程的结果——可能产生原软件的替代品，导致原软件权利人丧失大量利益。假设 A 公司研发了某办公软件 a，B 公司为了使其研发的电子写字板软件 b 能够与 A 公司的软件 a 兼容，对 A 公司的软件加以反向工程，并成功制作了软件 b。在此过程中，B 公司反向工程 a 软件之后，在其软件尚未投入市场之前，不可能对 A 公司的软件造成实体性利益的丧失。即使造成了损失，该损失也不可能是“大量的实质性损害”。至于 B 公司软件 b 投入市场之后是否对 A 公司的利益造成损失，则不是在程序兼容性反向工程范围之内所要讨论的。因此，反向工程这一行为本身不会对原软件权利人造成实体性商业利益的丧失。

---

⑮ 参见王泽鉴：《法律思维与民法实例》，中国政法大学出版社 2001 年版，第 252—253 页。

⑯ 参见王迁：《知识产权法教程》，中国人民大学出版社 2007 年版，第 242—243 页。

另一方面，程序兼容性反向工程也不会不合理损害著作权人的合法利益。关于"不应不合理地损害版权人的合法利益"的解释，在欧共体就《美国版权法》第110（5）条诉美国案的裁决中，WTO专家组也给出了相应解释："'利益'一词既包括财产性质的使用权和收益权，也包括版权人对潜在损害或者利益的关注。如果国内法规定的例外导致或者可能导致版权人不合理地丧失利益，这种损害就是'不合理的'。"⑰

也就是说，某合理使用行为的行使不得不合理地损害权利人对其版权各种利用行为造成现实或者潜在的损害。从上下文的逻辑看，上文讨论的"不与作品正常利用相冲突"的利用方式，即使对权利人造成了损害，也不是"不合理的"；若没造成损害，更不是"不合理的"。从上文分析中可以得出，程序兼容性反向工程不可能对原公司的软件造成实体性利益的丧失。即使造成了损失，该损失也不可能是"大量的实质性损害"，应当认为是"合理的损害"。

关于这一点的论证，上文分析的美国的司法实践得出的结论是很有启发性的。即使在我国，美国法官们对若干要素的论证也具有说服力。第一，程序兼容性反向工程具有较高的转换性。程序兼容性软件反向工程的目的是制造研发能兼容原软件的新软件，能够给软件的最终用户带来更多的便利和可选择性，并不依赖于原软件，增加了市场竞争，具有较高的转换性。第二，著作权法不能成为开发商分割市场的垄断工具。程序兼容性反向工程势必影响原软件公司的利益，但这是市场竞争的必然结果，符合立法目的而不应当受到法律的禁止。易言之，这个利益的损害是合理的。如果禁止反向工程，那么著作权法就沦为维护商家垄断市场维护其经济利益的工具，这样商家的利益不会受到损害了，但是显然不利于社会创新和知识传播，与著作权法的立法目的相悖。可以看出，美国法官将"合理损害"的范围扩张到了反向工程之后产生的软件产品与原软件产品相竞争而对原软件的权利人造成的损害。那么举重以明轻，在软件产品投入市场之前的反向工程行为对原软件权利人造成的损害更显得微不足道，更应当是合理的损害。

基于上述两点，程序兼容性反向工程不会影响原软件的正常使用，不会不合理损害著作权人的合法利益。

综上所述，程序兼容性反向工程经过我国《计算机软件保护条例》第17条的类推适用之后能够受其调整，同时满足了我国《著作权法实施条例》第21条的要求，也满足了"三步检验法"的标准，应当被看做是对著作权的限制和

⑰ 参见王迁：《知识产权法教程》，中国人民大学出版社2007年版，第244页。

例外。同时结合《计算机软件保护条例》第17条中“不需经过许可,不需支付报酬”的规定,程序兼容性反向工程在我国应认为是一种合理使用。该观点也得到了许多我国学者的支持,成为我国学界的通说。[18]

三、美国对软件许可协议中禁止反向工程条款的司法实践:对反向工程的限制日益严格

美国是“禁止反向工程”条款的发源地,其丰富的司法实践经验和理论研究成果对我国确定“禁止反向工程”条款具有较高的参考价值。

(一)合同中的禁止反向工程条款效力:DMCA前的优先适用理论

软件许可协议在美国表现为压缩包合同(shrimp-wrap)形式,该合同往往存在禁止反向工程条款。由于合同法往往是州法,所以在认定软件许可协议中禁止反向工程条款效力的过程中往往涉及州法和联邦法之间的优先适用(preemption)问题。这需要法官们依据案件的实际情况作出分析。不过,对优先适用理论理解的不同造成了对案件判决结果的差异。

在分析案例之前,对美国法上的联邦法与州法的优先适用理论有必要先行讨论。优先适用理论是指:在州法和联邦法都可以适用的情况下,优先适用联邦法而排除州法的使用。优先适用分为两类:明示优先适用(express preemption)和冲突优先适用(conflict preemption)。明示优先适用是指:联邦法明文规定直接排除了州法的适用。如《美国版权法》第301条(a)规定:“所有法律上或者衡平法上在版权领域内与专有权利相关的所有权利……排他地由本法调整。因此,任何州法或者普通法都无权授予任何人对任何作品以这些权利。”[19]冲突优先适用是指,基于宪法中的至上条款(The Supremacy Clause)[20]而排除州法的适用:当某案件不可能适用联邦法的规定,同时也不可能适用州法规定时,或者州法构成了国会制定联邦法时所要解决的目标的障

---

⑱ 参见邹汴:《论反向工程的合理性》,载《电子知识产权》1993年第4期;韦之:《欧共体计算机程序保护指令评介》,载《中外法学》1998年第6期;孙海龙、李桦佩:《软件反向工程法律责任研究》,载《五邑大学学报》1998年第6期;陈飞:《美国合理使用制度在反向工程中的运用》,载《电子知识产权》2003年第6期;张晋静:《软件反向工程合法性的经济学分析》,载《电子知识产权》2003年第7期。转引自应明、孙彦:《计算机软件的知识产权保护》,知识产权出版社2009年版,第431页。

⑲ 17 U.S.C. §301(a).

⑳ See U.S. Const. Art. Ⅵ, §2.

碍。但是,美国学者也指出,冲突优先适用是一种比明示优先适用更为善变的理论。在版权法上,联邦上诉法院暗示优先适用也存在着例外,即在特定情况下,可以优先适用州法而排除版权法的适用:当一个"附加要素"是州法上诉讼原因的要求时,州法上的诉讼请求就落在版权法保护范围之外。[21]

美国《千禧年数字版权法》(DMCA)的出台对优先适用理论产生了深刻的影响。本部分主要对其出台之前的相关判例进行分析。首先,分析经典的 Vault Corp. v. Quaid Software Ltd. 案[22](Vault 案)。该案的案件事实是:Vault 开发了能够阻止非授权复制软磁盘上内容的 PROLOK 软件程序,并在其许可协议中写明:"本许可协议中任何 PROLOK 软件包不得被复制、修改、翻译、分解或者反汇编。"但是,作为被许可人之一的 Quaid 反向工程了 PROLOK 软件,开发了能够备份存在受 PROLOK 保护的软磁盘内内容的程序。Vault 因此起诉 Quaid 违约。在审判中,第五巡回法院的法官们认为,虽然路易斯安那州软件许可强制执行法案并未否认禁止反向工程条款的效力,但是由于软件许可协议的内容涉及版权保护的内容,因此联邦法应当优先适用。故州法意义上成立的合同不可执行,[23]因而无所谓违约的问题,而通过前面部分的论述可知,对软件的反向工程是合理使用,故并不构成版权侵权。在本案中,法官通过优先适用理论排除了州法的适用。虽然本案审判时间较早,法官并未对本案的优先适用进行分类,但是从上述的分类看,笔者认为本案应属于冲突优先适用。

其次,讨论 ProCD v. Zeidenberg 案[24](ProCD 案)。本案的争议焦点也是软件许可协议中的禁止反向工程条款效力问题。在本案中,被告违背了禁止反向工程条款,辩称压缩包协议本身导致了合同无效,因为《美国版权法》第 301 条规定了明示优先适用。法官认为构成明示优先适用例外的州法上诉讼原因所要求的"附加要素"就是一个包含双方合意和对价的有效合同。合同权利与版权法规定的专有权利不相关,因为版权是绝对权而合同权利是相对权。[25] 故被告辩称的明示优先适用未被法官所采纳。本案对优先适用理论产生了很大的影响,尤其是对明示优先适用例外的阐述。自本案后,几乎没有判决以明示优先适用来认定软件许可协议中禁止反向工程条款无效。

---

[21] See Data Gen. Corp. v. Grumman Sys. Support Corp., 36 F.3d 1147, 1164 (1st Cir., 1994).
[22] See Vault Corp. v. Quaid Software Ltd., 847 F.2d 255, 270 (5th Cir., 1988).
[23] Id., at 270.
[24] See ProCD, Inc. v. Zeidenberg, 86 F.3d 1447, at 1453—55 (7th Cir., 1996).
[25] Ibid.

从上述两个案例可以看出,在前 DMCA 时代,美国司法实践中基本排除了明示优先适用而只采用冲突优先适用。采用冲突优先适用的结果是排除了州法的适用,认定州法意义上的合同不可执行,因而不讨论违约,同时认定对软件的反向工程是合理使用,不构成版权侵权。

(二) DMCA 后时代的优先适用理论:Bowers 案和 Bnetd 案

由于计算机软件中存在着大量的技术措施,DMCA 实施之后对技术措施作出了规定。技术措施分为两种:防止接触的技术措施和保护版权的技术措施。前者的目的是防止他人未经版权人许可接触软件,后者是防止他人获得软件后进一步利用,如复制、传播等。如果反向工程者意图在没有获得许可的情况下反向工程某软件,首先应当破解防止接触的技术措施。DMCA 第 1201 条(f)款(1)项规避技术措施的限制和例外规定了反向工程的例外:"不论本条(a)款(1)项(A)中如何规定,合法获得计算机软件复制件使用权利的人可以仅以发现和分析程序中的特定部分为目的规避一项有效控制接触该软件特定部分的技术措施。该特定部分是为达到一项独立创作的计算机程序与其他程序的交互性所必须,以及不为规避者事先获得。在本条规定下,任何上述的发现和分析行为都不得构成版权侵权。"

如此一来,反向工程的合法范围被大大缩小。"例外"的言外之意就是:除此之外,其他任何规避技术措施的反向工程都是违法的。由于技术措施的存在,反向工程软件之前规避防止接触技术措施就很可能构成违法行为。在 DMCA 下,规避接触控制技术措施的反向工程例外需要以下几个要素:首先,行为必须是发现和研究;其次,发现和研究的范围必须是程序到程序交互性相关的部分;再次,必须是为了达到交互性的目的;最后,行为不得侵犯版权。

若以此标准衡量,优先适用理论将不再奏效。因为合理使用范围被大大缩小,即使排除了州法的适用,联邦版权法上依然将其认定为违法行为或者侵权行为而非合理使用。Sega 案、Atari 案和 Sony 案在 DMCA 规则下都会被推翻,因为在 DMCA 下原本是合理使用的行为现在已经不是合理使用了。

在 Bowers v. Baystate Techs., Inc. 案[26](Bowers 案)中,Bowers 研发了 CAD 软件的可增加模板程序。模板程序中包含了压缩包许可协议,协议中说明除非另有约定,禁止一切对本软件的反向工程。Baystate 购买了一份 Bowers 程

[26] See Bowers v. Baystate Techs., Inc., 320 F.3d 1317 (Fed. Cir., 2003).

序的复制件,设计了一个包含该软件许多特征的软件。Bowers 以违约起诉,而 Baystate 辩称版权法将优先适用 Bowers 压缩包许可协议中的禁止反向工程条款。

第五巡回法院的法官们分析认为,如果州法上的诉讼原因需要一个"附加要素",该要素超过了复制、演绎、表演、发行或者展示作品,那么在版权法下不会发生优先适用。[27] 不是每一个州法诉求的"附加要素"都会构成受联邦版权法保护的权利和受州法保护的权利之间实质性的区别。合同中的合意和对价构成了州法上诉讼原因的"附加要素"。[28] 本案并不与 DMCA 中反向工程的例外相冲突,因为本案并不涉及技术措施。同时,法官们还甄别了 Vault 案对本案的适用:"当第五巡回法院判决称联邦版权法将优先适用一项禁止所有计算机程序复制的州法时,没有证据暗示第一巡回法院扩大了该概念的适用,将通过合意和对价形成的私人合同纳入其中。"[29]易言之,法官并不认为冲突优先适用理论适用于本案,而认为软件许可协议在州合同法下有效,支持了禁止反向工程条款的效力。与 Vault 案不同,本案是对冲突优先适用的另一种解释。从二者的不同中可以看出,对"附加要素"理解的不同,对冲突优先适用的结果会产生很大的差异。

在 Davidson & Assocs. , Inc. v. Internet Gateway, Inc. 案[30](Bnetd 案)中,双方当事人是 Bnetd 和暴雪公司。知名游戏制作公司暴雪公司启用了免费的网络服务器 Battle. net,允许游戏玩家在线对战。许多玩家对游戏中存在的影响游戏平衡性的系统漏洞(bug)很不满意,于是由若干玩家组成了"Bnetd 计划"这一松散的联盟以改进网络中多玩家情况下暴雪公司游戏的代替方法。Bnetd 的程序员需要暴雪公司游戏软件程序的"语言",即网络协议(Protocol)以与众多最终用户交流,而该程序除了反向工程这一方法之外,不可能被获取。暴雪公司的游戏在安装之前载有最终用户许可协议(End User License Agreement)和使用条款(Terms of Use),其中明确说明不得对游戏软件进行反

---

[27] Id. , at 1324 (quoting Data Gen. Corp. v. Grumman Sys. Support Corp. , 36 F. 3d 1147, 1164 (1st Cir. , 1994)).

[28] Id. , at 1324—25 (quoting Data Gen. Corp. v. Grumman Sys. Support Corp. , 36 F. 3d at 1164) ("For example, the First Circuit observed that 'a state law misappropriation claim will not escape preemption . . . simply because a plaintiff must prove that copying was not only unauthorized but also commercially immoral.'" (Quoting Data Gen. Corp. v. Grumman Sys. Support Corp. , 36 F. 3d at 1165)).

[29] See Vault Corp. v. Quaid Software Ltd. , 847 F. 2d 255, 270 (5th Cir. , 1988).

[30] See Davidson & Assocs. , Inc. v. Internet Gateway, Inc. , 334 F. Supp. 2d 1164, 1168 (E. D. Mo. 2004), aff'd, 422 F. 3d 630 (8th Cir. , 2005).

向工程。与此同时，每一份暴雪公司游戏软件中都含有密钥(CDkey)认证这一防接触技术措施，在其网络服务器上游玩必须经过认证。Bnetd并未通过输入密钥获取验证，而是发送虚假的验证信息以进行游戏，并对服务器的认证系统设置故障，使得非暴雪认证的盗版游戏也能在服务器上游玩。故暴雪公司认为Bnetd侵犯版权，违背DMCA且违约。本文着重讨论后两个诉求。

本案中，暴雪公司起诉Bnetd违约，Bnetd以合同不可执行为抗辩，理由是暴雪公司通过合同禁止了合理使用。地区法院承认反向工程是学习研究暴雪的网络服务器协议所必须，而且Bnetd不反向工程无法达到其目的，但依然认定被告Bnetd在本案中通过签订软件许可协议合同放弃了其通过反向工程进行合理使用的权利。[31] 同时，暴雪公司起诉Bnetd通过规避密钥认证系统这一防止接触技术措施而违反了DMCA。Bnetd辩称其规避技术措施符合第1201条(f)款(1)项的要求，为了发现和分析某软件的特定部分，该特定部分是为达到一项独立创作的计算机程序与其他程序的交互性所必须。但是，该项例外不得侵犯版权。

地区法院认为Bnetd侵犯了版权，故不能满足该项反向工程的例外。[32] 在上诉中，第八巡回法院认为州法并未限制联邦法中的权利，肯定了Bnetd通过合同放弃了其合理使用的抗辩，承认了许可协议的效力，认定Bnetd构成版权侵权，因此DMCA中交互性例外不可适用于本案。在许可协议的问题上，法院区别了Vault案，认为州合同法并未妨碍联邦版权法下的权利。[33]

从上述两个案例中可以看出，美国法院在DMCA生效之后，对于冲突优先适用的解释更趋向于以下内容：由于合同是双方当事人意思一致的结果，双方在订立合同时有权自由协商。一方在合同中放弃其权利是允许的，因为他有不放弃的自由——他可以选择不订立合同。在此基础上，法院认为这构成了一个"附加要素"，并且这一"附加要素"达到了州法保护的权利和联邦法保护的权利之间的区别，构成了优先适用的例外，因此排除了联邦法的优先适用。

(三) 美国司法实践中的矛盾和对我国的启示

从美国的司法实践中可以看出，法律对于软件的反向工程越来越持反对

[31] See Davidson & Assocs., Inc. v. Internet Gateway, Inc., 334 F. Supp. 2d at 1181.

[32] Id., at 1185—1187.

[33] Id., at 642.

的态度。但是笔者认为,在 DMCA 后的 Bowers 案和 Bnetd 案中,法官的逻辑是值得仔细推敲的。首先,法院在认定合同是否"自由协商"的时候并未考虑到合同中是否有格式条款的存在。如果存在格式条款,那么该合同必然不是双方"自由协商"的结果,该条款的效力也要受到专门法律的制约。显然软件许可协议中,如果一方是最终个人用户的话,许可协议往往是格式合同。既然存在格式合同,"自由协商"就打上了问号。其次,法院认为许可协议中禁止反向工程条款并不影响联邦版权法下的权利,这是值得商榷的。即使承认软件许可协议中禁止反向工程条款的效力,软件公司通过对不特定的最终个人用户实施许可协议,事实上达到了完全限制公众行使反向工程的目的。前文谈到,反向工程是判例中明文确立的合理使用,在 DMCA 中也明文规定了反向工程是对规避技术措施的一种例外。这意味着,公众有可能在特定情况下实施对软件的反向工程。由此可见,通过软件许可协议完全限制对软件的反向工程使得 DMCA 的合理使用规定成了一句空话,这不可能不影响版权法下的权利。

综上所述,我们能从美国的司法实践中借鉴经验,也能吸取教训。一方面,美国的法律优先适用理论在我国借鉴经验有限。与美国不同,我国是典型的成文法国家,与美国联邦法律和州法律双轨制司法体系不同,我国在认定软件许可协议中禁止反向工程条款的效力时涉及《著作权法》和《合同法》,两部法律同一位阶,没有法律优先适用的问题。故在方法论上,美国的优先适用理论的借鉴意义十分狭窄,但仍有一些经验值得我国借鉴,后文会进一步阐述。另一方面,美国判例的推理过程存在商榷之处。目前,美国司法实践在软件反向工程问题上,对于合同自由的保护已经达到了一个极端,在其国内的判决中也存在着推理的漏洞。上文指出,我国对软件反向工程这一行为,在现行法律框架中尚未有明确规定,也鲜见于判例之中,结合美国的判例得出了我国《计算机软件保护条例》第 17 条类推适用能够规制软件兼容性反向工程行为。应当指出的是,根据对这些判例的分析,其结果并非完全符合逻辑。因此,笔者认为应当将上述案例的事实放在我国的法律框架下分析,将案件类型化,讨论不同法律环境下结果异同的原因,批判地借鉴其经验,吸取其教训。

四、我国对合理使用条款规范与合同自由问题的进路：合理使用条款的强行性规范解释

从上文的分析中可以看出，程序兼容性反向工程是合理使用。在此基础上，软件许可协议中禁止反向工程条款的效力涉及《合同法》和《著作权法》这两部法律，两个法律属同一位阶，在适用上并无先后之别。由于《合同法》涉及当事人的意思自治，故讨论软件许可协议中禁止反向工程条款效力的关键就在于讨论合理使用条款是强行性规范抑或任意性规范，从而对这两部法律中个别条款的适用规则进行探讨。[34]

（一）《著作权法》第22条第1款，《计算机软件保护条例》第16条、17条的强行法属性

在我国民商法领域，对法律条文的适用有着明确的规则，其中一条重要的适用规则就是：强行法优先于当事人的意思自治，当事人的意思自治优先于任意法。所谓强行法，是指不得以当事人意思排除其适用的法规。而所谓任意法，是指得以当事人意思排除其适用的法规，其功能乃在于补充当事人的意思；当事人未排除者，仍具强行性而适用之。[35] 由此可见，一条法律规则的强行法或者任意法属性，决定了当事人意思自治的范围，而这正是解决软件许可协议中禁止反向工程条款效力问题的关键。

判断一个法律规范的强行属性或任意属性，首先应当关注法律本身是否对该法律规范进行了强行性规范的定性。如果法律本身作出了此定性，那么该规范是强行性规范，当事人的意思自治不得与之相抵触。其次，若法律本身没有明文规定，则只能结合法律的规范意旨进行解释。所谓规范意旨，也即该规范的立法目的。法律设立该规范的目的为何，决定了该法律规范的强行属性或者任意属性。如规范意旨是促进私权的行使，如促进合同自由，则该规范应认定为是任意性规范。如《著作权法》第44条规定："广播电台、电视台播放已经出版的录音制品，可以不经著作权人许可，但应当支付报酬。当事人另有约定的除外。"该条中"当事人另有约定的除外"即表明双方当事

---

[34] 本部分笔者与刘晓和黄虹同学进行了深入的讨论，尤其是刘晓同学，没有与他们思想的碰撞，本文难以如期完成。在此对两位同学表示真诚的谢意。

[35] 参见王泽鉴：《民法总则》，中国政法大学出版社2001年版，第49页。

人可以通过合同来规避该条文的适用,故为任意性条款。显然该条款的立法目的之一是促进合同自由。若规范意旨是促进公共利益,如促进知识与技术的传播与进步等,则应认定为强行性规范。如《专利法》第 49 条规定:“在国家出现紧急状态或者非常情况时,或者为了公共利益的目的,国务院专利行政部门可以给予实施发明专利或者实用新型专利的强制许可。”该条虽未明文规定不得通过合同加以规避,但从立法目的看是为了公共利益和技术的传播;同时在实践操作中,强制许可也是排除了当事人的意思自治的。因此,该条为强制性规范。

就《著作权法》第 22 条第 1 款,以及《计算机软件保护条例》第 16、17 条而言,首先,其规定了绝对权权利的行使,是强行法。

绝对权法定主义,是现代民法理论体系的根基之一。正因为绝对权涉及某人与不特定多数人的关系,涉及整个社会的利益,故必须由法律明确加以规定。在我国的民商法体系中,知识产权是典型的法定权利,其作为绝对权而存在,而绝对权的行使规范,更是必须由法律加以规定,如地上权人占有使用他人土地。[36] 著作权是绝对权,其中的“合理使用”条款明确了著作权人权利的边界和控制范围,同时赋予了他人对抗著作权人请求权行使的抗辩。上述二者皆是对绝对权行使的规范,故应当具有强行性法律规范的性质。

其次,《著作权法》第 22 条第 1 款,以及《计算机软件保护条例》第 16、17 条的规范意旨是为了公共利益,促进知识传播和技术进步,故是强行法。

如上文所述,即使《著作权法》第 22 条第 1 款,以及《计算机软件保护条例》第 16、17 条不能明确其强行性抑或任意性的性质,则从其规范意旨即立法目的看,显而易见,《著作权法》设立“合理使用”条款是为了适当地限制著作权人专有权利的行使,促进知识与技术的传播与进步,以达到著作权人与社会公众的利益平衡,让知识和技术更好地推动社会进步。促进知识和技术的传播显然反映了该规范的规范意旨是促进公共利益而非私权的行使,故具有强行性规范的属性。

用反证法进行推理也能得出同样的结论。若《著作权法》第 22 条第 1 款,以及《计算机软件保护条例》第 16、17 条是具有任意性的法律规范,则当事人的意思自治优先于该条款进行适用。也就是说,虽然该条款规定,在非正常情况下,不得不合理地损害权利人的合法权益,不得进行与作品的正常

---

[36] 参见王泽鉴:《侵权行为法第一册:基本理论、一般侵权行为》,中国政法大学出版社 2001 年版,第 239 页。

使用相冲突的个人学习、研究、欣赏作品，但是权利人和当事人可以通过合同进行规定，通过优先适用当事人意思自治的适用规则来规避上述规范的规定。若如此，“合理使用”法律规范无法达到立法目的：适当限制著作权人的权利行使和促进社会进步，而这显然是与著作权法的立法宗旨相悖的。因此，使用反证法也能得出结论：“合理使用”相关法律规范具有强行性法律属性，在适用时应当优先于当事人意思自治。

在此问题上，美国法官 Dyk 在 Bowers 案中的不同见解很具有借鉴意义。他认为，该案中的合同不能满足“附加要素”标准。当一项商谈性合同给予了版权人限制他人使用合理使用抗辩的能力时，这毫无疑问将被版权法所优先适用。[37] 版权法给予了他人反向工程这一合理使用的权利。[38] 这意味着，他认为合理使用是版权法赋予的权利，不能通过合同排除其适用。虽然美国与我国的法律体系不同，但是 Dyk 法官的思路与在我国法律体系中强行法与任意法认定这一思路殊途同归。

（二）商谈性软件许可协议与非商谈性软件许可协议

软件许可协议是合同，其条款的效力应当受到我国《合同法》的规范。在《德国民法典》中，对于一次性支付对价而取得计算机软件的长期使用权，适用买卖法（买卖合同）的相关规定。“一次性支付对价而取得计算机软件的长期使用权”则是著作权许可的特征。可见在德国，软件许可协议适用买卖合同的相关规定进行规制。这一点在民法典相关条款中表现得尤为明显。如交付软件复制件的载体时应当负有默示许可的义务，即许可软件复制件的获得者使用软件；在数据载体发生错误或者程序出现错误的时候，应当适用关于物的瑕疵责任的相关规定。[39] 在我国《合同法》中，并未规定许可合同这一特殊的合同类型。这属于立法上的漏洞，应当通过类推适用加以填补。由于许可合同中对于无形财产的授权和买卖合同中对有形财产所有权的转移都体现了财产的价值流转，因此可以准用买卖合同中的相关规定。

在实践中，软件许可协议大致能分为两种：商谈性合同（negotiated con-

---

[37] See Bowers v. Baystate Techs., Inc., 320 F. 3d at 1336—37 (quoting Bonito Boats, Inc. v. Thunder Craft Boats, Inc., 489 U.S. 141, 157 (1989); citing Sears, Roebuck & Co. v. Stiffel Co., 376 U.S. 225, at 231—32 (1964)) (Dyk, J., dissenting).

[38] Id., at 1338 (quoting Vault Corp. v. Quaid Software Ltd., 847 F. 2d at 269—70; citing Sears, Roebuck, & Co. v. Stiffel Co., 376 U.S. at 229) (Dyk, J., dissenting).

[39] 参见〔德〕雷炳德：《著作权法》，张恩民译，法律出版社 2005 年版，第 491 页。

tract)与非商谈性合同(non-negotiated contract)。无论是商谈性合同还是非商谈性合同,都必须符合《合同法》总则中关于合同效力的规定。[40] 商谈性合同往往是非格式合同,其一方当事人大多为企业。企业使用软件往往是商用而非私用,合同的订立对双方的利益具有较大影响,在订立中往往存在较大的弹性,故商谈性合同普遍存在于软件著作权人与企业之间。非商谈性合同往往是格式合同,其一方当事人大多为最终个人用户(end user),使用属性往往是私用而非商用。由于著作权人难以与众多最终个人用户一一订立合同,为了提高效率,实践中大量存在的是压缩包协议。该协议是格式合同,最终用户在安装软件的过程中会出现该协议,如用户不同意则无法进行安装。因此,非商谈性软件许可协议中的禁止反向工程条款还必须符合《合同法》的相关规定。[41]

在《合同法》规定范围之外,由于著作权合理使用规范内容的不同,商谈性和非商谈性软件许可协议中禁止反向工程条款的效力是不同的。许可协议中的禁止反向工程条款与合理使用条款这一强行性规范相冲突的部分应属无效。判断该条款效力的关键就在于认定不同类型许可协议中合理使用条款的适用范围。下文将分类讨论两种许可协议中禁止反向工程条款的效力,也即两种类型协议中合理使用的适用范围。

(三)商谈性软件许可协议中禁止反向工程条款的效力

对于商谈性合同而言,《著作权法》第22条第1款合理使用的规定意味着,由于其中一方当事人往往是企业,对软件的使用方式也是商业性使用,并不存在"为个人学习、研究或者欣赏"的情形,故不能适用《著作权法》第22条第1款的规定。但是,根据《计算机软件保护条例》第16、17条的规定,作为商谈性合同一方当事人的企业在合法获得复制件的使用许可后,可以在不向他人提供的情况下,以改进性能等为目的进行反向工程;同时可以为了学习和研究其中的设计思想和原理,在满足软件兼容性的前提下进行反向工程。

在商谈性软件许可协议下,被许可方依据《计算机软件保护条例》第16条所实施的相关行为,如在不提供给他人的前提下以反向工程的方式改进复制品等,由于不会让他人以非经过许可人许可的方式接触或者获得作品,不会影响该作品的正常使用,也不会影响许可方的潜在市场进而影响其利益。

---

[40] 参见《合同法》第44条至第59条。
[41] 参见《合同法》第40条。

如上文所述,被许可方依据《计算机软件保护条例》第17条的类推适用而实施的相关行为,如以学习、研究计算机软件内含的思想和原理而进行软件兼容性的反向工程,许可方禁止被许可方一切反向工程的条款由于与《计算机软件保护条例》第17条冲突,故该部分无效。也就是说,即使双方合同约定被许可方不得对软件进行反向工程,但被许可方仍可依据《计算机软件保护条例》第16条和第17条,对其以软件兼容性为目的的反向工程提出抗辩。

需要注意的是,许可方被反向工程的软件仍然可以通过著作权法获得保护。因为法律仅仅对"以软件兼容性为目的的反向工程"这一行为提供抗辩,并不意味着法律对通过以软件兼容性为目的实施反向工程之后"研发软件"的行为提供抗辩。换句话说,即使被许可方的反向工程手段享有法律上的抗辩事由,但这并不意味着其研发出的产品就一定没有侵权的风险。由于被许可方已经接触过许可方的软件,因此,许可方可以通过比较被许可方研发出的软件是否与其原软件之间存在实质性相似(substantive similarity)来判断被许可方研发出的软件是否侵权。

综上所述,结合强行法规范、任意法规范与意思自治的适用规则,在商谈性软件许可协议中的禁止软件反向工程条款的效力不能一概而论:与《计算机软件保护条例》第16、17条抵触的部分,如限制被许可方学习、研究软件内含的原理及思想,包括对软件进行以程序兼容性为目的的反向工程,或者禁止被许可方在不提供给他人的情况下为必要的使用而作修改等,应当被认为无效。禁止被许可方以其他目的,或者在其他方面进行的反向工程的部分,应该认为有效。总而言之,在商谈性软件许可协议中,许可方不得通过合同限制被许可方以程序兼容性为目的反向工程该软件的行为。

(四)非商谈性软件许可协议中禁止反向工程条款的效力

对于非商谈性合同而言,被许可方一般都是最终个人用户。值得注意的是,"个人使用"或者"私用"是与"商业性使用"相对应的概念,"个人使用"注重的并非使用者是否为个人,而是注重该使用是否具有商业性目的。如果某人以商业目的使用软件,则其使用行为并非个人使用而是商业性使用。在最终个人用户使用软件的前提下,无论是否经过许可,《著作权法》第22条第1款都具有适用的余地。

首先,从字面含义理解,"研究"一词的内容应当包括某行业的通行研究方法。如前文所述,从《著作权法》第22条的立法目的看,设定对软件著作权的限制和例外是为了鼓励社会公众对软件的设计思想和原理等不受著作权保护的部分加以研究,以促进技术的发展和进步。随着时代的发展,对过去制定的法律的解释停留在制定之初的时代显然是不明智的。从软件界的研究现状看,反向工程,尤其是以程序兼容性为目的的反向工程,是对软件原理、思想和功能进行研究的必要手段,该手段的行使与《著作权法》第22条第1款规定的其他手段产生的效果具有类似性,但法条中的词汇可以扩大解释以作相应的理解。因此,对软件进行反向工程应当是该条中"研究"二字的应有之义。

其次,从比较法的角度看,《著作权法》第22条第1款中包含"个人对软件进行反向工程"是符合国情的解释。如上文所述,美国的DMCA规定合法获得计算机软件复制件使用权利的人可以仅以发现和分析程序中的特定部分为目的规避一项有效控制接触该软件特定部分的技术措施。在欧盟,计算机软件指令的相关条款[42]也明确了"解汇编"(decompilation)这一反向工程行为中不可或缺的步骤,这是对软件著作权人著作权行使的限制和例外。美国和欧盟等发达国家往往强调知识产权保护以维护其在国际市场上的竞争力,其在对知识产权的保护中允许个人以特定目的对软件的反向工程,可见其认为,维护本国在国际市场上的竞争力不能以牺牲本国社会创新能力为代价。相比较之下,我国作为发展中国家,更需要激励社会创新,以提高我国的自主研发和创新能力;在满足国际条约义务的前提下,低水平的知识产权保护更有利于我国自主创新的发展。因此,反向工程作为促进社会创新的重要手段,更应当得到我国法律的支持。否则,我国的知识产权保护水平将远远落后美国、欧盟等发达国家和地区,更加不利于我国社会创新的发展。

结合《计算机软件保护条例》第16、17条和《著作权法实施条例》第21条的相关规定看,个人可以在经过许可后合法获得软件复制件的情况下,从事上述条款允许的行为。个人在经过许可之后获得软件复制件,在不向他人提供的前提下,以改进软件性能而对软件进行研究,以及以程序兼容性为目的对软件进行反向工程,不可能影响权利人的市场份额,不会损害其经济利益。许可人与最终用户的非商谈性软件许可协议中的禁止反向工程条款即使存在,最终用户仍可以依照《著作权法》第22条第1款,以及《计算机软件保护条例》第16、17条对以程序兼容性为目的的反向工程行为提出抗辩。如上文所述,许可方被反向工程的软件仍然可以通过著作权法获得保护,法律对"以

[42] Council Directive 91/250/EEC of 14 May 1991 on the Legal Protection of Computer Programs, Article 6.

软件兼容性为目的的反向工程”这一行为提供抗辩，并不意味着法律对通过以软件兼容性为目的实施反向工程之后“研发软件”的行为提供抗辩，并不意味着最终用户反向工程的结果就一定不侵犯著作权。由于最终用户已经接触过许可方的软件，因此许可方可以通过比较最终用户研发出的软件是否与其原软件之间存在实质性相似来判断其研发出的软件是否侵权。

结合上文针对企业的相关分析可以得知，企业对计算机软件的思想、原理以商业目的进行研究尚不会影响权利人的利益，那么对于研发能力远远不如企业的个人而言，出于个人研究软件的思想和原理的目的进行反向工程更不可能违背“三步检验法”而影响权利人的利益。同时，企业通过反向工程的结果往往是为了研发软件进而获取经济上的利益，但是个人最终用户反向工程之后往往是为了弥补该软件的漏洞等，对原软件权利人利益的影响甚微。但值得注意的是，研究者的行为若超过合理使用的范围，如在反向工程之后披露被研究软件的源代码、目标代码，或者许可他人使用其研究成果，则构成了侵权行为。

综上所述，非商谈性软件许可协议中禁止反向工程条款的效力也不能一概而论：与《合同法》关于格式合同相抵触的部分无效，即许可人不得通过格式合同限制被许可人的合法权利；与《著作权法》第 22 条及《计算机软件保护条例》第 16、17 条相抵触的部分应当被认定为无效，即最终用户能够以下述行为提出著作权侵权的抗辩：程序兼容性反向工程、学习研究软件思想与原理、经过许可之后获得软件复制件、在不向他人提供的前提下以改进软件性能为目的对软件进行研究等，其他部分则应当认定为有效。

五、结　　论

软件行业的健康发展离不开法律规范的正确引导。软件许可协议中蕴涵的合同自由原则不能成为软件公司垄断市场和限制竞争的工具，也不能成为阻碍社会创新的绊脚石。与此同时，如何在法律范围之内维护软件开发商的利益，以促进其为社会创新添砖加瓦，也是适用法律过程中不能忽略的环节。在现行法律框架下对法律条文作出符合产业发展现状也符合法学方法论的合理的适用，是合同自由和社会创新博弈之后进行利益平衡调整的必然结果。

经过上述的法理分析，笔者得出结论：在商谈性软件许可协议中禁止反向工程条款的效力不能一概而论，其中违反《合同法》总则关于合同效力部分及违反《计算机软件保护条例》第16、17条的部分，由于抵触强行性法律规范而无效，其他部分只要是当事人的真实意思，应认定为有效。在非商谈性软件许可协议中禁止反向工程条款的效力同样不能一概而论，其中违反《合同法》总则中关于合同效力的部分和格式合同的部分、违反《著作权法》第22条的部分，以及违反《计算机软件保护条例》第16、17条的部分，由于抵触了强行性法律规范而无效，其他部分应当认定为有效。易言之，在商谈性软件许可协议下，被许可人针对禁止反向工程条款，可以提出以程序兼容性为目的的反向工程的抗辩；在非商谈性软件许可协议下，被许可人针对禁止反向工程条款，除了可以提出以程序兼容性为目的的反向工程的抗辩之外，还能提出个人学习、研究、欣赏的抗辩。对现行法作这样的解释既没有突破现行法的框架和理论架构，又符合我国软件产业发展的现状，还平衡了软件开发商、企业和最终个人用户之间在社会创新和合同自由博弈中的利益平衡，不失为一种有益的尝试。

试论网络背景下的侵犯著作权罪

◇ 王永兴[*]　孙青青[**]

内容摘要　侵犯著作权罪是我国《刑法》规定的两种侵犯著作权犯罪之一，也是世界各国著作权刑事法律打击的重点。在网络环境下，著作权制度随着大众传播的发展，呈现出主体产生大众化、权利归属复杂化、作品信息数字化、权利内容技术化和侵犯形式多样化等特点。应对以上新特点，侵犯著作权罪的犯罪对象应扩大到网络作品；客观行为中复制发行行为应注意新的形式，犯罪后果的认定也更加复杂；主体上还应当追究网络服务商的责任，但也要区别对待；主观上的营利目应当区分直接营利方式和间接营利方式。

关键词　网络环境　著作权　大众传播　侵犯著作权罪　犯罪构成

随着网络技术的发展，著作权侵权行为也日趋泛滥，侵犯著作权犯罪行为的发生也相应增多。不仅如此，在网络环境下，著作权制度发生了较多的变化，以致侵犯著作权罪也面临着一些新的问题。如何适时、适宜地解决这些新问题，是践行我国知识产权战略，实现著作权刑法保护的重要课题。

* 王永兴，男，浙江台州人，西南政法大学2008级刑法专业硕士研究生，研究方向是刑事法学。

** 孙青青，女，浙江台州人，中国传媒大学2008级广播电视艺术学硕士，浙江台州广播电视总台记者，研究方向是电视艺术理论。

一、网络环境下的著作权制度

（一）著作权与大众传播

著作权是指基于文学、艺术和科学作品而产生的法律赋予公民、法人和其他组织等民事主体的一种专有的民事权利。著作权制度的发展、变化与信息传播技术的发展、革新有着密切的关系。“著作权法是传播技术的产物。”[①]换言之，现代著作权制度的形成和发展与大众传播技术和大众传播媒介的形成和发展是相辅相成的关系。所谓的大众传播，是指“通过现代化的大众传播媒介——报刊、广播、电视、书籍、电影、互联网等，向人数众多的、不确定的受众所进行的信息传播活动，是人类传播的主要方式之一”[②]。综观世界范围内的著作权制度发展的历史轨迹，可以发现从1709年英国的《安娜法令》到19世纪末的著作权立法，再到20世纪上中期的修订浪潮，以及20世纪末开始的新的著作权立法，都是和信息技术的发展尤其是信息技术应用于大众传播的发展阶段相适应的。这同时也表明，著作权制度是对信息传播技术发展的反映。根据信息技术发展的历史和阶段，著作权制度的发展历史也相应的划分为三个历史时期：(1) 印刷媒体的著作权时期。这一时期主要以印刷术为复制作品提供了基本条件，随着高速印刷机和电报的问世，报纸、杂志等汇编作品大量出现，并可以跨越时间和空间传递。因此，著作权法律保护的客体主要为以书籍、报刊等平面媒介为载体的作品，著作权的内容主要以复制权、演绎权和传播权为主。(2) 电子媒体的著作权时期。电子传播技术的发展，使得广播、电视成为远距离传输大量信息的媒介，传播的手段日益丰富，对作品的利用方式也越来越多。这就导致了作品类型扩张到电影作品、录音录像制品，作者群、创作方式等进一步随之变化，作品的使用方式也呈多样化发展。(3) 数字媒体的著作权时期。[③] 这一时期信息技术的革新，给作品的创作、传播、保护带来了前所未有的变化，甚至对传统著作权制度带来冲击。

① 〔日〕富田彻男：《市场竞争中的知识产权》，廖正衡译，商务印书馆2000年版，第40页。
② 魏永征、张鸿霞主编：《大众传播法学》，法律出版社2007年版，第1页。
③ 关于这一时期的著作权制度的变化将在下文作具体分析，此处不再赘述。

（二）网络环境下著作权制度的特点

1. 主体产生大众化

我国《著作权法》第9条规定，著作权人包括：作者；其他依照本法享有著作权的公民、法人或者其他组织。在网络环境下，网络作品著作权的主体应该包括网络作者和网站管理者。（1）网络作者与传统意义上的作者一样，只是其创作方式从传统媒介转换到网络媒介上来。随着数字技术和网络技术的发展，越来越多的普通民众成了作者，他们有着基本的创作能力，有着面向大众的网络传播渠道，这些“业余作者”的大量涌现，使作者产生大众化。（2）网站管理者是在网络环境下新兴的著作权主体。网站管理者首先享有网页整体的著作权。网页从文字、图像到音频、视频，都是数字化形式加以特定的排列组合，而且网页可以进行有形形式的复制，具有传播性。除此之外，网站管理者还享有网站整体内容的著作权。对于大量来自于传统媒体和网络上的信息，网站管理者根据需要进行分门别类，加以编辑，尤其是传统媒体上的信息，必须经过数字化的过程才能上传。由于编辑行为是一种智力创作行为，作为网站内容的编辑者依法享有著作权。

2. 权利归属复杂化

一方面，传统意义上作品的每一个组成部分的创作人都比较容易区分，作品权利的归属也比较明确。在网络环境下，由于权利主体产生的大众化、作品信息的数字化和作品传输的网络化，不论何种形式的作品，均可用二进制数码来记述，通过网络向大众传播，使得作品与载体之间的关系开始淡化，作品权利的归属也就相对不好区分。另一方面，利用多媒体技术创作的作品，大多数是对前人作品的改编完成的。新的作品又不断地被分解，分解之后再次被改编，重新形成新的作品再传播。“在这样一个高度信息化的社会，‘改编文化’已经抬头，要具体分清哪一部分由某人所创作已变得越来越困难。”[④]换言之，网络环境下的作品，含有大量的数字信息，对于这些数字信息很难界定是否具有独创性，也很难对各部分的著作权加以区分。可见，网络环境下著作权的权利归属复杂化。

3. 作品信息数字化

所谓数字技术，就是把信息转换成二进制数字编码，再进行组织、加工、储存，在需要时再把数字化的信息还原成原来的信息形式。也就是说，在网

---

④ 吴汉东等：《知识产权基本问题研究》，中国人民大学出版社2005年版，第178页。

络环境下，将传统载体上的文字、数值、图形、图像等构成的作品进行数字化转换，[⑤]以数字代码方式将这些信息编辑加工后存储在新型介质上，通过计算机等设备对它们进行组织、加工、储存或者用数字传输技术加以传输，并可在需要时将这些数字化了的信息再还原成文本、数值、图形、图像和声音等原来信息形式。作品信息数字化后产生两类数字化作品，一类是对于传统作品来说，只是增加了一种新的作品表现形式，并不是著作权法意义的新作品；另一类是指网络原创数字化作品，作品从创作到传播一直以数字化、网络化的形式出现，这类属于新作品。

4. 权利内容技术化

在网络环境下，复制与发行的方式发生了变化，并且产生了网络传播权。(1) 复制权。在传统著作权制度中，著作权的财产权以复制权为中心展开，广泛涉及发行权、录制权、广播权、改编权等权利，著作权的行使与信息技术的运用存在着密切联系。传统意义上的“复制”技术是建立在“永久复制”和“有形复制”的基础上的。如印刷，是通过将作品内容固定于载体上从而使信息完全再现，该方式产生的后果不仅包括信息的完全再现，而且包括载体的数量增多；而在网络环境下，网络作品可通过网络传播的方式和数字技术的方法，使得其有着不断被无限复制的可能。复制只增加了信息的完全再现的机会，而未增加作品的载体数量。(2) 发行权。传统意义上的发行是向公众提供作品复制件的行为，发生了作品载体的转移。但是，在网络环境下，作品是以数字化形式存在的，其通过网络的发行实质是数据的传输，并无载体的实际转移。(3) 网络传播权。传统意义上的传播权都是通过一定的有形介质将信息向大众传播，而网络环境下，信息的传播是通过网络向大众传播的。

5. 侵犯形式多样化

网络环境下，侵犯著作权的形式呈现出多样化：(1) 传统形式作品“数字化”的侵犯形式。随着网络的迅猛发展，大量的作品正在越来越多和越来越快地从传统形式（主要是纸质、录音、录像形式）转换成数字形式，并上网传播。这种数字化过程不具有著作权法意义上的创造性，并没有产生新的作品，而仅仅改变了作品存在载体。作品的数字化是作者的专有权利，应由作者自己行使或授权他人行使，否则就是侵权行为甚至是犯罪行为。(2) 网络

⑤ 对作品的数字化定性曾有两种意见，一种认为是“演绎过程”，另一种认为是“复制行为”，但不论是国际上的相关公约还是我国的相关法律，已对数字化过程的“复制”性质达成共识。具体参见李祖明：《互联网上的版权保护与限制》，经济日报出版社 2003 年版，第 40—41 页。

形式作品“传统化”的侵犯形式。由于网络上的各类信息资源极为丰富,因而成为很多传统媒体尤其是报纸信息的来源。网络形式的作品在被“传统化”的过程中,同样不可避免地会出现作品的作者、网络传播者与传统形式的邻接权人之间的权利冲突和纠纷。(3)网络形式作品相互侵犯形式。网络形式的作品在技术上和表现形式上都与传统形式的作品有很大的差别,网络形式作品相互侵犯主要表现为网页抄袭、超文本链接和网络转载等。

二、网络环境下的侵犯著作权罪

随着网络技术的不断发展和计算机的广泛普及,利用计算机和网络侵犯著作权的案件也日益增多,严重损害了著作权人的合法权益和社会经济的正常秩序。根据《著作权法》第48条,侵害信息网络传播权的行为构成犯罪的,应当依法追究刑事责任。但是,我国《刑法》第217条所列的四种行为方式中,并不包括侵犯信息网络传播权的行为。以下就将详细分析网络环境下的侵犯著作权罪。

(一)本罪的客体

对于本罪的客体,通说认为是他人的著作权和著作权相关的权益,[⑥]也有学者认为本罪的客体包括我国的著作权管理制度和他人享有的著作权及与著作权有关的其他权益。[⑦]

我国《刑法》第217条规定,侵犯著作权罪的犯罪对象包括文字作品、音像制品等。我国《著作权法实施条例》第2条规定:“著作权法所称作品,是指文学、艺术和科学领域内具有独创性并能以某种有形形式复制的智力成果。”作为著作权客体的作品应具有以下四个条件:属于文学、艺术和科学领域;必须具有法律所要求的独创性;应当具有可感知性和可复制性;内容不违反法

⑥ 参见高铭暄、马克昌主编:《刑法学》,北京大学出版社、高等教育出版社2007年版,第497页;王作富主编:《刑法分则实务研究》(中),方正出版社2006年版,第743页。

⑦ 参见刘宪权、吴允峰:《侵犯知识产权犯罪理论与实务》,北京大学出版社2007年版,第280页;党建军主编:《侵犯知识产权罪》,中国人民公安大学出版社2003年版,第94页。

律和社会公共利益。[8] 我国《著作权法》第3条规定了作品的具体形式,[9]但是,我国《刑法》并未将上述所有作品明确规定为本罪的对象,只是将文字作品、音乐、电影、电视、录像作品、计算机软件、美术作品列出。本罪除明确以上作品可以成为对象外,还笼统地使用了“其他作品”的概念。笔者认为,这种列举和概括相结合的立法方式,其目的在于防止列举不全,凡是符合《著作权法》规定的作品条件,都可以成为本罪的对象。

作品在表现出来时,往往要借助于一定的外在媒介,一件作品可以通过不同的载体来记载。在网络环境下,作品借助于网络形式表现出来,这种形式有别于传统的载体。换言之,在网络环境下,侵犯著作权罪的犯罪对象未发生根本性变化,仍未超出我国著作权相关法律所规定的“作品”范畴,只是发生了表现作品载体形式的变化。通说认为,网络空间中一般存在两类作品,即上网作品和网上作品。上网作品,即作品的数字化,是指依靠计算机技术把一定的文字、数值、图像、声音等形式表现的信息输入计算机系统转换为二进制数字编码,并以这种数字形式存储或者在网络上传播;网上作品,即直接以数字化形式表现并在网络上传播。根据内容和表现形式的不同,网上作品亦可分为单一的网络数字作品与多媒体作品两类,如常见的各种网络短文、评论、图片、网页等。[10] 笔者认为,网络作品区别于传统意义上的作品,在于其载体形式是网络,其实质仍属于作品。因此,网络作品要成为著作权法律保护的对象就必须先符合作品的四个要件,如果网络上的作品不是数字化形式的创作,只是原有作品的数字化转换,那么就不应归入网络作品的范围,更不应得到《著作权法》和《刑法》的保护。在笔者看来,上网作品不属于网络作品的范围。因为上网作品其实就是在网络传播之前,已经在纸张、磁盘或其他介质上存在并已向大众公开,在网络上传播只是该作品的第N次发表,不具有独创性;而网上作品是指该作品创作完成后,在网络上的传播是该作品首次向大众公开,具有独创性。

---

⑧ 参见张玉敏主编:《知识产权法》,法律出版社2005年版,第83—85页。

⑨ 《著作权法》第3条规定:“本法所称的作品,包括以下列形式创作的文学、艺术和自然科学、社会科学、工程技术等作品:(一)文字作品;(二)口述作品;(三)音乐、戏剧、曲艺、舞蹈、杂技艺术作品;(四)美术、建筑作品;(五)摄影作品;(六)电影作品和以类似摄制电影的方法创作的作品;(七)工程设计图、产品设计图、地图、示意图等图形作品和模型作品;(八)计算机软件;(九)法律、行政法规规定的其他作品。”

⑩ 参见杨坚争主编:《经济法与电子商务法》,高等教育出版社2004年版,第498页。

（二）本罪的客观方面

我国《刑法》第 217 条规定的侵犯著作权罪的客观行为主要有:(1) 未经著作权人许可,复制发行其文字、音乐、电影、电视、录像制品、计算机软件及其他作品的;(2) 出版他人享有专有出版权的图书的;(3) 未经录音、录像制作者许可,复制发行其制作的录音录像的;(4) 制作、出售假冒他人署名的美术作品的。上述行为必须达到违法所得数额较大或者有其他严重情节。“从网络空间中可能存在的侵犯著作权形式来看,主要在于复制和发行这两种行为,而出版他人享有专有出版权的图书和制作出售假冒他人署名的美术作品,在网络空间中基本不会出现。”⑪基于此,笔者只对其中两种行为方式作具体分析。又由于两项内容在行为方式上基本相同,均为复制发行行为,其区别仅仅在于复制发行的对象不一样,因此笔者将一并分析。

1. 复制发行行为

最高人民法院 1998 年公布的《关于审理非法出版物刑事案件具体应用法律若干问题的解释》第 3 条规定:“刑法第二百一十七条第(一)项中规定的‘复制发行’,是指行为人以营利为目的,未经著作权人许可而实施的复制、发行或者既复制又发行其文字作品、音乐、电影、电视、录像作品、计算机软件及其他作品的行为。”2007 年最高人民法院、最高人民检察院《关于办理侵犯知识产权刑事案件具体应用法律若干问题的解释(二)》(下称《解释二》)第 2 条再次明确规定:“刑法第二百一十七条侵犯著作权罪中的‘复制发行’包括复制、发行或者既复制又发行的行为”。笔者据此认为,复制权和发行权都是法律规定的属于著作权人的权利,未经著作权人许可,不论是实施复制行为,还是实施发行行为,或者是既复制又发行的行为,都侵犯了著作权人的权利。

(1) 复制的认定

根据我国著作权法的相关规定,复制是指以印刷、复印、临摹、拓印、录音、录像、翻录、翻拍等方式将作品制作一份或多份的行为。但是,按照工程设计、产品设计图纸及其说明进行施工、生产工业品,不属于此处所称的复制。著作权法意义上的复制有三种情形:“第一种复制是不改变原作载体或虽改变了载体但不改变其体现方式的复制;第二种复制是从无载体变为有载体的复制;第三种复制是从平面到立体或从立体到平面的复制。”⑫以上对复

---

⑪ 赵秉志主编:《现代刑事法治问题探索》,法律出版社 2004 年版,第 133—134 页。

⑫ 郑成思:《知识产权法》,法律出版社 1997 年版,第 391—392 页。

制含义的界定，对在网络环境下认定复制的表现形式仍有一定的意义。

由于网络技术的发展和计算机的普及，在网络上可以通过下载和文件复制等方式来实现文件及其内容的复制，这种复制方式和传统复制方式相比，虽然在形式上有很大的区别，但是其实质特征却是相同的，即复制的实质在于以一定的方式固定作品使其得以再现，复制形式的改变并不改变其实质特征。在网络环境下，复制表现出不同的形式：(1) 将传统作品或音像制品存储于任何一个脱机的数字存档器中；(2) 将传统作品扫描成一数字文档或者其他数字化形式；(3) 将传统作品或音像制品通过计算机数字化；(4) 将数字化作品或音像制品从某用户的电脑内取出上传到 BBS 或者其他信息服务器上；(5) 从 BBS 或其他网络服务器中下载数字化作品或音像制品；(6) 将数字化作品或音像制品从某个网络用户传输到另一个网络用户；(7) 存储甚至暂时存储一种数字化作品或者音像制品于一电脑存储器中。可见，在网络环境下复制的形式呈现多样化的特点。除上述复制形式外，网络环境下还产生了“暂时复制”。

“暂时复制”是指作品只在计算机显示屏上显示并不下载，该作品只是暂时存储于随机存储器中的情形。“暂时复制”在国际法上并没有权威的定义，但“因特网条约”[13]，即《世界知识产权组织版权公约》(草案)和《世界知识产权组织表演及录音制品公约》中对“暂时复制”是否属于复制权的范围作出了一定的回应。《世界知识产权组织版权公约》(草案)第 7 条将“暂时复制”作为复制的一种，即复制包括“以任何方法或形式、直接或间接地对作品进行的永久性或临时性的复制”。但是，“暂时复制”并没有在公约的正式条款中出现。笔者认为，“暂时复制”虽然只是存储于计算机的随机存储器中，但已构成复制。《伯尔尼公约》第 9 条第 1 款规定：“受本公约保护的文学艺术作品的作者，享有授权他人以任何方式或形式复制其作品的权利。”所以，以数字或者电子方式所进行的复制，也包含在其中。任何作品只要固定于有形载体之上，能够被人们感知和利用，那么这种再现就构成了复制，“暂时复制”无疑是符合其要求的。计算机显示器等设备无疑是有形载体，与其他物质载体不同之处在于：生成的复制件是一次性的，而不是永久性的。在网络环境下，目

[13] 世界知识产权组织于 1996 年 12 月在日内瓦召开了关于版权和邻接权若干问题的外交会议，会议通过了关于版权和邻接权保护的两个新公约，即《世界知识产权组织版权公约》(WCT)和《世界知识产权组织表演及录音制品公约》(WPPT)，合称为“因特网条约”。上述两条约的制定，主要是为了解决由于新传播技术，尤其是在数字技术和网络环境下使用作品所引起的版权和邻接权问题。

前的技术水平已经可以做到著作权人通过一定的技术保护手段对其作品的网络使用方式加以限定。任何破坏或不具有合理理由的绕过技术保护手段的行为都可能构成侵权甚至是犯罪。“如果电脑不关机，暂时复制与正常的复制便没有什么区别，因此同样可能造成对他人作品的严重侵害，不应将其排除在刑律之外。”⑭

(2) 发行的认定

根据著作权法的规定，发行是指为满足公众的合理需求，通过出售、出租等方式提供一定数量作品的复制件的行为。另外，根据《解释二》第2条第2款规定，“侵权产品的持有人通过广告、征订等方式推销侵权产品的”也属于发行。综合我国《著作权法》、《关于办理侵犯知识产权刑事案件具体应用法律若干问题的解释》（下称《解释一》）、《解释二》、《著作权法实施条例》、《出版物市场管理规定》等法律法规对发行行为的规定，发行包括以下几种形式：出售、出租、赠与、广告征订、批发、零售和展销。在网络环境下，发行行为产生了新的方式，例如，将传统作品或音像制品上传到网站，通过网络向大众传播，人们可以在支付一定的费用之后或者免费将作品下载使用。这种网络发行方式和传统的发行方式存在许多不同之处，但是其实质上也是通过出卖、赠与等方式向公众提供作品，所以也是属于发行的一种方式。

总之，在网络环境下，复制发行行为大多情形下都伴随着网络传播进行的。《解释(一)》中第11条规定：“通过信息网络向公众传播他人文字作品、音乐、电影、电视、录像制品、计算机软件及其他作品的行为，应当视为刑法第二百一十七条规定的‘复制发行’。”《关于办理侵犯著作权刑事案件中涉及录音录像制品有关问题的批复》规定：“未经录音录像制作者许可，通过信息网络传播其制作的录音录像制品的行为，应当视为刑法第二百一十七条第(三)项规定的‘复制发行’。”这两个解释都肯定了网络传播属于作品的使用方式，著作权人有权许可他人使用，并由此获得报酬的权利。因此，如果人们未经著作权人许可，通过网络复制或发行他人作品，不支付相应报酬的行为，就构成了侵犯他人著作权的行为，应当承担相应的法律责任。

作品通过网络向大众传播主要有三个步骤：(1) 将非数字化的传统作品或音像制品进行数字化处理，转换成数字化形式，或利用计算机直接以数字形式创作多媒体制品、数据库及其传统作品；(2) 将这些已完成的数字化作品或音像制品与网络连接，实现在网络上传播这些作品；(3) 数字化作品或音像

⑭ 陶月娥：《论网络著作权的刑法保护》，载《社会科学辑刊》2006年第3期，第251页。

制品由个人计算机传输到网络后,网络用户通过网络对这些作品进行使用,如"浏览"、"下载"等。上述步骤包括了数字化作品或音像制品在传播行为中的所有环节,从作品被数字化,到被上传到网上、传输、截取、下载。在这些过程中,通过网络传播进行复制发行的行为表现为:(1)作品的上传。上传包括两个环节:其一是作品或音像制品经数字化处理后与网络连接,其二是作品由计算机转载到网络上。作品与网络的连接完成后,便会不可避免地产生作品在网络上的复制和发行。(2)网络上对作品的复制。从对作品的存储、浏览、传播到下载,都离不开对作品的复制,这其中既包括打印、下载这种传统意义上的复制,也包括网络服务商在作品传输过程中对作品的"暂时复制"。(3)网站间的转载。网站间的相互转载行为实际上属于对作品的发行,同时也构成对作品的复制。(4)网络上作品的传播。在网络环境下,作品通过网络被不同时间和空间的人感知,既包括对作品的展示、播放,也包括作品的发行、出租等,不管是何种使用方式,都伴随着复制发行行为。(5)作品的下载。下载行为是用户对作品的一种使用,下载过程中会构成对作品的复制。

2. 违法所得数额较大或者有其他严重情节

构成侵犯著作权罪,在客观上行为人除了实施四种特定的行为外,还必须具备"违法所得数额较大或者有其他严重情节"的条件。知识产权侵权行为的社会危害性往往体现在侵权规模上,而判断侵权的规模除了要看侵权金额的大小外,也要看制售侵权品的数量和范围。根据知识产权犯罪情况的发展和变化,最高人民法院、最高人民检察院相继发布了《解释(一)》和《解释(二)》,针对侵犯著作权罪共规定了三种可量化的情节,即"非法经营数额"、"违法所得数额"和"侵权品数量"(张、份)。侵犯著作权罪的数额是体现侵犯著作权犯罪社会危害性大小的主要标志,同时,侵权品数量的标准也是判断侵犯著作权罪社会危害性的一个重要标准。但是,在网络环境下,因侵犯著作权的方式发生了很大的变化,行为的社会危害性判断也有很大差异。由于网络的无限性、著作权的无形性和犯罪的复杂性,因伴随地域性、时间性特征以及合理使用原则的异化,致使行为人的违法所得、非法经营额可能很少甚至没有,但其产生的侵权规模大,其社会危害性也相应的较为严重。在司法实践中要判断网络环境下是否构成"情节严重",除了应当参照上述司法解释外,还应当根据案件的具体情况,如网络点击率、网络链接等,结合网络环境下的具体案件进行分析处理。

（三）本罪的主体

本罪的主体是一般主体，包括个人和单位。

与传统的侵犯著作权罪的犯罪主体相比，通过网络实施侵犯著作权罪的犯罪主体存在一个不同的问题，即网络服务商能否成为犯罪主体。对于能够确认通过网络传播的侵权者，包括网络服务商，对自己的侵犯著作权行为应承担相应的刑事责任。但是，由于网络环境下著作权主体产生大众化和权利归属复杂化，更多的犯罪行为难以寻找到直接的行为人，而有可能履行监管义务的的网络传播者，有些没有实际能力处理海量信息，有些仅仅客观上提供了技术通路，根本没有相应的义务或者没有技术可能处理相关信息。网络服务商，即 ISP（Internet Service Provider），分为两种 IAP（Internet Access Provider）和 ICP（Internet Content Provider），前者主要提供投资建立网络中转站、租用信道以及中介服务等网络连接技术服务；后者即网络内容提供商，主要利用 LAP 线路，通过设立的网站提供信息服务，即允许网络用户在管理的域内查询信息以及允许最终用户在域名范围内发布信息。[15] 笔者认为，网络服务商究竟能不能成为犯罪主体，主要看其是否直接复制了作品。如果直接复制作品，那么就构成侵犯著作权罪的犯罪主体。相反，就不构成犯罪。因为在网络环境下，信息传输量较大，信息传输速度较快，网络服务商在这种情况下是不可能对其用户上载的每条信息进行控制的。所以，如果 IAP 只是提供了单纯的网络连接技术服务，就不构成侵犯著作权罪。对于 ICP，也应当区别对待。

（1）网络服务商不能及时控制侵犯著作权内容

网络环境下，信息传播具有即时性。对于网络服务商来说，有些利用网络传播的侵犯著作权行为是无法控制的，此时应当追究刑事责任的只能是直接侵犯行为人。换言之，他人利用网络进行的侵犯著作权，在网络服务商不能及时处理之前，应该由侵犯著作权直接行为人负责，因为此时网络仅仅是犯罪的传播工具，网络服务商不具有犯罪的故意，不应承担刑事责任。例如，在网络媒体的互动平台、在线 BBS 交流等等，上述网络媒体具有信息交流的自由性和信息传播的即时性，网络服务商在用户发表侵犯著作权内容之前不可能预知其在传播平台上的内容并进行审查。侵犯著作权内容一旦通过网络传播开来，就有可能无法及时控制。如果出现侵犯著作权的行为，造成著

---

[15] 参见胡艳曦：《网络服务商著作权责任探析》，载《科技与法律》2005 年第 3 期，第 65 页。

作权人损害的后果,其责任只能由直接侵权行为人自己负责,与所使用的网络媒体无关。因此,仅仅为侵犯著作权内容提供通道的网络服务商,没有能力也暂时不具有技术上的可能对海量信息进行处理,其传播行为不具有主观上的故意,不应认定为构成侵犯著作权罪。

(2) 网络服务商能够及时控制侵犯著作权内容

在网络环境下,信息的传播是一个多环节过程,多个环节共同作用才能最终完成。因此,侵犯著作权内容的传播就不仅仅与直接侵犯人有关。网络服务商如发现信息内容不适当,可以对其内容进行删节、修改,甚至完全删除。网络服务商能够对信息具有一定的处理能力时,在明知虚假或可能虚假的情况下仍进行传播的,如通过 BBS 上发布侵犯著作权内容,通过个人主页公布侵犯著作权内容等等,情节严重的,应承担相应的刑事责任。详言之,其一,如果有人告知网络服务商,在其传播平台上有侵犯著作权内容,且网络服务商没有证据表明传播这些信息没有构成犯罪,那么它必须删除,如果仍然置之不理,在符合本罪的构成要件前提下则可以承担相应的刑事责任;其二,如果被指控一方也发出通知给网络服务商,保证他的信息内容并没有构成犯罪,而网络服务商又无法作出判断时,那么可不必删除这些言论,其法律后果由直接侵犯行为人承担。

(四) 本罪的主观方面

本罪的主观方面,必须出于直接故意,并且具有营利目的。"以营利为目的"是指行为人侵犯他人权利的行为是为了获取非法利益。出于教学、研究等非营利目的复制他人作品的,不构成犯罪。另外,根据《解释一》第 11 条,"以刊登收费广告等方式直接或间接收取费用的情形"属于"以营利为目的"。

笔者认为,在网络环境下,营利的方式分为直接营利方式和间接营利方式:

1. 直接营利方式

直接营利方式是指直接采用收取费用的办法,未经授权向个人或者大众提供他人作品的浏览、下载、传输等服务。这一类侵犯著作权的行为,完全可以认定为"以营利为目的"。在网络环境下,认定此类营利方式应依照传统犯罪。

2. 间接营利方式

间接营利方式是指并不直接向网络用户收取费用,而是通过其他方式间接获得经济利益。在网络环境下,行为人未经授权向大众传播他人作品存在多种目的。有的是为了实现网络共享,无偿向大众传播他人作品;有的是为了提高自己的知名度,或者是为了诋毁作品作者的声望;还有的则是以高点击率来换取广告收入,即通过发布广受欢迎的作品来吸引网络用户浏览、下载,提高网站的点击率,以增加间接获取广告收入的可能性。上述前两种行为不具有营利性目的,而第三种行为应当解释为"以营利为目的"。"任何一种解释结论的正义性,都只是相对于特定的时空、特定的生活事实而言,生活事实的变化总是要求新的解释结论。"[16]笔者认为,从形式上看,网络用户浏览、下载和使用这些作品都是免费的,网站未收取任何费用,似乎不具有"以营利为目的"。但是,从本质上看,网站未经著作权人许可,将他人作品挂在自己的网站中,并提供给他人免费浏览、下载使用,其目的是使网站获取更高的点击率,从而提高其知名度,要么以这种方式来吸引广告业务,从而收取更高的广告费用;要么以这种方式来吸引风险投资或试图以高价出卖网站。因此,将这种间接方式获利的行为解释为"以营利为目的"是适宜的,也符合《解释一》第11条的规定。因此,在根据现行《刑法》的规定前提下,网络环境下的"以营利为目的"既可以是直接方式营利的,也可以是间接方式营利的。

三、小　　结

随着网络技术的不断发展和普遍应用,《著作权法》有必要进行完善,但是,我国《刑法》中的侵犯著作权罪主要是针对传统环境下的犯罪行为制定的,在目前《刑法》尚未修正的前提下,如何针对网络环境下的著作权制度的新变化,对侵犯著作权罪进行适宜的解释与认定,是极为现实而又重要的任务。在网络环境下,侵犯著作权罪在犯罪对象的认定上应当包括网络作品,这不仅是国际条约的要求,也是我国《著作权法》的内容;在犯罪客观行为中,应当结合网络环境下复制发行的新形式和犯罪后果的新特点,具体案件具体分析;犯罪主体的范围不仅包括直接侵犯行为人,还要包括网络服务商,当然,追究网络服务商的刑事责任也要区别对待;犯罪主观的营利目的应当区分直接营利方式和间接营利方式,尤其要注意间接营利方式的认定。总之,在坚持侵犯著作权罪的犯罪构成的前提下,结合网络环境产生的新特点具体分析与认定,有助于解决目前著作权刑法保护遇到的问题。只有如此,一方面可以充分发挥现行《刑法》的行为规制机能与自由保障机能,另一方面也不

[16] 张明楷:《刑法分则的解释原理》,中国人民大学出版社2004年版,"序说"第Ⅴ页。

损及传统刑法理论与体系的完整。

“在现代科学技术的推动下，人类社会的物质文化生活发生了空前巨大的变化，在各种法律领域中受其影响最深、冲击最烈的首推著作权法。各国立法者不得不‘修纲变法’，以回应新传播技术对著作权制度的呼唤。”[17]当然，不得不承认，我国《刑法》对著作权的保护是相对滞后的。从国家知识产权战略和著作权的刑法保护看，应对网络环境的发展与变化，对侵犯著作权罪以及其他相关犯罪作出适应性的立法调整也是应该的，这也是笔者所期许的。

⑰ 吴汉东、胡开忠：《走向知识经济时代的知识产权法》，法律出版社 2002 年版，第 103 页。

欧洲驰名商标反寄生保护的建构与反思

——由 L'Oreal SA v. Bellure NV 案引发的思考

◇ 黄　虹*

内容摘要　区别于绝大多数国家和地区的法律，欧共体在其《协调各成员国商标立法》指令中明确为驰名商标提供三种保护，包括为人熟知的反丑化、反淡化，以及欧洲立法所独有的反寄生保护。对于驰名商标的反寄生保护，国内外都鲜有研究。本文以著名的 L'Oreal 案为出发点，结合一些重要的判例和成文法，论述反寄生保护理论的发展、最近司法和理论动向，着重指出 L'Oreal 案的前置裁决中存在的问题，最终从比较法的角度提出反寄生保护对我国司法实践的启发。

关键词　驰名商标　商标指令　反寄生　不正当获利

2011 年 5 月，聚焦欧洲乃至全球知识产权界万千目光的 L'Oreal SA v. Bellure NV 案终于在历时四年之后落下帷幕。英国上诉法院的 Jacob 法官虽然表达了自己强烈的反对意见，但仍按照欧共体法院备受异议的前置裁决作出了判决，认定被告在比较广告中使用原告的商标属于第 89/104 号指令（《协调各成员国商标立法》，下称《商标指令》）第 5(2) 条规定的不正当获利与侵犯他人商标的显著性和声誉的行为。这种行为在欧洲司法界被叫做"寄生"或"搭便车"。在前置裁决中，欧共体法院就英国上诉法院提出的第五个问题（即如何认定寄生行为）指出，根据《商标指令》第 5(2) 条的规定，驰名商

* 黄虹，华东政法大学。

标的所有人可以禁止他人未经许可实施三种行为：一是损害其驰名商标的显著性，即淡化行为；二是损害其驰名商标的声誉，即丑化行为；三是不正当地获利于驰名商标的显著性和声誉，即寄生行为。行为人只要实施了以上任何一种行为，就属于《商标指令》禁止的侵权行为。[①] 对《商标指令》第5(2)条的这种解释在Intel案中就有所确立，[②]但与Intel案的判例不同，欧共体法院指出了寄生行为与丑化和淡化行为的区别在于，它不以驰名商标的显著性和声誉受到损害为前提。只要"第三方不正当地利用商标的显著性或声誉，试图以此'搭便车'，从而坐享商标的影响力、声誉和名气所带来的好处，并不支付任何经济补偿地利用商标所有人为建立和维护商标形象所付出的努力"，即构成不正当获利行为，即寄生行为。[③]

这一认定在欧洲商标司法界和法学理论界引起了很大的风波，遭到了许多专家和学者的反对，同时也引起了司法界和法学界对于《商标指令》第5(2)条有关驰名商标反寄生保护的思考和研究。

一、反寄生理论的建立和早期认识

对驰名商标的保护最先起源于《巴黎公约》中的跨类保护，即驰名商标的所有人可以禁止他人在不同的商品或服务上使用相同或相类似的商标。[④] 这一规定在各国的司法实践和法学研究的发展中逐渐产生了反淡化和反丑化这两个法理基础。各国也逐渐将反淡化和反丑化作为驰名商标保护的基石，或纳入立法，或运用于司法实践。然而，欧共体与绝大多数国家和地区不同，它在确立了驰名商标的反淡化和反丑化保护之外，还禁止不正当获利于商标的显著性和声誉的行为，即寄生行为。这一规定体现在欧共体《商标指令》第5(2)条之中。

（一）《商标指令》的非强制性规定

欧共体《商标指令》制定于1988年，旨在协调各成员国在商标方面的立法，防止成员国的立法差异对共同体内商品的自由流通和服务的自由提供造

① See L'Oreal SA v. Bellure NV (C-487/07), (2009) E. C. R. I-5185 (ECJ (1st Chamber)), at 39—42.

② See Intel Corp. Inc. v. CPM United Kingdom Ltd. (C-252/07), (2008) E. C. R. I-8823 (ECJ (1st Chamber)), at 28.

③ See L'Oreal SA v. Bellure NV (C-487/07), (2009) E. C. R. I-5185 (ECJ (1st Chamber)), at 50.

④ 参见《巴黎公约》第6条之二。

成障碍,或扭曲共同市场的竞争条件。值得注意的是,《商标指令》的条文并不完全是强制性的,也并不是生效后在所有成员国都具有法律效力,而是需要被各国吸收成为国内法后才具有效力。第5(2)条关于驰名商标的保护就是这样一种条文,但绝大多数成员国,包括管辖L'Oreal案的英国,都将该条文纳入了国内法的相关规定中。[5] 即使如此,欧洲各界对这一条的适用一直持有比较慎重的态度,这种慎重情绪特别体现在受言论自由和自由竞争思潮影响较大的英国法院和学界。

(二)欧共体商标条例对商标寄生的吸收

1993年12月通过的欧共体理事会第40/94号条例(《关于欧共体商标的规定》,下称《商标条例》)的效力高于《商标指令》。正如上文所述,后者的目的在于协调成员国的商标立法,其效力仅在各成员国将其转化为国内法后才能发挥。《欧共体商标条例》则具有高于国内法或超国内法的地位,该条例一经通过,在各成员国内直接生效。成员国法院在审理和判决该条例生效后发生的案件时,可以不经国内法而直接适用《欧共体商标条例》。

在制定过程中,《商标条例》吸收了许多《商标指令》的规定。其中包括,在关于共同体商标相关权利的规定中,直接吸收了《商标指令》第5(2)条的规定。其第9(1)(c)条指出:"共同体商标权人有权禁止任何第三人未经其同意实施下列行为:在共同体商标成员国享有声誉的情况下,在商业上与其注册的商品或服务不相似的商品或服务上使用与该注册的共同体商标相同或相近似的标记,而该标记的使用无正当理由从其商标的显著性或声誉中获利或对它们造成损害的。"

这种完全的吸收产生的结果就是,对于欧共体《商标指令》第5(2)条的解释可以完全适用于《商标条例》第9(1)(c)条。同时,这一吸收也表明,欧共体委员会立法层面对于驰名商标保护的态度并没有因为司法实践中缺乏对"无正当理由从其商标的显著性或声誉中获利"的运用和解释而改变。

(三)早期对反淡化和反丑化的偏重

和《商标条例》第9(1)(b)条的规定相同,《商标指令》第5(2)条如是规定:"……如果注册商标在成员国内享有声誉,且其商标的显著性或声誉可能

---

⑤ See e. g., Davidoff & Cie SA v. Gofkid Ltd. (Case 292/00), 2003 E. C. R. I-389, (2003) 1 C. M. L. R. 35, para. AG7.

遭到无合理理由的不正当利用或遭到损害,则该商标权人有权禁止第三方未经许可在不相近似的商品或服务上使用相同或相近似的标记。”从这一条文中可以看出,构成被禁止的侵权行为的前提,在于这一行为“无合理理由的不正当利用(获利于)”或“损害”驰名商标的“显著性或声誉”。

事实上,自《商标指令》1988 年制定完成并公布以来,真正单独适用第 5(2)条中关于“不正当获利”行为即寄生行为的规定来认定商标侵权的案例并不多见。一般来说,原告在提起驰名商标侵权之诉时,都会同时主张被告不正当获利于商标的显著性和声誉以及损害商标的显著性和声誉,也即主张被告的行为同时构成淡化、丑化和寄生。法院一般会偏重淡化和丑化行为的认定。因此,对于驰名商标侵权行为的构成要件,司法界通常采取比较模糊的方式从整体上进行解释,而对于寄生行为单独的解释也大多停留在学理阶段,而没有法律效力。

(四) 三种侵权行为的构建

这种情况在 Intel 案有了改观。在 Intel 案中,欧共体法院首次对《商标指令》第 5(2)条作出了体系化的解释。欧共体法院指出,《商标指令》第 5(2)条禁止三种行为,一是损害商标声誉的行为,即丑化行为;二是损害商标显著性的行为,即淡化行为;三是不正当利用商标声誉或显著性的行为,即寄生行为。只要行为人使用与驰名商标相同或相近似的标识的行为产生了其中任何一种效果,就构成第 5(2)条禁止的行为。[6]

遗憾的是,在该案中,原告 Intel 公司同时主张系争行为损害 INTEL 商标的显著性,以及并不正当获利于其商标的显著性。也就是说,原告主张系争行为同时构成商标淡化和商标寄生。在诉讼中,Intel 公司将举证的重点放在淡化的构成上。法院对于驰名商标侵权构成的三要素也只是点到为止,在后来的案件认定上,也多是讨论淡化的构成,或是将不正当获利和淡化作为一个整体进行讨论。

(五)“两步检验法”的确立

真正对《商标指令》第 5(2)条的寄生行为进行深入探讨的,是欧洲内部市场协调局(OHIM,以下简称“欧洲商标局”)上诉委员会对 Mango Sport v.

⑥ See Intel Corp. Inc. v. CPM United Kingdom Ltd. (C-252/07), (2008) E. C. R. I-8823 (ECJ (1st Chamber)), at 26—28.

Diknak 案作出的判决。欧洲商标局的司法长官 Mengozzi 先生在该案中指出，当一种和驰名商标的声誉之间的联系被建立起来时，“获利”就产生了。但并不是所有的“获利”都是“不正当”的。要判断是否“不正当”，则要看相关人在实施系争行为时，是否存在合理理由。因此，Mengozzi 先生介绍了“两步检验法”：(1) 是否存在“合理理由”；(2) 在存在合理理由的情况下，这种获利是否是不正当的。对于第一个问题，Mengozzi 先生指出，“获利”这一事实本身不能排除“合理理由”的存在。对于第二个问题，则应当由各国的国内法院根据大量相关事实认定。除此之外，Mengozzi 先生对“两步检验法”没有作出进一步的解释。⑦

不难看出，Mengozzi 先生提出的“两步检验法”在强调“合理理由”的重要性之外，只是从字面上分析了《商标指令》第 5(2) 条寄生行为的构成。就“两步检验法”的适用而言，最大的问题在于如何认定“合理理由”和“不正当”这两个极为抽象的概念，特别是前者“合理理由”的构成为何，在 Mango Sport v. Diknak 中 Mengozzi 先生没有再分析和解释。这使得对寄生行为的认定和《商标指令》第 5(2) 条的适用再次成了欧洲司法界未解决的难题。

虽然 Mango Sport 案确立的“两步检验法”没有深入的实质性内容，但却为后来的案件认定寄生行为的存在提供了先例和一定的思路。在后来 L'Oreal 案中，虽然欧共体法院没有在认定寄生行为中适用“两步检验法”，但作出终审判决的英国终审法院的 Jacob 法官却在其判决中对“合理理由”进行了着重讨论。Jacob 法官指出，由于被告的比较广告不符合欧洲比较广告指令中排除非法性的规定，所以其使用比较广告的行为不具有合理理由，根据“两步检验法”，直接认定其构成《商标指令》第 5(2) 条规定的商标寄生行为，因而构成驰名商标侵权。⑧

二、L'Oreal 案扩大化的解释

L'Oreal 案之所以引人注目，是因为涉及了很多欧洲商标保护的敏感问题，同时在许多方面提出了新的司法见解，包括“相同商品服务、相同商标”下绝对保护的扩充，比较广告合法性的判定。本文仅就反寄生保护这一个方面

---

⑦ See Mango Sport v. Diknak (R-308/2003-1), (2005) E. T. M. R. 5, at 19.

⑧ See L'Oreal SA v. Bellure NV, (2010) EWCA Civ 535, at 44.

分析欧共体法院的最新观点及其影响。

(一) 案件背景和提出的问题

L'Oreal 案的背景是,被告 Bellure 等公司在销售自己生产的香水时,声称自己的香水是对 L'Oreal 旗下几种香水品牌的模仿,并将 L'Oreal 公司的商标用在对照表中,以此表明其几款香水气味分别对应着原告的香水气味。

在众多诉求中,L'Oreal 公司主张被告在对照表中使用其商标的行为构成《商标指令》第 5(2)条禁止的行为。英国上诉法院认定被告的行为没有损害原告商标的显著性和声誉,不构成淡化和丑化,而对是否构成寄生行为,则需要进行单独认定。因此,在上诉法院提请欧共体法院在法律范围内作出前置裁定的五个问题中,第五个问题即是《商标指令》第 5(2)条项下寄生行为的认定问题:

如果商家以下列方式使用与具有一定声誉的注册商标相似的标记,而该标记并没相似到导致混淆的程度:(a) 注册商标指示来源的基本功能并未受损,亦未处于危险状态;(b) 不存在丑化或恶化注册商标或其声誉的行为或其他相关的风险;(c) 商标权人的销售并未受影响;(d) 商标权人宣传、维护或提高其商标(声誉)的权利并未受损;(e) 商家由于使用与该商标相似的标记获得了商业利益,那么,这种使用行为是否构成《商标指令》第 5(2)条所指的"不正当利用"注册商标的声誉?⑨

留给上诉法院和欧共体法院的问题就是,在驰名商标显著性和声誉没有受到损害的情况下,被告未经许可使用原告商标的行为是否会不正当地获利于原告商标的显著性和声誉。

可以说,L'Oreal 案在反寄生保护领域的最大意义就在于这个问题的提出。反寄生第一次脱离了反丑化和反淡化,不再作为它们的附属主张出现。

(二) 对事实认定的暧昧态度

在回答上诉法院的问题之前,欧共体法院首先声明了自己的立场,即法律背景和事实背景应当由上诉法院认定,欧共体法院不质疑事实部分的认

---

⑨ See L'Oreal SA v. Bellure NV (C-487/07), (2009) E. C. R. I-5185 (ECJ (1st Chamber)), at 30.

定，而只根据上诉法院提交的事实进行裁定。[10] 也即欧共体法院承认英国上诉法院的事实认定：被告的行为没有使公众产生混淆的可能，没有引起商标或其所有人的损害，没有使商标或所有人存在受损的风险。但欧共体法院又立刻指出："初步看来，为了销售仿制的商品（该商品是对他人商标所注册使用的商品的仿制），第三方使用与商标相似的标记的行为，不可能在不损害他人商标形象或不损害商标所注册使用的商品的销售的情况下，却有利于该第三方商品的销售。"[11]

从欧共体法院对上诉法院事实认定的评价中可以看出，欧共体法院并不赞同上诉法院的观点。欧共体法院认为，在被告使用了与原告商标相近似的标识的情况下，被告的获利行为和原告的损失之间应该是同时产生的。一方获利而一方没有损失的情况不太可能发生。然而，受欧共体法院的职权范围限制，它只能在英国上诉法院认定的基础上，仅在上诉法院的问题范围内，对法律问题给出解答。

（三）对获利行为合法性的全面否定

正如上文所述，该案中，欧共体法院本没有使用在 Mango Sport 案中确立的"两步检验法"，而是重构了寄生行为的构成要素。

在上诉法院认定的基础上，即被告的行为不涉及淡化和丑化原告驰名商标的情况下，欧共体法院对寄生行为本身进行了解释。欧共体法院指出，寄生行为的构成与驰名商标的声誉或显著性是否受损无关，而与行为人的获利有关。[12] 也就是说，获利的不正当性并不以损害为前提。在如何独立判断不正当获利这个问题上，欧共体法院引用了 Intel 案中同时用于判断丑化和淡化的认定标准，即整体评估法——同时考虑系争商标声誉的影响力、显著性的程度、与标记的相似度、有关商品或服务的属性和相似度等因素。其中，驰名商标的声誉和显著性越高，就越有可能使得相关消费者将原告的商标和被告的标识联系在一起，进而越有可能产生获利，从而构成非法的寄生行为。[13] 最

---

⑩ See L'Oreal SA v. Bellure NV (C-487/07), (2009) E. C. R. I-5185 (ECJ (1st Chamber)), at 33 (quoting Case C-153/02 Neri (2003) ECR I-13555, at 34—35, and Case C-347/06 ASM Brescia (2008) ECR I-0000, at 28).

⑪ Id.

⑫ Id., at 41.

⑬ See Intel Corp. Inc. v. CPM United Kingdom Ltd. (C-252/07), (2008) E. C. R. I-8823 (ECJ (1st Chamber)), at 67—69.

后，结合本案的相关事实（包括原告的商标具有很高的显著性和声誉、被告出于宣传目的而使用原告的商标等），欧共体法院得出结论：第三方通过使用与具有一定声誉的商标相似的标记，试图为'搭便车'的行为，坐享他人商标的吸引力、声誉和名气带来的好处，并且试图不支付任何经济补偿以及不作任何努力，却利用商标所有人为建立和维护商标的形象在销售中所做出的努力，这种使用行为带来的好处应当认定为第三方不正当利用商标的显著性或声誉所带来的利益。[14]

仔细推敲以上推理过程就可以发现，欧共体法院并不是在判断"不正当获利"的构成，而是在分析"获利"的构成。商标声誉的影响力、显著性的程度、与标记的相似度、有关商品或服务的属性和相似度等因素都是用于判断被告是否能够从使用驰名商标中获利。也就是说，欧共体法院只是讨论了什么时候被告可能通过使用与原告驰名商标相同或相近似的标识获得利益。当完成了这一步的讨论后，欧共体法院直接得出了构成不正当获利的寄生行为应当禁止的结论，而忽略了对"不正当"这一概念的论证。

这种或有意或无意的忽略导致的后果就是，获利于他人驰名商标显著性和声誉的行为将不作区分，全部被认定为受《商标指令》第5(2)条禁止的非法寄生行为。

（四）前置裁决的逻辑漏洞和缺陷

1．*法律解释形式上的缺陷*

这种全面否定获利行为合法性的观点迅速引起了很大的反响，在受到欧洲品牌运营商大力支持的同时，也引起了许多反对的声音。其中，提出最明确和最具有影响力的反对意见的，莫过于审理此案的英国上诉法院 Jacob 法官。他在 L'Oreal 案的终审判决中指出，首先，这种不区分合法获利行为和非法获利行为的做法是违背《商标指令》的，这使得该指令第5(2)条中"不正当"这三个字变得没有意义；[15]其次，这种全面否定获利合法性的做法会极大地扩大商标的保护范围，进一步限制公众对商标的合理使用，影响自由竞争的市场。[16]

---

⑭ See L'Oreal SA v. Bellure NV (C-487/07), (2009) E. C. R. I-5185 (ECJ (1st Chamber)), at 43—49.

⑮ See L'Oreal SA v. Bellure NV, (2010) EWCA Civ 535, at 49.

⑯ Id., at 16.

此外，亦有学者指出，在他人使用驰名商标的行为没有损害（包括现在或将来）驰名商标的显著性或声誉或商标所有人商业利益的情况下，认定其行为“不正当”是不合适的。[17]

2. 前置裁决推理的逻辑漏洞

欧共体法院对 L'Oreal 案的前置裁决不仅在形式上不能完全符合《商标指令》的规定，宏观上不利于对竞争自由的保护，同时在内容上和逻辑上也恐有自相矛盾之嫌。在对如何认定寄生行为这一问题进行回答时，欧共体法院首先在寄生行为和淡化、丑化行为之间划出了一条清晰的界限，即认为不正当获利并不以驰名商标的显著性或声誉受到损害为前提；而在接着如何认定脱离了淡化和丑化之后的寄生行为时，欧共体法院却唯独引用 Intel 案的判决作为衡量标准。这一推理显然是有失妥当的。因为如前文所述，在 Intel 案中，原告同时主张被告的行为损害并不正当地获利于其商标声誉，也即原告主张被告的行为同时构成寄生和丑化。法院在 Intel 案的认定过程中则是将两者混同解释，并更加偏重对丑化的认定。也就是说，欧共体法院在 L'Oreal 案中所引用的判断标准，同时是判断丑化和淡化的标准。法院这种先在概念上进行区分，后又使用同一标准进行认定的做法恐怕在逻辑上存在漏洞，同时也无法为寄生行为提出一个清晰的界定标准。

3. 商标过分保护之争

正如上文所述，有观点指出欧共体法院在前置裁决中忽略了对“不正当”的讨论。[18] 可以说，这种反对观点是切中要害地指出了欧共体法院在认定寄生行为上的问题。事实上，这种几乎绝对的保护程度已经远远超过了美国。美国第九巡回法院在一个案情基本相同的案件——Smith v. Chanel 案中就指出，被告使用原告商标的目的，在于向消费者表明自己的产品特征（气味）与香奈儿 5 号香水类似，而该特征是不受商标法或专利法保护的，因此被告的行为构成对商标的合理使用，即描述性使用，从而不构成商标侵权。[19] 这一立场基本代表了美国司法界的观点，即在驰名商标的保护和竞争自由、言论自由以及消费者的知情权之间产生矛盾时，美国法院更偏向对后者的保护，以防

[17] See Corina I. Cacovean, Is Free Riding Aided by Rarody to Sneak Between the Cracks of the Trademark Dilution Revision Act? Hastings Communications and Entertainment Law Journal, Spring 2009 (quoting Baker & McKenzie, News, Press Release Archive, October 10, 2007, http://www.bakernet.com/BakerNet/News/Archive/2007/LandmarkIPECJ.htm).

[18] See L'Oreal SA v. Bellure NV, (2010) EWCA Civ 535, at 49.

[19] See Smith v. Chanel, 402 F.2d 562, at 569.

止驰名商标所有人滥用手中的垄断性权利。

L'Oreal 案反映出欧共体法院在这一问题上将天平倾向了商标权利人。这一倾斜引起了共同体范围内的巨大反响。许多学者直指欧共体法院为驰名商标提供了过宽的保护,也有人支持法院在前置裁决中的认定。争论的核心在于,不顾及商标权利人是否受到损害而一概认定他人使用驰名商标获取利益的行为构成侵权,这种司法观点是否会不合理地限制商业环境下的表达自由和消费者的知情权。

赞同欧共体法院的观点认为,表达自由是受到限制的,对于财产权(包括无形财产权)的保护即是一种限制。关键的问题是如何达到保护表达自由和保护私有权利不受侵害之间的平衡。由于《巴黎公约》和《商标指令》明确指出了对驰名商标的着重保护,也没有人质疑这种保护,那么,在本案中,驰名商标的保护高于商业环境中的表达自由则无可厚非。[20]

反对欧共体的代表是英国上诉法院的 Jacob 法官。虽然根据职责,负责审理该案件的 Jacob 法官只能按照欧共体法院的前置裁决进行判决,但 Jacob 法官在判决书中却直接明确地表明了他个人反对欧共体法院对《商标指令》第 5(2)条项下寄生行为作出的解释。理由有二:一是这种认定限制了商业环境下的表达自由;二是这种认定限制了自由竞争。[21]

首先,欧共体法院在前置裁决中指出,被告在其生产的香水中附上带有原告商标的对照表,并表明其产品模仿了原告的产品,这一行为因可能使被告从原告的商标声誉中获利而应该被禁止。Jacob 法官则认为,被告的行为只是像消费者传达一个事实,即原告的高档奢侈香水的气味是可以被模仿的,而仿品则可以很便宜。传达这种真实的信息是受到法律保护的。Jacob 法官为此特地列举了《世界人权宣言》和《欧洲人权公约》关于表达自由权的规定,同时主张在商业过程中自由表达的权利也是表达自由权的一部分。[22] Jacob 法官还认为,对于表达者的保护也是对听众的保护,因为一旦剥夺了一部分人说话的权利,另一部分人接受信息的权利必然会受到伤害。在商业环境下,对产品或服务提供商表达权的保护就是对消费者知情权的保护。在本案中,欧共体法院却要让说真话的人缄默不语,这是对表达自由权和消费者知

---

⑳ See Christopher Morco, L'Oreal v. Bellure—The Court of Appeal Reluctantly Applies the ECJ's Ruling: L'Oreal SA v. Bellure NV, (2010) EWCA Civ 535, European Intellectual Property Review, 2010.

㉑ See L'Oreal SA v. Bellure NV, (2010) EWCA Civ 535, at 9—20.

㉒ Id., at 11 (quoting Lester, Pannick and Herberg, Human Rights Law and Practice, 3rd edition, para. 4.10.16, etc.).

情权的伤害。

其次，Jacob 法官认为，对被告这类行为的禁止可能导致对整个低价仿制行业的禁止。因为，根据欧共体法院的推理，只要是模仿了某一著名商品的某一特征，并将这一情况告知于消费者，则构成《商标指令》第5(2)条禁止的商标寄生行为。于是，欧共体法院的这一认定是否合理，关键在于模仿著名商品特征以吸引消费者的商业行为是否应当被一概禁止。对于这个问题，Jacob 法官给出了否定的答案。他称这种禁止让贫穷的消费者变成了输家。笔者认为，这种说法不无道理，禁止对著名商品的模仿行为必然导致一部分消费者无法享受到物美价廉的商品，但不能一概禁止模仿行为的更重要的原因在于，商标法保护的是商标和其背后的商誉，而不是保护带有商标的产品或服务的特征。用商标法禁止模仿著名商品的某一特征并告知消费者的行为实际上是通过商标法保护了商品的特征，这和商标法的立法宗旨是相悖的。

三、过宽保护的反思和寄生行为的重构

欧共体法院对 L'Oreal 案的前置裁决引发了许多的争议，其中包括对《商标指令》第5(2)条项下“不正当地获利于他人驰名商标的显著性和声誉”的商标寄生行为的解读和反思。

（一）后 L'Oreal 案时代的司法倾向

1. 包含主观恶意的限制解释

可以说，L'Oreal 案的前置裁决带来的问题要比其解决的问题更多。[23] 由于欧共体法院在该案的前置裁决中没有真正回答如何判断寄生行为的问题为驰名商标提供了过于宽泛的保护，同时又没有给这种宽泛的保护提供恰当的佐证，因此，其观点并没有被欧洲各国法院全盘地继承和严格地实践。相反，在 L'Oreal 案之后，英国上诉法院在一些案件中对 L'Oreal 案的判断标准作出了限定性的解释。

在 Whirlpool Corp. v. Kenwood Ltd. 案中，被告 Kenwood 公司所生产的搅拌机和原告 Whirlpool 公司的搅拌机形状近似，而原告的搅拌机是在欧共体范围内注册的三维商标，并被法院认定为驰名商标。原告因此根据《商标条例》

㉓ See Joanne Box, Case Comment, International Review of Intellectual Property and Competition Law, 2010, 41(4), at 485—493.

第9(1)(c)条起诉被告损害并不正当地获利于其驰名商标的显著性和商誉。一审法院认定被告不构成商标侵权,因为原告作为商标权人,其显著性和商誉并没有受到被告行为的损害,也不构成不正当获利。[24] 原告不服,提起上诉。

上诉过程中,英国上诉法院的 Lloyd 法官同意被告的行为会使得消费者将被告的产品和原告的商标联系起来。关键的问题在于,这种联系是否会造成对原告商标显著性和声誉的损害,或不正当地获利。就这个问题,上诉法院指出,本案与 L'Oreal 案的区别在于,L'Oreal 案的被告直接向消费者表明其商品是对 L'Oreal 公司旗下香水的模仿,主观恶意明显。在本案中,没有证据证明被告存在主观恶意。事实上,被告自己在商品上建立了良好的声誉。[25] 在判断寄生行为时,对"不正当"的认定至关重要,要构成"不正当"获利,行为人必须存在主观恶意,即"故意使用与在先商标相同或相近似的标识,以此从在先商标的吸引力、声誉和威信中获利,或以此剥削在先商标所有人在营销方面付出的努力"。[26] 因此,被告的行为不构成商标寄生。

2. 标识和商标之间联系的强度

Whirlpool Corp. v. Kenwood Ltd. 案中的观点被之后的 Specsavers International Healthcare Ltd. v. Asda Stores Ltd. 案所继承。此外,在 Specsavers 案中,英国上诉法院强调,要构成商标寄生行为,被告使用的标识必须使消费者在脑海中联系到原告的商标。[27] 这种联系越是紧密,被告越有可能通过使用与原告驰名商标相同或相近似的标识的行为,从原告商标的显著性和声誉中获得利益;反之,如果被告使用的标识不能让消费者在其脑海中产生这种联系,那被告的行为根本没有使自己从原告的商标中获利,即失去了讨论不正当获利的意义。在该案中,法官也承认了这种联系的存在,但这种联系太过薄弱,以至于不能认为被告的获利行为是"不正当"的。法官因此判决被告的行为不构成"不正当"地获利于商标的显著性或声誉的商标寄生行为。[28]

从以上两个案件可以看出,英国上诉法院并不完全赞同欧共体法院在 L'Oreal 案中确立的寄生行为的判断标准,而是在有限的空间内对 L'Oreal 案的

㉔ See Whirlpool Corp. v. Kenwood Ltd., (2008) EWHC 1930 (Ch).

㉕ See Whirlpool Corp. v. Kenwood Ltd., (2009) EWCA Civ 753, at 135.

㉖ Id., at 112—115.

㉗ See Specsavers International Healthcare Ltd. v. Asda Stores Ltd., (2010) EWHC 2035 (Ch), at 153.

㉘ Ibid., at 175.

前置裁决进行限定式的解释，即强调“联系”和“不正当”的重要性，并给出了一定的标准，即主观恶意标准。这一观点可以说是对欧洲驰名商标反寄生理论的进一步挖掘，同时在司法实践中对反寄生行为的认定标准在一定程度上作了纠正。

另外，值得注意的是，在欧洲司法实践中，一般对于知识产权侵权的认定不以主观故意为要件，只要行为人实施了权利人排他权利所覆盖的行为，一般即可构成侵权。然而，在寄生行为的认定上，英国上诉法院却强调以主观故意作为认定“不正当”的标准，进而作为认定寄生侵权行为的标准。从这一点看，英国法院是在试图限制《商标指令》第5(2)条中“无合理理由不正当地获利于商标的显著性或声誉”的适用，将其作为一种特殊的知识产权侵权行为进行区别对待。

（二）商标寄生行为的重构

自《商标指令》将禁止他人未经许可“无合理理由不正当地获利于商标的显著性或声誉”纳入驰名商标所有人的权利范围以来，经过了 Intel 案的体系分析、Mango Sport v. Diknak 案的“两步检验法”、L'Oreal 案的扩大化解释、Whirlpool 案和 Specsavers 案的限制性解释，商标寄生行为的构架渐渐清晰。

从《商标指令》第5(2)条和《商标条例》第9(1)(c)条的规定看，商标寄生行为包括以下几个要件：(1) 权利人的商标在共同体内具有声誉，即构成驰名商标；(2) 行为人在商业过程中使用了与权利人的商标相同或相近似的商标；(3) 行为人的这一使用行为使其获利于权利人商标的显著性和声誉；(4) 行为人的这一行为不正当；(5) 行为人的这一行为没有合理理由。

在商标寄生的诉讼中，以上第一至第二个要素相对容易证明，当事人双方就这两个事实问题一般达成一致没有异议，但就后三个要素，一般争议较大，也会成为判决书中讨论的重点。[29]

1. 获利行为的认定

商标寄生行为的构成，除要求行为人有所盈利之外，还要求行为人的获利必定是来源于权利人商标的显著性或声誉。也即行为人的获利与驰名商

[29] See e.g., Mango Sport v. Diknak (R308/2003-1), (2005) E.T.M.R. 5; Intel Corp. Inc. v. CPM United Kingdom Ltd. (C-252/07), (2008) E.C.R. I-8823; Whirlpool Corp. v. Kenwood Ltd., (2009) EWCA Civ 753; Specsavers International Healthcare Ltd. v. Asda Stores Ltd., (2010) EWHC 2035 (Ch); L'Oreal SA v. Bellure NV, (2010) EWCA Civ 535, etc.

标的显著性和声誉间存在必然联系。证明这种获利与显著性和声誉之间联系的方法，和证明商标淡化和丑化的因素相似，即要求相关公众在看到行为人所使用的与权利人的商标相同或相近似的标识的时候，脑海中会产生一种联系，将标识和商标联系起来。[30] 在这种情况下，就可以认为行为人通过使用和权利人驰名商标相同或相近似的商标从而获得了利益。

值得注意的是，这种联系并不要求达到混淆的程度。被使用的标识只要让消费者联想到权利人的商标，联系即告成立。同时，这种联系也不要求具有经济性，只要在公众的脑海中产生，无论何种联系，都足以证明行为人通过使用和权利人商标相同或相近似的标识获利。[31]

2. 不正当的认定

虽然欧共体法院没有在 L'Oreal 案中对何种获利行为构成"不正当"获利这一问题进行讨论，但正如上文所述，在后来的司法实践中，法院倾向于用被告是否存在商标寄生的故意来认定其获利行为是否正当。具体而言，即被告在使用和原告商标相同或相近似的标识的时候，是否有意在相关公众的脑海中引起一种联系，将其标识和原告商标联系起来。如果答案为否，则不构成"不正当"地获利于商标的显著性或声誉。[32] 用以判断行为人是否存在主观恶意的因素一般包括：行为人是否在商品或服务上同时使用了自己的商标；行为人的市场份额；行为人的商标或产品的声誉如何等。

此外，认定获利的不正当性还有一个标准，那就是行为人使用和权利人的商标相同或相近似的标识的行为所建立起来的联系是否足够强大。正如上文所述，在 Specsavers 案中，法官认为，如果这种在相关公众脑海中建立起来的联系太过薄弱，那么被告的获利行为也不能被认为是"不正当"的。[33] 联系的强度一般是通过行为人使用的标识和权利人的商标之间的近似程度，和相关公众是否存在实际联系的调查证明等来判断。

3. 合理理由的认定

从文义解释和体系解释的角度说，《商标指令》第 5(2) 条和《商标条例》第 9(1)(c) 条中的合理理由是针对不正当获利行为即寄生行为违法性的抗

---

[30] See Specsavers International Healthcare Ltd. v. Asda Stores Ltd., (2010) EWHC 2035 (Ch), at 153.

[31] See Intel Corp. Inc. v. CPM United Kingdom Ltd., (2009) RPC 15, at 60.

[32] See Specsavers International Healthcare Ltd. v. Asda Stores Ltd., (2010) EWHC 2035 (Ch), at 153.

[33] Ibid., at 183.

辩。也即在商标寄生的诉讼中，如果被告能够举证证明其使用与原告商标相同或相近似的商标并从其显著性或声誉中获利的行为具有合理理由，即可免除侵权责任。

既然合理理由是对寄生行为产生的商标侵权的抗辩，那么，它必然涵盖一般的商标侵权抗辩，即商标的描述性使用和说明性使用。所谓描述性使用，只是行为人使用和权利人的商标相同或相近似的标识用以描述自己产品的特征。比较广告就是一种常见的描述性使用，例如，某一公司在广告中表明了自己的产品较另一品牌的产品有何优劣。在这种情况下，发布广告的公司可能因为其使用他人商标的目的只是描述自己产品的特征而构成描述性使用，进而不构成商标侵权。

然而，值得注意的是，欧共体在其第84/450/EEC号指令(《误导性比较广告》，下称《比较广告指令》)中对比较广告作出了严苛的限制，规定只有在一定条件下比较广告才不被禁止。《比较广告指令》第3a(1)条指出："就比较行为而言，在下列条件下将允许进行比较广告行为：(a) 依据第2(a)条、第3条和第7(1)条规定不具有误导性；……(d) 在市场上，在广告者和竞争者之间，或在广告者与竞争者的商标、商品名称、其他可区别标记、商品或服务之间，没有产生混淆；(e) 没有降低或贬损竞争对手的商标、商品名称，以及其他区别性标志、商品、服务、活动或境遇；(g) 没有不正当地利用竞争者的商标、商品名称、其他可区别标记的声誉，或者不正当地利用指示竞争商品来源这一功能；(h) 没有表现出其商品或服务是对已有商标或商品名称的商品或服务的模仿或复制。"只要不符合以上几点中的任何一点，比较广告就会被认为具有误导性而被禁止。

在L'Oreal案中，正是由于被告在广告中宣传其产品是对原告产品的模仿，因而不符合以上第3a(1)条(h)的规定，进而其比较广告丧失了合法性。被告无法通过合法的比较广告进行抗辩，而在终审被认定为不具有合理理由。[34]

此外，从《比较广告指令》的上述规定中也可看出，如果使用比较广告的行为可能不正当地利用竞争者的商标、商品名称、其他可区别标记的声誉，或者不正当地利用指示竞争商品来源这一功能，则该比较广告应当被禁止。也即如果使用比较广告的行为构成被《商标指令》和《商标条例》禁止的商标寄生行为，则该比较广告应当被禁止。当然，《比较广告指令》规范的内容和《商

㉞ See L'Oreal SA v. Bellure NV, (2010) EWCA Civ 535, at 44.

标指令》、《商标条例》不同，并不是对它们的解释，但这种规定可以说陷入了循环论证，没有给对使用比较广告的行为是否构成寄生行为的判断这一问题提供任何帮助。

四、结　　论

欧洲《商标指令》第5(2)条和欧共体《商标条例》第9(1)(c)条禁止无合理理由不正当地获利于驰名商标的显著性或声誉的行为即寄生行为的基础是对驰名商标的高标准保护。正如上文所述，这种脱离了丑化、淡化的保护模式超过了全球一般的保护水平。即使是在格外重视知识产权保护的美国，其司法界也一直认为所谓的寄生行为或者说"搭便车"行为，是被包含在丑化行为或淡化行为之中，并以商标功能受损为前提。[35] 可以说，欧洲《商标指令》所提供的这种几乎绝对的保护是接近商业道德层面的，即鼓励创新，杜绝模仿。但不由分说地对一切模仿行为都进行禁止是不合适的，这可能会造成不合理的垄断，有碍自由竞争，不利于对消费者选择权和知情权的保护。

因此，在法律(欧洲《商标指令》)已经提供了反寄生保护的情况下，应当对这种保护进行严格限制。以上提到的"两步检验法"中，"合理理由"的存在和"不正当"的认定，其实都是对行为人主观故意的要求，这一点在英国上诉法院的判决中得到了充分的体现。笔者认为，英国上诉法院在限制性解释方面所作出的努力，实际上是在试图引导驰名商标保护，使其回归到反淡化和反丑化的主线上面，在权利人受损的情况下禁止侵权人的不当行为。

可以说，在驰名商标反寄生保护方面，欧洲这种堪称曲折的司法实践，对于我国在相关领域内的立法、司法和理论研究也有一定的启示作用。一来，从驰名商标保护的角度讲，应当严格将反淡化和反丑化作为保护驰名商标的准则和基础，不适宜在此范围之外有所扩充；二来，从知识产权保护的宏观角度讲，作为发展中国家，盲目提高知识产权保护水平是不可取的，而应该在对商标权人，特别是驰名商标的权利人提供周密保护的同时，充分考虑到市场自由竞争和消费者的利益，在适当的时候，从立法和司法层面，对商标权乃至知识产权的行使作出一定的限制，以达到利益平衡。

---

[35] See Corina I. Cacovean, Is Free Riding Aided by Parody to Sneak Between the Cracks of the Trademark Dilution Revision Act? Hastings Communications and Entertainment Law Journal, Spring 2009.

商业标识的混淆如何证明

——法律实验在我国司法的一个尝试

◇ 李建星　陈龚文*

内容摘要　商业标识混淆是不是判断商标直接侵权一个极为重要的因素，按照最高法院的司法解释，理应由相关公众进行判断。但是，在实际审判实务中，这种判断多由法官代替相关公众作出。这种错位在国外多是通过法律实验的方式进行纠正。因此，本文将借鉴外国案例对判断商标混淆进行法律实践的方法，首先论证法律实验证据属于证人证言，然后从实验设计原则、实验形式、调查主体、抽取样本、实验方式、问卷设计、数据收集和处理七个方面进行阐述，并设计出一套可供执行的法律实验方案。

关键词　商标混淆　法律实验　证人证言　相关公众

一、问题的提出

在我国知识产权司法实践中，商业标识混淆的证明有着极其重要的

* 李建星、陈龚文，中山大学法学院。

意义。[1] 尽管法律与司法解释的规定对于商标标识混淆异常混乱，但是，混淆依然是作为侵权判定的理论基础。[2] 甚至可以说，是否构成混淆是商标侵权审判中一个最为重要的考察因素。紧接着的疑问是，商业标识的混淆到底是造成谁的混淆呢？即混淆判断的主体是谁？按照《解释》的规定，混淆判断的主体应为相关公众，或者可以同义转换为潜在消费者。

在我国审判实践中，无论是商标驰名的认定还是混淆的认定都几乎由法官代替相关公众作出判断。[3] 即法官往往将自己切身代入，置于一个"相关公众"的地位，以自己的角度或至少受自己个人主观判断影响的角度来判断商标是否构成混淆性相似。如在徐州新一佳超市有限公司与鲁道夫·达斯勒体育用品波马股份公司侵犯注册商标专用权纠纷案中，法院认为被告的商标尽管与原告的商标存在一定差别，"但从相关公众的一般注意力来看，该款运动鞋标志的重点和突出部分是向斜上方奔腾的豹图形，给消费者留下的印象就一个奔腾的豹图案概念，客观上容易导致消费者将上述产品误认为是波马公司产品或者认为其来源与波马公司存在某种关联，故该标志与波马公司第76559号图形商标构成相似"[4]。在上诉人晋江昆兴鞋业有限公司、张安生与被上诉人迪斯尼企业公司（美国）、原审被告林昆铭侵犯注册商标专用权纠纷一案中，法院认为被告增加了原告的米奇老鼠图案后，相关公众能辨认出其为米老鼠形象，并将其与迪斯尼公司的米老鼠联系起来，因此，认定被控侵权

---

① 尽管《商标法》第52条第1项并没有把混淆作为商标使用侵权行为的要件之一，但根据《商标法实施条例》（以下简称《条例》）第50条规定的"在同一种或者类似商品上，将与他人注册商标相同或者近似的标志作为商品名称或者商品装潢使用，误导公众的"，以及《最高人民法院关于审理商标民事纠纷案件适用法律若干问题的解释》（以下简称《解释》）第1条规定的"将与他人注册商标相同或者相近似的文字作为企业的字号在相同或者类似商品上突出使用，容易使相关公众产生误认的"条件看，还是把混淆当做商标直接侵权的构成要件。对此，一个更合理的理解应该是"足以认定为混淆，混淆的商标相同或相似是使用的直接结果或客观结果，而商标是否相同或相似则可能是导致该结果的直接原因"。参见谢晓尧、陈斯：《驰名商标司法案例类型化研究——兼评最高人民法院法释〔2009〕3号文》，载中山大学法学院主办：《中山大学法学评论》（第8卷·第一辑），法律出版社2010年版，第206页。

② 参见吴成功、陈立伟：《我国商标侵权判定理论的反思与修正》，载冯晓青主编：《商标侵权专题判解与学理研究》，中国大百科全书出版社2010年版，第4页。

③ 据谢晓尧和陈斯的统计，在涉及判断驰名商标的190份判决的185个有关驰名商标的案件中，只有8个案件运用了民意调查方式，比例仅为4.2%。参见谢晓尧、陈斯：《驰名商标司法案例类型化研究——兼评最高人民法院法释〔2009〕3号文》，载中山大学法学院主办：《中山大学法学评论》（第8卷·第一辑），法律出版社2010年版，第216页。在学者搜集到的4237份商标侵权民事裁判文书中，只有49份运用了消费者调查方式，约占1.1%。参见张爱国：《商标消费者调查的正当性研究——从49份商标侵权纠纷民事判决书谈起》，载《知识产权》2011年第2期。

④ 有关内容可参见江苏省高级人民法院（2010）苏知民终字第0143号民事判决书。

产品上的“米奇宝贝 MICKEY BABY”文字与本案注册商标构成相近似。法官在无任何的调查结论的情况下，即以“相关公众”为主语发表观点，很大程度上仅仅是依赖其本人的经验和看法。但是，法官与相关公众不具有同质性，法官替代相关公众进行混淆性相似的判断是不合理的，其剥夺了相关公众对商业标识混淆的“发言权”，理由如下：

第一，混淆是由相关公众作出的观念表示。相关公众是许多个人聚合而成的集体。法官在审判实践之外，同样是一个普通消费者，其当然可以是相关公众之一。但是，无论其关于相关公众观念表示的知识如何丰富，看法如何准确，个人不能代表全体是最基本的常识。法官并不能代表相关公众总体。

第二，法官不具备判断相关公众总体意向的能力。尤其对于特别消费品，法官无法作出有代表性的混淆判断。法官只能成为一般消费者，而不可能成为该特别消费品的消费者。

第三，法官的混淆判断标准与一般意义上的相关公众的判断标准不一定相同。法官作为司法领域的专业者，其判断混淆的标准可能会倾向于理论层面的分析，而分析多是基于一种可能性的推定，即依据商标混淆判断的基本准则并结合多年的专业经验，以及模拟相关消费者在认购商品或选择服务时，对商标的识别能力而得出的。然而，因法官自身条件的差别、商标的多样性以及混淆标准的笼统性，又较难避免判断的不一致和矛盾现象，即同一组商标在不同法官眼中是否混淆会有不同结论。也就是说，这一判断难免混杂进法官的个人主观因素，这一主观因素与普遍不具备司法专业知识的公众的认知不能等同。同时，在相关公众中构成混淆既是法律事实，同时也是客观的社会事实，仅从应然法律层面分析时，必须要结合实然的事实状态——商标在相关公众中是否形成混淆事实，这一实然的事实法官无法以个人标准替代。

一言以蔽之，从逻辑关系看，相关公众的意识是否发生了变化，只能追问相关公众本人。[5] 实际上，在国外，尤其是美国的商标混淆纠纷中，双方多采取提供消费者问卷调查结果的方式来促使法官支持本方的请求，通过统计学、社会学等社会科学的引入，以社会调查、模拟实验等方式获取商业标识知

⑤ 参见杜颖：《商标纠纷中的消费者问卷调查证据》，载《环球法律评论》2008 年第 1 期。

名度的经验数据，形成了一套成熟的法律实验方法。[⑥] 这些数据已经在众多判例中得到法院采纳，成为证明商业标识混淆的有力证据。更有学者认为，科学地运用消费者问卷调查证据能够使商标司法更接近于现实，使商标权人的权利获得真正的保护，同时又不助长标识垄断，让法律在保护商标专用权人的权利和保障公平有效的竞争秩序之间求得一种平衡。[⑦] 因此，无论是从应然的法律规范上，还是比较法经验看，将法律实验引入司法审判都显得尤为重要。

笔者认为，在现实条件下，通过商业标识的混淆调查并不能保证该结果必然与应然状态下的相关公众认知保持完全一致。但是，相对于法官基于自身经验判断相关公众的方法，通过科学调查方法的设计，调查了解相关公众的心理状态是最大限度达到与相关公众保持一致的较优选择。

本文探讨的终点是要把社会科学的研究结果引入司法诉讼中，以支持或否定司法审判结论。因此，这种社会科学研究方法必须在法律尤其是诉讼法的框架内进行，以保证其获得法律上的效力或至少受到法律的认可。当社会科学和司法诉讼相结合时，就产生了本文所述的法律实验。法律实验的社会学和法学的双重属性使我们必须要解决两个方面的问题：一是法律实验作为证据需获得法律上的效力或至少受到法律的认可；其二是法律实验必须具有社会学上的合理性，以保证结果真实有效。

二、混淆证明实验的证据属性分析

混淆证明实验要被法官采纳，需获得法律上证据的适格性，即获得合法的证据效力。

1975 年美国《联邦证据规则》出台后，确立了若干传闻证据规则的例外。其中，第 803(3)条规定，证言如果陈述的是证明人当时的一种精神、心理、感觉的或者身体的状态，可以不受传闻证据规则的排除。在 Zippo Manufacturing Co. v. Rogers Imports, Inc. 案[⑧]之后，已经终结了传闻证据规则在商标案件中

⑥ 黄晖博士在其著作中使用的是"民意测验"，并将"民意测验"的对象主要划定在显著性证明、知名度证明、混淆或联想的证明、不当得利或损害的证明四种。参见黄晖：《驰名商标和著名商标的法律保护》，法律出版社 2001 年版，第 266 页。本文认为，法律实验的外延比民意测验要大，因此，使用"法律实验"这一语词。

⑦ 参见杜颖：《商标纠纷中的消费者问卷调查证据》，载《环球法律评论》2008 年第 1 期。

⑧ See 216 F. Supp. 670.

引入调查证据的反对。因此，混淆证明调查的证据属性可以作为传闻证据使用。不过实际上，法院对混淆证明调查到底属于何种类型证据依然存在以下不同观点：

1. 该证明属于专家证人证言

如果证明属于专家证人证言，那么该证明只需要作出证明的专家在庭审时进行宣誓并作证就可获得证据适格性，这种情况相对较多。例如，在 KIS v. Foto Fantasy 案⑨中，在证明调查的证据适格性时，只需要原告委托的专家 Daninel J. Howard 博士出庭提供专家报告，进行作证，并接受被告的质询。

2. 该证明属于消费者的证人证言

如果证明属于消费者的证人证言的话，就需要消费者对该调查提供证人证言进行宣誓。如果消费者不宣誓，法院就排除其证据效力。例如，The Kroger Co. v. Johnson & Johnson 案⑩中，Kroger 一方为了证明消费者不构成混淆，就向法官提供了 152 份混淆产品购买者的宣誓书，显示以上消费者不会对所购买产品的性质和产地产生混淆。

由此可见，尽管现时美国法院一般是将混淆证明调查的证据属性定性为专家证人证言，但是，如果一方当事人能够提供其调查的消费者的宣誓，法院依然将认定其具备证明效力。实际上，在美国纯粹区分两种的类型意义并不大。因为，美国把鉴定人看做专家证人，认为专家证人与普通证人一样都是通过证言的方式向法院作证。从此观点出发，英美法系中专家证人与一般证人的最大不同就只是在于出庭宣誓不同而已。

在我国，混淆实验证明的证据属性在学界是尚存争议。⑪ 在我国目前的民事诉讼证据体制下，与混淆实验证明相关的两种证据是证人证言与鉴定结论。区分混淆实验证明在证据法上的属性存在重要的意义。

第一，信息来源不同。证人证言是其对案件事实的直接感知，以自己亲身经历的所见所闻在法庭上如实地提供证言。因此，案件的证人具有不可替代性。⑫与之相反，专家证人按照其拥有的专业知识、技能或经验来帮助事实

---

⑨ See 204 F. Supp. 2d 968.

⑩ See 570 F. Supp. 1055.

⑪ 该问题的定性在学界存在争论。杜颖认为应当作为证人证言，参见杜颖：《商标纠纷中的消费者问卷调查证据》，载《环球法律评论》2008 年第 1 期。张爱国认为属于专家证人证言，参见张爱国：《商标消费者调查的正当性研究——从 49 份商标侵权纠纷民事判决书谈起》，载《知识产权》2011 年第 2 期。

⑫ 参见谭兵主编：《民事诉讼法学》，法律出版社 2004 年版，第 234 页。

裁判者理解证据，或对争议作出解决。只要具有相关知识的专家都有能力完成，专家证人存在较大的可替代性。英国上诉法院更是认为，在这种程度上专家是可替换的，甚至有时聘请数位专家在诉讼过程中更换专家证人。[13]

第二，证据提出程序不同。在民事诉讼中，法官居中裁判，双方当事人进行对抗。在此情况下，按照《民事诉讼法》，证人一般是由本方当事人提出申请作证，接受审判人员与双方当事人的询问。然而，专家证人所作出的鉴定结论有着更为严格的证据程序要求。按照《民事诉讼法》第72条，人民法院认为专门性问题需要鉴定的，应当交由法定鉴定部门鉴定；没有法定鉴定部门的，由人民法院指定的鉴定部门鉴定。鉴定部门及其指定的鉴定人有权了解进行鉴定所需要的案件材料，必要时可以询问当事人、证人。鉴定部门和鉴定人应当提出书面鉴定结论，在鉴定书上签名或者盖章。鉴定人鉴定的，应当由鉴定人所在单位加盖印章，证明鉴定人身份。另外，《最高人民法院关于民事诉讼证据的若干规定》（法释【2001】33号）第26条规定，当事人申请鉴定经人民法院同意后，由双方当事人协商确定有鉴定资格的鉴定机构、鉴定人员，协商不成的，由人民法院指定。第28条规定，一方当事人自行委托有关部门作出的鉴定结论，另一方当事人有证据足以反驳并申请重新鉴定的，人民法院应予准许。另外，《人民法院对外委托司法鉴定的管理规定》（法释【2002】8号）、《医疗事故处理条例》（国务院令第351号）、《司法鉴定人管理办法》（司法部令第63号）以及《司法鉴定机构登记管理办法》（司法部令第96号）等也有规定。其中，《司法鉴定机构登记管理办法》要求，具备本办法规定的条件的，经司法行政机构登记，取得《司法鉴定许可证》，有关单位方可以核准的鉴定业务范围进行司法鉴定业务。因此，将调查视为鉴定结论，至少要突破两层制度阻碍：一是双方当事人达成合意或法院作出选择的可能性；二是鉴定机构需符合《司法鉴定机构登记管理办法》。后者的认定方法可能造成现时进行混淆调查的所有机构都不可能具备调查的资质，而无法进行鉴定；或者现有的司法鉴定机构无能力进行消费者调查。

第三，证明力不同。证明力指证据对案件实施有无证明作用及证明作用的大小。[14] 对证据证明力的审查判断主要包括审查证明的真实性和证明价值两大部分。[15] 如果把调查定性为证人证言，则应从证人证言来源、形成过程和

---

⑬ See Inns of Court School of Law, Criminal Litigation and Sentencing (Sixth edition), Blackstone Press, 2001, at 201.

⑭ 参见谭兵主编：《民事诉讼法学》，法律出版社2004年版，第247页。

⑮ 参见何家弘、刘品新：《证据法学》，法律出版社2004年版，第390页。

利害关系等方面审查其真实性,从而确认证人证言所表达的内容与案件事实是否有关,有何种关联性,是否公平合理等。如果把调查定性为鉴定结论,则要审查认定鉴定人是否具有设定标准,使用的技术设备是否先进,抽取方法和操作程序是否规范和实用,其技术手段是否有效和可靠;审查认定在界定过程中检验的程序规范或方法是否符合有关法定标准或行业标准的要求;审查认定鉴定结论的论证是否充分,推论是否合理,论证与论证之间是否存在矛盾等。由此可见,对调查性质的不同认定将直接导致审查判断证明力的方法的不同。证明调查如是证人证言,则调查机构资质是否合理也就不那么重要了;如是鉴定结论,那么聘请主体和被聘请者间是否存在利益关系也就不那么重要了。上述问题都将会直接影响法官对证据的采纳度。

此外,还有学者归纳出证明调查作为证据的不同定性存在采纳标准以及证明过程等方面的不同。[16]

笔者认为,证明调查从本质上应当属于证人证言,但在法官进行证明力审查判断时,可以将审查鉴定结论作为辅助。理由如下:

1. 调查所得的结果属于证人证言

证人证言是指证人以口头或书面形式就他所了解的案件情况向人民法院所作的陈述。[17] 其特点在于证人与客观存在的案件事实形成的联系是特定的,证人与审理结果无法律上的利害关系;证人应当客观陈述其亲身感知事实;被访者的陈述是说明自己感知的事实,即两个商业标识之间是否对其构成混淆引起其对所附着的两种商品的来源有误认,或者引发其对两种商品存在关联关系的联想。可以采用问卷设计的方法排除非潜在消费者,以排除消费者可能与审理结果有法律上的利害关系。由此可见,调查结果完全符合证人证言的构成要件。

从反面看,即便被访者不能出席作证,也不影响其法律属性。按照《最高人民法院关于民事诉讼证据的若干规定》第 56 条的规定,在特殊情况下证人确有困难可以不出庭。实际上在审判实践中,证人的出庭率依然偏低。要求调查证人出庭,这将会大大提升诉讼成本,使庭审变得极为复杂,也不属于法律的义务性规定。

2. 实验所得结果不属于鉴定结论

美国《联邦证据规则》第 702 条指出,凭其知识、技能、经验或教育在科

⑯ 参见季美君:《专家证据制度比较研究》,北京大学出版社 2010 年版,第 5 页。

⑰ 参见谭兵主编:《民事诉讼法学》,法律出版社 2004 年版,第 233 页。

学、技术或其他专业知识方面能帮助事实裁判者理解证据或确认争议事实的人，就有资格成为专家。鉴定结论，即鉴定人运用自己的专门知识的技能，以及必要的技术手段对案件中有争议的专门性问题进行检测、分析、鉴别的活动。[18] 在实验中，调查机构投入大量的人力、物力进行方案的设计和问卷的编排，但是其努力的所得与安排只是将相关公众商标之间的混淆感知进行提问，并进行记录。

另外，调查所得结果的分析，只是对消费者意见的客观总结与反映。如在人身侵权的司法鉴定中，鉴定人员除了陈述对象的客观存在情况之外，还必须附带说明本人对事实的专业分析。否则，法官无法据此认定案件事实。但是，调查结果所得出的结论并不需要调查机构之分析。在此，由于调查人员将会记录被访者对案件事实的感知，制作成一份或多份的问卷结果，法官完全可以通过审查判断一份问卷的结果来获知消费者的真实想法。即便调查机构一般会附带作出自己对调查结果的分析，但调查机构制作的图表说明的是有多少消费者产生了混淆，其分析结果只是在既有的实验结果基础上所作的分析、总结，一方面没有运用任何专业统计知识与分析手法，分析框架与一个大学生进行暑假调研活动对数据的整理无异，并不构成鉴定结论所要求的专业性，必须要具有基本生活经验与理性分析能力的法官进行梳理、分析。另外，其提供的分析结果只不过是辅助法官对事实的认定，只是能在一定程度上减轻法官逐份审查实验结果的审判压力。

3．实验结论的审查标准可以借鉴针对鉴定结论的审查方法

正如之前所述，法官审查鉴定结论的证明必是审查其资质、技术手段、检验方法等多种专业层面的事实。在调查证人证言的基本属性下，法官同时也审查以上事实。因为，与单个或少量证人作证不同，调查可能涉及调查方法、询问模式、问卷设计多项专业内容。调查人员是否会进行科学、合理的操作，将会直接影响其表达自身真实想法的精确性。例如，一旦设计的问题概括了《商标法》、《解释》对构成混淆的若干要件的认知，则无法证明消费者是否的确构成混淆，从而造成调查结果受到置疑，无法实现要件的涵盖。另外，大量的证人证言是通过调查机构提交法庭，其中难免会有实验机构，尤其是单方委托的机构的道德风险。因此，法院应当通过审查证人证言反映的精确性。当然，这些措施都只是为了确保被访者的证人证言能够正确地提交到法院。

[18] 参见谭兵主编：《民事诉讼法学》，法律出版社2004年版，第236页。

三、法律实验：一种有益的进路

商业标识的混淆问题是一个涉及相关公众认知的问题，属于社会科学的范畴，要探知相关公众的认知需采取社会科学研究方法。这里可以参照社会科学研究过程的其中一种图式，如图 1⑲：

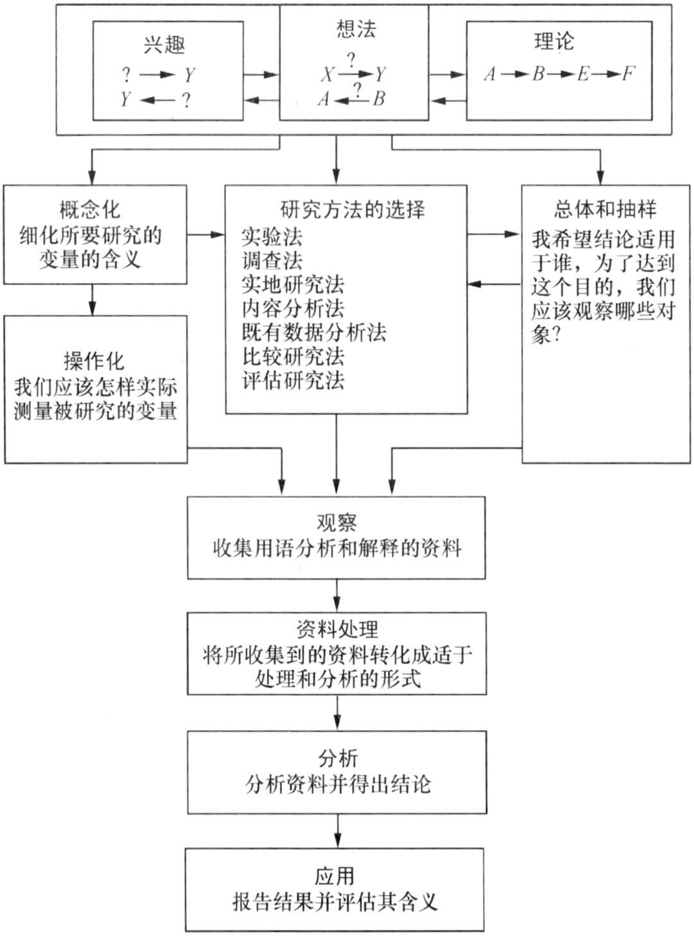

图 1　社会科学研究过程的其中一种图式

⑲　参见〔美〕艾尔·巴比：《社会研究方法》（第 10 版），邱泽奇译，华夏出版社 2005 年版，第 106 页。

一个商业标识在相关公众中是否造成混淆是一个法律上的客观事实状态，需结合法律进行进路设计。我们研究应该怎样进行混淆研究的目的是描述相关公众在具体案件中是怎样一种法律客观事实状态，最后把描述结果融入法院的审判过程中。描述一种状态的最佳方法是采取实验性的研究方法，在这里被定义为商标混淆实验。商标混淆实验需获得法律上的效力或至少受到法律的认可，并且必须具有社会学上的合理性。因此，需要重新设计一组研究进路。（见图2）

四、混淆证明实验的具体应用

（一）实验设计原则

在我国，法官普遍不信任证人。[20] 在社会整体缺乏诚信的条件之下，在设计实验方案时，必须遵守一些原则，以规避不利因素的影响，促进方案的合理性、科学性。

1. 符合证据效力原则

这是实验设计的首要原则，即实验从程序上的提出、主体的选择、方案设计、方法实施、结果统计分析以及把结果作为证据提交法院均需在法律尤其是诉讼法的规定和框架中进行。实验方案的设计、实验方法的实施更不能违反公序良俗的要求。

2. 成本较小原则

司法成本是不得不考虑的因素。在知识产权案件大量适用法定赔偿时，如果司法成本过于庞大，增加法院或者当事人的诉讼负累，会降低司法效率，减少诉讼方式的合理性和经济性。成本较小原则并不是成本最小原则，因为在考虑成本时，还需考虑实验的有效性，因此只需为具体的诉讼定一个初步的成本限额。同时，需要原告在提供证据时，预测是否能够获得更多的赔偿。否则，如只是适用法定赔偿的话，实验成本不应超过10万元。[21]

---

⑳ 参见徐昕：《法官为什么不相信证人——证人在转型中国司法过程中的作用》，载《中外法学》2006年第3期，第337—347页。

㉑ 《商标法》第56条第2款确定的商标侵权法定赔偿额是50万元以下。参照《著作权法》所确定的赔偿额与合理费用的比值，在不考虑其他司法成本的条件下，实验成本不应超过可能的赔偿额的20%。参见李建星：《影视作品网络著作权侵权法定赔偿额研究》，载《中山大学研究生学刊》（社会科学版）2011年第1期。

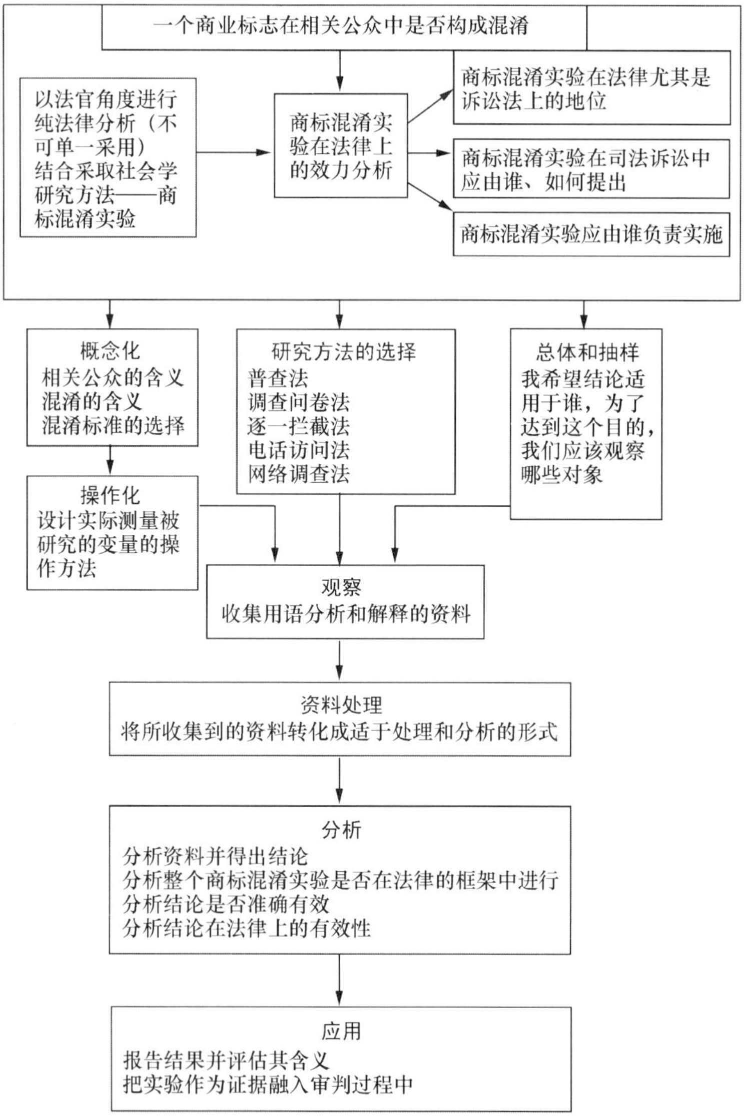

图 2　商标混淆实验研究进路的图式

3. 样本代表性原则

对由所有个体形成的"样本空间"或者"总体"进行普查,即使可行,也会是一项十分艰巨的任务。抽样方法使我们能够把根据一个可以控制的、来自总体的某个组所得到的结论推广到整个总体上。[22] 能够说明总体状况的抽样必须符合科学抽样的基本原则,其中样本代表性原则是最重要的也是最基本的原则之一。它使抽样方法具有科学性,成为法院采信实验报告的基础。

要实现样本代表性必须要在调查中排除不属于该商品相关公众的受访者。如一些受访者本身从事相关工作,包括从事与调研相关的工作,或者与涉案商标相同行业的工作,这部分人可以被认为对涉案商标有相对专业的视角,故不能视为一般消费者。一旦将这部分人纳入消费者行业,则与立法原意相违背。排除方法为样本过滤(filtering)。[23] 即通过最初的实验设计,如设置若干过滤性问题,将非潜在消费者、利益相关者以及可能对涉案商品有特别感知的主体排除。例如,如果涉案的商品是家电产品,则可以设置以下过滤性问题,排除非潜在消费者以及可能对涉案商品有特别感知的主体:

(1) 是否有过购买家电的经历或者有购买家电的打算? 如答是,接着回答第二题;如答否,则终止调查。

(2) 在过去 6 个月或者在将来 6 个月时间里,是否有使用过涉案类型的商品? 如答是,接着回答第三题;如答否,则终止调查。

(3) 你或你的家庭成员现在为或者曾为广告代理商、市场调研公司、咨询公司或制造和销售个人护理产品的公司工作吗? 如答否,接着回答下面的问题;如答是,则终止调查。

4. 实验环境中性原则

实验环境中性原则指受访者需在没有干扰的中性环境下接受实验,以保证实验结果的科学性。根据一份针对英国和美国的商标使用实验在诉讼中的应用比较的报告,影响实验结果的实验环境存在如下几方面的问题:实验地点选择随意(random selection),即只选择了若干个涉案商品的销售场所作为实验地点,而将许多重要的销售场所排除在外;非中性环境(non-sterile environment),即一方在进行实验访问的同时,在实验现场进行涉案商标或者类

㉒ 参见〔美〕汉斯·采泽尔、戴维·凯:《用数字证明——法律和诉讼中的实证方法》,黄向阳译,中国人民大学出版社 2008 年版,第 138 页。

㉓ See Rebecca Halford-Harrison & Patrick Perkins, A Very Different Approach: A Comparison of the Use of Surveys in Trademark Actions in the UK and the US, 02/04 World Intellectual Property Report, BNA.

似商标的销售活动,甚至有些实验在受访者填写实验问卷的时候,在调研人员背后展示其中一方的产品;[24]对访问者的不当指令(poor instructions to interviewers),即一方当事人在实验开始前曾指示访问者本次实验的目的是要证明公众是否构成混淆,这种指示将导致调研人员不能客观地开展实验工作;条件的非一致性,即在使用实物照片进行辨认的实验中,所用的照片在质量上应保持一致,如有的是彩色照片,有的为黑白照片,在每个受访者面对不同条件的情况下,很难评估实验结果的证明力;答案过于标准化,即调研人员要求受访者在答案前打钩或打叉,有时使受访者难以选择,注册官会认为标准化的答案设计不可能产生具有代表性的证人证言;预先设定答案,即调研人员问受访者是否从照片中辨认出工具的构造,这就在照片与工具构造之间预设了一种联系,引导受访者对其未曾涉足的领域进行推测。[25] 实验环境中性原则要求避免上述情况出现。

(二)实验形式

一般而言,市场调研包括如下四种方法:

1. 调查法。指调研员通过与被调查者的交互过程获得事实、观点和态度等方面的信息。[26] 其中最常见的是随机问卷调查的方式。

2. 观察法。指在不直接干预,不通过提问或交流的条件下监视被调查者的行为,系统地记录人、物体或事件行为过程的方法。其适用条件在于所需信息是能够观察到的,或者能从观察到的行为中推断出来的;所观察的行为必须是重复性的、频繁的或在某些方面是可预测的;观察的行为是短期的。[27] 此方法针对文字加图形商标,可以采取听觉兼视觉测试。[28] 在国外的案例中,除了接受由采访者提供的听觉刺激外,还需要从货架子上挑出符合他所听到的名称的商品。当被访者带着购买的商品回到采访者处,采访者将支付承诺的2元,并记录被访者购买的商品。采访者同时还会记录下被访者被要求购买的商品。

㉔ See Rebecca Halford-Harrison & Patrick Perkins, A Very Different Approach: A Comparison of the Use of Surveys in Trademark Actions in the UK and the US, 02/04 World Intellectual Property Report, BNA.

㉕ Id.

㉖ 参见〔美〕卡尔·迈克丹尼尔等:《市场调研精要》(第6版),范秀成译,电子工业出版社2009年版,第132页。

㉗ 同上书,第141页。

㉘ See La Victoria Foods v. Curtice-Burns, No. C85—1557 MTB.

3. 实验法。即在实验中，调研人员可以改变一个或多个变量，然后观测这些变化对另一个变量的影响，其一般目的就是检测因果关系。[29] 实验法与其他实验方法不同在于前者是作为一个研究过程中的积极参与者，这样容易使证据成为调查人员的主观判断，使其证据效力受损。[30] 其缺点在于有较为高昂的实验成本、保密实现较难，实施中可能会遇到组织内部合作困难、测试市场与总体市场存在差异的问题。[31]

4. 网络调查法。由于现时网络的使用普遍化，因此，网络的市场调研也得到普遍适用。互联网调研的优势在于调研的低成本、高速度、高准确性，这成了衡量市场占有率和理解竞争对手的最佳方法。缺点在于人口群体趋向于年轻化、有教养、高于平均水平收入的男性。如果网址保密性不强，应答者可能多次回答问卷。[32]

在外国的混淆实验中，广泛使用了以上几种方法，其中调查法与实验法常常结合使用。例如，在 The Kroger Co. v. Johnson & Johnson 案[33]中，作为被告方的 Johnson & Johnson 委托调查机构采取的就是要求消费者观看一架子包括侵权商标产品和其他全国性品牌的镇痛药产品大约 5 秒钟后，让他们说出他们看到的商品的实验。在架子上根本没有原告产品的情况下，17% 至 24% 的被访者声称他们看到了原告产品。随后，实验者将侵权商标产品的各个产品展示给被访者，询问他们认为谁制造了这些产品。还有一种方法是商店拦阻(intercept)[34]。在外国的案例中，为了调查消费者是否构成混淆，实验要求三家参与实验的商店都有降价至 99 分的六罐装 Squirt 和 Quirst 软饮料销售。所有进入商店的顾客都会得到一张等于常价 50 分的任意口味非酒精饮料的优惠券。在顾客完成购物、通过结账台、包好购物物品并准备离开时，会被采访者拦住，并被询问一系列问题。

鉴于调查可用于描述性、解释性或探索性的研究，[35]因此，笔者选择调查法作为商标混淆实验的研究方法来进行下文的论述。

---

[29] 参见〔美〕卡尔·迈克丹尼尔等：《市场调研精要》(第 6 版)，范秀成译，电子工业出版社 2009 年版，第 35 页。

[30] 同上书，第 163 页。

[31] 同上书，第 170 页。

[32] 同上书，第 132 页。

[33] See 570 F. Supp. 1055.

[34] See The Squirt Company v. The Seven-Up Company, 207 U. S. Patent Quarterly 12.

[35] 参见〔美〕艾尔·巴比：《社会研究方法》(第 10 版)，邱泽奇译，华夏出版社 2005 年版，第 236 页。

（三）调查主体

根据社会研究方法的定义，调查主体即为具体实施调查方案的人或组织。具体到诉讼中的商标混淆实验，调查主体不仅要符合社会研究方法的主体要求，还需满足诉讼法上的要求。

在国外的司法诉讼中，证据从提出到准入的过程基本上是一方当事人自行提出证据，由接受一方提出质证，随后由法院作出予以准入与否的认定。商标调查实验作为证据之一也适用这样的程序。在我国的司法实践中，根据已有的资料，商标调查实验被诉讼纳入的程序主要分两种模式：一是由原告委托行业协会或者中介机构进行调查，最后由法院对此调查的证据适格性进行认定；[36]二是法院依原告申请委托中介机构进行市场调查，最后作为证据之一成为法院审理案件的依据。[37]

不过，现实情况是，由当事人一方自行实施或委托他人实施的民事调查的证据适格性通常不会得到法院的承认。在学者搜集到的在诉讼证据中引入商标消费者调查的49件商标侵权民事判决书中，商标消费者调查获得法院采信的有33件，在所有对调查不予采信的案件当中，调查是由诉讼当事人“单方面制作”是不予采信的最主要原因，几乎占到法院不予采信理由的1/3。[38] 波斯纳表达了同样的观点：“双方当事人……都雇用了市场学或者应用统计学专家实施消费者调查。接下来的专家之争常常令人厌恶。许多专家愿意为了丰厚的……佣金向有利于雇佣者后人的方向扭曲自己的科学立场”[39]。解决这个问题的措施是由法院来实施调查，但法院基于本身的资源与人力有限，通常不会主动采取这一方法。

在美国，混淆调查一般通过委托具有市场调研经验的教授，由其委托组织调查进行。如有判例表明法院聘请了新罕布什尔州大学的市场营销教授Russ Haley博士来开展调查。[40] 国外的研究机构认为调研机构有10种特征是客户所欣赏的：维护客户机密、诚实、准时、灵活、按照规则提交、提交高质量

---

[36] 参见郑州市中级人民法院（2009）郑民三初字第359号民事判决书、山东省莱芜市中级人民法院（2006）莱中知初字第18号民事判决书。

[37] 参见青岛市中级人民法院（2009）青民三初字137号民事判决书。

[38] 参见张爱国：《商标消费者调查的正当性研究——从49份商标侵权纠纷民事判决书谈起》，载《知识产权》2011年第2期。

[39] Indianapolis Colts v. Metropolitan Baltimore Football, 34 F.3d 410.

[40] See Amstar Corporation v. Domino Pizza, 615 F.2d 252.

报告、尊重客户需要、高质量的控制标准、顾客导向的交互系统、实时与客户保持信息畅通。[41]

由此可见,介入中介机构来完成商标混淆调查是十分必要且有效的。在我国,结合特定的法律诉讼制度,存在三种可供选择的模式:一是一方当事人选择调查机构,把调查结果作为证据提交法院,但最后调查结果的权威性可能会遭到法官否定;二是当事人合议选择一个调查机构,但对方当事人有可能无法同意;三为法院指定调查机构,但在我国现行法律上无法找到法院指定调查机构的合理根据。

(四)抽取样本

调查抽取样本的最佳方法是普查,即进行全面的调查,保证每一个调查对象都能够纳入其中。[42] 但实际上,由于上文所述的成本以及操作因素限定,在国外有关混淆调查的案例中基本上没有采取普查的方式。这是因为普查只适用于描述获取同质总体中各个成员的信息,从成本上进行考虑,没有必要、也几乎不可能进行普查。因此,进行抽样调查,以保证足够的科学合理性也就成为必要。

一个相对较小但精心选择的样本能准确地反映出所抽查的总体的特征。[43] 非概率抽样方式[44]是其中一个可行且科学的抽样方式。同时,抽样方法还要考虑到地域因素、人口统计因素、产品或服务使用情况等方面。[45]

第一,进行抽样,必须首先定义样本总体。上文提到,商标混淆调查的样本总体必须在相关公众中进行抽取。相关公众与潜在的消费者是同义转换关系,但如何定义相关公众则要回到混淆理论。混淆包括有购买计划的(购买前)、正在实施购买(购买时)和购买后(售后)消费者发生混淆。[46] 有学者引证(日本)丰田自动车株式会社诉浙江吉利汽车有限公司等侵犯商标权及不正当竞争纠纷案一审民事判决,即“本案涉案产品为汽车,与其相关的消费

---

[41] 参见〔美〕卡尔·迈克丹尼尔等:《市场调研精要》(第6版),范秀成译,电子工业出版社2009年版,第41页。

[42] 同上书,第263页。

[43] 同上。

[44] 非概率抽样指从总体中随机地选择特定的要素(单位)。根据简便易行、减少开支的原则,选择总体上的某些要素,会导致非随机性。参见〔美〕卡尔·迈克丹尼尔等:《市场调研精要》(第6版),范秀成译,电子工业出版社2009年版,第267页。

[45] 同上书,第265页。

[46] 参见王迁:《知识产权法教程》,中国人民大学出版社2007年版,第508页。

者应指汽车的购买者或使用者，与其相关的经营者应指经销、提供汽车维修和其他服务的经营者，因此，本案中，相关公众应指汽车的购买者或使用者以及经销或提供汽车维修和其他服务的经营者。从空间角度看，混淆的发生不仅限于直接购买者，还包括潜在消费者和使用者”，论证我国与美国的司法实践在认定相关性特征的主体范围上已经不存在实质区别：“其消费者包括有购买计划的潜在消费者、正在实施购买行为的消费者、购买后的消费者和使用者。”[47]

相反的一个案例是江苏联环药业股份有限公司与辉瑞产品有限公司、辉瑞制药有限公司、北京健康新概念大药房有限公司、广州威尔曼药业有限公司侵犯商标权纠纷一案[48]。在该案中，尽管一审法院在受理时似乎触及了售后混淆，但是该案在二审又被改判，并改变了对售后混淆的认定。由此可见，现时司法裁判还是将问题集中在售前与售中混淆两大部分。因此，具体到调查方法中，“相关公众”应在采取广义混淆概念的基础上进行定义，即接触过或有机会接触且排除专业领域的公众。

第二，考虑样本容量问题。样本容量是一个样本数量应该有多大的问题，具体到商标混淆调查，即为受访消费者的范围。一般来说，样本容量越大，其所能代表总体情况的准确性越高，抽样误差越小。同时，样本容量涉及财务、统计、管理三个方面的问题。如果抽取的样本越大，耗费的资金就越多；抽样误差只以相当于样本容量增长幅度的平方根的速度递减；管理方面则需要考虑到置信区间内的置信度。[49] 正如之前所述，在样本代表性原则下，如果所取样本不具有代表性，调查的有效性就会受到置疑。[50] 例如，在安海斯—布希公司诉商标评审委员会一案中，原告安海斯—布希公司为了证明自身的使用范围，提交了一份啤酒包装在中国市场的认知情况调查报告。该证据显示，有关调查是由北京精诚兴信息有限责任公司（简称“精诚兴公司”）采用随机调查方式完成的，精诚兴公司的访问员根据调查问卷向北京市、上海市、广州市三地共900名被访问者提出问题，并记录答案，再由公证人员确认问卷，制作工作记录。后公证人员对结果进行计算、核对，制作了工作记

---

[47] 参见北京市第二中级人民法院（2003）二中民初字第06286号民事判决书。

[48] 有关案情可参见北京市高级人民法院（2007）高民终字第1686号民事判决书。

[49] 参见［美］卡尔·迈克丹尼尔等：《市场调研精要》（第6版），范秀成译，电子工业出版社2009年版，第287页。

[50] 参见周家贵：《商标问卷调查在英美法院商标侵权案件中的运用》，载《世界知识产权》2006年第6期。

录。针对该调查问卷的证明效力,商标评审委员会认为,安海斯—布希公司所提交的调查机构在中国大陆及港澳台地区以及韩国进行调查的问卷和分析报告,由于其调查对象数量较少,加之该调查机构为受单方委托,因此,其证明力较弱,尚不足以证明被异议商标与引证商标在普通消费者以一般注意力进行观察时将产生混淆误认。[51] 因此,样本容量需要在抽样误差、成本、置信度三个方面中进行平衡。

此外,样本容量还要考虑到两个商品的通用性,即商品的具体情况,一些受众较小的商品只需要进行小范围的抽样即可。例如,对于治疗青光眼所用的前列腺素系产品进行混淆调查时,就只需要对眼科医生和验光师进行调查即可。[52] 另外,还要考虑原告商品的知名程度,如是一般消费品,如家电等,则其潜在消费者的范围极具广泛性。

第三,涉及抽样地点。抽样地点的选取应当在所涉两种商品同时进行销售的地点进行调查。如在米其林一案中,调查机构只粗略地选取广州与成都两个城市进行抽样,对地域条件未有充分的论证,其结果难以得到法院的认可。在国外的案例中,Haley 博士调查的 10 个城市中,有 8 个没有"Domino Pizza"商店,余下两个城市的商店才开了不到 3 个月,则此结果也难以得到法院的认可。[53] 总体而言,商标混淆还是一种竞争关系的结果,如果在产品没有交叉的地方,消费者是不可能构成混淆的。[54] 例如,原告甲公司拥有注册图形商标 A,核准使用范围是在电热水壶上,在城市 1、城市 2、城市 3、城市 4、城市 5 进行销售。被告乙公司拥有注册图形商标 B,核准使用范围也是在电热水壶上,在城市 3、城市 4、城市 5、城市 6、城市 7 进行销售。那么,进行实验只需要在城市 3、城市 4、城市 5 进行就可,而不需要扩展到被告有销售而原告没有销售的城市 6、城市 7。

(五) 实验方式

上文提到,调查需在环境中性原则下进行,即调查需最大限度排除环境对受访者的影响,其作出是否混淆的判断必须是仅仅基于个人的心理评价而非环境的影响。调查环境是否中性对调查结果有重要影响,需要重点考虑。

---

[51] 参见北京市第一中级人民法院(2005)一中行初字第 958 号行政判决书。

[52] See Phamacia Corp. v. Alcon Laboratories, Inc., 201 F. Supp. 2d 335.

[53] See Amstar Corporation v. Domino Pizza, 615 F. 2d 252.

[54] 参见李扬:《知识产权法基本原理》,中国社会科学出版社 2010 年版,第 832 页。

如 Zippo Manufacturing Co. v. Rogers Import, Inc. 案[55]的被告就对调查结果提出了质疑,认为不应当在被访者家中实施,而应该是在商店,即购买的实际发生地实施。这个调查应在真实的购物环境中实施,并且对消费者的实际购物行为进行测量——而非在家庭中实施并且测量消费者的意见——从而可为测量结果提供很大的可靠性。[56] 街头也是可实施调查的场所之一,上街拦截具有费用低的优点。其不足在于,一是在某一超市的顾客中,很难得到能够代表大部分地区消费者的样本;二是基于不同超市所售商品不同,一家超市只能吸引某一特定类型的顾客;三是许多人拒绝街上拦截访问。但是,近年来,街上拦截访问的使用率基本保持稳定状态。相比真实的购买环境,其有更高的法院采信力。[57]

例如,产品是一个电热水壶,那么,实验的最佳场所就可能是在国美、苏宁这样的大卖场。这样不但能够保持环境较符合法院的要求,而且能够较为方便地获得潜在消费者。

提问方式也需要考虑环境中性原则。环境是一个包含地点、场所以及周遭氛围的一个综合因素。提问方式对周遭氛围会产生一定的影响,从而影响调查环境,影响受访者心理判断的思考。如一个案例是向被调查者提供被告公司使用的 Texon 标记的照片, 然后向被调查者提出两组问题:1(a) 看到这个标志你首先想到的是什么? 1(b) 标志中的什么东西让你作出这种判断? 2(a) 你看到这个标志首先想到什么公司? 2(b) 标志中的什么东西让你作出这种判断?[58] 后一组问题的范围更窄,容易使受访者向公司的方向考虑,而不是全部的营业组织。

(六) 问卷设计

问卷是为使提问具有可控性而进行的必要设计。问卷提供了标准化和统一化的数据收集程序,它使问题的用语和提问的程序标准化。每一个应答者看到或听到相同的文字或问题,每一个访问员访问完全相同的问题。如果没有问卷,每一个访问员随感而问,不同的访问人员以不同的方式提问,调研

---

[55] See 216 F. Supp. 670.

[56] See The Squirt Company v. The Seven Up Company, 207 U. S. Patent Quarterly 12.

[57] 参见〔美〕卡尔·迈克丹尼尔等:《市场调研精要》(第 6 版),范秀成译,电子工业出版社 2009 年版,第 113 页。

[58] See Exxon Corp. v. Texas Motor Exchange of Houston, Inc., 628 F. 2d 500(C. A. Tex., 1980), at 507.

人员将陷入这样的困惑:应答者的回答受到了访问员用词、试探或解释的影响?从这个意义上,问卷是一种控制工具。[59] 问卷的标准在于能够提供必要的管理决策信息,是否考虑到应答者的情况,是否满足编辑、编码和数据处理的需要。[60]

一般认为,问卷设计是按照以下过程进行的:[61]

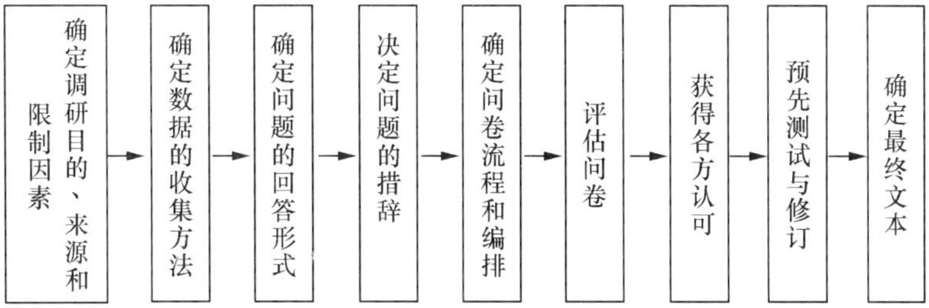

图 3

另外,问卷设计还有一定的形式,[62]各种类型的问题与位置安排也是有固定原则的:

表 1

位置	类型	用法
过滤性问题	限制性问题	识别合格应答者
最初几个问题	调节性问题	提出的问题简单,容易回答,不存在任何威胁
前 1/3 的问题	过渡性问题	以提示人能够回答最基本的问题
中间 1/3 的问题	难于回答的问题	提示在关键点插入,把关键问题置于其中
最后 1/3 的问题	分类和个人情况	

与一般的问卷设计不同,在商标标识混淆调查中,封闭型问题被认为是由于选项范围所限,调查所设计的问题一般都具有诱导性。[63] 与之相对,开放式问题是一种调研人员没有对应答的选择进行任何限制,应答者可以自由地

---

[59] 参见〔美〕卡尔·迈克丹尼尔等:《市场调研精要》(第 6 版),范秀成译,电子工业出版社 2009 年版,第 228 页。

[60] 同上书,第 229—230 页。

[61] 同上书,第 233 页。

[62] 同上书,第 243—246 页。

[63] 封闭型问题是指一种需要应答者从一系列应答项中作出选择的问题。参见周家贵:《商标问卷调查在英美法院商标侵权案件中的运用》,载《世界知识产权》2006 年第 6 期。

用自己的语言来回答有关想法的问题类型。开放式问题兼具优点和缺点。其优点是可以使应答者给出他们对问题的一般性反应,能为研究者提供大量、丰富的信息,对开放性问题的分析也能做出解释封闭性的工具。[64] 其缺点是会存在编辑与编码方面的费时费力,存在访问员误差,答案向外向型应答者发生倾斜等问题。开放式问卷为被调查者提供多种可能的回答方式,让其自己设计自己需要的答案;同时,能够避免问题的总体设计,引导消费者给出自己需要的答案。如果给消费者过多的线索,提示其向某个方面思考,即使最终得出了调查者所需要的结论,却会从根本上颠覆调查的证明力。[65] 如果问题具有诱导性,则会被认为"污染了参与者的回答"。[66] 科学的调查应该最大限度地排除提问方式对受访者心理判断的影响,因此应充分考虑开放式问题的设置。

另外,特别需要注意的是,问卷问题的设置必须能够涵盖相关公众构成混淆的要件。美国第二巡回法院在 1961 年 Polaroid 案中,认定构成混淆应当具备八大要素:商标强弱;近似程度类似度;在先商标所有人扩大生产的可能;实际混淆;采用商标是否为善意;被告产品的质量;消费者老练程度;其他。[67] 欧盟法院在 Sabel 案、Lioyd 案后,归纳了混淆的构成要件,包括:相关中包括了原告或商标申请知名人注册商标的使用性质程度;商标的内外显著性;商品/服务的相似性;商标在音形义上的相似性;商标主要部分和显著因素。[68]

《解释》第 9 条第 2 款规定:"商标法第五十二条第(一)项规定的商标近似,是指被控侵权的商标与注册商标相比较,其文字、读音、含义或者图形的构图及颜色,或者其各要素组合后的整体结构相似,或者其立体形状、颜色组合近似,易使相关公众对商品的来源产生误认或者认为其来源与原告注册商标的商品有特定的联系。"第 10 条规定:"人民法院依据商标法第五十二条第(一)项的规定,认定商标相同或者近似按照以下原则进行:(一) 以相关公众的一般注意力为标准;(二) 既要进行对商标的整体比对,又要进行对商标主

---

[64] 参见〔美〕卡尔·迈克丹尼尔等:《市场调研精要》(第 6 版),范秀成译,电子工业出版社 2009 年版,第 234—235 页。

[65] 参见杜颖:《商标纠纷中的消费者问卷调查证据》,载《环球法律评论》2008 年第 1 期,第 77 页。

[66] See KIS v. Foto Fantasy, 204 F. Supp. 2d 968.

[67] See Polaroid Corp. v. Polaroid Electronics Corp. ,287 F. 2d 493(2d Cir. ,1961).

[68] 参见李明德等:《欧盟知识产权法》,法律出版社 2010 年版,第 492—497 页。

要部分的比对,比对应当在比对对象隔离的状态下分别进行;(三)判断商标是否近似,应当考虑请求保护注册商标的显著性和知名度。"从上述规定可知,商标相似容易导致相关公众对商品的来源产生误认或者认为其来源与原告注册商标的商品有特定联系,而认定商标相似要以相关公众的一般注意力为标准,同时考虑注册商标的显著性和知名度。

笔者随机搜集的10个有关混淆的商标侵权案件中,相关考量因素包括两者商标的相似性、两者商品的相似性、被控侵权商标是否为原告商标的一部分、被告有否突出使用原告商标、原告商标的显著性和原告商标的知名度等。[69]

此外,相关公众的心理认知不仅受原被告的商标外观的影响,往往还受到购买场所的装潢因素、商标的历史因素、商标的宣传因素等的影响。如(法国)拉科斯特股份有限公司、(新加坡)鳄鱼国际机构私人有限公司、上海东方鳄鱼服饰有限公司北京分公司侵犯商标专用权纠纷一案中,尽管原被告双方的商标是两条相似度极高、仅仅是方向不一样的鳄鱼,但法院在综合考虑了原被告近半个世纪的侵权交锋、双方的发展历史、销售规模、价格差距和销售渠道,并形成各自独立的消费群体之后,认为两者虽有近似之处,"但相关公众已在客观上将两公司诉争标识区别开来,其共存不足以使相关公众对其商品的来源产生混淆"[70]。也就是说,纯粹客观的因素无法充分证实主观的心理状态。因此,问卷的设计必须涵盖以上的要件。

下文将设计一个场景,并针对这个场景设计一份调查问卷,以具体说明问卷设计的具体操作。场景设计如下:甲公司拥有注册图形商标A,核准使用范围是在电热水壶上,在城市1、城市2、城市3、城市4、城市5进行销售。乙公司拥有注册图形商标B,核准使用范围也是在电热水壶上,在城市3、城市4、城市5、城市6、城市7进行销售。甲公司认为乙公司的商标B造成相关公众混淆并诉至法院,要求法院判决乙公司停止使用商标B,并赔偿损失。

鉴于注册图形商标A和B非常近似,法院在进行商标混淆判断时,要求

[69] 参见黑龙江省高级人民法院(2010)黑知终字第49号民事判决书、甘肃省高级人民法院(2010)甘民三终字第00024号民事判决书、河北省高级人民法院(2010)冀民三终字第45号民事判决书、广东省高级人民法院(2010)粤高法民三终字第274号民事判决书、临沂市中级人民法院(2010)临民三初字第58号民事判决书、江苏省高级人民法院(2010)苏知民终字第0143号民事判决书、贵州省高级人民法院(2010)黔高民三终字第21号民事判决书、江苏省高级人民法院(2010)苏知民终字第0114号民事判决书、四川省高级人民法院(2010)川民终字第470号民事判决书、湖北省武汉市中级人民法院(2009)武知初字第579号民事判决书。

[70] 最高人民法院(2009)民三终字第3号民事判决书。

甲公司提交有关注册图形商标 A 和注册图形商标 B 相近似的证据。经过原被告的合议,甲公司随即委托一间知名度和权威性得到同业内认可的调查中介组织进行调查。法院对此中介公司的权威性地位予以采信。

商标混淆调查在城市 3、城市 4 和城市 5 进行,选择同时销售甲乙公司电热水壶的电器大卖场,对进入大卖场的消费者进行拦截调查,保持电热水壶货架的商品摆放形式以及服务员的宣传方式不变。以下是针对本场景设计的一份问卷(标号后方括号中的问题性质在真实问卷中不会出现,仅作为本文研究使用的说明性标示性文字):

调查问卷

温馨提示:此问卷只作为调查之用。请按题号顺序答题。

1.【过滤性问题】是否使用过电热水壶、购买过电热水壶或者有购买电热水壶的打算?如答是,接着回答第二题;如答否,则终止调查。

2.【过滤性问题】你或你的家庭成员现在为或者曾为广告代理商、市场调研公司、咨询公司或制造和销售电热水壶的公司工作吗?如答否,接着回答第三题;如答是,则终止调查。

3.【过渡性问题】你知悉甲公司吗?

4.【过渡性问题】你知悉乙公司吗?

5.【图形特征问题,混淆初步问题】(展示图形商标 B)你看到这个图形的时候最先想到的是什么?这个图形的什么特征让你联想到这些?

6.【混淆初步问题】(指示乙公司生产的贴有图形商标 B 的电热水壶)你看到这个电热水壶的时候想到的是什么名称的牌子(可多个)?电热水壶上的这个图形的什么特征让你联想到它(它们)?

7.【混淆实质性问题】(展示图形商标 A 和 B)你觉得这两个图形是由同一个创作者创作的吗?如果不是,这两个创作者是否有联系?这两个图形的什么特征让你这样认为?

8.【混淆实质性问题】(指示甲公司生产的贴有图形商标 A 的电热水壶以及乙公司生产的贴有图形商标 B 的电热水壶)你觉得这两个电热水壶来自同一个所有者吗?如果不是,这两个所有者是否有联系?

9.【混淆实质性问题】(指示甲公司生产的贴有图形商标 A 的电热水壶以及乙公司生产的贴有图形商标 B 的电热水壶)你认为这两个电热水壶是由什么公司生产或者拥有的?

10.【混淆参考性问题】(展示图形商标A和B)你觉得这两个图形是否一样?如果不同,不同之处在哪些地方?

11.【混淆参考性问题】(指示甲公司生产的贴有图形商标A的电热水壶以及乙公司生产的贴有图形商标B的电热水壶)这两个电热水壶的价格、宣传方式和销售方式等有助于你区分它们的生产者吗?

谢谢你的回答!

(七)数据收集和处理

在进行了调查询问之后,数据收集和处理是调查的最后一个程序,其具有结果的记录、统计和总结功能,将直接影响其在证据方面的作用。数据记录需考虑记录方式的准确性,如采访者应被指示绝对地、准确地、一字不差地将被访者的一言一行记录下来,包括支吾之声,即使这样做会让采访者以不甚好看的手写方式写下来。[71]

在数据处理上,需排除与本案无关或对本案没有意义的结果。[72] 如在一个案例中,原告称被告的调查没有测量与原告发生混淆的可能性,只不过是测量了被访者阅读被告标签的能力,此调查没有为被访者展示其可能存在混淆提供机会。[73] 此外,要防止不利的调查结果被反对方所利用。如在一个案件中,法院认为原告的肯定性样本太少,不足以支持混淆可能性的存在。[74] Zippo Manufacturing Co. v. Rogers Import, Inc. 案[75]中法院认为,34.7%的被访者认为是Zippo牌,只有14.3%的被访者认为是Rogers牌。这一结果显示了很大一部分人会因为这两种打火机的外观特征而混淆了它们。因此,在数据处理上要收集与诉讼有关的并且对己方有力的证据数据,为审判结果服务。

需要强调的是,这样的商标混淆调查结果并不能单独作为商标混淆存在或不存在的证据。由于调查结果是一个统计数据,其仅仅属于间接证据,在

---

[71] See Phamacia Corp. v. Alcon Laboratories, Inc., 201 F. Supp. 2d 335.

[72] 参见周家贵:《商标问卷调查在英美法院商标侵权案件中的运用》,载《世界知识产权》2006年第6期。

[73] See La Victoria Foods v. Curtice-Burns, No. C85—1557 MTB.

[74] 参见周家贵:《商标问卷调查在英美法院商标侵权案件中的运用》,载《世界知识产权》2006年第6期。

[75] See 216 F. Supp. 670.

诉讼法上还需结合其他证据来证明商标混淆的问题。因此,这里需要考虑的问题是此份商标混淆调查结果在证据上的有效性问题,即能否作为证据之一提交法庭的问题。所以,本文的方案设计都是为了实现该证据的有效性[76]而做的。最后的结果中,究竟多少比例的公众认为商标混淆或者不混淆的商标混淆实验能够作为证据之一提交法院是一个随案件变动的问题。初步认为,对于方案最后的统计结果,如果认为会混淆的相关公众的比例高于认为没有造成混淆的公众的比例,这份方案便可以认为是一份有效的证据。

五、结　　语

通过以上研究进路的设计、商标混淆实验的法律分析和在审判中的具体应用,可以看到,把社会研究的实证方法运用到法律诉讼中能够使审判事实以更真实的形式展示给诉讼参与者,使诉讼证据更具说服力,从而增强审判结果的合理性、公平性、可信度和权威性。尽管目前商标混淆法律实验在我国商标司法中的运用只是凤毛麟角,我国的法律制度、司法环境以及相关中介机构也都不具备成熟的条件允许法律实验在诉讼中得到广泛充分的运用,但鉴于法律追求公平正义的使命,以及商标混淆实验背后蕴藏的强大生命力与发展潜能,我国司法诉讼中有必要逐步地和有步骤地引入这一科学合理的证据证明方法。

[76] 有效性指访谈已经按照适当的方式进行,目的是查明访问员有无作假,或者在访谈时是否遵循了特定的关键程序。参见〔美〕卡尔·迈克丹尼尔等:《市场调研精要》(第6版),范秀成译,电子工业出版社2009年版,第311页。

我国商标侵权混淆可能性研究

◇ 刘 维*

内容摘要 商标混淆可能性理论是商标侵权规则的核心，对其研究应以解释论和立法论为线索，总结现有商标侵权认定司法实践经验。我国商标侵权构成在法理上和法适用上均存有疑点，导致了诸如“定牌加工”案件司法审理困境。我国《商标法》第52条应从构成模式、混淆内涵、司法认定以及立法技术等方面进行修改。在构成模式上应以混淆可能性为唯一要件，不再区分“以混淆为要件的商标侵权”和“不以混淆为要件的商标侵权”。在混淆内涵上，应在比较研究基础上对现行司法解释相关规定进行总结，将来源混淆和联属混淆的规定法条化。在关于混淆可能性的司法认定上，应参酌“商标知名度”、“商标近似程度”、“商品或者服务类似程度”等案件事实因素综合认定；“在相同商品或服务上使用相同商标，推定具有混淆的可能性”。由于商标侵权条款以混淆可能性为唯一要件，在理论上和逻辑上当然包括售前混淆、售中混淆、售后混淆和反向混淆，司法实践中已经开始采用售前混淆、售后混淆和反向混淆理论。在立法技术上，则应区分商标直接侵权和间接侵权，在直接侵权条款的设计上采取“一般条款 + 类型化”的方式。

关键词 商标 侵权 混淆可能性

混淆可能性在商标侵权认定中具有重大意义。《商标法》第52条关于商标侵权的条款中未有混淆可能性的规定，经法律解释的运用，我国商标侵权

* 刘维，浙江省绍兴市中级人民法院。

的司法认定形成了"二元结构"。在《商标法》第三次修订之际,有必要对商标侵权中的混淆可能性进行研究。

一、我国商标侵权构成存在的问题

《商标法》第52条第1项规定:"有下列行为之一的,均属侵犯注册商标专用权:(一)未经商标注册人的许可,在同一种商品或者类似商品上使用与其注册商标相同或者近似的商标的……"从文义上分析,我国商标侵权行为的构成要件为:第一,未经商标注册人许可;第二,在相同或类似商品上使用相同或近似商标。显然,此项规定并未以混淆可能性为要件。然而,侵犯商标专用权案件的司法裁判却并未因该明确的立法条文而出现应有的一致。定牌加工案件的审理涉及商标侵权认定和《商标法》第52条第1项的法律适用,本文拟以该类案件的裁判为切入点,整理现行商标侵权认定裁判逻辑。

(一)定牌加工案件中的商标侵权认定

1. 商标侵权认定裁判要旨整理

对于定牌加工案件中商标侵权的认定,司法实践中有两种意见,整理最近判决如下:

案号	否定性判决意见
拉科斯特衬衫股份有限公司与江阴宏鑫制衣有限公司商标侵权纠纷上诉案	宏鑫公司在本案中系根据国外定作方委托进行定牌加工。如果定牌加工的商品全部出口至国外,没有在我国市场上销售,则在我国市场上不会因该定牌加工行为造成相关公众对商品或者商品来源产生混淆或误认,也不会对商标权人的市场利益造成损害。
香港雨果博斯有限公司(HUGO BOSS HONG KONG LIMITED)与武夷山市喜乐制衣有限公司商标侵权纠纷上诉案①	被上诉人喜乐制衣公司是受意大利NEW BOSS SAS DI LONGO SALVATORE服装进出口公司的委托定牌加工标有"NEW BOSS COLLECTION"商标的西服,由于该西服全部出口到意大利,从未在我国境内销售,因此,我国的相关公众在国内不可能也没有机会接触到标有讼争"NEW BOSS COLLECTION"商标的西服,就更不可能造成国内相关公众的混淆和误认,而造成相关公众的混淆、误认是认定构成侵犯注册商标专用权的前提。

① 参见福建省高级人民法院(2007)闽民终字第459号民事判决书。

（续表）

案号	肯定性判决意见
宁波永备电池有限公司诉宁波亨瑞电器有限公司商标侵权纠纷案②	被告未经原告许可，在其加工的手电筒产品上使用与原告注册商标相同的商标，侵犯了原告的商标专用权。因知识产权具有地域性，即按照一国法律取得和承认的知识产权一般只能在该国发生法律效力，不具有域外效力。在中国司法管辖范围内，原告永备电池有限公司是“EVEREADY”商标唯一的商标权利人，被告所谓的“南非EVEREADY”公司并未在我国享有商标专用权，根据商标权保护的地域性原则和唯一性原则，我国只能依法保护原告在中国享有的商标专用权。
鸿信公司诉广州海关行政纠纷案③（二审维持）	第三人恩同公司是 Henkel 商标的注册人，并向海关总署申请了海关知识产权保护备案，故第三人恩同公司的商标专用权受法律保护。原告鸿信公司未经许可，在其申报出口的机动车钨灯货物及外包装上使用 Henkel 商标标识，侵犯了第三人恩同公司的商标专用权。
美国耐克公司诉西班牙 Cidesport 公司、银兴制衣厂、浙江省畜产进出口公司案	Cidesport 公司在西班牙对 NIKE 商标拥有合法的专有使用权，但是商标权作为知识产权具有地域的特性，在我国法院拥有司法权的范围内，原告取得 NIKE 商标的专有使用权，被告在未经原告许可的情况下，就不得以任何方式侵害原告的注册商标专用权。

2. 混淆可能性要件地位之争鸣

由上表可以看出，两种判决在商标侵权成立与否的争议点集中在混淆可能性的要件地位，在法学方法论上体现了概念法学和自由法学争鸣。④ 直接援引《商标法》第 52 条第 1 项所谓“未经商标注册人的许可，在同一种商品或者类似商品上使用与其注册商标相同或者近似的商标的”作为商标侵权判决的请求权基础，系概念法学之产物。

然而，定牌加工案件中加工承揽人商标侵权责任的承担广受诟病。随着对《商标法》第 52 条第 1 项认识和理解的不断深入，商标侵权的否定判决逐渐成为主流，这期间伴随着最高人民法院相关法律解释的频繁补救和自由法学运动的深入。商标立法旨趣在于实现商标的识别和区分功能以保护消费

② 参见浙江省宁波市中级人民法院（2008）甬民四初字第 46 号民事判决书。

③ 参见广东省高级人民法院（2006）粤高法行终字第 22 号行政判决书。转引自祝建军：《涉外定牌加工中的商标侵权》，载《人民司法》2008 年第 2 期。

④ 有关概念法学与自由法学的基础理论可参见杨仁寿：《法学方法论》，中国政法大学出版社 1999 年版，“第三编”。

者利益，而阻却这一功能实现的因素是相关公众混淆（可能性）的产生。换言之，没有混淆（可能性）的发生，则商标功能发挥顺畅。在定牌加工案件中，贴牌的产品被销往国外，根本不会引起国内相关市场消费者的混淆。面对法律条文之纰漏与不合法目的性，司法者开始注重运用法律阐释方法加以舒解，使之合于"法的目的性"。

如在上海申达音响诉玖丽得电子商标侵权案[5]中，法院认定：依据被告的合同以及被控侵权产品内外包装上标注的美国朱利达公司的企业名称等综合考虑，被告使用的商标是美国朱利达公司在美国享有合法商标权的商标且产品全部出口美国。被告在本案中的行为属于涉外定牌加工出口的行为。被告在产品内外包装上标注的商标及企业名称均为美国朱利达公司，因此，在美国市场消费者能够通过商标标识区分商品的来源为美国朱利达公司。由于涉案产品全部出口美国，并未在中国市场实际销售，中国消费者不存在对该商品来源发生混淆和误认的可能，因此，被告行为不构成商标侵权。上海市高级人民法院在本案的上诉审[6]中更进一步指出："商标的基本功能是区分商品或服务来源的识别功能，侵犯商标权其本质就是对商标识别功能的破坏，使得一般消费者对商品来源产生混淆、误认。在本案中，被上诉人玖丽得公司接受案外人美国朱利达公司的委托定牌加工涉案产品，涉案产品全部出口至美国，未在中国境内销售，中国的相关公众在国内不可能接触到涉案产品，不会造成国内相关公众的混淆和误认。另外，在定牌加工关系中，境内加工方在产品上标注商标的行为形式上虽由加工方所实施，但实质上商标真正的使用者仍为境外委托方。本案涉案产品所贴商标只在中国境外具有商品来源的识别意义，并不在国内市场发挥识别商品来源的功能。故一审法院综合判断认定被上诉人玖丽得公司的行为不构成商标侵权并无不当。"

定牌加工案件裁判结果是我国商标侵权认定的一个缩影，由于对《商标法》第52条第1项的认识和理解不同，裁判结果迥异，争议点集中在混淆可能性在商标侵权认定中的要件地位。

（二）我国商标侵权认定的二元结构

混淆可能性在商标直接侵权认定中的核心地位是由商标功能决定的。

---

⑤ 有关案情可参见上海市第一中级人民法院（2008）沪一中民五（知）初字第317号民事判决书。

⑥ 有关案情可参见上海市高级人民法院（2009）沪高民三（知）终字第65号民事判决书。

著名学者麦卡锡认为,商标的首要功能就是"识别销售者的商品并且区别于其他主体生产或销售的商品"⑦。通过功能对商标进行定义的做法在各国立法中均可见。美国《兰哈姆法》第45条规定:"商标是一种用于识别(identify)和区分(distinguish)商品的标记。"又如我国《商标法》第8条在关于"商标注册的条件"中规定,商标构成的本体要素为:"任何能够将自然人、法人或者其他组织的商品与他人的商品区别开的可视性标志"。

为弥补混淆可能性要件在商标侵权认定中的缺失,最高人民法院对"商品或服务类似"、"商标相似"进行限缩解释,认为"商品或者服务类似"、"商标相似"是指"混淆性近似",而逻辑上的前提是严格区分"商标相似"与"商标标识相似"。

1. 商标标识的相似仅指商标物理意义上的相似

由于商标近似与商业标识近似系属不同概念,因此商业标识虽然近似但可能不构成商标近似,如北京市一中院在中国青年旅行社与被告国家工商行政管理总局商标评审委员会行政诉讼案⑧中针对商评委关于"CYTS"与"CITS"的相似认定指出:"认定商标相同或近似的标准是商标的显著区别和是否容易造成公众的混淆。申请商标CYTS是中青旅英文名称的缩写,是对中青旅名称的合理使用。引证商标CITS是中国国际旅行总社英文名称的英文缩写。公众对英文缩写名称一般会考虑名称构成字母所代表的含义,而Y、I所代表的含义明显不同。而且,注册商标的使用一般存在于相关地域并相对于相关公众,基于相关公众对两商标的关注程度和认知程度,不会导致公众的混淆或误认。"

反过来,商标标识不近似,但也有可能构成商标近似的情形,如最高人民法院在嘉峪葡萄酒诉中国粮油上诉案⑨中指出:"诉争的'嘉峪长城及图'商标和第70855号'长城牌'注册商标均系由文字和图形要素构成的组合商标,其整体外观具有一定的区别。……葡萄酒市场的相关公众只要看到'长城'、'长城牌'文字或者听到其读音,通常都会联系或联想到中粮公司的葡萄酒产品及其品牌,……'嘉峪长城及图'虽有文字和图形组合而成,且其文字部分另有'嘉峪'二字,但因中粮公司的第70855号'长城牌'注册商标中的'长城'

⑦ J. Thomas McCarthy, McCarthy on Trademarks and Unfair Competition, Fourth Edition, Westlaw Database, §3:1.

⑧ 有关案情可参见北京第一中级人民法院(2003)一中行初字第182号行政判决书、商标评审委员会商评字(2003)第0343号商标驳回复审决定书。

⑨ 有关案情可参见最高人民法院(2005)民三终字第5号民事判决书。

或‘长城牌’文字部分具有的驰名度和显著性，足以使葡萄酒市场的相关公众将使用‘长城’文字的‘嘉峪长城及图’商标的葡萄酒产品与中粮公司的长城牌葡萄酒产品相混淆，至少客观容易认为两者在来源上具有特定联系。”

2. “商标近似”、“商品类似”是指混淆性近似

在区分商标标识近似与商标近似的基础上再对商标近似进行限缩性解释，将商标近似等同于混淆性近似，从而将“混淆可能”要素纳入商标侵权认定之中。

《关于审理商标民事纠纷案件适用法律若干问题的解释》(以下简称《商标法司法解释》)第9条第2款规定：“商标法第五十二条第(一)项规定的商标近似，是指被控侵权的商标与原告的注册商标相比较，其文字的字形、读音、含义或者图形的构图及颜色，或者其各要素组合后的整体结构相似，或者其立体形状、颜色组合近似，易使相关公众对商品的来源产生误认或者认为其来源与原告注册商标的商品有特定的联系。”第11条采取了同样的方法对“商品或者服务类似”进行解释，如第11条第1款规定：“商标法第五十二条第(一)项规定的类似商品，是指在功能、用途、生产部门、销售渠道、消费对象等方面相同，或者相关公众一般认为其存在特定联系、容易造成混淆的商品。”

在葛丽俐诉江西开心人大药房一案[10]中，江西省高院指出：“认定商品或者服务是否类似，应当以相关公众对商品或者服务的一般认识综合判断，《商标注册用商品和服务国际分类表》、《类似商品和服务区分表》可以作为判断类似商品或者服务的参考。……葛丽俐经营的景德镇市开心药店自2004年8月23日成立以来，在店门、店堂、价格标签、购物袋上使用了‘开心药店’、‘开心大药房’字样的服务标识，与江西开心人公司商标“开心人大药房”在字形、读音、含义等方面相比较，容易使相关公众对服务的来源产生误认或者认为其来源与江西开心人公司注册商标的服务有特定的联系，可以认定两者构成近似。葛丽俐在同一种服务上使用与江西开心人公司近似的标识，侵犯了江西开心人公司的注册商标专用权。”

3. 商标侵权认定的二元结构之建立

我国《商标法》第52条关于商标侵权构成的条款并无商标混淆可能性之规定，经由“三大司法解释”对“商标近似”、“商品或者服务类似”进行限缩性解释，认为“商标近似”、“商品或者服务类似”乃“混淆性近似”，从而将“混

⑩ 有关案情可参见江西省高级人民法院(2009)赣民三终字第46号民事判决书。

淆”纳入商标侵权构成之中。应当注意到的是，最高人民法院并未对“相同商标”和“相同商品或者服务”进行解释。换言之，“混淆可能性”仅能用于解释“近似商标”，而在相同商品上使用相同商标的行为则无须经受“混淆可能性”的检验，亦即直接根据《商标法》第52条第1项之规定构成侵权；而只有案情涉及在“类似商品或服务上使用近似商标”、“相同商品或服务上使用近似商标”、“类似商品或服务上使用相同商标”的行为方受“混淆可能性”的检验。至此可以认为，我国商标侵权的“二元结构”已然成形，这种构造是以《商标法》第52条第1项和相关司法解释为基础，分别形成不以混淆可能性为要件的侵权认定模式和以混淆可能性为要件的侵权认定模式。

自由法学运动所催发的法律解释，对我国商标侵权认定的重塑确实功不可没，混淆可能性的地位由此回归和突显，但遗憾的是司法解释的补救无法在根源上解决混淆可能性的缺失。商标直接侵权认定的二元结构在法理基础、推理论证的逻辑问题以及由此导致的司法裁判难题共同促动了对《商标法》侵权条款的反思，引发商标混淆理论的重视和研究。

二、美国商标侵权混淆可能性研究

美国商标立法和司法较为成熟，本部分拟对美国商标侵权混淆可能性的制定法规定以及司法运用中的有限几个问题进行研究，以期对商标侵权构成要件、检验因素和适用类型有个比较法的视野。

（一）美国商标侵权的构成要件

2005年美国众议院向国会提交《反淡化法》立法报告时谈到：“传统商标法的首要政策动因并不是保护财产权，而是保护消费者免受欺诈和产生误认。”[11]基于上述立法目的，“混淆可能性”是美国商标侵权条款的核心表述，是否构成商标侵权应当受到这一要件的评价。《兰哈姆法》第32条(1)(a)规定，未经商标注册人同意，任何人“在商业中将复制、伪造、模仿或欺骗性模仿注册商标的标志用于任何商品或服务的销售、许诺销售、分销或广告宣传，可

⑪ 转引自王迁：《知识产权法教程》，中国人民大学出版社2009年版，第394页。

能引起混淆、误认或欺骗”[12],都应当在商标注册人寻求救济的民事诉讼中承担责任。该条(1)(b)规定,侵权行为还包括“复制、伪造、仿冒或者欺骗性模仿注册商标,并将其应用于企图在商业中与商品或服务的销售、许诺销售、分销或广告宣传等方面有关的标签、招牌、印刷品、容器或广告上,并可能引起混淆、误认或欺骗”的行为。

由此可见,立法者和司法者在考虑商标侵权是否成立时,仅仅集中在系争行为是否会引起相关公众的混淆上。这种模式以混淆可能性统贯所有的商标侵权行为,以对相关公众的效果——是否会有混淆可能性的产生作为认定标准,而不局限在行为的种类和方式上。在涉及商标侵权的案件审理中,通过“多因素检验”来控制法官自由裁量权,混淆可能性的判断得由之而具体化。混淆可能性的多因素检验机制早在 1938 年《侵权法重述》中就已建立,1961 年发生的 Polaroid Corp. v. Polarad Electronics Corp. 一案[13]在多因素检验体系的建立方面具有里程碑意义,直至 1995 年《反不正当竞争法重述》(第三次)在第 21 条明确列举了九大因素。

可以注意到,美国制定法关于商标侵权规则的表述没有“商品相同或类似”的用语,但是由于美国《反淡化法》和混淆理论平行适用,本文对混淆理论能否跨类适用持谨慎态度,且“商品相同或类似”的因素在美国案例法上的作用非常重大。Barton Beebe 教授做过一个实证研究,发现“有限的几个核心要素决定着多因素检验法的运用结果,其他因素在整个过程中有被边缘化的倾向。商标的相似性是最有影响的因素。另外两个决定性因素为:被告的故意对于成立混淆可能的作用,以及当事人商品之间的类似(或关联性)对于不成立混淆可能的作用”[14]。“正如有些法院所承认,相似性调查是一个前提性调查,很难想象,法院在商标不相似的情形下仍然能够认定混淆可能的成立。”[15]

这一点从美国在关于 TRIPS 协议第 16 条第 1 款的提案中可以明确看出:“商标所有人应当享有使用商标的专用权并得防止他人在相同或类似商品或

⑫ 该条款英文原文为:“(1) Any person who shall, without the consent of the registrant—(a) use in commerce any reproduction, counterfeit, copy, or colorable imitation of a registered mark in connection with the sale, offering for sale, distribution, or advertising of any goods or services on or in connection with which such use is likely to cause confusion, or to cause mistake, or to deceive ...”

⑬ See Polaroid Corp. v. Polarad Electronics Corp., 287 F.2d 492, p. 495.

⑭ Barton Beebe, An Empirical Study of the Multifactor Tests for Trademark Infringement, 94 Cal. L. Rev. 1581(2006), p. 1600.

⑮ Ibid., p. 1624.

服务上使用相同或近似商标,以至于该使用导致混淆可能。”[16]因此,在美国案例法上,混淆可能性的适用实质上受到了“商品相同或类似”的限制。

(二)美国商标侵权混淆可能性的内涵

在法律发展史上,“混淆”的内涵随着“区分”内涵的变化而不断变化。

1. 来源混淆

来源混淆是指:“一个普通的、谨慎的消费者被误导性地去购买被告的商品或服务,此时他还以为他所购买的商品或服务是原告的。在这种情况下,如果原告和被告在生产或销售特定产品方面处于竞争地位,那么原告本应有的产品销售量将因为侵权行为而减少。即使原告生产的产品仅具有相关性(related),损害也同样会发生,因为原告通过该商标扩展产业链的计划将会受阻,并且他不能保证,被告不会制造或出售低劣产品,而一旦这种事情发生,原告的商誉将受到消极影响。”[17]来源混淆的发展经历了严格来源混淆和匿名来源混淆两个阶段。

在商标法的早期发展史上,商标保护严守“严格来源理论”,“商标被认为是向消费者展示其所标示的商品或服务的具体来源”[18]。在这种理论之下,商标转让、许可使用被法律所禁止。因为一旦将商标独立转让或许可,商标所标示的具体生产者或提供者与实际生产者或提供者发生了分离,这就意味着消费者对产品来源可能发生混淆和误解。

大工业的兴起以及商业的迅猛发展,消费者所关注的仅仅是该商标所标示的产品是否来源于同一主体,无论该主体的具体名称和具体地点如何。因此,“来源”的具体含义发生了软化,不再是“具体主体,乃至于名称和地点”,而成为“单一的、虽然匿名(single, albeit anonymous source)的主体”。1984年《商标法修正案》采纳了这一理论,成为《兰哈姆法》上的规则,指出商标“用于指示产品的来源,即使该来源是未知的(that source is unknown)”。

2. 联属混淆

联属混淆突破了来源混淆理论,其核心内涵在于“由于隶属、关联或者赞

---

⑯ Suggestion by the United State for Achieving the Negotiating Objective, GATT Document MTN. GNG/NG11/W/14/Rev. 1, of October 17, 1988. Quoted from Nuno Pires de Carvalho, The TRIPS Regime of Trademarks and Designs, Kluwer Law International, 2006, p. 258.

⑰ Louis Altman and Malla Pollack, Callmann on Unfair Competition, Trademarks and Monopolies (4th Edition), § 22:8.

⑱ Quality Control and the Antitrust Laws in Trademark Licensing, 72 Yale L. J. 1171, p. 1174.

助关系所导致的混淆”是否可能发生，“不同于来源混淆，这种混淆类型最关注产品或服务之间的关联（related to each other），而不仅仅是竞争状态。这种混淆源于消费者的一种信念：由于当事人商标的相似，成熟使用者与初来乍到者的产品或服务具有关联（connected to）。因为公众认识到，成熟使用者不可能会直接出售初来乍到者的该种产品或服务，所以在该种产品上使用成熟使用者的商标将会产生一个念头——成熟使用者赞助、支持或担保初来乍到者的产品”。[19]

必须注意到，联属混淆是混淆的一种，而混淆理论与淡化理论在适用上虽然具有交叉，但立法目的在于区分适用，“反淡化理论无意替代适用于竞争地位的当事人。例如，伊利诺伊州《反淡化法》不能在竞争状态下适用。如此，反淡化理论严格限定于其最初目的：在商标相似，但产品或服务不同以至于来源或联属混淆均不存在的案件中”[20]。因此，这里的“关联”应该被解释成“竞争”关系或虽然没有竞争关系但却可能被认定为“关联”，而不应当作为产品或服务跨类保护的法律基础。

（三）美国商标侵权混淆可能性的适用类型

根据混淆发生的销售时点不同，美国商标混淆的案例可以分为四种类型：售中混淆、售前混淆、售后混淆、反向混淆。售中混淆是最典型和最传统的商标混淆，也就是混淆发生在购买之时。随着科技的发展和社会生活的丰富，新型混淆类型的行为层出不穷，这些行为虽然没有使消费者在购买时发生混淆，但是它们的发生系建立在权利人商誉的基础上，并终究导致了消费者混淆，只不过混淆发生在或者售前或者售后或者反向混淆，因此，它们也应当受到混淆理论的规制。由于国内在浙江蓝野酒业有限公司诉杭州联华华商集团有限公司、上海百事可乐饮料有限公司等商标侵权纠纷案[21]中已经运用反向混淆理论，本文就不费笔墨对该理论进行介绍。

1. 售前混淆

售前混淆又称为初始兴趣混淆，消费者在作出购买决定时没有对产品来源发生混淆，也没有对原被告之间的关系发生误解，但在购买之前，正是由于

---

[19] See Michael J. Allen, The Scope of Confusion Actionable under Federal Trademark Law: Who Must Be Confused and When, 26 Wake Forest L. Rev. 321, pp. 325—326.

[20] J. Thomas McCarthy, McCarthy on Trademarks and Unfair Competition, Fourth Edition, Westlaw Database, § 24:74.

[21] 参见浙江省高级人民法院（2007）浙民三终字第 74 号民事判决书。

被告使用特定标记的行为,消费者认为被告与原告之间应该具有某种联系,进而发生了与被告之间的交易,导致原告受损。近年来,初始兴趣混淆已经成为美国法院审理网络商标侵权案件的主要理论,从域名侵权案件到元标签侵权案件,再到搜索引擎商标侵权案件,被告试图搭载原告商誉的便车,使消费者认为原被告之间具有某种联系,吸引消费者对被告网站的访问,进而引致消费者购买决定的作出,当实际作出购买决定时,消费者可能已经没有混淆,他可能已经非常清楚自己的交易对象。该类案件中,被告要能利用原告的商誉并转移消费者的吸引力,有赖于原告商标的显著性和知名度,也有赖于原被告产品之间的相关性。

有判例归纳出初始兴趣混淆的适用规则是诱饵与转移规则。"诱饵的存在"是基本前提,"转移获利"是另一前提。"初始兴趣混淆的基石在于,通过利用成熟使用者商标转移(divert)消费者注意力的行为,初来乍到者从事着传统的'诱饵和转移(switch)'游戏。……如果网络用户发现初来乍到者网站不出售任何商品,也不提供任何服务,此时成熟使用者的商标可能是'诱饵',但没有发生'转移'行为"[22]。因此,假如被告没有从"诱饵"行为中获利,如被告是从事公益性行为的公司或专为讽刺原告产品的自然人,则被告行为不构成侵权。

2. 售后混淆

"在售后混淆原则确立之前,商标法上的几个焦点问题必须先行解决。第一个问题涉及混淆能否扩大或者限缩性地被定义。商标法的立法政策曾经是并且仍然是制止购买者对于产品来源混淆的可能性。从1950年代开始,法院认为在非购买者之中产生的其他类型混淆也应当制止。另一个问题则涉及产品特征的商标法保护问题。到1980年代,一系列案例都认为,一定注册或非注册的产品构造上的特征,包括其外观形象,应当受到保护。……联邦法院的法官从1970年代开始在案子中注意将商标保护扩张到售后产品的特征。这些案子指出了建立售后混淆规则的必要性,其中不仅包括奢侈品保护的焦点问题,更包括广泛意义上对公共安全和商业信誉的保护。"[23]1962年《兰哈姆法》修正时,立法者将"消费者"(purchaser)从"导致消费者混淆、误认

---

[22] Hannibal Travis, The Battle for Mindshare: The Emerging Consensus that the First Amendment Protects Corporate Criticism and Parody on the Internet, 10 Va. J. L. & Tech. 3, p.85.

[23] David M. Tichane, The Maturing Trademark Doctrine of Post-Sales Confusion, 85 TMR 399, pp. 400—401.

或欺诈”(likely to cause confusion or mistake or to deceive purchasers)中删除，被认为从立法上对售后混淆进行了认可。

关于售后混淆的适用范围，有学者总结为：“可以预见，售后混淆将被频繁地运用于法律保护不足的其他类型，在大多数最近发生的已决案件中，受保护的产品范围有四种类型。一种类型是由 Blue Bell 案和 Lois 案所发展的领域：不受传统版权法和专利法所保护的产品特征和设计。另一种类型是由 Dallas 案所提出的关于商誉的保护。第三种案型是对于假冒商品的制止，这强烈地需要售后混淆理论。最后，售后混淆还曾经被用于支持反向混淆理论。”[24]“在很多售后混淆案件中，法院也会谈到不正当竞争和反淡化法。除售后混淆之外，判决中还引用多个法律基础以认定侵权。”[25]

三、我国商标侵权混淆可能性的立法建议

我国商标直接侵权条款设计应从商标混淆可能性的立法论和解释论两方面出发，在比较研究的基础上总结现有商标直接侵权的司法实践经验，对商标侵权认定的要件、混淆内涵、混淆可能性的司法运用以及立法技术进行细致的研究。

根据商标侵权认定中是否以“混淆可能性”为要件，本文将我国商标侵权认定称为“二元结构”，这种结构分为“不以混淆可能性为要件的商标侵权”和“以混淆可能性为要件的商标侵权”。这种商标侵权“二元结构”的理论基础在于商标权的权能类型，由于《商标法》第 51 条和 52 条分开立法，法律上赋予商标权人以商标专用权和商标禁用权，因此，有学者认为：“商标权的内容由‘商标专用权’和‘禁止权’共同构成。从正面看，商标权人自己有权在核定使用的商品上使用核准注册的商标，从反面看，商标权人有权禁止他人以令人混淆的方式在同一种商品或者类似商品上使用与其注册商标相同或者近似的商标。”[26]正是从这种权能分离角度出发，形成了现有的商标侵权二元结构。“商标权的两项基本权能，是我们认定商标侵权行为有两条线索或者法律基础，即由商标权中的专用权(积极权能)派生出正面防止给注册商标专用

㉔ David M. Tichane, The Maturing Trademark Doctrine of Post-Sales Confusion, 85 TMR 399, pp. 409—410.

㉕ Ibid., p. 422.

㉖ 王迁：《知识产权法教程》，中国人民大学出版社 2009 年版，第 446 页。

权造成实质性妨碍或者损害的行为;由排他权(消极权能)派生出禁止混淆可能性的损害行为。换言之,判定商标侵权的混淆可能性标准更多的是立足于排他性权能的保护,而防止造成实质性损害或者妨碍,是立足于专用权的权能。"[27]

(一)我国商标侵权认定的二元结构评价

1. 商标权类型化批判

以商标权的法律属性为出发点区分商标侵权的构成要件,存在逻辑和法理上的问题。商标专用权和商标禁用权同为商标权的权能,基于逻辑的同一性原理,应该受到法律的同等评价。没有理由认为,商标侵权在侵害积极权能和消极权能上应区分对待。即使《商标法》客观上在不同条文中规定专用权和禁用权,仍然不能推定侵犯专用权的行为是一种实质性妨碍,构成商标侵权的"法定类型",而侵犯禁用权的行为因非属"法定侵权类型"另受其他要件之评价。事实上,商标专用权与商标禁用权的划分本身就是一个伪命题,商标权作为一项知识产权,只能通过禁止或者消极的方式进行表达,所谓的商标专用权实质上就是商标禁用权。"正如TRIPS协议所规定的其他工业产权一样,商标权也是以一种消极的方式进行规定。商标权是一种禁止权,而非使用权。原则上,在特定商业、工业和服务上使用特定标记的权利源于经济自由,而不是工业产权。"[28]我国《商标法》分设第51条和第52条规定商标专用权和商标禁用权的做法应在法理上受检讨。

商标权不应当作为商标侵权规则建构的逻辑起点。"由于商标担负着识别商品和服务之功能,所以商标权是由这种功能决定。因此,防止他人使用相同或相似商标的权利也是由注册商标的显著性决定:商标权人有权防止第三方使用与注册商标相同或相似的标记,只要这种使用使得消费者难以区别系争商品或服务。"[29]由此可见,商标功能应是商标侵权行为研究的出发点。

2. 商标侵权构成要件的法适用难题

我国二元结构将"商标近似"、"商品或服务类似"作为商标侵权的构成要件,无此要件之满足,则无商标侵权之构成。在对《商标法》第52条第1项的

---

[27] 孔祥俊:《商标与不正当竞争法——原理和判例》,法律出版社2009年版,第315页。

[28] Nuno Pires de Carvalho, The TRIPS Regime of Trademarks and Designs, Kluwer Law International, 2006, p. 257.

[29] Ibid., p. 262.

具体法适用过程中，商标侵权的内在逻辑极易混乱。

由于司法者在理念上区分商标标识相似与商标相似，在商标标识不同的商品上进行商标侵权的判定时就可能存在以下推理逻辑：商标标识不相似——混淆性近似——商标相似。然而，我国立法并未对商业标识的相似与商标相似进行区分，普通司法者对此并不知晓，更遑论普通消费者和注册商标权利人。于是，上述看似正常的推理逻辑就可能会产生前后矛盾："为什么一开始不相似，后来又相似了？"有学者指出："在这种违背商标制度运行机理之法律设计的指引下，执法者在判断和推理过程中，难以正确处理商标与商品的相似性、混淆（或'混淆可能性'）和商标侵权（或冲突）三者之间的关系，常常得出违背常识甚至自相矛盾的结论。"[30]既然混淆性近似是商标近似的判断前提，而后者是商标侵权要件，也就是无混淆即无商标近似，无商标近似即无商标侵权，则无混淆即无商标侵权，准此以言，不如直接将混淆性作为商标侵权要件，而无须对商业标识相似与商标相似、混淆可能性与商标相似等法律概念进行文字游戏般的法律解释。

如何认识"商标近似"、"商品或服务类似"与"混淆可能性"的关系？前文对美国法的研究表明，"混淆可能性"的适用应限定在"商标相同或者近似"、"商品或者服务相同或类似"的范围。但这不意味着两者取得了商标侵权构成要件地位，而仅能对混淆可能性是否成立作限定，这一点在 TRIPS 协议第 16 条第 1 款第一句也有体现。[31]

（二）我国商标侵权构成中混淆可能性立法建议

在考虑我国商标侵权构成要件建构之时，应遵守以下四个原则：

1. 目的性

商标法的立法旨趣在于保护消费者和商标权人的利益，防止混淆可能性的产生，混淆可能性亦是商标法上诸多制度建构之基础和出发点，商标侵权结构的建构亦不例外。美国法上效果模式以混淆可能性为核心，在法理上符合商标法的立法目的。我国商标侵权结构的建立应合乎商标立法目的，以混

---

[30] 彭学龙：《论混淆可能性——兼评中华人民共和国商标法修改草案征求意见稿》，载《法律科学》2008 年第 1 期。

[31] 该条款英文原文为："The owner of a registered trademark shall have the exclusive right to prevent all third parties not having the owner's consent from using in the course of trade identical or similar signs for goods or services which are identical or similar to those in respect of which the trademark is registered where such use would result in a likelihood of confusion..."

淆可能性为中心要件,不再区分“以混淆为要件的商标侵权”和“不以混淆为要件的商标侵权”。于《商标法》第三次修订之际,应当对现有司法实践和比较研究予以充分重视,提炼相关司法解释中的合理因素,将混淆可能性要件纳入商标侵权构成之中。

关于混淆可能性的具体化,根据《商标法司法解释》第10条的规定,我国关于“商标近似”的判断因素为:商标构成(即商业标志相似)、商标显著性和知名度。进行判断时应当以相关公众的一般注意力为标准并且在隔离的状态下进行。新条文可对上述三大因素予以确认,既是对现行司法实践经验的总结,又是比较研究的结果,同时不能将混淆可能性的认定仅仅限定在上述三大因素,还应参酌案件中的其他事实因素。立法可明确:混淆可能性的成立应参酌商标知名度、商标近似程度、商品类似程度等案件相关情况综合认定。

2. 逻辑性

我国商标侵权结构的建立应当以一种逻辑统贯立法和司法领域,同时注重适用范围的周延性。倘若继续坚持将“商标相似”、“商品或者服务类似”作为商标侵权要件,则“混淆可能性”为中心的逻辑将无法在立法和司法中起到统领作用,届时司法上必将继续在商标侵权认定上的循环论证,以“商标相似”、“商品或者服务类似”解释“混淆可能性”,或者以“混淆可能性”解释“商标相似”、“商品或者服务类似”,逻辑混乱不堪,不免又生究竟“认定商标侵权的标准是混淆还是商标近似”的疑问。因此,我国商标侵权结构的建立应以“混淆可能性”为唯一要件,不再坚持“商标相似”和“商品或者服务类似”的构成要件,而仅将“商标相似程度”、“商品或者服务类似程度”作为混淆可能性认定的参考因素。在适用范围上应包含售前混淆、售中混淆、售后混淆和反向混淆四种类型,四种类型的混淆只是在混淆时点上不同,均造成了相关公众混淆的后果。

3. 历史性

从美国司法实践可以看出,在大多数案件中,“商标相似”和“商品类似”的重要性强过其他要素,在某些类型的案件中更具有控制性和决定性作用。TRIPS协议在这两个要素上使用“相同推定”技术,即“在相同商品或服务上使用相同商标”[32]推定侵权的成立不无道理,在操作上具有可行性,更符合大

[32] TRIPS协议第16条第1款规定:“In case of the use of an identical sign for identical goods or services, a likelihood of confusion shall be presumed...”

陆法系国家概念化的法律思维。我国法律传统与大陆法系最为相似,概念化的法律思维影响较为深刻,因此,我国商标侵权模式的建构在“相同推定”问题上可以采纳 TRIPS 协议的规定模式。这既在法理上坚持了混淆可能性的要件地位,又使司法上关于混淆可能性成立的推理论证路径有迹可循,促进司法过程的科学化。

4. 开放性

商标侵权条款的设计宜采取“一般条款 + 类型化”的方式,整理现行法律法规中的分散规定,同时保持开放性。现行《商标法》第 52 条规定了五种侵权行为,其中第三种行为与其他四种行为的性质不同,“这一款实际上并非针对擅自制造他人注册商标之后再用于自己的商品或服务并向社会提供的行为,否则这种行为足以被《商标法》第 52 条固定的前两种商标侵权行为所涵盖。……此类行为不应被界定为直接侵权,而只能在行为人有过错的情况下构成‘间接侵权’”[33]。《商标法实施条例》第 50 条依据《商标法》第 52 条第 5 项增加了一种商标直接侵权行为,《商标法司法解释》第 1 条第 1 项和第 3 项分别增加了两种商标直接侵权行为。可以看到,随着市场的不断发展和成熟,商业标识以及通过商业标识进行的商业行为种类不断增多,商标直接侵权行为的类型也会不断增多,但是任何一种通过商业标识侵犯注册商标专用权的行为本质上都造成了相关公众的混淆,而且无论是将注册商标相同或近似的标志作为商品装潢、商品名称还是企业名称,均为在商品或服务上的使用行为,《商标法》第 52 条第 1 项、《商标法实施条例》第 50 条第 1 项以及《商标法司法解释》第 1 条第 1 项都可以类型化为“未经商标权利人许可,在相同或者类似商品或者服务上使用与他人注册商标相同或者近似的标志”。《商标法》修正应当具有开放性,既要能够涵盖目前法律法规和司法解释中的侵权类型,也要能涵盖未来可能出现的通过商业标识所进行的商标侵权类型。

综上所述,我国商标直接侵权条款(《商标法》第 52 条)宜修改为:

第一款:下列有可能导致相关公众混淆的商标使用行为,均属侵犯商标专用权的行为:(一) 未经商标权利人许可,在相同或者类似商品或者服务上使用与他人注册商标相同或近似的标志;(二) 未经商标权利人许可,将与他人注册商标相同或近似的标志注册为域名,并且通过该域名进行相关商品交易的电子商务;(三) 销售侵犯注册商标专用权的商品的;(四) 未经商标权利人许可,更换其注册商标并将该更换商标的商品又投入市场的;(五) 给他人

[33] 王迁:《知识产权法教程》,中国人民大学出版社 2009 年版,第 500 页。

的注册商标专用权造成其他损害的。在相同商品或者服务上使用相同商标的行为,推定混淆可能性的成立。

第二款:混淆可能性的成立应参酌商标知名度、商标近似、商品类似等案件相关情况综合认定。在相同商品或者服务上使用相同商标的行为,推定混淆可能性的成立。

第三款:本法所称之混淆可能性,是指易使相关公众对商品的来源产生误认或者认为与原告注册商标权利人之间存在许可使用、关联等特定关系。

商标局核准注册商标行为定性之争

——是商标授权，还是商标确权

◇ 沈俊杰*

内容摘要 实践中，商标局主管商标申请注册的核准工作，对于商标局的核准行为的性质，学术界一直存在“授权还是确权”的争论。笔者从行政行为法基本理论出发，通过比较行政授权行为、行政许可行为以及行政确认行为三者差异的方法，结合商标法以及民法基本原理，最终得出商标局核准注册行为在性质上应界定为商标确权行为的结论。

关键词 商标确权 商标授权 行政确认 行政许可

一、问题的提出

一般而言，经营者将自己创设的商业标识向商标局申请商标注册以获得独占权利已经成为商业上的一种惯例。经营者一旦设计出新的商标，第一反应就是必须要去相应行政机关申请注册，否则该标识可能得不到保护。由此可见，在人们心中，商标和商标局的关系非常密切，这使得人们往往会有“行政机关的授权产生当事人的知识产权”①的强烈感觉，甚至存在“取得商标专

* 沈俊杰，华东政法大学。

① 任英菊：《知识产权：不是行政授权》，http://wenku.baidu.com/view/6f2dd908763231126edb11e6.html，访问日期为2010年8月28日。

用权利的先决条件是必须向商标局申请，商标权的取得有赖于商标局的'授权'，一旦商标局不予核准，那么商标所有人将不能获得商标权"的想法。也就是说，实践中也有公众将商标局核准注册的行为视做将商标专用权"授权"给经营者的行为。

那么，商标局核准注册行为究竟是否属于商标授权？这不仅在学术界存在诸多争议，连现有的立法也无法给出一个令人信服的解释。

对于"授权"和"确权"之争，从我国现有的法律规定上看，并没有一个明确的判断。《商标法》第2条规定：国务院工商行政管理部门商标局主管全国商标注册和管理工作。第3条规定：经商标局核准注册的商标为注册商标。商标注册人享有商标专用权，受法律保护。仅从字面上看，立法机关似乎给出了一个略偏向于商标授权的答案，然而在2010年4月最新出台的《最高人民法院关于审理商标授权确权行政案件若干问题的意见》中，全文出现"授权确权"一词共计11处，不难看出，司法机关将"授权"和"确权"完全不同的概念合并为一而不加以区分，从而回避了对商标局核准行为的法律性质的争议。

二、学术界对核准注册行为的三种不同主张

那么，行政机关的核准行为究竟是不是"授权行为"？学术界对该行为的法律性质也存在一定争议，主要有以下三种不同的观点：

第一，行政授权说（以下简称"授权说"）。该观点认为，商标局核准行为属于商标授权。除不动产及个别动产外，一般财产所有权的原始取得不需要国家机关的特别授权，而知识产权则不同，大部分知识产权产生的法律事实不仅包括创造者的创造性行为，还包括国家机关的授权行为。这是权利主体资格最终获得的必经程序。为使该项权利的排他性得到充分的体现，国家在通过"行政授权"的同时，又作出行政公告，公示该项权利的具体内容，使不确定的义务人得以明确该项权利的存在，规范自己的行为。[②] 总的来说，这一观点的主张者认为行政机关在商标权取得过程中作为一个授权者，将商标权授予申请人。

第二，行政许可说（以下简称"许可说"）。第二种观点和授权说比较相似，即对于该"授权"行为可以理解为行政许可行为，即行政主体根据商标申请人的申请，以颁发商标注册证的形式赋予相对人行使商标权的具体行政行为。

② 参见王晔：《论公示公信原则与知识产权保护》，载《知识产权》2001年第5期。

第三,行政确认说(以下简称“确认说”)。第三种观点则主张,该行为属于“商标确权”。商标权本质上是一项财产权,决定商标权的取得或撤销的程序,相当于认可或剥夺财产的程序。[3] 行政主管机关根据法律的规定撤销原已授予的商标权,也是行政确认的行为,是重新确认权利归属的行为。也就是说,商标局只是对商标所有人业已享有商标权进行确认,商标局并不存在授权的行为,只是对商标所有人合法享有商标专用权的证明。对此,行政法将上述情形界定为行政确认行为,即商标局对相对人享有商标权这一法律关系进行证明并予以宣告的具体行政行为。

这几种观点争论的焦点,从行政行为法基本原理出发,归纳起来就是商标局的核准注册行为是属于“行政授权行为”还是“行政许可行为”或是“行政确认行为”的问题。从理论上看,商标局核准注册的行为应当被认定是行政确认行为而不是行政许可行为,即该行为是“确权”而不是“授权”。

三、核准注册行为不是行政授权行为

(一)行政授权定义

商标局核准注册的行为绝不可能是行政授权行为。关于行政授权的基本定义,传统的观点认为行政授权行为是指宪法、组织法以外的单行法律、法规将某项或某方面的行政职权授予行政机关以外的组织,被授权者以自己的名义实行行政管理活动和行政职权,并由自己对外承担行政活动的法律责任。[4] 从该定义中不难看出,这里行政授权的对象,是行政机关以外的组织。随着社会的发展,学者发现现实生活中存在行政机关的派出机构甚至是派出机关都获得了法律、行政法规授予的行政管理职权。于是,传统的行政授权的定义发生了改变,不少学者主张上述被授权“组织”应当不受限制:可以是行政机关,也可以是非行政机关;可以是一级行政机关,也可以是非一级行政机关。[5] 但是,行政授权行为定义的演变都没有改变一点,那就是行政授权的对象只能是具有一定社会管理职能的行政机关或非行政机关,绝不是在日常经营活动中实施民事法律行为的经营者。更重要的是,行政授权中的“权”是指行政管理职权,也就是行政权。根据宪法和行政法的传统理论,国家行政

---

③ 参见李琛:《商标权的程序保障刍议》,载人大复印报刊资料《民商法学》2001 年 1 月。

④ 参见皮纯协:《行政法学》,群众出版社 2000 年版,第 113 页。

⑤ 参见应松年:《行政法专题讲座》,东方出版社 1992 年版,第 183 页。

权只能赋予行政机关，其他组织或个人均无权行使。但在现代社会中，国家干预社会生活的深度和广度都在加强，使得行政权的范围日益扩张。另外，随着行政管理的专业性、技术性的加强，行政机关由于专业所限已经难以满足行政管理的需要。因此，行政机关将一部分行政权通过授权的方式授予一些组织行使，以便及时、有效地实现行政管理目标。[⑥] 这也是行政授权存在的动因。

（二）行政授权不等同于商标"授权"

事实上，行政授权和商标"授权"的差异显而易见。

第一，两者客体不同。行政授权的客体是行政管理职权，是行政主体依法所享有的对某一领域或者某一方面行政事务按照一定的方式进行组织和管理的行政权力，这是一种"权力"而不是"权利"，是公权的体现。商标局的"授权"行为的客体是商标专用权，是商标权人对其商标独占享有的排他权利，这是一项民事权利，是典型的私权。

第二。两者主体不同。行政机关是不可能授权的，只有法律法规才可能授权。行政授权行为的授权主体只能是具有法律、法规制定权的机关。[⑦] 行政授权行为中的另一方主体，根据对行政授权行为广义的理解，那就是行政机关或社会组织。然而，在商标局核准注册商标的行为中，产生法律关系的主体则是商标局和商标权人两个主体。此外，个人不能成为行政授权的对象，实践中，除了如行业协会等少数组织取得集体商标或证明商标以外，绝大多数商标权利人均属于个人，这不符合行政授权行为的基本规则。

第三，救济方式不同。行政授权行为中的被授权人为该项行政职权的法定行政主体，依据《商标法》的授权被允许以被授权组织自己的名义对外履行行政管理职责。但是，这种授权行为是不可诉的行为，事实上，这种授权往往不允许受到置疑，质疑该授权的本质是对现行法律的质疑。如果认为现行法律存在缺陷，只能根据《立法法》有关的规定向有关部门反映，但行政相对人绝不能通过民事或行政诉讼寻求"救济"。对于商标局的核准注册行为，依据我国《商标法》第 43 条的规定，当事人对商标评审委员会的裁定不服的，可以自收到通知之日起 30 日内向人民法院起诉。人民法院应当通知商标裁定程序的对方当事人作为第三人参加诉讼。该条文表明这种核准行为是可诉的。

---

⑥ 参见沈福俊、邹荣主编：《行政法与行政诉讼法学》，北京大学出版社 2007 年版，第 86 页。

⑦ 参见叶必丰：《行政法学》，武汉大学出版社 2003 年版，第 136 页。

该行为的实质是商标局作出的具体行政行为而不是授权本身。如果行政相对人不服该核准行为从而进行申诉,那么商标局将成为行政复议中的被申请人或者是行政诉讼的被告。

(三)切勿混淆《商标法》第2条

需要特别强调的是,《商标法》第2条规定商标局依据《商标法》的授权,享有并行使对商标的注册和管理职权。该条规定是典型的行政授权行为,但不能借此认定商标局核准注册行为的法律性质属于行政授权。事实上,商标局能够主管商标注册并颁发商标注册证的权力来源于《商标法》的直接授权,法律相当于授权方,商标局相当于受权方,权力在法律和行政机构间流转。商标局作为行政主体,商标权人作为行政相对人,商标局和商标权人共同成为该行政法律关系的主体双方。通俗地讲,这是商标局和商标权人之间的关系。这和商标局接受法律授权相比,不仅一方主体发生变化,商标局的法律地位也有一定的差异。本文的讨论对象是商标局颁发商标注册证行为的法律性质,而不是商标局受权主管商标注册工作的权力性质,二者不能混淆。如果因为《商标法》第2条属于行政授权行为从而将商标局核准注册行为视做行政授权,无疑是偷换概念。

(四)商标局核准注册行为定性之争核心:行政许可还是行政确认

根据《商标法》的相关规定,商标局作出的核准注册行为属于行政诉讼的受理范围。行政诉讼法学理论一般认为,只有具体行政行为才构成行政诉讼的受理范围,所以,商标局颁发商标注册证的行为,只能是一种具体行政行为。上文已经论述对该行为的法律性质定性绝不能认定为行政授权,但事实上,如果一定要将商标局核准注册的行为定义为"授权"行为,那么,运用行政许可基本原理似乎更为适合。一方面,商标局同相对人产生法律关系,由于商标局属于行政主体,这一关系必须是行政法律关系;另一方面,行政许可的可诉性也符合具体行政行为的这一条件。最重要的是,行政许可是一种授益性行政行为。行政许可准予申请人从事特定活动,申请人从而获得了从事特定活动的权利或者资格,行使许可的权利并获得相关利益。[8] 这一点更符合"授权说"的核心思想。

行政授权行为从字面上似乎代表"授权说"观点,但其真正涵义和"授权

⑧ 参见罗豪才、湛中乐主编:《行政法学》,北京大学出版社2006年版,第180页。

说”实则南辕北辙,若将“授权”和“确权”之争定义成“行政授权行为”和“行政确认行为”是不恰当的。行政许可理论是唯一可以代表“授权说”观点的法理依据。所以,要真正回答商标局核准注册行为的法律性质这一问题,其本质就是“行政许可”和“行政确认”之间的争论。

三、行政许可和行政确认的区别——兼论核准注册行为应定性为商标确权

行政许可,是指在法律一般的禁止的情况下,行政主体根据行政相对人的申请,通过颁发许可证或执照等形式,依法赋予特定的行政相对人从事某种活动或实施某种行为的或资格的具体行政行为。⑨ 行政确认是指行政主体依法对行政相对人的法律地位、法律关系或有关法律事实进行甄别,给予确定、认定、证明(或否定)并予以宣告的具体行政行为。⑩

行政许可和行政确认虽然都是有赖于第三人申请的被动行为,但二者却存在一定的区别,而正是这区别,决定了商标局核准注册行为只能是一种行政确认行为,即该行为属于“确权”而不是“授权”。

(一) 两者的内容不同

行政确认的内容是对法律事实的存在与否作出认定,并不直接创设权利和义务。行政许可的内容则是审查申请人是否具备从事某种特定活动的条件和能力,直接影响申请人的权利义务。⑪ 那么商标局的核准注册行为有没有为相对人创设权利义务便成了研究该行为法律性质的关键。

许可说认为,商标权利人取得商标专有权是基于商标局的核准注册行为,商标局作出的行政行为赋予了商标权人在一定期间内享有并独占行使具有垄断性质的商标专有权利,直接为商标权人创设了权利。对于知识产权权利来源的探讨,学术界有一定的争议。国内外大体存在以下两种观点:一种是知识产权自然权利观念。⑫ 该种观念认为,知识产权和有形财产权一样,来源于劳动,并且是一种自然权利。另一种则是知识产权法定观念。知识产权

⑨ 参见姜明安主编:《行政法与行政诉讼法》,高等教育出版社 2005 年版,第 282 页。

⑩ 参见皮纯协:《行政法学》,群众出版社 2000 年版,第 114 页。

⑪ 参见沈福俊、邹荣主编:《行政法与行政诉讼法学》,北京大学出版社 2007 年版,第 261 页。

⑫ 参见易继明:《知识产权的观念:类型化及其不足》,载《法学研究》2005 年第 2 期。

法定观念来源于物权法定观念。这种观念认为,知识产权的种类、内容、限制等重大内容都应当由制定法明文规定,凡是制定法没有明文规定的权利或者利益,就是知识创造者不应当享有的,应当属于公共领域中的财富,由社会共享。[13] 学术界只是围绕知识产权的权利来源是基于法律规定还是天赋人权的探讨,但两种观点皆否认知识产权来源于行政机关的授权这一观点。

真正导致在某一保护对象上形成商标权保护的原因在于其所蕴涵的创造性劳动成果应当得到尊重,是创造性劳动的成果的存在而不是某一行政机关的存在并作出的行政行为使商标权产生。理想状态下,商标权作为一项民事权利,应当自创造活动发生这一事实行为而产生,法律规定的有无并不是民事权利产生的依据。以《合同法》为例,在《合同法》尚未出台前,合同双方基于真实意思表示缔结的契约对双方均有约束力,合同的效力在双方签字的那一刹那产生(在不考虑欺诈,显失公平,附条件、期限等影响合同效力的情形下),而不是法律的有无。即使没有《合同法》,也不能认为当事人对生效的合同不享有合同的权利。人身损害赔偿之债亦是如此,债权在损害行为这一事实行为发生时产生,法律只是将这种基本原则以法律的形式固定下来,加以细化并考虑免责事由罢了。权利的来源绝不是法律,但商标权和普通民事权利(尤其是债权)不同,它是具备垄断性质的权利。因此,法律在权利取得的制度设计上必须额外规定新的条件以体现出更多的干预和调控。这种"额外的"干预和调控使得商标权的产生和法律的关系显得更为密切,也就有了知识产权法定的理论观点。

对于商标权,从权利来源论,它是一种"自然权利",创造性活动是知识产权产生的"源泉"(source);从权利依据论,它是一种"法定权利",法律规定是知识产权产生的"依据"(origin)。[14] 对于商标权权利的来源,到目前为止很难给出一个清晰的判断,但是,无论哪一种观点成为主流,都能说明一点,商标权权利的取得,与行政机关的设置或审查并不发生必然的联系。

既然商标权并非源自商标局,也就是说,商标局的核准注册行为没有创设给商标权人任何权利义务,这使得将这一行为归为行政确认行为更为适宜。更重要的是,既然商标局无权可授,又怎来商标授权这一说呢?

另外,根据我国《商标法》第13条的规定,未注册的驰名商标也受到法律

---

⑬ 参见李扬:《知识产权总论》,中国人民大学出版社2008年版,第2页。

⑭ See L. Ray Parrerson, Stanley W. Lindberg, The Nature of Copyright: A Law for User's Right, The University of Georgia Press, 1991.

保护。也就是说，商标权除了通过注册取得这一传统模式外，对于驰名商标，不经行政机关注册也能获得商标权。这也间接说明了商标权取得与商标局核准注册行为没有必然的联系。

（二）两者的性质不同

行政确认的内容本质上是一种证明行为，现实生活中，婚姻登记是最典型的行政确认行为，这种登记只是对申请人合法婚姻事实的确认，是对其婚姻法律关系的证明。行政许可实际上是对于一般禁止的解除，因此是一种赋权行为。律师协会批准律师执业申请就是行政许可行为。一般的，公民不得以律师身份进行代理诉讼活动，否则可能涉嫌非法经营的罪名。也就是说，公民在未经批准下不得以律师身份执业。这种禁止义务是由法律事先规定的。行政许可的本质在于产生解除这种禁止义务的效果。

在商标局实施核准注册行为之前，对于符合《商标法》规定注册条件的商标，该所有人对于该商标依然享有使用权，该商标的识别作用依然能在相关产品竞争上得到发挥。也就是说，法律本身并不禁止经营者使用商标，只要该商标不侵犯他人权益或违背社会公益，那么该商标就可以由设计者任意使用。注册商标的要求则略高，不仅要满足前面两个条件，同时也必须符合《商标法》对注册商标的额外规定，如三维标志的限制等。需要注意的是，法律对注册商标的要求比允许使用的商标要略高，这就存在一个空当，也就是说，对于在允许使用和允许注册区间范围内的商标，虽然不允许被注册但是可以被使用。所以，法律并不禁止商标设计者等主体在商品或服务上使用商标，即使没有商标局的核准注册行为，也不影响对商标的使用。那么，商标局的核准注册行为并不是对禁止的解除，不宜被界定为行政许可行为。相反，这一行政行为恰恰是一种证明行为，即行政主体对相对人法律地位或者权利义务的确定和证明。

有学者认为，对于专利权和商标权的审定是一种经济行政确认。[15] 绝大多数行政法学者也认为，商标局颁发商标注册证的行为属于行政确认。根据法律规范和行政活动的实际情况，行政确认的形式主要有以下几种：确定，即对个人、组织的法律地位与权利义务的确定，如在颁发专利证书、商标专用权证书中确认专利权、商标权等；[16]对产品标准化的行政认证和计量器具检定、产品

---

⑮ 沈福俊、邹荣主编：《行政法与行政诉讼法学》，北京大学出版社 2007 年版，第 263 页。
⑯ 参见罗豪才、湛中乐主编：《行政法学》，北京大学出版社 2006 年版，第 211 页。

质量认证;对商标和专利权的审定;对著作权的确认;对动植物检疫的确认等。[17]

(三)两者体现的羁束性程度不同

行政确认是羁束性行为。行政主体必须严格依法定范围、条件、标准、形式、程序等实施行政行为。商标局的核准注册行为鲜明地体现出羁束性的特点。羁束行政行为和自由裁量行政行为是行政法学上对行政行为的基本分类之一。这一划分是以行政行为受法律约束程度不同为标准的。羁束行政行为,是指法律规范对行政行为实施的条件、范围、方式、数额等有详细明确的规定,行政主体必须严格按照法律规定实施的行为。自由裁量行为,是指行政法律规范文件对行为的条件、范围、方式、幅度的规定留有一定余地,或只规定了一定的范围和幅度甚至于原则,行政主体可以在法定范围内或根据原则来具体斟酌、选择而实施的行政行为。[18] 两者最大的区别在于,对于羁束行政行为,行政主体没有任何选择的余地,法律怎样规定,行政主体就只能怎样执行。例如,《税收征管法》第 32 条规定,纳税人未按照规定期限缴纳税款的,扣缴义务人未按照规定期限解缴税款的,税务机关除责令限期缴纳外,从滞纳税款之日起,按日加收滞纳税款万分之五的滞纳金。税务机关必须严格按照"万分之五"的标准追缴滞纳金,不得降低也不得提高该标准。但对于后者,法律允许行政主体在一定范围内享有自由裁量权,如《治安管理处罚法》第 69 条规定,对组织播放淫秽音像等,处十日以上十五日以下拘留,并处五百元以上一千元以下罚款。这是典型的自由裁量行为,允许处罚机关可以依据自己的判断在"处十日以上十五日以下"、"五百元以上一千元以下"的范围内对违反治安法律的第三人进行行政处罚。

羁束性,是对特定法律事实和法律关系是否存在的宣告,某种法律事实或法律关系是否存在,是由客观事实和法律决定的,行政主体没有自由裁量的余地,只能严格按照法律规定和技术鉴定规范进行。[19] 商标局审查注册商标申请时,完全受制于客观材料反映出来的事实状况,没有自由裁量的空间。只要申请的商标符合法律规定的允许注册的条件,那么该商标就成为注册商标,反之则不能。某些行政许可行为也存在自由裁量的余地,如在有限自然资源的开发利用、有限公共资源的配置、直接关系公共利益的垄断性行业的

[17] 参见张正钊、胡锦光:《行政法与行政诉讼法学》,中国人民大学出版社 2009 年版,第 142 页。
[18] 参见沈福俊、邹荣主编:《行政法与行政诉讼法学》,北京大学出版社 2007 年版,第 118 页。
[19] 参见阳平:《商标行政授权行为是一种"备案"》,载《中华商标》2004 年第 7 期。

市场准入等，往往采取特许这种许可方式，即行政主体可以在若干个符合基本条件的申请人中选择最终的受许人。羁束性并不是行政许可的特征，从这一点上，将商标局核准注册行为定性为行政确认更为合理。

有学者认为，由于商标权和专利权属于工业产权，其具有更强的独占性、排他性，不论多少相同构思的表现产生，法律只保护其中的一个，[20]因此这是一种授权活动，因为商标局对符合条件的申请商标进行选择。笔者不同意这种观点。从表面上看，商标局享有自主决定权，和特许行为无异，但实质上，商标局并没有自由裁量的可能。在特许情形下，结果则具有不确定性，综合条件最优的申请人未必获得授权，最终获得特许的“幸运儿”直接依据行政主体的意志，结果不能根据规定简单得出。对于商标局核准注册行为，依据《商标法》第29条的规定，两个或者两个以上的商标注册申请人，在同一种商品或者类似商品上，以相同或者近似的商标申请注册的，初步审定并公告申请在先的商标；同一天申请的，初步审定并公告使用在先的商标，驳回其他人的申请，不予公告。也就是说，如果在商标注册申请审查时发现类似商标，商标局至多只能向一个申请人颁发商标注册证，对此，《商标法》已经明文规定申请人商标获得注册的先后顺序，商标局只能严格按照法律规定的程序和方式进行判断，商标局只需运用最基本的逻辑推理就能确定最终的受权人。推理结果是唯一的，也是申请人根据法律规定事先一定能够判断得出的。可见，行政主体仍没有自主决定的特权。

四、余　论

（一）民法理论视野下对授权确权之争的探讨

从民法角度出发，也同样能够得出上述结论。授权和确权，两者在民法上最本质的区别在于权利的来源不同。授权的前提条件是权利从授权方向受权方流转。也就是说，授权人必须是原先权利的合法享有者，如果“授权方”本身不享有权利，在民法上对这种情形称为无权处分，是对真正权利人造成损害的侵权行为，对于该行为很难认定为授权。确权，往往只是第三方对某法律关系的确认，在商标权属中，体现为对民事主体享有商标权这一法律事实的确认。该权利并不来源于确认者，实施确认行为的行政主体本身并不

[20] 参见王晔：《论公示公信原则与知识产权保护》，载《知识产权》2001年第5期。

享有权利，权利人的权利来源可能是依据法律行为或是事实行为，但和行政主体没有任何关联性。事实上，一旦将该行为定义为授权行为，就必须首先满足商标局享有商标专有权并将该权利授予申请人的前提条件。然而，商标局本身不可能享有商标权。商标是由商标设计者设计而得，该商标凝聚着设计者的设计思想和经营理念，从知识产权基本原理出发，设计者对该商标享有权利。当然，由于职务行为或设计者将该标识转让等原因，该标识相关权利会由设计者以外的主体继受，但该继受主体肯定是作为经营者的民事主体而不会是作为行政主体的商标局，所以商标局不可能享有原权利，其“授权”行为也就缺乏理论上的依据。所以，从民法角度出发，商标局核准注册行为只能是一种确权行为。

（二）《行政许可法疑难问题解答》的暗示

国务院法制办公室在《行政许可法疑难问题解答》（以下简称《解答》）中认为：“行政许可是行政机关对经济和社会事务的管理行为，不包括对民事权利、民事联系的确认。因此，植物新品种权的授予，组织机构代码、商品条码的注册，产权登记，机动车登记，婚姻登记，户籍登记，抵押登记等，不是行政许可；而城市筹划管理中选址意见书的批准，土地管理中对国有土地使用权出让的批准，是行政许可。”植物新品种权的授予和商标权授予有着一定的相似性和参照性，《解答》明确规定该行为不是行政许可，从某种角度而言也可以推导出商标注册不是行政许可的观点。《解答》虽然没有直接明确商标注册行为属于行政确认，但却否定了将该行为定义为行政许可的观点。另外，《解答》中“不包括对民事权利的确认”似乎暗含法制办认可该行为宜界定为行政确认的观点。令人惋惜的是，《解答》的制定机关只是国务院法制办公室，相当于行政机关对《行政许可法》作出的行政解释，法律位阶过低甚至都不能算是法律渊源。

（三）结论

综上所述，对商标局核准注册行为法律性质的探讨，基于该行为由行政主体作出，因此从行政行为法理论角度出发无疑是最佳的途径。在行政授权、行政许可以及行政确认中，通过对比三种行为的定义、特征不难推导出行政确认是在理论上唯一能较好解释商标局颁发商标注册证这一行为的理论依据。行政确认的核心仍是对某种法律关系、法律地位抑或是权利义务的确认，也就是说，商标局核准注册商标行为应当属于确权行为而不是授权行为。

网络交易平台服务商商标侵权责任的认定

——以 Tiffany 诉 eBay 案为例

◇ 阮开欣*

内容摘要 随着网络技术的发展和贸易活动的增长，网络交易平台商标侵权责任的认定影响到商标权人和网络贸易之间的利益关系。本文主要以美国的 Tiffany 诉 eBay 案为例，对该案的相关事实和法律适用进行分析，并给出了网络交易平台服务商是否构成商标侵权的判断因素。

关键词 网络交易平台 商标侵权责任 间接侵权

随着网络技术的发展和贸易活动的增长，销售假货这种商标侵权行为从原来的实体环境延伸到了网络环境。商标权人通常考虑到成本和效率的原因，不会直接去找销售假货的个人追究商标侵权的责任，而通常是向网络交易平台服务商追究商标侵权的责任。因此，对网络交易平台服务商的商标侵权责任的认定是一个重要的问题。

网络交易平台服务商的责任问题放大地看是一个网络商业贸易与商标权利人之间利益平衡的问题。如果为了过分保护商标权人的利益而在法律上认定网络交易平台服务商承担的责任过大，那么网络服务商就需要承担较高的注意义务。网络服务商为了履行自己较高的注意义务，就会投入较高的成本，在此情况下，网络服务商为了保持自己商业模式盈利状况，就会把这些

* 阮开欣，华东政法大学。

成本转嫁到个人用户身上，比如增加摊位费或手续费，而摊位费和手续费的增加会导致交易成本的上升从而阻碍商品的交换，妨碍商业贸易的发展。另外，如果法律上认定网络服务商的责任过小的话，则会不利于对商标权人利益的保护。因此，适当正确地认定网络服务商的责任大小才能协调好网络商业贸易与商标权人之间的利益关系。

Tiffany 诉 eBay 案①是美国有关网络交易平台服务商关于商标侵权责任的标志性案件。在该案之前，美国几乎没有直接关于该问题的判例。在二审的判决书中，法官在分析 eBay 是否构成帮助侵权时也承认可以借鉴的相关判例是非常稀少的。② 甚至在一审诉讼过程中，原告还向一审法院提交 2008 年 6 月 30 日在法国巴黎商事法院判决的同类型案件。③ 二审法院在审理时也参考过欧洲各国与此同类型案件的情况，在二审判决书的注释中介绍了之前欧洲各国对于同类型案件的判决结果。④ 因此，这个案件是美国首次对网络交易平台服务商关于商标侵权责任作了详尽的认定和阐述。

一、Tiffany 诉 eBay 案的基本案情

原告 Tiffany 是一家高度知名的提供高端奢侈品的公司，销售如项链、珠宝、手表等带有 Tiffany 商标的饰品，它对其商标享有权利有 170 多年的历史。被告 eBay 是全球著名的网络交易平台服务商，用户经过注册后可以通过其网站进行商品或服务的买卖交易。自从 2000 年开始，所有的新款 Tiffany 商品都通过 Tiffany 公司专门的零售店和网站进行销售，而 eBay 上不被 Tiffany 公司允许销售新款的 Tiffany 饰品。因此，eBay 上存在的 Tiffany 商品主要存在两类，即二手的 Tiffany 商品和假冒的 Tiffany 商品。原告在 2004 年向纽约南部的联邦地区法院提起诉讼，主要针对被告网站上存在大量的假冒原告商标的商品信息提出了五项诉因：(1) 商标权的直接侵权；(2) 商标权的帮助侵权；(3) 商标权的淡化；(4) 不正当竞争；(5) 虚假广告。原告 Tiffany 认为网站上假冒商品的信息是由个人用户造成的，而不是 eBay。Tiffany 认为 eBay 知道假冒商品的存在，并且有相应的义务监控卖家的非法行为，其具体义务包

① See Tiffany v. eBay, 576 F. Supp. 2d 463, 600 F. 3d 93.

② See Tiffany v. eBay, 600 F. 3d 93, at 103.

③ See SA Louis Vuitton Malleteir v. eBay, Inc., Tribunal de Commerce de Paris, Premiere Chambre B. Case No. 200677799 (June 30, 2008). 由于此案中原告 Louis Vuitton 在法国胜诉，所以原告 Tiffany 希望通过提交该判决书来获取预判效果。

④ See Tiffany v. eBay, 600 F. 3d 93, footnote 9.

括主动地移除对同一款式超过五件的带有 Tiffany 商标的商品信息，[⑤]并在一旦发现有用户有涉嫌侵权行为时将该用户账号中止。eBay 则认为，监控 eBay 网站上假货的责任应由 Tiffany 承担，而事实上，eBay 所收到的所有涉嫌侵权的通知，eBay 都已做到了对侵权商品信息的立即删除。2008 年 7 月 14 日，一审判决原告 Tiffany 全部败诉。然后该案上诉到二审，二审法院联邦第二巡回上诉法院在 2010 年 4 月 1 日作出判决，除了对虚假广告的诉因发回外，其他都支持了一审的结果。虚假广告的诉因也因原告证据不足最后在发回的地区法院的判决中没有得到支持。Tiffany 最后向美国联邦最高法院上诉，但联邦最高法院没有进行审理。

二、Tiffany 诉 eBay 案的主要诉讼焦点

（一）eBay 是否构成商标直接侵权

Tiffany 提出商标直接侵权所针对的是 eBay 主动使用 Tiffany 商标的行为。案中该行为包括两种：第一种是 eBay 主动将 Tiffany 商标使用在自己网站的情况，这是考虑到为了用户的方便从而吸引更多的用户。eBay 在其主页上放有一个最热的搜索词的榜单，Tiffany 这个词就在最热搜索词的榜单中，在 eBay 的首饰和手表商品分类中，Tiffany 这个词也存在于按照品牌进行分类的列单中。第二种是 eBay 主动将 Tiffany 商标使用在其他网站上的情况，即 eBay 在 google 和 yahoo 上购买了搜索引擎关键词服务，一旦在搜索引擎上输入 Tiffany 这个词就会出现指向 eBay 网站的赞助链接。因此，Tiffany 认为 eBay 应与网站上的售假者连带承担直接侵权的责任。法院驳回了这一诉求，理由是 eBay 的这些使用 Tiffany 商标的行为属于商标的指示性使用。[⑥]

根据商标法中的指示性使用的原理，商标权利人无权阻止他人对其商标进行描述性的使用。只要行为人没有暗示其与商标权利人之间的联系（比如赞助关系或附属关系）而导致混淆，商标权利人就不能禁止他人正确描述所

⑤ Tiffany 公司声称采取了一种叫“five-or-more”的规定，即它要求它旗下所有店铺对于同一款式的商品不能超过五件卖给同一顾客，因此，eBay 上若有超过五件的同一款式的商品信息存在，就应该被认定为假货。但在一审举证过程中，法院发现 Tiffany 公司内部并没有严格采取这一规定，eBay 上仍然存在许多对同一款式超过五件的 Tiffany 真货，这个认定方法被法院认定无效。

⑥ 指示性使用作为商标侵权的积极抗辩是存有争议的，因为一般商标侵权的构成前提就是导致混淆。这在美国的不同联邦巡回上诉法院之间意见就不一，比如第三巡回上诉法院就将其作为积极抗辩，而第九巡回上诉法院只是将其作为原告侵权诉求中对混淆进行分析的补正。

卖商品的品牌。这一原则可以适用的关键原因在于商标权利人无权阻止二手真货的销售,eBay 网站上的确存在许多的二手 Tiffany 的真货。eBay 使用 Tiffany 的商标只是为了让买家购买这些二手真货,也没有造成让公众认为其与 Tiffany 有任何的赞助或附属关系。另外,法院还注意到 eBay 网站上还存在 Tiffany 的“About Me”网页[⑦],这个网页不仅可以表明没有任何赞助或附属关系的存在,而且也证明了买家不会因为 eBay 主动使用 Tiffany 商标的行为而误以为 eBay 上主要存在的是 Tiffany 真品的混淆。

(二) eBay 是否构成商标帮助侵权

美国间接侵权责任的规则都来源于判例。商标领域的间接侵权责任的适用主要来源于 1982 年美国联邦最高法院判的 Inwood 案[⑧]。此案中,被告生产了与原告过期专利药品在外观上相同的药品并出售给药店。原告认为被告提供这种与原告药品相同的行为意在引诱药店将被告药品假冒原告药品向销售者提供,因此在药店构成直接侵权的情况下,被告构成间接侵权。该案得出的商标间接侵权的规则(Inwood 标准)在以后的商标间接侵权案件中一直得到引用:如果产品制造商或经销商故意引诱他人侵犯商标权,或在明知或有理由知道商标侵权行为的情况下还继续提供产品的构成商标的间接侵权,制造商或经销商将承担因此而产生的损害后果。表面上,Inwood 标准只适用于生产商和经销商,但它的适用范围在以后的判例中不断进行扩大,以至于包括服务提供者。在 Hard Rock Café Licensing Corp. v. Concession Servs., Inc. 案[⑨]中,联邦第七巡回上诉法院就把 Inwood 标准适用在了跳蚤市场。在 Fonovisa, Inc. v. Cherry Auction, Inc. 案[⑩]中,联邦第九巡回上诉法院把 Inwood 标准适用在了旧货交易市场。

本案中,被告 eBay 起初提出 Inwood 标准不适用于网络服务商,只适用于产品的制造商和经销商。一审法院拒绝了两者的区别,并引用了 Lockheed Martin Corp. v. Network Solutions, Inc. 案[⑪]中 Inwood 标准适用于网络服务商

⑦ “About Me”网页是 eBay 提供商标权利人对其商品信息作出说明的一个平台。比如 Tiffany 就在其“About Me”网页上告知公众 eBay 上存在大量的假冒 Tiffany 的商品。

⑧ See Inwood Laboratories, Inc. v. Ives Laboratories, Inc., 456 U.S. 844, 102 S. Ct. 2182, 72 L. Ed. 2d 606 (1982).

⑨ See Hard Rock Café Licensing Corp. v. Concession Servs., Inc., 955 F. 2d 1143 (7th Cir., 1992).

⑩ See Fonovisa, Inc. v. Cherry Auction, Inc., 76 F. 3d 259 (9th Cir., 1996).

⑪ See Lockheed Martin Corp. v. Network Solutions, Inc., 194 F. 3d 980 (9th Cir., 1999).

的结论。二审中,eBay 也没有再提出 Inwood 标准对其不适用。因此,二审法院就直接认定 Inwood 标准适用于 eBay。Inwood 标准的适用所达到的一个法律效果是排除了“合理预期”(Reasonable Anticipation)标准的适用。“合理预期”标准在《不正当竞争法重述》中有明确的规定:行为人如果在合理预期到侵权行为的情况下没有采取合理的预防措施来防止侵权行为的发生,应承担帮助侵权的责任。[12] 可以看出,按照“合理预期”标准,如果行为人没有主动地采取预防措施则会被认定具有过错,这种过错程度远高于 Inwood 标准的过错程度。在 Tiffany 诉 eBay 案中,eBay 也显然大概知道其网站上存在大量的侵犯原告商标权的家伙,如果采取“合理预期”标准,eBay 就会被认定具有过错而承担帮助侵权的责任。

从 Inwood 标准可见,商标间接侵权责任的规则与一般间接侵权责任的规则是类似的,可分为两部分,即引诱侵权责任和帮助侵权责任。Tiffany 没有要求 Inwood 标准中的第一部分,因此法院也没有将引诱侵权责任的规则适用于此案进行分析,法院只适用了 Inwood 标准的第二部分分析 eBay 是否构成帮助侵权。对于帮助侵权的过错程度,法院区分了两个概念,即“确切知道”(Specific Knowledge)和“大概知道”(Generalized Knowledge)。“确切知道”是过错程度中较低的标准,只有在 eBay 确定知道侵权的商品信息具体位置的情况下才能认定其具有过错。在案件事实中,Tiffany 向 eBay 发出了大量的侵权通知,eBay 也按照了侵权通知中的具体侵权信息位置进行了移除。因此,按照“确切知道”的标准,eBay 是不存在商标间接侵权的过错的。“大概知道”是过错程度中较高的标准,即如果 eBay 大概知道其网站上存在大量的侵权商品信息,而无须知道侵权信息具体的位置,就存在过错。对于 eBay 大概知道其网站上存在大量侵权商品信息的事实,双方并没有异议,所以这个案件中原告与被告之间争议最大的问题就是是否适用“大概知道”的标准来认定过错,换句话说,就是 Inwood 标准中存不存在“大概知道”的过错标准。

对于 Inwood 标准的解读,法院引用了版权法中著名的索尼案[13]来进行解释。在索尼案中,索尼公司自从 20 世纪 70 年代开始在美国销售一种叫做 betamax 的录像机。该录像机可以通过定时器对某一指定频道的节目进行录制,美国环球电影制片公司和迪斯尼制片公司于 1976 年起诉索尼公司,认为

---

⑫ See Restatement (Third) of Unfair Competition § 27 (2007).

⑬ See Sony Corp. of America v. Universal City Studios, Inc., 464 U.S. 417, 104 S. Ct. 774, 78 L. Ed. 2d 574 (1984).

消费者未经许可使用betamax录像机录制其享有版权的电视节目构成版权侵权,而索尼公司制造和销售这种录像机的唯一目的就是引诱观众录制电视节目,因此应作为帮助侵权者承担间接侵权责任。最后,betamax录像机因具有"改变观看时间"合理使用的用途而不被认定侵权。美国联邦最高法院在判决书中分析索尼公司是否构成帮助侵权时,引用了Inwood案用来比较商标的帮助侵权和版权的帮助侵权。美国联邦最高法院认为,商标帮助侵权的过错标准应比版权帮助侵权的过错标准严格,如果Inwood标准适用到索尼案,索尼公司是明显不构成帮助侵权的。索尼公司也显然大概知道用户会将betamax录像机作为侵权用途,因此根据索尼案的结果,"大概知道"是不能适用于Inwood标准而认定eBay承担商标的间接侵权责任的。

由于Inwood标准被解释得过于严格,法院还使用了相对较低标准的"故意视而不见"(Willful Blindness)来判断eBay是否具有商标帮助侵权的过错。"故意视而不见"标准主要是经过Hard Rock Café Licensing Corp. v. Concession Servs., Inc.案和Fonovisa, Inc. v. Cherry Auction, Inc.案得出来的。这些案件的被告都是旧货交易市场(俗称跳蚤市场),它们都因为具有故意视而不见的主观状态,在怀疑到侵权事实后仍故意不进行调查,最后都被认定承担间接侵权责任。按照联邦第七巡回上诉法院的话说,对侵权行为的"故意视而不见"就等同于"实际知晓"。最后法院认定eBay不具有"故意视而不见"的过错,其主要理由是:从经济利益的角度说,eBay是有很大的经济动因来促使网站上的假货数量达到最小化的,eBay也收到了许多顾客因为网站上的侵权商品受骗上当而向其作出的投诉,这也给eBay的信誉带来经济风险,因此它也做了许多的努力并投入大量的资金来防止假货造成的经济风险。同时,法官也注意到了eBay可能从假货的交易中获取经济收入,但这方面的经济动因是远小于前者的。⑭

需要指出的是,商标的间接侵权责任还包括引诱侵权责任(Induced Infringement)和替代责任(Vicarious Liability)。虽然法院经过比较详尽的分析认定eBay不承担商标帮助侵权的责任,但由于Tiffany在诉讼过程中也没有提出引诱侵权责任和替代责任的诉因,法院便没有就eBay是否可能承担引诱侵权责任和替代责任进行阐述。笔者认为,从引诱侵权责任的方面看,关键在于被告是否具有前面所述的Inwood标准中故意引诱的主观状态。正如前文所说的经济动因,毕竟假货的存在对于eBay的商业发展是没有利处的,

---

⑭ See Tiffany v. eBay, 600 F. 3d 93, at 109.

eBay 引诱用户实施商标侵权行为的主观意图很难存在,构成引诱侵权的可能性是非常小的。从替代责任的方面看,替代责任的构成要件为:(1) 有权利及有能力监督行为人的直接侵权行为;(2) 对行为人获取直接经济利益。能否将替代责任适用在网络交易平台服务商的关键在于其是否具有可监督性的这个要件上。Hard Rock Café Licensing Corp. v. Concession Servs. ,Inc. 案中原告就希望适用替代责任来追究被告的商标间接侵权责任。但此案的法院不支持被告具有替代责任中有权利及有能力监督直接侵权行为能力的要求。法院将商标法中替代责任与版权法中的替代责任进行比较,认为商标侵权中的可监督性是低于版权侵权中的可监督性的。⑮ 其实,这种可监督性上的区别在网络环境中的侵权行为上表现得更加明显,比如一件侵犯版权的作品(如档期内热播的电影或电视剧,一旦未经许可而被上传在网络上,一般人都能很容易地判断其是违法上传的侵权作品,而仅仅从网络交易平台中所显示的商品信息是很难判断背后的商品是否为侵犯商标权的商品,只有在实体上获取商品后进行鉴定才可知晓,有的仿制程度高的商品甚至需要专门的鉴定才能判断。因此,替代责任也是比较难被适用在网络交易平台服务商上来追究其商标间接侵权的责任。

三、网络交易平台服务商是否构成商标间接侵权的判断因素

虽然美国联邦第二巡回上诉法院最后认定 eBay 不承担间接侵权责任,但分析判决书中的相关事实和法律适用也有助于我们知道应如何认定网络交易平台服务商的商标间接侵权责任。网络交易平台服务商在具体操作的商业模式中存在问题的情况下,也是有可能达到具有帮助侵权中的过错要求而承担商标间接侵权责任的。我国相关的法律适用主要是《侵权责任法》第 36 条和《商标法实施条例》第 50 条第 2 项的规定,但对于如何认定网络交易平台的商标间接侵权责任的归责规则是不明确的,故笔者总结了如下的判断因素:

(一) 网络交易平台服务商是否采取了适当的通知移除规则

在本案中,eBay 采用了一种叫做 VeRO(Verified Rights Owner)的系统,目

⑮ See Hard Rock Café Licensing Corp. v. Concession Servs. , Inc. , 955 F. 2d 1143, at 9 (7th Cir. , 1992).

前也已有超过14000个权利人参与到VeRO系统中。它是eBay专为权利人提供的“通知并移除”的系统，权利人可以加入到VeRO系统中，eBay提供了专门的侵权通知样本NOCI(Notice of Claimed Infringement Form)，权利人需把侵权商品信息的具体地址写入侵权通知中。权利人可采取不同的形式发送NOCI，比如传真、电子邮件或VeRO系统的专门举报工具。eBay会根据权利人发来的侵权通知在24小时内对所举报的侵权商品信息进行删除，通常来说75%的侵权商品信息会在4小时内就被移除。在移除之后，eBay还会向涉嫌侵权的卖家告知移除原因并提供相关的教育信息来防止卖家再次实施侵权行为。另外，eBay为了方便权利人找到侵权商品信息，还为参与VeRO系统的权利人提供了一个自动搜索工具“最优化搜索”(My Favorite Searches)。这个工具会每天自动搜索特定的可能涉嫌侵权的商品信息，并将最优的搜索结果通过电子邮件形式发送给权利人。⑯ 显然，eBay推行了如此成熟的机制而完备地实施了通知移除规则，这也是eBay最后没被认定承担商标间接侵权责任的重要原因。

值得一提的是，如果权利人的侵权通知中没有明确地指明侵权商品信息的位置，网络交易平台服务商就不会达到“确切知道”，这种情况下网络交易平台服务商仍然会因权利人没有发出有效的通知而没有违反通知移除规则。如在波马诉淘宝案中，原告也曾发律师函给被告，但问题是来函中没有指明确定的侵权人(或侵权链接)，也未对其侵权行为提供任何证据，法院最后认为原告未提供有效的通知。⑰ 这在著作权法中的通知移除规则上是可以完全得到借鉴的，如《信息网络传播权保护条例》第14条第2项中就明确通知书应当包含“要求删除或者断开链接的侵权作品、表演、录音录像制品的名称和网络地址”。

(二) 网络交易平台服务商是否尽到了事前注意义务

网络交易平台服务商所尽的事前注意义务主要包括对卖家真实身份信息的审核和在用户服务协议中加入禁止用户侵犯知识产权的条款。以淘宝为例，淘宝会员在淘宝网站上出售物品，需进行个人认证或商家认证，淘宝公司会要求会员填写真实姓名、证件号码、交易联系地址及电话，并提供证件，

⑯ See Tiffany v. eBay, 576 F. Supp. 2d 463, at 478.

⑰ 参见鲁道夫·达斯勒体育用品波马股份公司诉浙江淘宝网络有限公司等商标侵权纠纷案，广州市中级人民法院(2006)穗中法民三初字第179号民事判决书。

获得实名认证后的会员即可在淘宝网上发布交易信息。《淘宝网服务协议》就用户注册、用户权利和义务、淘宝公司的权利和义务、服务的中断和终止等作出了明确约定。在 Tiffany 诉 eBay 案中，法院在判决书中只是简单地提到了 eBay 履行了这两项义务而并没有强调这些义务的重要性。显然，如果没有尽到这些义务，那么承担商标间接侵权责任的可能性是很大的。在衣念诉淘宝案中法院在判决书中也强调："淘宝公司作为网络服务提供者，对于在淘宝网上销售商品的淘宝卖家，有事先要求其登记信息、实名认证的审查制度，并制定了《淘宝服务协议》、《商品发布管理规则》等管理规范，对于接受权利人投诉也有相关的审查制度。"⑱

（三）网络交易平台服务商是否采取"三振出局"规则

"三振出局"规则是指网络交易平台服务商对于反复实施商标侵权行为达到一定程度的卖家进行停止账号的措施。这里的"三"并不意味只有卖家正好实施了三次侵权行为才达到停止账号的要求，而只是相对于一旦发现侵权商品信息而一次快速停止涉嫌侵权的卖家账号的行为，是否停止账号需要按照卖家具体的侵权程度而定；如果在卖家所销售的商品都是侵权商品且数量众多的情况下，侵权卖家的账号也应该一次性地被停止。

在 Tiffany 诉 eBay 案中，Tiffany 即要求 eBay 一旦在收到其侵权通知后发现涉嫌侵权的商品信息，就应该停止该商品信息的卖家的账号。但法院并没有采纳这一主张，理由是：（1）虽然侵权通知已经表明对商品信息侵权性质的初步推定，但侵权通知并不能绝对表明该信息中的商品一定是假货。实际上，Tiffany 也承认自己所发的侵权通知中有的商品可能也是真货，最后这些销售真货的卖家的账号也会获得恢复。（2）停止账号是非常严重的事情，特别是对那些依靠在 eBay 上销售商品为生的卖家而言。有的卖家自己也并不知道自己所卖的商品是假货，自己也可能受到欺骗，主观上并没有违法的动机。对于那些无辜的卖家停止账号是不合理的。⑲

对于网络平台交易服务商使用"三振出局"规则在版权法领域也是可以得到借鉴的。DMCA 第 512 条第 m 款规定：所有网络服务提供商要享受免责的共同条件是其"已经采取了并合理实施了在适当情况下对作为反复侵权者

---

⑱ 衣念（上海）时装贸易有限公司与浙江淘宝网络有限公司侵犯商标专用权纠纷上诉案，上海市第二中级人民法院（2010）沪二中民五（知）终字第 40 号民事判决书。

⑲ See Tiffany v. eBay, 576 F. Supp. 2d 463, at 489.

的网络用户和账号持有者停止服务的政策,并将这一政策通知了网络用户和账号持有者”。在著名的 Napster 案[20]中,法院判决被告承担版权间接侵权责任的重要原因是其明知有用户反复进行上传和下载 MP3 文件的行为而未封掉这些用户的账号。

因此,如果网络平台交易服务商在卖家实施一定程度的侵权行为后还没有停止其账号,则很有可能对该侵权卖家日后实施侵权存在主观的过错而承担商标间接侵权责任。

(四) 网络交易平台服务商是否对卖家信息进行披露

网络交易平台服务商提供涉嫌侵权卖家的身份信息和联系方式是为了方便商标权利人追究个人用户的商标侵权责任。如果网络服务商拒绝提供这些卖家的信息,则会使商标权人追击直接侵权者产生难度,网络服务商从一定程度上促进了卖家直接侵权的行为而存有过错。在 Tiffany 诉 eBay 案中,eBay 也是完全将涉嫌侵权的卖家信息披露给 Tiffany,因而在这点上没有引来 Tiffany 的诟病。

在美国,网络交易平台服务商披露卖家信息的行为并没有像在版权法的 DMCA 中要求网络服务商披露用户信息一样作为一项法定义务。如果网络服务商违反了一项法定义务,则承担责任的可能性非常高。因此,美国一些学者也呼吁在商标法领域应立法将卖家信息的披露作为一项法定义务,这才能节约商标权人搜索侵权者的成本并缓解商标权人和网络交易平台服务商之间的紧张关系。[21] 在 2008 年,众议院就有一个提案,要求增加网络交易平台服务商的用户信息披露义务,但遗憾的是最后该提案没有获得通过。[22]

与美国类似的是,我国也只是在《网络著作权司法解释》第 5 条规定:“提供内容服务的网络服务提供者,对著作权人要求其提供侵权行为人在其网络的注册资料以追究行为人的侵权责任,无正当理由拒绝提供的,人民法院应当根据《民法通则》第 106 条的规定,追究其相应的侵权责任。”但在商标法领域并没有类似的法定义务,笔者建议在商标法领域也进行相应的立法。

---

[20] See A&M Records, Inc. v. Napster, 239 F.3d 1004 (9th Cir., 2001).

[21] See Jessica L. Hilliard, Rights v. Commerce: Balancing Online Trademark Policing with the Emerging Online Marketplace, John Marshall Review of Intellectual Property Law, Fall, 2011, at 236.

[22] See H. R. 6713, 110th Cong. (2008), http://www.govtrack.us/congress/billtext.xpd? bill = h110-6713, visited on 2011-12-20.

（五）网络交易平台上存在的侵权商品比例

在 Tiffany 诉 eBay 案中，Tiffany 为了证明 eBay 上侵犯其商标权的商品比例很高，在立案前后分别两次聘请了独立的第三方调查专家在 eBay 上对 Tiffany 商品进行调查，最后发现假货的比例高达百分之七十几。但法院认定这方面的证据效力是非常弱的，主要理由是：虽然在购买环节是有调查专家进行的，但商品在购买之后的验证行为是 Tiffany 自己的品质保障部门进行的。因此，法院没有采纳 Tiffany 提出的侵权商品比例。虽然此案中由于程序问题法院没有将此因素考虑进去，但笔者认为侵权商品的比例也应当是考虑网络交易平台服务商商标侵权责任的认定要素。

在版权法领域，侵权比例对于网络服务商责任认定的影响是可以得到借鉴的。在著名的 Grokster 案[23]中，网络服务商被认定承担侵权责任最重要的因素在于被告的 p2p 软件绝大多数被用于侵权。这个案子也修正了索尼案当时留下的误读，即很多人会认为只要存在实质性非侵权用途就能获得间接侵权的免责。此案对网络环境中的间接侵权责任规则进行了细化。类比到商标侵权领域，如果网络交易平台上存在的某个商标的假货商品比例过高，则网络交易平台服务商对该商标权人承担商标间接侵权责任的可能性就较大。

（六）网络交易平台服务商所收手续费的大小

在 Tiffany 诉 eBay 案中，法官对于 eBay 的盈利模式也写入了案件的相关事实，其收入来源主要有三块：第一是卖家一旦把商品信息挂在网站上，eBay 就按商品的初始价格收取 0.2 到 4.8 美元的手续费；第二是一笔交易完成之后，eBay 就按照商品的最终完成价格收取 5.25% 到 10% 的手续费；第三是根据卖家和买家之间支付平台（PayPal）按照价格的大小收取一定的手续费。虽然法院没有对网络交易平台服务商收取的这些手续费与网络交易平台服务商承担责任之间的关系进行分析，但笔者认为，手续费的大小对责任认定也是应存有影响的。在法国的 SA Louis Vuitton Malleteir v. eBay, Inc. 案中，由于 eBay 收取了一定的手续费，法院将 eBay 认定为具有“经纪人”（Broker）的身份，由于这个身份应尽到较高的注意义务，最后法院认定 eBay 应承担帮助

---

[23] See MGM Studios, Inc. v. Grokster, Ltd., 545 U.S. 913 (2005).

侵权的责任。[24] 在分析网络交易平台服务商的责任时,有些学者也通常将其与一些其他身份进行类比,比如卖方或合营方、柜台出租方和居间人等。但通常来说,从这些身份中看出,一般从交易中获取经济利益较多的身份,其承担的注意义务也就越高。因此,网络交易平台服务商收取的手续费越高,所承担的注意义务也就越高。

(七)网络交易平台服务商是否采取其他反假措施

如果网络交易平台还采取了其他一些制止假冒商品的措施,其承担商标间接侵权的责任也可能相应降低。比如,除了 VeRO 系统,eBay 还开发了一种叫反假冒引擎(Fraud Engine)的工具。该反假冒引擎可以根据一定复杂的规则和模型自动地搜索侵权商品信息,现在其具有超过 13000 个不同的搜索规则。反假冒引擎针对的是那些明显的侵权商品信息,因为它对商品信息进行数据处理和分析,多数是那种让买家从商品信息中能判断出是假货的侵权行为,因此这个搜索工具主要还是针对售后混淆的商标侵权行为。

[24] See Todd Evan Lerner, Playing the Blame Game, Online: Who Is Liable When Counterfeit Goods Are Sold Through Online Auction Houses? Pace International Law Review, Issue 1, Winter 2010, at 251.

外观设计相近似之比较研究

——欧洲共同体与美国外观设计案例比较

◇ 李秀娟*

内容摘要 外观设计相近似的判断是外观设计授权和侵权中的重要内容。外观设计相近似分析涉及"一般消费者"及整体比较时的"设计空间"认定等事实问题。关于外观设计相近似的分析,欧洲《共同体外观设计条例》与美国《专利法》的规定和相关实践存在较大差异。本文在分析欧洲共同体和美国外观设计相近似判断的基础上反思我国外观设计相近似的"一般消费者"认定和整体比较。

关键词 外观设计 相近似比较 整体比较 一般消费者侵权

外观设计作为重要的知识产权,以保护产品上富于美感的装饰性外貌。外观设计相近似的分析主要应用于设计是否满足授权条件的审查过程和是否侵犯外观设计的分析过程。外观设计是否相近似的分析不仅给出申请设计是否满足新颖性要求的参考,更为是否构成外观设计侵权提供必要的依据。申请设计与现有设计,或者授权设计与被诉设计间相近似的分析和判断过程涉及"一般消费者"、整体比较中的"设计空间"、"外观设计保护范围"、"功能特征排除"等诸多问题。欧洲共同体外观设计相近似的分析过程为,首先确定"见多识广的用户(informed user)",进而分析"设计空间",最后得出

* 李秀娟,华东政法大学知识产权学院。
基金项目:本文系上海市教委第五期重点学科(项目号 J51104)建设之阶段性成果。

"整体比较"结果。在 1995 年的 Markman 案和 Elmer 案之后,美国外观设计的侵权分析(主要内容为外观设计相近似分析)包括权利要求解释和侵权判定两个步骤。[①] 美国外观设计相近似判断体现在普通观察者测试中的"普通观察者"认定和设计整体视觉效果的整体比较。

总体上,我国外观设计相近似分析与欧洲共同体外观设计的"个性特征(individual character)"的分析非常接近。但美国与我国和欧洲共同体在外观设计相近似分析上存在一定的差异。本文在比较欧洲共同体和美国外观设计相关规定和案例的基础上,比较"见多识广的用户"和"普通观察者"、"设计空间"和设计元素排除、欧洲共同体所采的单独对比和美国的基于现有设计的整体比较,在比较分析的基础上反思我国外观设计相近似分析中的"一般消费者"和整体比较等问题。

一、欧洲共同体外观设计相近似的分析

欧洲《共同体外观设计条例》规定注册外观设计应满足"新颖性(novelty)"和"个性特征"的实质条件。欧洲《共同体外观设计条例》第 5 条规定:当与被比现有设计的视觉效果完全相同(identical)时,设计不具备新颖性。[②] 该条例第 6 条规定,注册外观设计应具备与现有设计相区别的"个性特征"[③]。

---

① See Elmer & HTH v. ICC Fabricating, Inc., 67 F. 3d 1571, 1577, 36 U. S. P. Q. 2D (BNA) 1417, 1420 (Fed. Cir., 1995).

② See Regulation (EC) No 6/2002 Article 5 Novelty:

(1) A design shall be considered to be new if no identical design has been made available to the public:

(a) in the case of an unregistered community design, before the date on which the design for which protection is claimed has first been made available to the public;

(b) in the case of a registered community design, before the date of filing of the application for registration of the design for which protection is claimed, or, if priority is claimed, the date of priority.

(2) Designs shall be deemed to be identical if their features differ only in immaterial details.

③ See Regulation (EC) No 6/2002 Article 6 Individual Character:

(1) A design shall be considered to have individual character if the overall impression it produces on the informed user differs from the overall impression produced on such a user by any design which has been made available to the public:

(a) in the case of an unregistered community design, before the date on which the design for which protection is claimed has first been made available to the public;

(b) in the case of a registered community design, before the date of filing the application for registration or, if a priority is claimed, the date of priority.

(2) In assessing individual character, the degree of freedom of the designer in developing the design shall be taken into consideration.

与外观设计的“个性特征”的判断相一致，根据该条例第10条，外观设计的保护范围应以“见多识广的用户”对设计的视觉印象来判断。[④] 在确定外观设计的保护范围时，应考虑设计者的设计空间。根据以上规定可以得出，对于欧洲共同体外观设计而言，其授权所要求的“新颖性”和“个性特征”，实质与外观设计是否侵权中的设计相近似分析相一致。

从《共同体外观设计条例》第6条的具体规定看，若要判断设计是否具备“个性特征”，首先，应以“见多识广的用户”这一假想的人来判断；其次，“见多识广的用户”对设计的整体印象(overall impression)与现有设计的整体印象是否存在区别是判断具有“个性特征”的关键。欧洲《共同体外观设计条例》第6条第2款明确强调，在评价“个性特征”时，应当考虑设计者在开发设计中的设计空间(degree of freedom)。对于不具备“个性特征”的已注册外观设计，可以向欧共体内部市场协调局(OHIM)提起无效请求，也可以在侵权诉讼中请求法院认定外观设计无效。

欧洲法院和OHIM对外观设计“个性特征”的分析即为外观设计相近似的分析。一般情况下，在“个性特征”的分析中，首先根据设计产品的使用情况，确定外观设计的“见多识广的用户”，在分析设计产品的设计空间后，进一步作出设计是否具有“个性特征”的判断。

(一)“见多识广的用户”的认定

欧洲《共同体外观设计条例》并没有定义“见多识广的用户”，2010年的T-153/08号外观设计无效案则澄清了“见多识广的用户”的认定标准。该案作为欧洲共同体外观设计保护的经典案例，其后被多个案例所援引。T-153/08号判决中涉及一项通讯设备的外观设计。案件中Shenzhen Taiden拥有2004年申请注册的、注册号为214/903-0001的欧共体外观设计。2005年Bosch Security Systems请求OHIM宣告该设计无效，其后由于对申诉委员会(Board of Appeal)作出的决定不服，其又上诉致欧洲法院。欧洲法院指出：“见多识广的用户所指‘用户’是一个对体现外观设计产品的用途感兴趣的

---

④ See Regulation (EC) No 6/2002 Article 10 Scope of Protection:

(1) The scope of the protection conferred by a community design shall include any design which does not produce on the informed user a different overall impression.

(2) In assessing the scope of protection, the degree of freedom of the designer in developing his design shall be taken into consideration.

人。”[⑤]在判决中，法院指出“见多识广的用户”具有的知识水平为：“见多识广的用户知道存在的各种相关设计，了解设计中所包含的常规设计特征，并且作为对产品感兴趣的结果，当使用产品时相对高度注意（high degree of attention）。”[⑥]判决中强调：“不意味见多识广的用户具有超过通过使用该产品所获得的经验。（见多识广的用户）并不能识别出产品上具有的技术功能而表现出的特征。因此，见多识广的用户了解相关设计，但并不知道产品哪个部分（的设计）是技术功能所限定。”[⑦]针对案件中涉及的设备，申诉委员会认为该案中“见多识广的用户”是“任何经常参加会议的参与者”[⑧]。案件中欧洲法院认为这一认定是合适的，并且指出：“经常参加会议的人，了解不同的会议通讯设备通常具有的特征。”[⑨]

从欧洲法院 T-153/08 号外观设计无效案可见，欧共体外观设计中的“见多识广的用户”并非外观设计产品的设计者也并非技术专家。“见多识广的用户”实际上是外观设计产品的使用者。这样的使用者通过对产品的使用，了解产品通常所具有的特征。但是这些特征并非产品中的功能特征，而是产品中的设计特征。从 T-153/08 号外观设计无效案对“见多识广的用户”的认定可知，OHIM 更多地认为，“见多识广的用户”通过产品外观设计的使用获取相应的外观设计鉴别的知识，从而具有相应的鉴别能力。

（二）设计空间的认定

欧洲《共同体外观设计条例》第 6 条和第 10 条都指出，在分析“个性特征”或外观设计保护范围时，需要分析外观设计的设计空间。欧洲法院在判决中指出，设计空间在每一案件中是作为事实问题加以考虑的。[⑩] 在澄清设计空间分析的判例中，法官认为：“如果设计者存在相对高的设计空间，那么在判断设计是否具有‘个性特征’时，（申请设计）与现有设计间存在的非常小的区别并不会使申请设计具备‘独立特征’。”[⑪]由此可知，设计空间直接影响“见多识广的用户”对外观设计的分辨能力。设计空间高时，“见多识广的用

⑤ Case T-153/08 Shenzhen Taiden v. OHIM.
⑥ Ibid.
⑦ Ibid.
⑧ Ibid.
⑨ Ibid.
⑩ See Case C-281/10 P PepsiCo, Inc. v. Grupo Promer Mon-Graphic, S. A.
⑪ Ibid.

户”不会注意到设计的细节。但是,对于设计空间较低的情形,“见多识广的用户”具备更高的设计细节辨别能力。

那么为什么设计空间会对“见多识广的用户”的观察能力有影响呢？欧洲法院认为:分析设计的个性特征时必须考虑设计者的设计空间的原因是,有些产品所呈现的特征是(产品)必须具备的。设计者并不能自由地改变这些特征。由此而具有的相近似的特征(在判断设计是否具有个性特征时)不应被认为非常显著。例如,比较两个有四条腿的厨房用桌时,桌子腿通常不是显著的因素。因为厨房用桌大量采用四条腿。当设计被设计者的创造自由所限制时,即使很小的区别,通常足以(对“见多识广的用户”)产生整体视觉印象的区别。显然从以上分析可知,考虑设计空间的根本原因在于,外观设计中包含产品满足技术要求所必需的功能特征所体现的设计元素。设计者不可避免地在外观设计中要呈现这些设计元素,以实现产品应具有的工业价值。但如果两个设计源自相同的限定设计元素而构成整体相似,那么这样的外观设计相近似并非装饰性设计得相近似。在整体外观设计中,除了必须体现的设计元素外(当然,这些功能元素也是每一相同产品必须体现的),“见多识广的用户”更能注意到设计中装饰性设计“存在的非常小的区别”。即此时“见多识广的用户”更能区别出外观设计中的装饰性设计的细节。

尽管欧洲《共同体外观设计条例》并未明确指出考虑设计空间时需要考虑的具体因素,在 PepsiCo 案中,欧洲法院进一步澄清设计空间的两种分析思路。一种是将设计空间严格限制在设计中的功能元素。也就是说,仅有必须体现产品功能的特征方构成设计空间的限制。另一种是消费者对产品设计的期望。市场期望产品所具备的标准特征未必是产品必须具备的特征。在 Pepsico 案中,有法官认为市场期望的设计特征不应构成对设计空间的限制。⑫

二、美国外观设计相近似的分析

1871 年 Gorham 案确定了美国外观设计相近似判定的基本原则——普通观察者检测标准。该案法官总结外观设计侵权判定的普通观察者标准为:如果在给予了一个购买者通常都会给予的注意力的普通观察者眼里,两个外观设计相似到如此的程度,以至于欺骗了观察者,诱导他以为是前一外观设计产品而购买了后一外观设计产品,那么,后一外观设计就构成了对前一外观

⑫ See Case C-281/10 P PepsiCo, Inc. v. Grupo Promer Mon-Graphic, S. A.

设计的侵害。[13] 在2008年之后，考虑到现有设计的影响，普通观察者标准转变为："对于熟悉在先外观设计的购买者来说，被控侵权产品外观不会被认为与本案专利外观设计如此的相似，以至于本案专利设计与被控侵权产品外观之间的相似会欺骗购买者，诱导他以为是前一外观设计产品而购买了后一外观设计产品。"[14]因此，美国外观设计的普通观察者标准涉及"普通观察者"认定和设计与现有设计比较基础上的整体比较。

1995年的Markman案和Elmer案之后，美国外观设计的侵权分析（主要内容为外观设计相近似分析）包括权利要求解释和侵权判定两个步骤。[15] 其中，权利要求解释部分确定外观设计的保护范围，设计是否相近似采用普通观察者标准判断。

（一）普通观察者测试确立——Gorham案

1871年的Gorham案中，权利人拥有应用于汤勺或者叉子柄部[16]的外观设计（见图1 a），White的被诉设计见图1 b。案件审理中双方就授权设计与被诉设计是否相近似产生了争议。在Gorham案中，法官在判决中写道："外观设计所带来的视觉效果增加了产品的商业价值。"[17]法官在判决书中援引在先判决即Holdsworth v. McCrea案判决指出："可复制的并表现在图片或形状中的外观设计的价值（merit of the invention），是对眼睛的吸引力（the appeal is to the eye），因此只有眼睛能判断这两件事物是不是一样的。"[18]因此，Gorham案实际上确定了整体对比对设计的视觉效果的比较。基于此，法官进一步陈述如何判断是否两个设计是一样的。"如果仅仅是线条存在小的或者形状的变化可以认定为具有相同的外观，除非这些变化足以改变视觉效果，否则不应破坏实质相似。"[19] Gorham案不仅确立了美国外观设计侵权判断的普通观察者标准，也确立了外观设计侵权判断时应采用授权设计与被诉设计的整体比

---

⑬ 参见张晓都：《美国外观设计专利侵权判定标准的新变化》，载《中国发明与专利》2009年第4期。

⑭ 同上。

⑮ See Elmer & HTH v. ICC Fabricating, Inc., 67 F.3d 1571, 1577, 36 U.S.P.Q.2D (BNA) 1417, 1420 (Fed. Cir., 1995).

⑯ 美国外观设计法可以授予应用于产品局部的部分设计，Gorham案涉及汤勺和叉子的柄部的装饰性设计。

⑰ Gorham v. White, 14 Wall. 511, 81 U.S. 511, 20 L.Ed. 731 (1871).

⑱ Ibid.

⑲ Ibid.

较的方式。

a Gorham 的授权设计　　　　b 被诉设计

图 1　Gorham 案涉及的外观设计

美国联邦最高法院审理该案后认为，专家能够分辨出类似产品上的细小或微不足道的变化和区别。由于专家的观察力远强于一般的产品购买者，专家可以区分出近似外观设计更多的细节，专家得出两个设计相近似的可能性更小。除非被控侵权产品完全复制了授权外观设计，否则，专家眼里的授权外观设计与被控侵权设计不会认定为相同。在 Gorham 案中，美国最高法院确立的普通观察者测试指出应由普通观察者而非设计专家对设计是否相近似作出判断。

（二）权利要求解释

专利文件中，专利权利要求书应告知所有社会公众权利人拥有的权利范围。专利权利要求书通常用所属领域一般技术人员的术语来撰写。在判断专利保护范围时，有时需要对专利权利要求中的具体术语含义予以澄清。相应的，美国专利法将侵权分析中对技术术语进行解释以确定专利保护范围的过程称权利要求解释。[20] 在美国 Markman 案后，专利侵权分析包括两个步骤：首先，解释专利权利要求以确定专利保护范围；其次，在权利要求解释的基础上判断是否侵权。Markman 案不仅影响了发明专利，对外观设计侵权分析也产生了巨大的影响。[21]外观设计侵权判定也必须作出权利要求解释。在 Elmer 案中，法官认为在进行权利要求解释时，应当用文字描述（describe）诉讼中的外观设计。[22] 但是，这样的描述是用文字描述设计中的具体设计特征还是设计概念，或是描述设计所给出的视觉印象？在 Lee 案中，权利人认为其外观设

⑳ 权利要求解释的英文词组包括：patent claim construction, claim Interpretation or claim constructiond etc.。

㉑ See Elmer & HTH v. ICC Fabricating, Inc., 67 F.3d 1571, 1577, 36 U.S.P.Q.2D (BNA) 1417, 1420 (Fed. Cir., 1995).

㉒ See Durling v. Spectrum Furniture Co., 101 F.3d 100, 103 (Fed. Cir., 1996).

计专利受保护的范围“应是一个包括瘦长柄并且在一端有一对球的按摩器”[23]。在 Contessa 案中,地区法院在权利要求解释时仅说了一句“如图所示的盘子的设计”。那么该如何正确给出权利要求解释呢?

巡回法院在 Durling 案判决中强调:“对 Durling 的权利要求作出的正确解释应当明确设计所产生的视觉印象(focuses on the visual impression it creates)”[24]。巡回法院认为地区法院对 Durling 授权设计的文字描述并不能唤起(evoke)与授权设计相一致的视觉印象。相反,地区法院对授权设计的描述仅仅是一般带有尾桌的组合沙发的一般概念。如图 2 所示,涉案授权设计是三部件连续的组合沙发,包括两个沙发部分和在垂直角上的桌子连接而成。转角桌子任意一边的沙发都具有圆的角,并且具有类似于枕状填充物的扶手。Durling 案指出,外观设计权利要求解释时,应对设计所产生的视觉印象进行描述,而非一般设计概念(design concept)。其后,Egyptian Goddess 案指出,文字描述的权利要求解释可以提供一个文字描述的设计,法官通过说明其观点在权利要求范围内引导事实发现。Egyptian Goddess 案中法官指出,权利要求解释可以澄清外观设计图片中存在虚线的作用,并且通过外观设计的权利要求解释澄清授权设计中的装饰性设计和纯功能性特征。[25]

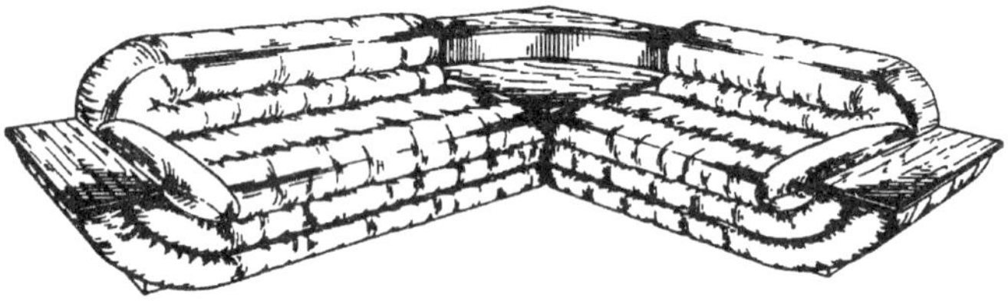

图 2　D339243 号设计

(三)“普通观察者”的认定

在 Gorham 案中,美国最高法院审理后认为,专家能够分辨出类似产品上的细小或微不足道的变化和区别。如果以专家的眼光进行评判就会毁掉国会给予外观设计的保护。美国最高法院强调:(除复制外)从来没有一个剽窃的外观设计其所有细节完全与授权设计相同(人类从未产生过一个这样的设

---

[23] Lee v. Dayton-Hudson Corp., 666 F. Supp. 1072, 2 U.S.P.Q.2D (BNA) 1300.

[24] Durling v. Spectrum Furniture Co., 101 F.3d 100, 40 U.S.P.Q.2D (BNA) 1788 (Fed. Cir., 1996).

[25] See Oddzon Prods., Inc. v. Just Toys.

计)以至于没有一个专家能区分它们。正如没有伪造的银行支票看起来与真的一模一样,以至于连经验丰富的专家也不能辨别真伪。因此,专家并非被控侵权人所欲欺骗的人。㉖ 由于专家的观察力远强于一般的产品购买者,专家可以区分出近似外观设计更多的细节,专家得出两个设计相近似的可能性更小。因此,除非被控侵权产品完全复制了授权外观设计,否则专家眼里的授权外观设计与被控侵权设计不会认定为相同。

Gorham 案不仅确定了以"普通观察者"进行侵权判定,同时也强调不能采用专家作为外观设计的评价者。其后美国以判例的方式不断澄清"普通观察者"。在 1933 年判决的 Applied Arts 案中进一步总结了"普通观察者"对设计有关知识的描述:"一个普通观察者并不是任何普通公众,而应是对外观设计的知识比经过训练而有能力的专家要少,是一个类似设计产品的购买者,或者是对这一产品感兴趣的人。假想的普通观察者在案件中不是一个从未看见过火车或者开过车的埃塞俄比亚人,而是一个对设备有一定的熟悉,并且对车的速度和运转模式能够形成合理判断的人。……普通观察者,尽管这个人不是专家,但对产品有合理的熟悉,以他的观察能够合理地判断一个设计与现有设计的区别性和相似之处。"㉗

因此,从美国对"普通观察者"的认定可知,外观设计的"普通观察者"并非所属领域的设计人员或者是设计专家,而且"普通观察者"也不能是对设计一无所知的人。在 2008 年的 Egyptian Goddess 案中,法官强调"普通观察者"能够根据现有设计区分授权设计和被控侵权设计。对于"普通观察者"的知识水平和认知能力,法官认为:普通观察者应被认为是在熟悉外观设计的前提条件下,来判断授权设计与被控侵权产品之间的不同。根据现有设计来审视专利外观设计与被控侵权产品外观之间的区别时,假想的普通观察者的注意力将会被吸引到授权设计区别于现有外观设计的不同部分。当授权设计与现有设计接近时,被控侵权产品外观与授权外观设计之间的细小区别对所假设的普通观察者来说,都很可能是重要的。㉘

㉖ See Christopher v. Carani, The New "Extra-ordinary" Observer Test for Design Patent Infringement, John Marshall Review Intellectual Property Law, Spring, 2009, at 354—380.

㉗ Applied Arts Corp. v. Grand Rapids Metalcraft Corp., 67 F. 2d, at 430 (6th Cir., 1933).

㉘ 参见张晓都:《美国外观设计专利侵权判定标准的新变化》,载《中国发明与专利》2009 年第 4 期。

（四）外观设计的整体比较

美国外观设计以普通观察者对设计的视觉印象来判断设计是否相近似。在2008年的Egyptian Goddess案中，巡回法院指出："不应过分重视设计中的某一个特征，或者将重点集中在外观设计中的各个文字描述的各特征而非将设计作为整体（as a whole）。"[29]因此，应以授权或者申请设计整体引发的视觉印象作出分析。在具体进行整体对比时，应考虑设计的装饰特征。

首先，应基于申请或者授权设计整体作为基础，而非设计中的某一个特征或者将重点集中在设计中各个文字描述的特征。由于外观设计最终是否相近似是普通观察者对设计视觉效果的比较，普通观察者观察设计过程中不会只看到设计中的某一特征。如汽车轮胎，尽管所有汽车轮胎都是圆的，但对于普通观察者而言，在观察轮胎时，不可能将圆形所产生的视觉效果从轮胎整体视觉效果中排除出去。

其次，美国外观设计整体比较是基于文字描述或者图片所产生的视觉印象的整体比较。美国法官在Holdsworth v. McCrea案中指出：可复制并表现在图片或形状中的外观设计的价值是对眼睛的吸引力。[30] 因此，应以设计的整体视觉效果为整体比较。

最后，美国外观设计的整体比较是在设计细节分析的基础上作出的整体对比。Lee诉Dayton-Hudson Corp.案中，进行整体对比时，法官认为应逐一分析授权设计与被诉设计间的设计元素，分析一般观察者对设计元素的视觉影响，最终从被诉设计对一般观察者整体视觉效果的影响角度作出是否侵权的判断。在2010年的Crocs案中，判断外观设计是否侵权时，法官更多是从逐一对比（side-by-side comparisons）授权鞋子设计与被控诉鞋子后，对"普通观察者"就授权设计与被诉设计整体视觉效果是否相近似作出判断。[31]

三、案例视角看外观设计相近似分析过程

外观设计相近似分析中欧洲共同体外观设计和美国专利法实践存在一

---

[29] Egyptian Goddess, Inc. v. Swisa, Inc., No 2006-1562, 2008 WL 4290856 (Fed. Cir., 2008).

[30] See Gorham v. White, 14 Wall. 511, 81 U.S. 511, 20 L.Ed. 731 (1871).

[31] See Int'l Seaway Trading Corp. v. Walgreens Corp., 599 F. Supp. 2d, at 1312 (S. D. Fla. 2009).

定的区别,但总体过程较为类似,即在逐一分析外观设计相近似的有关事实问题后作出是否相近似的判断。但是,针对特殊的外观设计产品,尤其是部件产品,外观设计的相近似分析却存在巨大差异。本文选取欧洲法院的T-10/08号判决和美国的Arminak案为例,具体分析欧洲共同体和美国对外观设计相近似分析的过程。在割草机发动机部件案(T-10/08号判决)中,OHIM在确定发动机的“见多识广的用户”后,以发动机的使用状态为基础作出了外观设计相近似的判断。在美国的Arminak案中,巡回法院肯定了外观设计的工业购买者为“普通观察者”后,以授权设计而非正常使用状态下组装后的产品作出外观设计相近似的判断。

(一)欧洲共同体割草机发动机部件案

2011年9月,欧洲法院就Kwang Yang Motor注册号为163290-0001的授权外观设计无效纠纷作出判决。涉案外观设计是一个装入割草机的内燃机部件。2005年无效宣告请求人以在先的德国D367070号外观设计为证据,向OHIM请求宣告该设计无效,相关设计见图3。

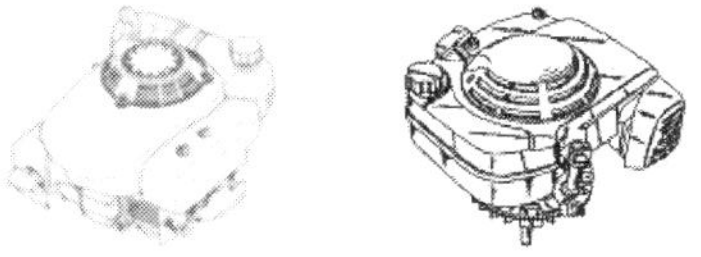

a 注册设计　　b 德国D367070

图3　割草机发动机部件案中的设计

在本案中,涉案设计是内燃机的一个部件,该部件装入割草机。首先应确定判断设计是否相近似的“见多识广的用户”。第三申诉委员会认为,在本案中,“希望割自己家花园中草坪上草的人,通过浏览这类割草机、光顾专业商店或者园圃工具中心,或者从网上下载信息等行为而成为见多识广的用户”[32]。因为割草机是技术工具,因此消费者应当将主要注意力集中在“功率、操作,注意事项等”。其次,申诉委员会分析后认为该内燃机部件具有比较大的设计空间。再次,对于整体比较的分析,第三申诉委员会在无效决定中写道:“见多识广的用户对装入外观设计部件的割草机有一个整体的印象,而非涉案外观设计中不明显细节的整体印象,如出风口上孔的数量或者套子的确

[32] Case R 1337/2006-3 Honda Giken Kogyo Kabushiki Kaisha v. Kwang Yang Motor Co.

切形状。”[33]装入割草机后，涉案设计与现有设计仅仅在启动部分有小的细节区别，因此，最后第三申诉委员会认为涉案注册设计无效。

具体来说，首先，该案判决认为，内燃发动机“见多识广的用户”是割草机的使用者，但实际上，体现外观设计的内燃机是出售给销售商而非最终用户。通常内燃机被出售给割草机、空气压缩机、电动机、泵或者其他的安装有内燃机设备的产品销售商。[34] 本案中，割草机的使用者很少单独购买内燃机，而且割草机的使用者仅能看到部分内燃机设计，但是欧洲法院还是肯定了申诉委员会对“见多识广的用户”的认定，认为割草机使用者是涉案外观设计的最终用户。

其次，该案以认定的“见多识广的用户”对组装在割草机中的内燃机的外观作了整体比较。此处整体比较的客体并非体现在设计图片中的整体设计。第三申诉委员会在无效决定中指出：“见多识广的用户”对装入外观设计部件的割草机有一个整体的印象，而非涉案外观设计中不明显细节的整体印象。[35]从欧洲共同体外观设计个性特征的分析实例看，外观设计近似的整体比较是在产品组装状态下的整体比较，而非在申请涉案设计图片所给出的保护范围内进行整体比较。

（二）美国外观设计的触发喷雾头案

与上述 T-10/08 号判决涉及的外观设计非常类似，2007 年美国的 Arminak 案也涉及部件产品的外观设计。Arminak 案中，Calmar 和 Arminak 公司均销售家庭液体产品用触发喷雾头。Calmar 拥有 1997 年授权的两项外观设计，其中一个为 D381581 号外观设计（见图 4）。这种触发喷雾头安装在含有液体的瓶子口上，触发喷雾头上有一根管子伸到液体里。当用手拉动喷雾头的触发器时，液体就吸入触发喷雾头里，并从喷雾头的喷雾嘴里喷出。2004 年 Arminak 销售名为“AA Trigger”的触发喷雾头。2004 年 10 月，Calmar 通知 Arminak 产品的购买者该“AA Trigger”触发喷雾头侵犯了其外观设计专利。地区法院认为，触发喷雾头外观设计的“普通观察者”不是购买瓶子的人（终端购买者），而是购买触发喷雾头作为产品部件的人（工业购买者）。

被诉产品仅仅是最终产品的一个部件，消费者并不直接购买该外观设计

[33] Case R 1337/2006-3 Honda Giken Kogyo Kabushiki Kaisha v. Kwang Yang Motor Co.

[34] Ibid.

[35] Ibid.

a D381581号设计　　b 装入喷头的产品

图4　Arminak案中的设计

产品本身,而是购买组装后的最终产品。如护肤水瓶中的喷雾头,通常消费者并不单独购买喷雾头,而是购买含有喷雾头的整瓶护肤水。

权利人Calmar认为,应认定终端购买者而非工业购买者为“普通观察者”:“因为终端购买者购买产品,能够看到一个触发喷雾设备连接到瓶子的上口,并且管子延伸进液体,从而从瓶子里提取液体。终端消费者更容易发现授权设计和被控侵权产品实质相同,误认Arminak的‘AA Trigger’触发喷雾头是授权设计。相反,如果认定工业购买者为“普通观察者”,这样的购买者对设计具更多的知识水平,能够区分授权设计和被控侵权产品,不会被欺骗认为Arminak的‘AA Trigger’触发喷雾头是授权设计。”㊱地区法院不同意Calmar的观点,认为触发喷雾头的“普通观察者”不是终端消费者,而是工业购买者。法院强调:“设计给产品的主要购买者带来一种新颖的外观,如果他们被误导,被欺骗购买的产品并非他们所要购买的……那么专利被侵权,专利所赋予的市场优势被破坏。”㊲要有效地保护外观设计,必须关注“那些购买和使用”产品的人。法官引用Keystone案所认定的“普通观察者”标准,对没有组装的单独设计的部件产品,认定由部件产品的购买者为“普通观察者”,而非组装好的产品的一般购买者。

上诉中,Calmar提出工业购买者并没有实际使用产品,因此不应认定为“普通观察者”。巡回法院不同意Calmar的观点,认为工业购买者的组装行为就是一种使用,并支持了地区法院对触发喷雾头设计的“普通观察者”是工业购买者的认定。巡回法院的法官认为:“与在先判决相一致,普通观察者是一个购买者或者对设计有足够的兴趣的人,有能力对被控侵权设计是否与授权设计实质相同作出合理的判断。”㊳这一购买者组装了瓶子、喷雾管子、液体、标签和触发喷雾头,生产了可以零售的单一产品。因此,最终本案中的“普通观察者”是仅仅购买了触发喷雾头的工业购买者,而不是最终含有触发喷雾

㊱ Gobain Calmar v. Arminak & Assocs., 2008 U.S. LEXIS 4799 (U.S., June 9, 2008).

㊲ Ibid.

㊳ Applied Arts Corp. v. Grand Rapids Metalcraft Corp., 67 F.2d 428, 430 (6th Cir., 1933).

头的液体器皿产品的终端购买者。

案件中,巡回法院以产品的工业购买者为一般消费者进一步判断授权的喷头与被控设计是否相近似,并以授权设计的图片为基础作出判断。

四、"见多识广的用户"与"普通观察者"的比较

外观设计保护是对产品装饰性设计的保护而非物理功能的保护。欧洲法院在 PepsiCo 案判决中写道:"外观设计法通过提供系统保护以实现对产品的创新予以奖励。"[39]欧洲法院在判例中强调:不意味"见多识广的用户"具有通过超过使用该产品所获得的经验。见多识广的用户不能识别出产品上由技术功能而表现出的特征。[40] 显然,对于欧洲共同体外观设计而言,应是对产品的装饰性设计创新的保护而非单纯产品物理功能创新的保护。美国 Gorham 案中,法官在判决中写道:"外观设计所带来的视觉效果增加了产品的商业价值。"[41]由此可知,欧洲共同体外观设计与美国外观设计的保护目的相同,均为对产品的装饰性设计的保护。那么由外观设计保护装饰性设计的目的可以得出,无论"见多识广的用户"还是"普通观察者",均应是对产品富于装饰设计的产品感兴趣的人,而非单纯产品物理功能的使用者。

在割草机发动机案中,割草机使用者具有对割草机的使用经验和外观的注意能力。但是,涉案外观设计仅仅是内燃机的部件,并非割草机。在使用割草机时,该部件仅部分可视。如果以割草机的使用者为"见多识广的用户",那么其是否对内燃机上的装饰性设计感兴趣?是否对现有内燃机的设计具有"敏锐的观察力(particularly observant)和具有一定的了解(some awareness)"?[42] 显然,割草机使用者更多地使用割草机中内燃机的功能,而这是产品的物理功能。正如案件中认定的割草机是技术工具,因此消费者应当将主要注意力集中在"功率、操作,注意事项等"。[43]

由 Arminak 案可见,在认定"普通观察者"时,美国法院考虑到最终产品的消费者并不直接购买该喷雾头,而是购买组装后的最终产品。在 Arminak 案中所提及的有效保护外观设计必须关注"那些购买和使用"产品的人。喷

---

[39] Case C-281/10 P PepsiCo, Inc. v. Grupo Promer Mon-Graphic, S. A.

[40] See Case T-153/08 Shenzhen Taiden v. OHIM.

[41] Gorham v. White, 14 Wall. 511, 81 U.S. 511, 20 L.Ed. 731 (1871).

[42] See Case T-153/08 Shenzhen Taiden v. OHIM.

[43] See Case T-10/08 Honda Giken Kogyo Kabushiki Kaisha v. Kwang Yang Motor Co.

雾头的工业购买者是对外观设计产品本身进行“购买或使用的人”。普通消费者在购买带有喷雾头的瓶子时，更关心所要购买的整瓶产品，并不会对喷雾头作出仔细的观察。如护肤水的购买者，更关心护肤水，不会将护肤水瓶的喷头作为主要的买点。尽管护肤水产品的购买者“购买和使用”了喷雾头，但这种“购买和使用”仅仅是针对喷雾头的物理效用，并非对外观设计产品本身的“购买或使用”。根据 Arminak 案，“设计给产品的主要购买者带来一种新颖的外观，如果他们被误导，被欺骗购买的产品并非他们所要购买的……那么专利被侵权，专利所赋予的市场优势被破坏”[44]。显然，以产品物理功能的购买者或使用者为“普通观察者”会导致无法实现对外观设计的保护。根据 Arminak 案不难得出，“普通观察者”是对外观设计产品的设计外貌作出判断后购买和使用的人，而非产品物理效用的享用者。

通过以上比较可知，认定割草机物理效用的使用者为“见多识广的用户”，有悖于欧洲法院在先判例所指出的“见多识广的用户”具备对产品设计的常识性了解的要求，同时也背离了对产品设计创新予以奖励的立法目的。

五、外观设计保护范围确定的比较

尽管欧洲法院在相关规定中强调外观设计是否相近似应以设计的整体视觉效果来判断，但通过前面的欧洲法院 T-10/08 号判决和美国的 Arminak 案比较可知，美国外观设计相近似的分析与欧洲共同体存在巨大的差异。

尽管根据欧洲《共同体外观设计条例》第 10 条的规定，外观设计的保护范围应为设计的整体产生的视觉印象，但从 T-10/08 号判决可知，该案并未体现在申请设计中的全部特征整体作为被比较的对象，而是以产品的最终用户——割草机的使用者能够观察到的产品的可视范围为准。在适用整体比较时，欧洲法院和 OHIM 均以组装后的割草机中部分发动机的外观为客体进一步作出整体比较。OHIM 在无效决定中指出，“见多识广的用户”对装入外观设计部件的割草机有一个整体的印象，而非涉案外观设计中不明显细节的整体印象，如出风口上孔的数量或者套子的确切形状。[45] 这样导致外观设计的比较实际上是以组装后的部分设计为基础作出相近似的判断，而非全部设计。

---

[44] Gobain Calmar v. Arminak & Assocs, 2008 U.S. LEXIS 4799 (U.S., June 9, 2008).

[45] See Case R 1337/2006-3 Honda Giken Kogyo Kabushiki Kaisha v. Kwang Yang Motor Co.

在美国Seaway案中，对于原告Seaway公司所称的鞋子内底为其创新点的主张，地方法院认为："当鞋子被穿着的时候，鞋底显然藏在使用人的脚下。尽管在人坐下或者走路时可以看到鞋底，但是不需要考虑鞋子的内底，而是要考虑在使用时可以看到的鞋底。"㊻据此，Seaway认为地方法院错误地适用普通观察者测试，没有全面地对比整个设计，没有考虑鞋子内底这一特征。地方法院根据在先案例指出："外观设计法仅仅需要法官考虑产品正常使用时可视的部分，不需要考虑在销售中是否可视的特征。"㊼显然，地区法官认为鞋子内底"藏在使用者的脚下"，故正常使用时不需要考虑相关设计特征（见图5）。

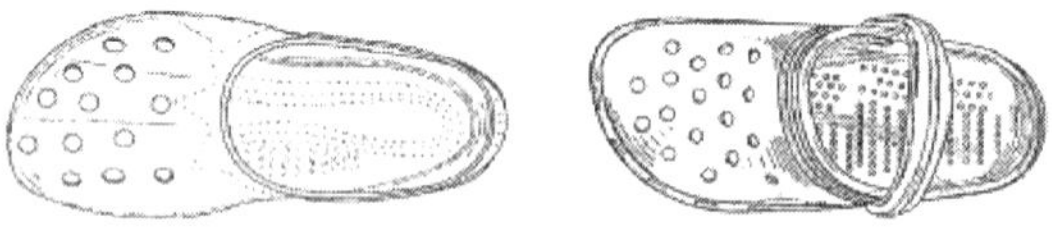

789专利　　263专利

图5　外观设计图片

然而，美国巡回法院完全否认了地区法院的这一认定。巡回法院强调："在评价外观设计是否侵权时，图形中所给出的全部装饰性特征都必须被考虑。地区法院错误地限定'正常使用'的可视范围不包括销售时的可视性特征。设计专利'正常使用'的内容从物件的生产、装配直到最终消灭、丢失或者消灭。"㊽实际上，美国在先案例Contessa案就已经强调不应将正常使用（normal used）限制在被控侵权产品使用寿命的一个阶段或者一个部分。㊾对于本案中的拖鞋，潜在的购买者可以通过橱窗、柜台看到鞋子或者在检查时看到鞋子的内底。同时，巡回法院在判决中也认识到："地区法院的这一错误没有什么损害。因为鞋子的内底对于整个鞋子而言并不具有显著的影响。一般的购买者主要是通过鞋子的外部形貌来购买鞋子。内底对于了解在先设计的普通观察者而言相对全部外观的贡献比较小。"㊿从Seaway案可见，尽管法院认为消费者不会非常关心鞋子内底的外貌，但是这一体现在设计图片

㊻ Int'l Seaway Trading Corp. v. Walgreens Corp., 589 F.3d 1233 (Fed. Cir., 2009).

㊼ Ibid.

㊽ Ibid.

㊾ See Int'l Contessa Food Prods., Inc. v. Conagra, Inc., 282 F.3d 1370, 1377, 62 USPQ2d 1065, 1067 (Fed. Cir., 2002).

㊿ Int'l Seaway Trading Corp. v. Walgreens Corp., 589 F.3d 1233 (Fed. Cir., 2009).

中的因素不可以直接忽略不记。

根据美国判例,申请或者授权设计应以图片所给出的整体为准。正如美国最高法院早在 1886 年的 Dobson v. Dornan 案中所指出的,设计最好用图片来体现,任何文字描述或者描绘都不如图片更清晰(intelligible)。考虑到设计者的目标在于通过产品设计吸引消费者,因此,最终整个产品的外貌(overall end appearance)才是普通观察者要评价的。美国外观设计普通观察者测试体现在申请或者授权设计图片中的全部内容所产生的视觉印象。对于 Arminak 案,尽管产品组装后,对整体设计的影响不是非常大,但是美国巡回法院却坚持以图片中的设计为基础作为整体比较的依据,而非组装后的设计。

正如美国法官在判例中所述:"专利就像不动产的契约,显示了专利权的财产疆域。"[51]外观设计文件中,外观设计图片告知所有社会公众权利人拥有的权利范围。显然,美国法院在分析外观设计判断是否相近似时,以申请或者设计图形中的全部装饰性特征为依据,不允许如 T-10/08 号判决以组装后的剩余部分可视产品作出设计是否相近似的判断。以申请或者授权文件为基础作出设计相近似的判断,更能实现外观设计公开换保护,公众能够充分了解设计的保护范围和评价新设计的根本要求。欧洲法院和 OHIM 脱离外观设计申请文件,直接以装入发动机后的割草机为对象的做法并不可取。外观设计的保护范围应以公告的设计图片整体范围为准,欧洲《共同体外观设计条例》第 6 条和第 10 条均明确规定应对申请或者授权设计的整体外貌作出评价。一旦出现如 T-10/08 号判决的做法,将直接背离上述规定。这样的外观设计整体比较将导致外观设计保护范围的不确定。显然,在 T-10/08 号判决中,如果将发动机装入不同的割草机,会导致保护范围发生变化,使得公众不能正确预测外观设计的保护范围。

六、设计空间与功能排除的比较

根据欧洲《共同体外观设计条例》的规定和前述分析可知,设计者设计空间的分析更注重于外观设计中由功能元素限定特征对整体设计的影响。欧洲法院在分析设计空间时认为:"分析设计的个性特征时必须考虑设计者的设计空间的原因是,有些产品所呈现的特征是(产品)必须具备的。设计者并不能自由地改变这些特征。由此而具有的相近似的特征(在判断设计是否具

[51] Motion Picture Patents Co. v. Universal Film Mfg. Co., 243 U.S. 502(1917).

有个性特征时)不应被认为非常显著。当设计特性被设计者的创造自由所限制时,即使很小的区别,通常足以(对见多识广的用户)产生整体视觉印象的区别。”[52]显然,欧洲共同体外观设计保护已经注意到当产品中包含技术功能唯一限定的形状时,设计者必须在产品中体现该功能的特征。这必然影响设计者的设计自由。从 PepsiCo 案可知,在设计空间的分析中,当注意到产品功能特征对设计的影响后,“见多识广的用户”更能将注意力集中在装饰性设计中。当设计特性被设计者的创造自由所限制时,即使很小的区别,通常足以对“见多识广的用户”产生整体视觉印象的区别。

美国外观设计保护实践很早就注意到了设计中的功能特征。美国外观设计功能特征的分析主要在外观设计权利要求解释部分。OddzOn 案中,法院强调:“当设计包含装饰性设计和功能元素时,必须解释权利要求以明确设计中非功能的部分。”[53]尽管外观设计权利要求解释不是对外观设计保护范围的直接文字界定,但是外观设计权利要求解释除了引导发现设计间存在的区别之外,更重要的价值在于分析外观设计之上的功能性特征。正如法院在 Egyptian Goddess 案判决中所指出的:“通过权利要求解释澄清授权设计中的装饰性设计和纯功能性特征是权利要求解释的重要作用。”[54]设计中包括功能和非功能元素时,外观设计的保护范围应被解释而鉴定出设计中的装饰而非功能部分。[55] 但是,如何通过外观设计权利要求解释,将设计中的功能元素分离出去呢?美国的 Richardson 案法官作出了外观设计功能元素分离的外观设计权利要求解释的尝试。

Richardson 案中,申请人拥有一个具有多功能复合的木工工具的外观设计。在权利要求解释时,法官分析这一工具后认为:“因为存在使用相同形状的在先相似设计特征的组合设计,设计人员将会不可避免地以相同方式将这些形状特征应用在工具的设计上。”[56]在权利要求解释部分,地区法院引用在先的 Amini Innovation Corp. v. Anthony Cal., Inc. 案[57],认为应将功能元素分离并过滤后分析外观设计的保护范围。在具体分析时,法官对 D507167 号外观设计的主要功能特征逐一进行分析,并从授权设计中过滤出去,最后认为

---

[52] Case C-281/10 P PepsiCo, Inc. v. Grupo Promer Mon-Graphic, S. A.

[53] OddzOn Prods., Inc. v. Just Toys, Inc., 122 F.3d 1396, at 1399 (Fed. Cir., 1997).

[54] Ibid.

[55] Ibid., at 1405.

[56] Richardson v. Stanley Works, Inc., 597 F.3d 1288, 93 U.S.P.Q.2D (BNA) 1937.

[57] See Amini Innovation Corp. v. Anthony Cal., Inc., 439 F.3d 1365, 1372 (Fed. Cir., 2006).

整个设计没有受保护的元素。该外观设计的解释过程见图6。[58] 法官认定每一设计元素均属于功能限定,最后整个授权设计基本不受保护。Amini 案中法官指出,尽管地区法院正确地过滤了设计元素中的功能部分,但是不应将整个侵权测试改变为元素与元素间的对比。[59] 实际上 Amini 案并非采用设计元素直接过滤出保护范围的做法,而且 Amini 案地区法院并没有给出任何将功能元素排除保护的具体分析。

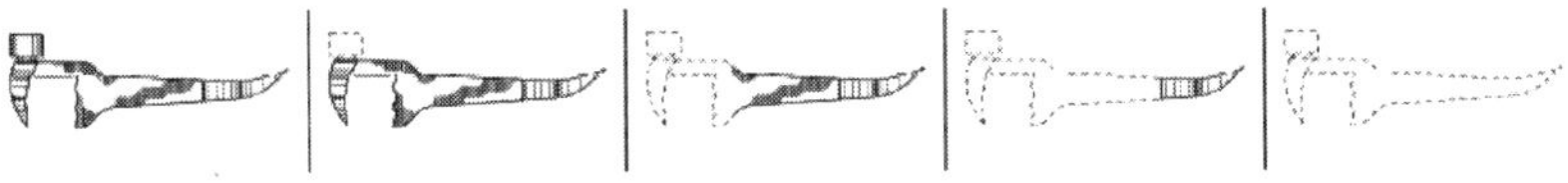

图6　D507 167 号美国外观设计专利功能过滤

显然 Richardson 案法官对设计中的功能特征过滤出现了逻辑上的错误。案件中权利人认为外观设计权利要求解释应为对设计整体的视觉印象作出描述,而非过滤各个设计特征。案件中对外观设计特征逐一分析并过滤的权利要求解释与普通观察者测试所要求的对授权设计整体作出判断相矛盾。[60] 美国外观设计审查中,以申请设计整体视觉效果(the overall visual appearance of the entire claimed design)为分析对象,以判断是否具有新颖性、原创性、装饰性和创造性。案件中将外观设计保护范围限定在授权设计整个图片所体现的内容的范围之内,也就是说,外观设计的保护范围限定在授权设计的图片内,不论这样的设计中所包含的个别设计特征是新的、旧的、装饰性还是功能的。

显然,设计空间的分析和美国 Richardson 案对于设计中的功能特征的分析采取了不同的做法。欧洲共同体的规定和判例表明,设计空间的判断影响"见多识广的用户"对外观设计中的装饰性设计的知识水平和认知能力。美国在外观设计的保护范围上,试图通过权利要求解释将设计限定在装饰性部分,尽管美国在多个案例中指出应将功能特征过滤或者剖析出来。但是,2010 年的 Richardson 案在没有先例的情况下,将授权设计中的功能特征逐一排除。尽管这一做法得到美国巡回法院的肯定,但是也引起了对功能元素排除的激励讨论。首先,这一具体功能特征排除的做法不能与设计整体视觉印象比较

---

[58] See Richardson Richardson v. Stanley Works, Inc., 597 F. 3d 1288, 93 U. S. P. Q. 2D (BNA) 1937.

[59] See Amini Innovation Corp. v. Anthony Cal., Inc., 439 F. 3d 1365, 1372 (Fed. Cir., 2006).

[60] See Egyptian Goddess, Inc. v. Swisa, Inc., 543 F. 3d 665 (Fed. Cir., 2008).

的整体比较相一致。其次,美国并没有任何先例直接将设计元素排除在保护范围之外。再次,设计元素的排除破坏了外观设计权利要求所具有的公示价值。对外观设计权利要求解释而言,其基本作用在于给出文字描述的外观设计视觉印象。巡回法院在判决中强调:"对 Durling 的权利要求作出的正确解释应当明确设计所产生的视觉印象(focuses on the visual impression it creates)"[61]。Richardson 案的分析中将部分设计元素直接过滤,这样的分析结果完全改变了设计申请的保护范围,使得公众很难预测外观设计的实际保护范围。

欧洲共同体外观设计上所要求的设计空间实际与美国外观设计法上的功能元素分析非常接近。欧洲共同体外观设计所采用的在设计空间判断基础上确定"见多识广的用户"对设计细节的分辨能力的做法,更有利于实现对外观设计的保护。

七、直接比较与基于现有设计的整体比较

欧洲共同体外观设计的整体比较更多采用授权设计与被比设计直接比较。美国外观设计的整体比较并未局限在单独比较上,其存在基于现有设计分析基础上的整体比较。

(一)单独比较存在的问题

美国自 Gorham 案之后,一直采用申请或者授权设计与被比设计的单独比较,但有时仅仅采单独比较存在一定的缺陷。在 1985 年的 Unette 案[62]中,涉及医用灌洗器的塑料分液装置,该分液装置基本上具有相同的形状和尺寸,并且具有相近似的功能。法院在分析了在先设计的基础上认为,侵权设计并未体现授权设计新颖的设计部分,因此不构成侵权。如图 7 所示,如果不考虑现有设计,仅采用整体对比方式对授权设计与被诉设计作出判断,必然得出侵权的结论。但是,将被诉设计与现有设计比较后,可发现被诉设计更接近现有设计,因此最终不应作出侵权的判定。

---

[61] Durling v. Spectrum Furniture Co., 101 F.3d 100, 40 U.S.P.Q.2D (BNA) 1788 (Feb. Cir., 1996).

[62] See Unette Corp. v. Union Pack Co., 226 USPQ 715 (D.D.N.J. 1985).

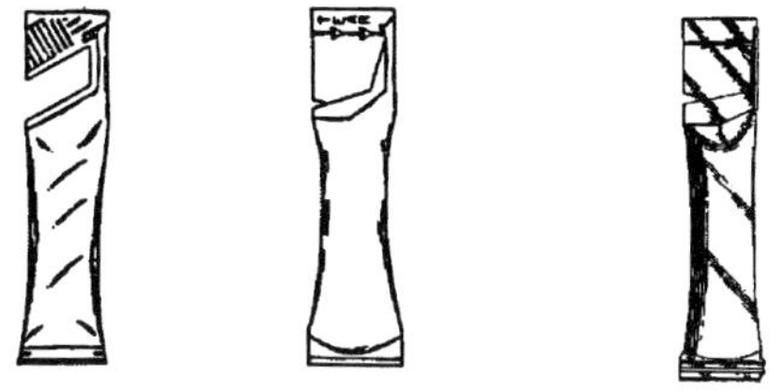

a 授权设计　　b 被诉设计　　c 现有设计

图 7　Unette 案中涉及的设计

(二) 基于现有设计的整体比较

Egyptian Goddess 案中,巡回法院澄清了普通观察者测试是在考虑现有设计的基础上作出的。Egyptian Goddess 案之后的 Arc'teryx Equipment, Inc. v. Westcomb Outerwear, Inc. 案是美国法院在确定现有设计基础上进行外观设计整体比较的案例。该案中对现有设计的分析弥补了仅将申请或授权设计与被比设计单独比较的不足。案件涉及应用在户外服装上的拉链设计。法官援引在先的 Egyptian Goddess 案认为:"……当存在很多现有设计时,……抽象出的授权设计与被诉设计之间的不易觉察的区别点,对于熟悉现有设计的假想普通观察者而言将非常明显。"[63]

在具体应用整体对比时,法院首先分析了授权设计的细节:"授权设计的拉链会给一般观察者留下由两部分组成的印象。这两个部分包括一个直线的延伸到胸部的部分和一个具有弯曲并且从胸部延伸到领子的部分。尽管权利人的拉链在领子开始或者结束的部分有一段直线的部分,但是普通观察者很难对这一直线部分留有印象。普通观察者认为被诉设计由三个部分组成:从底端向上延伸到胃部的直线部分;在胃部有一个小的弯曲的部分;最后是从胃部直接到领口的直线部分。"[64]在此基础上,继续分析出授权设计与被控侵权设计的区别点在于:"1. 普通观察者对授权设计与被诉侵权设计的整体印象不同;授权设计由两部分组成,而被诉设计是由三部分组成。2. 授权设计与被诉设计的弯曲部分的位置不同。授权设计是在胸部出现的弯曲部分,而被诉设计是在胃部出现的弯曲部分,并且弯曲部分的延伸也存在区别,授权设计延伸到领子,而被诉设计仅在胃部弯曲并未延伸到领子。3. 授权设

[63] Arc'teryx Equipment, Inc. v. Westcomb Outerwear, Inc., No. 2:07-CV-59 TS, 2008 WL 4838141 (D. Utah Nov. 4, 2008).

[64] Ibid.

计与被诉设计的各个部分的比例并不相似。授权设计弯曲部分比较长，而被诉设计仅非常小部分弯曲。4. 授权设计与被诉设计的直线部分也存在着区别。”[65]在考虑现有设计的基础上，上述设计细节将对认定是否构成侵权起非常关键的作用。接下来分析现有设计的设计特征。原被告均认同在先的德国 DE 4018356 号外观设计和 Lowe Alpine 已经出售的夹克衫是现有设计。德国 DE 4018356 号外观设计在接入中部开始并且直接延伸到衣服的领口之前是一个长的直线部分；Lowe Alpine 出售的户外服上的拉练几乎是直线的，直到接近领口处接入弯曲的部分。在考虑现有设计的基础上，判决认为被诉设计更接近现有设计，最终判定不构成外观设计近似。

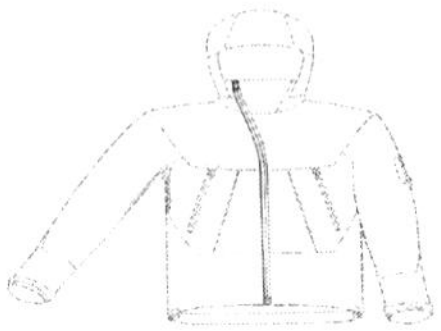

a 授权 715 设计

b 被诉设计

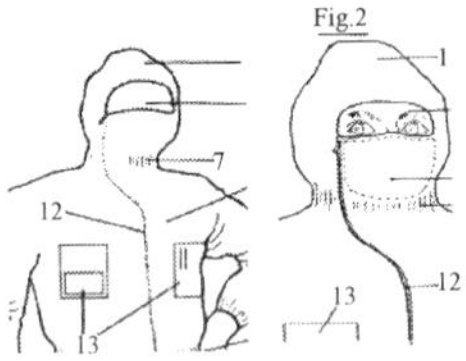

c 4018356 号外观设计

d Lowe Alpine 的产品

图 8 Arc'teryx Equipment 案涉及的设计

从上述法官对拉链外观设计的比较可知，如果存在大量现有设计且申请设计与现有设计和被比设计存在一定相近似，考虑现有设计，更能区分出外观设计的装饰性细节。正如在 Egyptian Goddess 案法官所指出的：当授权设计与现有设计接近时，被控侵权产品外观与授权外观设计之间的细小区别对所假设的普通观察者来说，都很可能是重要的。[66]

---

[65] Arc'teryx Equipment, Inc. v. Westcomb Outerwear, Inc., No. 2: 07-CV-59 TS, 2008 WL 4838141 (D. Utah Nov. 4, 2008).

[66] 参见张晓都：《美国外观设计专利侵权判定标准的新变化》，载《中国发明与专利》2009 年第 4 期。

八、我国外观设计相近似判断的反思

我国最高人民法院就"摩托车车轮"外观设计专利无效案作出的再审判决引发了广泛的关注。[67] 该案就外观设计相近似判断的"一般消费者"和"设计空间"等核心问题的规范对我国外观设计相近似判断标准给出了重要的指导意见。同时,也暗示我国外观设计保护更多采欧洲共同体外观设计有关相近似判断的思路。这里结合我国《专利审查指南》和前述欧洲共同体外观设计、美国外观设计相近似判断的比较反思我国外观相近似的判断。

(一)"一般消费者"的认定

《专利审查指南》规定:"不同种类的产品具有不同的消费者群体。作为某种类外观设计产品的一般消费者应当具备下列特点:(1) 对涉案专利申请日之前相同种类或者相近种类产品的外观设计及其常用设计手法具有常识性的了解。例如,对于汽车,其一般消费者应当对市场上销售的汽车以及诸如大众媒体中常见的汽车广告中所披露的信息等有所了解。常用设计手法包括设计的转用、拼合、替换等类型。(2) 对外观设计产品之间在形状、图案以及色彩上的区别具有一定的分辨力,但不会注意到产品的形状、图案以及色彩的微小变化。"[68]显然,我国《专利审查指南》所规定的"一般消费者"并非设计或者产品的技术专家,也不是对相关设计一无所知的人。《北京市高级人民法院关于审理外观设计专利案件的若干指导意见(试行)》(下称《意见》)第 15 条规定:"判断外观设计是否构成近似,应当以一般消费者的观察能力为标准,而不应以该外观设计专利所属领域的设计人员的观察能力为标准。"因此,我国外观设计侵权判定的"一般消费者"与"见多识广的用户"和"普通观察者"相类似,均排除了所属领域的专家。

《意见》第 16 条规定:一般消费者是指该外观设计专利同类产品或者类似产品物理效用的享用者。2009 年北京高院在专利名称"路灯(白玉兰)"

---

[67] 有关讨论可参见余心蕾、庞谦:《关于外观设计相近似判断标准的探讨——"摩托车车轮"外观设计再审案件引发的思考》,载《电子知识产权》2011 年第 9 期;何怀文:《外观设计专利:判断主体与设计空间——评最高法院"万丰摩托车轮案"(2010)行提字第 5 号》,载《中国专利与商标》2012 年第 1 期;吴大章、张美菊:《外观设计专利确权审查中的设计空间》,载《中国发明与专利》2011 年第 6 期等。

[68] 《专利审查指南》第四部分第五章 4。

(专利号 200330120733.1)外观设计专利无效案的行政判决中指出:“本案专利产品是路灯,属于公共服务设施,消费者是对在使用状态下的路灯进行观察和欣赏。在界定路灯类产品的一般消费者时,应当注重该类产品的使用状态。路灯的使用者及路灯功能的享用者包括不特定的过往行人,而并非仅仅是指专门从事路灯的制造、销售、购买、安装及维修人员。原审法院将路灯类产品的一般消费者仅仅界定为从事路灯制造、销售、购买、安装及维修人员明显不当”[69]。显然,案件中对“一般消费者”的认定与欧洲共同体外观设计以产品的使用情况来认定“见多识广的用户”非常接近,即与 T-10/08 号欧洲法院判决所认定的割草机的使用者为“见多识广的用户”的做法非常接近。美国在 1933 年的 Applied Arts 案中已明确,“普通观察者”不应是对产品一无所知的人,而是对“产品有合理的熟悉,以他的观察能够合理地判断一个设计与在先设计的区别和相似之处”[70]。此外,如果以物理效用的享用者为“一般消费者”,那么如果某汽车租赁公司购买了大型客车出租给大学作为班车,那么客车就应是公共服务设施,“产品物理效用的享用者”就是大学的教职工或者是一般的公众。如此推断,一般民用飞机外观设计的“产品物理效用的享用者”也应是一般公众。显然,如果以产品的物理效用享用者而非对装饰性设计感兴趣的人作为“一般消费者”,则不能实现外观设计创新激励的目的,也无法实现对外观设计的有效保护。

(二)设计空间的分析

从欧洲法院判决的 PepsiCo 案可知,分析设计空间,主要是基于对设计中功能特征的影响。与此比较,美国外观设计权利要求解释时,要求分析设计的功能特征。正如在 Egyptian Goddess 案中法官所指出的,通过外观设计的权利要求解释澄清授权设计中的装饰性设计和纯功能性特征。[71] 但是必须注意到,欧洲共同体外观设计对设计空间的分析直接影响了“见多识广的用户”对设计细节的观察能力,而美国更强调将功能限定的设计元素过滤而排除保护。

对于设计中存在的功能元素的分析,我国《专利审查指南》规定:“由产品的功能唯一限定的特定形状对整体视觉效果通常不具有显著的影响。例如,凸轮曲面形状是由所需要的特定运动行程唯一限定的,其区别对整体视觉效

---

[69] 北京市高级人民法院(2008)高行终字第 684 号行政判决书。

[70] Applied Arts Corp. v. Grand Rapids Metalcraft Corp., 67 F. 2d, at 430 (6th Cir., 1933).

[71] See Oddzon Prods., Inc. v. Just Toys, Inc., 122 F.3d 1396 (Feb. Cir., 1997).

果通常不具有显著影响;汽车轮胎的圆形形状是由功能唯一限定的,其胎面上的花纹对整体视觉效果更具有显著影响。”[72]显然,轮胎的实用功能限定轮胎必须是圆形的。因此,一般消费者更应注意到轮胎上花纹的设计。

对于设计空间的分析,是否应如美国 Richardson 案中将功能元素逐一排除保护?从以上《专利审查指南》的规定和营口宝迪专用汽车运输半挂车外观设计专利侵权纠纷一案[73]可以得出,法官并未采美国的设计元素排除的分析方法。[74] 我国对设计空间的分析更符合外观设计整体判断的要求。

(三)外观设计的保护范围

我国《专利法》第 59 条第 2 款规定:“外观设计专利权的保护范围以表示在图片或者照片中的该产品的外观设计为准,简要说明可以用于解释图片或者照片所表示的该产品的外观设计。”因此,我国外观设计相近似分析中外观设计的保护范围应以申请文件中的照片或者图片为准。另外,我国《专利法》要求申请设计时应注明设计要点。我国《专利审查指南》指出:“设计要点是指与现有设计相区别的产品的形状、图案及其结合,或者色彩与形状、图案的结合,或者部位。”[75]那么,文字注明的设计要点是否可以作为外观设计的保护范围?《专利审查指南》在进行有关设计对比时写明:“外观设计简要说明中设计要点所指设计并不必然对外观设计整体视觉效果具有显著影响,不必然导致涉案专利与现有设计相比具有明显区别。例如,对于汽车的外观设计,简要说明中指出其设计要点在于汽车底面,但汽车底面的设计对汽车的整体视觉效果并不具有显著影响。”[76]因此,设计要点并非作为外观设计保护范围的直接依据。与我国做法相类似,美国法院也不认为可以采文字解释的权利要求作为是否近似的依据。直接以文字解释的权利要求为基础作出普通观察者测试,不能实现普通观察者测试所要求的授权设计与被诉设计的视觉效果的差异的判断。因此,美国有学者认为,如果以文字描述的保护范围为依据作出相近似判断,会使“Gorham 测试正在垂死挣扎中缓慢死亡(Gorham is

---

[72] 《专利审查指南》第四部分第五章 6.1。

[73] 参见辽宁省高级人民法院(2007)辽民四终字第 161 号民事判决书。

[74] 参见王鹏、谢冬慧、马越飞:《功能性外观应排除在外观设计专利保护范围之外》,载《人民司法》2009 年第 16 期。

[75] 《专利审查指南》第一部分第三章 4.3。

[76] 《专利审查指南》第四部分第五章 6.1。

dying a slow death)"[77]。

外观设计的保护范围应当以设计整体为准分析设计产生的视觉效果。美国通过案例明确指出,不应重视设计中的个别特征,权利要求的保护范围应体现在"整体可视的外貌(visual appearance as a whole)"或外观设计产生的特殊视觉印象(the visual impression)。[78] Egyptian Goddess 案中,巡回法院指出:"在尝试是否给出外观设计文字描述的权利要求解释时,法院应当认识到这样的解释所带来的风险。例如,过分地重视某一个特征,或者将重点集中在外观设计中的各个文字描述的各特征,而非将设计作为整体。"[79]

尽管欧洲《共同体外观设计条例》规定,对外观设计的保护范围进行分析时,应以设计的整体视觉效果判断设计是否相近似,但是在割草机发动机案中,第三申诉委员会在发动机部件装入割草机后部分设计不可视的情况下,仍认定割草机为被比设计产品。发动机装入割草机后,正常使用时发动机的上面基本可以看到;发动机的前面、侧面后和后面很少看到;而发动机的底面根本看不到。欧洲法院和 OHIM 在割草机发动机案采组装后可视的部分设计为被比设计的做法,使得外观设计保护范围不可预测。

(四) 整体比较

《专利审查指南》指出:"在对比时应当仅以产品的外观作为判断的对象,考虑产品的形状、图案、色彩这三个要素产生的视觉效果。"[80]显然,我国外观设计的整体比较与美国外观设计、欧洲共同体外观设计的整体视觉效果相较并无实质区别。2010 年施行的最高人民法院《关于审理侵犯专利权纠纷案件应用法律若干问题的解释》第 11 条指出:"人民法院认定外观设计是否相同或者近似时,应当根据授权外观设计、被诉侵权设计的设计特征,以外观设计的整体视觉效果进行综合判断;对于主要由技术功能决定的设计特征以及对整体视觉效果不产生影响的产品的材料、内部结构等特征,应当不予考虑。下列情形,通常对外观设计的整体视觉效果更具有影响:(一) 产品正常使用

[77] Perry Saidman, Allison Singh, The Death of Gorham Co. v. White: Killing It Softly with Markman, 86 J. Pat. & Trademark Off. Soc'y 792, 793 (2004).

[78] See Durling v. Spectrum Furniture Co., 101 F. 3d 100, at 104—05, 40 U. S. P. Q. 2D (BNA) 1788, 1791 (Fed. Cir., 1996).

[79] See Egyptian Goddess, Inc. v. Swisa, Inc., No 2006-1562, 2008 WL 4290856 (Fed. Cir., Sept. 22, 2008).

[80] 《专利审查指南》第四部分第五章 5.2.3。

时容易被直接观察到的部位相对于其他部位;(二)授权外观设计区别于现有设计的设计特征相对于授权外观设计的其他设计特征。”

此外,《专利审查指南》指出,应在细节分析的基础上进行整体比较:“(1)其区别在于施以一般注意力不能察觉到的局部的细微差异,例如,百叶窗的外观设计仅有具体叶片数不同;(2)其区别在于使用时不容易看到或者看不到的部位,但有证据表明在不容易看到部位的特定设计对于一般消费者能够产生引人注目的视觉效果的情况除外;……”[81]显然,我国《专利审查指南》强调了在设计细节分析的基础上,分析外观设计的区别对“一般消费者”引发的视觉影响,从而作出设计是否相近似的判断。

与美国外观设计的整体比较而言,我国在《关于审理侵犯专利权纠纷案件应用法律若干问题的解释》中指出,授权外观设计区别于现有设计的设计特征相对于授权外观设计的其他设计特征,对外观设计的整体视觉效果更具有影响。显然,我国的外观设计保护已经注意到现有设计对外观设计相近似判断的影响。

结　　语

外观设计相近似的判断是外观设计授权和侵权分析中的核心问题。正确认定外观设计的“一般消费者”是实现对设计整体比较的关键。欧洲法院和 OHIM 将产品的物理效用的享用者认定为外观设计相近似判断的“见多识广的用户”。我国在案例中对欧洲共同体的这一“见多识广的用户”的借鉴使得我国“一般消费者”并不符合外观设计的立法目的,难以实现对外观设计装饰外貌的客观评价。另外,我国对设计空间的认定尚须进一步细化。设计空间的认定直接影响“一般消费者”对设计细节的分辨力。我国应将设计空间的分析限定在设计中功能唯一限定的设计元素的范围内。外观设计的保护范围应以申请或者授权的范围为准,不应效仿欧洲法院和 OHIM 以组装后的产品而非申请设计图片为依据作出外观设计相近似的判断。在整体比较时,应有条件引入现有设计的考察,避免仅采申请与被诉设计间单独对比而作出错误的评价。

---

[81] 《专利审查指南》第四部分第五章 5.1.2。

专利申请修改超范围判断标准的法理学探讨

◇ 孙　平*

内容摘要　在专利申请以及专利授权中，社会公众与申请人或专利权人之间产生了具体的法律关系，本文通过具体的法律关系的权利义务之间的联系，探讨了专利申请修改超范围问题，并且对专利申请修改超范围的判断标准提出了个人的见解。

关键词　超范围　判断标准　法律关系　本领域技术人员　法理学

一、修改超范围的相关规定及其立法宗旨

（一）相关规定

专利申请提出以后，申请人既可以主动对申请文件进行修改，也可以应国家知识产权局的要求对申请文件进行修改。之所以规定可以对申请文件进行修改，是因为在撰写申请文件的过程中，难免存在用词不严谨或者表达不够准确等缺陷。对这类缺陷如果不加以修改，就可能会影响专利保护范围的准确性，影响公众对专利技术的利用，从而不符合《专利法》及其实施细则的有关规定而不能被授予专利权。但是，无论申请人主动还是应国家知识产

* 孙平，国家知识产权局。

权局的要求对申请文件进行修改，都应当遵循一定的原则，在一定条件和范围内进行修改，不能任意修改。

《专利法》第33条对申请文件的修改进行了限制，即对发明和实用新型专利申请文件的修改不得超出原说明书和权利要求书记载的范围，对外观设计专利申请文件的修改不得超出原图片或者照片表示的范围。

《专利法实施细则》第43条对分案申请的修改进行了限制，规定了依照《专利法实施细则》第42条规定提出的分案申请不得超出原申请记载的范围。

《专利审查指南》第二部分第八章规定了申请文件修改的内容和范围：审查员对申请人提交的修改文件进行审查时，要严格掌握《专利法》第33条的规定。不论申请人对申请文件的修改属于主动修改还是针对通知书指出的缺陷进行的修改，都不得超出原说明书和权利要求书记载的范围。原说明书和权利要求书记载的范围包括原说明书和权利要求书文字记载的内容，根据原说明书和权利要求书文字记载的内容，以及说明书附图能直接地、毫无疑义地确定的内容。

（二）立法宗旨

之所以规定修改不得超出原说明书和权利要求书记载的范围，主要原因在于我国专利制度采用先申请原则。如果允许申请人对申请文件的修改超出原始提交的说明书和权利要求书记载的范围，申请人就可能将在原说明书和权利要求书中没有记载的发明创造纳入专利的保护范围中，这会违背先申请原则，造成对其他申请人不公平的后果。[①]

二、修改超范围规定的变迁[②]

1985年首次实施的《专利法》第33条规定："申请人可以对其专利申请文件进行修改，但是不得超出原说明书记载的范围"；1992年修改《专利法》时，明确了权利要求书中所记载的内容也是修改的依据，并将法条改为现行内容；2000年及2008年修改《专利法》时，对超范围的相关条款均未修改，一直沿用至今。

2006年修改的《专利审查指南》将"原说明书和权利要求记载的范围"明

① 参见尹新天：《新专利法详解》，知识产权出版社2001年版，第228页。

② 参见毛立群、杨楷：《中、日两国"修改超范围"判断标准的实务比较研究》，载中华全国专利代理人协会编：《2010年中华全国专利代理人协会年会首届知识产权论坛论文选编集》2010年卷。

确界定为两个方面，一个方面是文字记载的内容，另一个方面是根据文字记载的内容以及附图能直接且毫无疑义确定的内容。

对具体判断标准的掌握，如表 1 所示，在 2001 年颁布的《专利审查指南》中规定："如果申请的内容通过增加、改变和/或删除其中的一部分，致使所属技术领域的技术人员看到的信息与原申请公开的信息不同，而且又不能从原申请公开的信息中直接地、毫无疑异地导出，那么，这种修改就是不允许的。"在 2006 年修改后的《专利审查指南》中，上述内容被修改为："如果申请的内容通过增加、改变和/或删除其中的一部分，致使所属技术领域的技术人员看到的信息与原申请记载的信息不同，而且又不能从原申请记载的信息中直接地、毫无疑义地确定，那么，这种修改就是不允许的。"

由此可见，在法条相应条文未作变动的情况下，2006 年修改并实施的《专利审查指南》对"原说明书和权利要求记载的范围"明确界定的同时，调整了"修改是否超范围"的判断标准，将"公开的信息"修改为"记载的信息"，以及将"导出"修改为"确定"，虽然只是个别词语表述的修改，但从修改后的字面上理解，本领域技术人员从原说明书及权利要求的记载内容理解出或导出的信息已经不能作为修改的依据，从而严格了"修改是否超范围"的判断标准。也正是在该修改后的《专利审查指南》的指导下，审查意见通知书中"修改超范围"的驳回理由从 2006 年 7 月之后日渐增多。

2010 年 2 月 1 日开始实行的新《专利审查指南》，如表 1 中所示，对"原说明书和权利要求记载的范围"的界定未作修改。因此，可以预见，在今后一段时间内这一判断标准将继续执行。

表 1　中国审查指南对超范围规定的变迁

审查指南	原说明书和权利要求记载的范围
2001 年—2006 年	(1) 原申请公开的信息 (2) 直接地、毫无疑异地导出的信息
2006 年—2010 年	(1) 原申请文字记载的信息 (2) 从原申请记载的内容直接地、毫无疑义地确定的信息
2010 年—	未作修改

三、问题的提出

虽然《专利法》和《专利审查指南》对申请文件修改超范围进行了具体的

规定，但是在操作中却存在许多的争议，尤其是目前在专利审查中，对修改超范围的审查越来越严格，真正做到了“严格掌握《专利法》第33条的规定”，以超范围为理由作出驳回决定的案件所占的比例也越来越高，图1是某一代理人代理的专利申请中以“修改超范围”为驳回理由的比例的近几年的统计。随着以超范围为理由作出驳回决定的案件数量的增多，申请人和代理人对国家知识产权局在专利申请文件修改超范围方面的审查意见很大。③

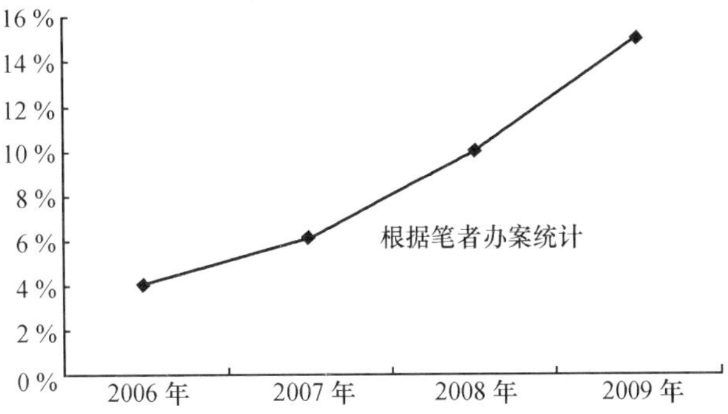

图1　某一代理人“修改超范围”驳回理由的比例④

针对上述问题，本文试图从超范围的立法宗旨出发，结合专利申请以及专利授权以后申请人或专利权人与社会公众之间形成的具体法律关系，从具体法律关系中的申请人或专利权人与社会公众之间的权利和义务出发，通过权利要求的修改超范围的判断标准来探讨《专利法》第33条的判断标准。

下面我们先来看一下法理学中的法律关系与法律关系中的权利和义务的相关概念。

四、法律关系以及法律关系中的权利和义务⑤

（一）法律关系

法律关系是在调整人们行为过程中形成的权利义务关系，是以法律上的

---

③　有关内容可参见博派专利论坛中关于《专利法》第33条规定的争论，http://www.biopatent.cn/bbs/post/view？bid=2&id=335110&sty=1&tpg=1&age=0。

④　参见毛立群、杨楷：《中、日两国“修改超范围”判断标准的实务比较研究》，载中华全国专利代理人协会编：《2010年中华全国专利代理人协会年会首届知识产权论坛论文选编集》2010年卷。

⑤　参见张文显主编：《法理学》，法律出版社2007年版，第162—169页、186—190页。

权利和义务为纽带而形成的社会关系，并且是以国家强制力作为保障的社会关系。

法律关系是由主体、客体和权利义务三要素构成的。法律关系的主体是法律关系的参与者，即在法律关系中享有权利或负有义务的人。例如，涉嫌侵犯专利权所形成的法律关系中，其主体就是专利权人和涉嫌侵权的人。法律关系客体是指法律关系主体的权利和义务所指向的共同对象。在每一个法律关系中，权利客体和义务客体是重合的，具有一致性。客体把权利主体的权利和义务主体的义务联系在一起。例如，在专利权转让的过程中所形成的法律关系中，专利权人的义务是转让专利权给受让专利权的人，权利是从受让专利权的人处取得一定的转让费，而受让专利权的人的义务是支付转让费给专利权人，其权利是取得专利权。

（二）权利和义务

法律是以权利和义务为机制调整人的行为和社会关系的，权利和义务贯穿于法律现象逻辑联系的各个环节、法的一切部门和法律运行的全部过程。法律上的权利可以解释为规定或隐含在法律规范中、实现于法律关系中、主体以相对自由地作为或者不作为的方式获得利益的一种手段。例如，专利授权以后，专利权人的权利就是在专利法中规定的享有专利权的独占的权利。法律上的义务可以解释为规定或隐含在法律规范中、实现于法律关系中、主体以相对受动的作为或者不作为的方式保障权利主体获得利益的一种约束手段。例如，专利授权以后，社会公众的义务就是专利法中规定的未经专利权人许可，禁止使用专利权所保护的技术方案。

权利和义务相互比较，权利表征利益，具有能动性，义务表征负担，是受动的。在具体法律关系中，权利和义务相互包含。权利的范围就是义务的界限，而义务的范围就是权利的界限。因权利主体超越义务范围，要求义务主体从事“超法义务”或“法外义务”是非分非法的主张，义务主体有理由拒绝接受。例如，在涉嫌侵犯专利权的过程中，如果被控侵权产品属于专利权申请日之前的现有技术，则被控侵权者有理由拒绝接受专利权人的主张。

五、专利申请和授权后的具体法律关系探讨

（一）专利申请的具体法律关系

专利申请后，在申请人和社会公众之间通过专利法这一纽带形成了一种具体的法律关系，在这一法律关系中，主体就是申请人和社会公众；客体就是专利申请，而专利申请一般就是申请日提交的申请文件，即《专利法》中的原说明书和权利要求书；义务就是申请人通过公开原说明书和权利要求书记载的内容向社会公众公开其发明创造，申请人要向社会公众公开其发明创造是被动的，属于强制的，如果申请人不公开其申请的发明创造，则无法进入专利审查这一环节，更无法获得专利权；而权利就是社会公众可以通过申请人公开的原说明书和权利要求书，获得申请人申请的发明创造，社会公众获得申请人的发明创造是主动的，不是强制的。在专利申请所形成的这一具体法律关系中，权利的界限就是社会公众通过公开的原说明书和权利要求书所获得的内容，而义务的界限就是申请人向社会公众公开的原说明书和权利要求书记载的内容。根据在具体法律关系中权利和义务互为界限的法理，申请人向社会公众公开的原说明书和权利要求书记载的内容就是社会公众通过公开的原说明书和权利要求书所获得的内容。这里，将申请人向社会公众公开的原说明书和权利要求书的记载的内容用 $R_{\text{申请人}}$ 表示，社会公众通过公开的原说明书和权利要求书所获得的内容用 $O_{\text{公众1}}$ 表示。

（二）专利授权后的具体法律关系

在专利授权以后，申请人就会成为专利权人，在专利权人与社会公众之间又形成了新的具体的法律关系。在这一具体的法律关系中，主体就是专利权人和社会公众；客体就是专利权；权利就是专利权人垄断了专利权所保护的发明创造，这一垄断是主动的、非强制的，而这一权利是通过专利权利要求所保护的发明创造实现的；义务就是社会公众没有经过专利权人的许可，禁止侵犯专利权人的专利权，而这一义务是通过专利权利要求所保护的发明创造来进行限制的。在专利授权后所形成的这一具体法律关系中，权利的界限就是专利权人通过权利要求保护的技术方案，而义务的界限就是社会公众通过权利要求书所得知的权利要求的保护范围。根据在具体法律关系中权利和义务互为界限的法理，在这一具体法律关系中，专利权人通过权利要求保

护的技术方案和社会公众通过权利要求书所得知的权利要求的保护技术方案是相等的。这里，将专利权人通过权利要求保护的技术方案用 $R_{专利权人}$ 表示，社会公众通过权利要求书所得知的权利要求的保护技术方案用 $O_{公众2}$ 表示。

（三）两种法律关系的讨论

下面的讨论都是以权利要求为修改对象进行超范围的讨论。

根据在具体法律关系中权利和义务互为界限的法理，在两种法律关系中，$R_{申请人}=O_{公众1}$，$R_{专利权人}=O_{公众2}$，但是 $R_{申请人}$ 和 $R_{专利权人}$ 却不一定相等。从逻辑学的角度来说，$R_{申请人}$ 和 $R_{专利权人}$ 可以存在五种关系，这五种关系的表述如下：

第一种关系的表述为：$R_{专利权人}\subset R_{申请人}$，即 $R_{专利权人}$ 为 $R_{申请人}$ 的子集；

第二种关系的表述为：$R_{专利权人}=R_{申请人}$；

第三种关系的表述为：$R_{专利权人}\supset R_{申请人}$，即 $R_{申请人}$ 为 $R_{专利权人}$ 的子集；

第四种关系的表述为：$R_{专利权人}\cap R_{申请人}\neq\varnothing$ 且 $R_{专利权人}\cap R_{申请人}\neq R_{专利权人}$、$R_{专利权人}\cap R_{申请人}\neq R_{申请人}$；

第五种关系的表述为：$R_{专利权人}\cap R_{申请人}=\varnothing$。

因为 $R_{申请人}=O_{公众1}$，因此，将上面五种关系中的 $R_{申请人}$ 替换为 $O_{公众1}$，则 $O_{公众1}$ 与 $R_{专利权人}$ 之间也存在下面的五种关系：

第一种关系的表述为：$R_{专利权人}\subset O_{公众1}$，即 $R_{专利权人}$ 为 $O_{公众1}$ 的子集；

第二种关系的表述为：$R_{专利权人}=O_{公众1}$；

第三种关系的表述为：$R_{专利权人}\supset O_{公众1}$，即 $O_{公众1}$ 为 $R_{专利权人}$ 的子集；

第四种关系的表述为：$R_{专利权人}\cap O_{公众1}\neq\varnothing$ 且 $R_{专利权人}\cap O_{公众1}\neq R_{专利权人}$、$R_{专利权人}\cap O_{公众1}\neq O_{公众1}$；

第五种关系的表述为：$R_{专利权人}\cap O_{公众1}=\varnothing$。

通过上面的分析，我们就在社会公众通过公开的原说明书和权利要求书所获得的内容与专利权人最终通过权利要求所获得的保护范围之间建立了连接。$O_{公众1}$ 与 $R_{专利权人}$ 之间的五种关系集合图如图 2-1—2-5 所示。

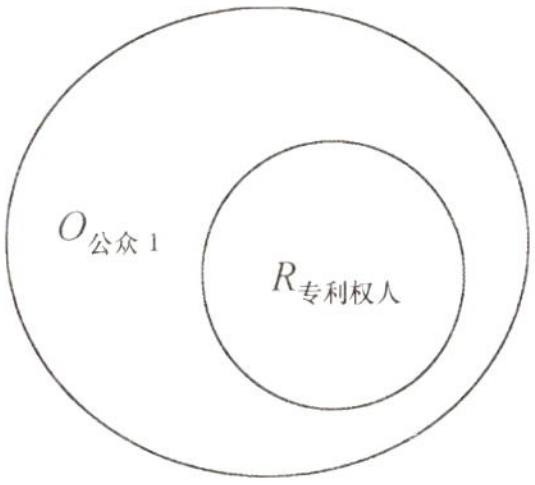

图 2-1

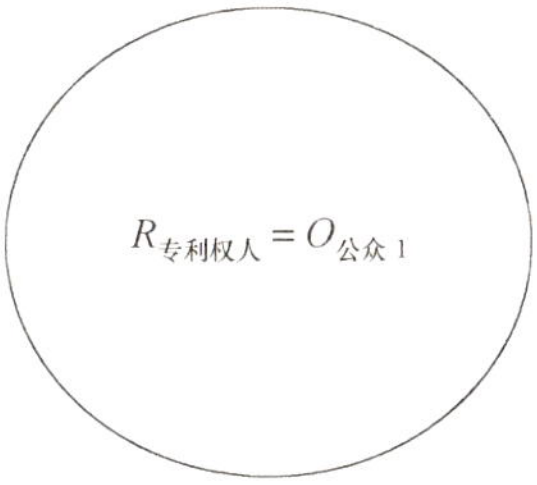

图 2-2

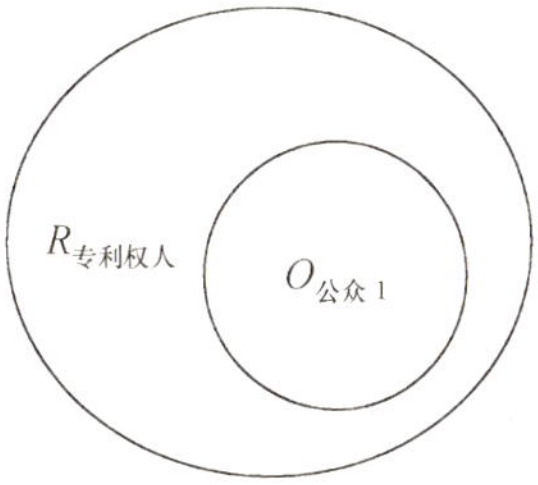

图 2-3

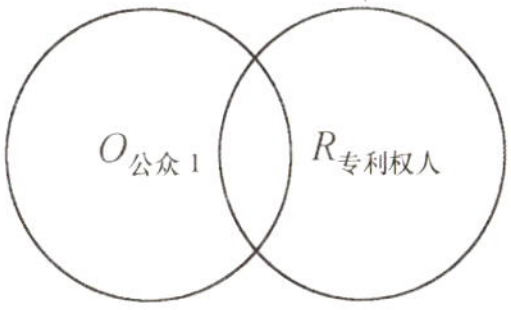

图 2-4

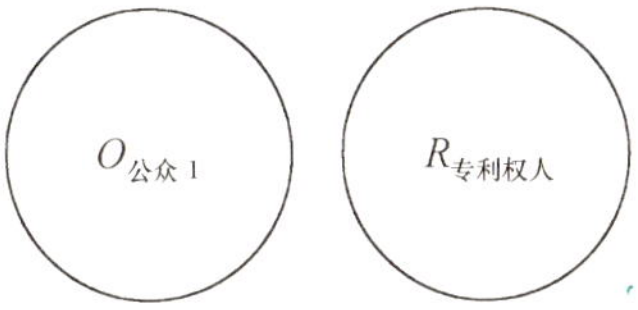

图 2-5

图 2-1 中,专利权利要求的保护范围小于社会公众通过申请人公开的原说明书和权利要求书所获得的内容,也就是专利权利要求的保护范围小于原说明书和权利要求书记载的内容。因此,图 2-1 中权利要求没有超出原始申请记载的范围。但是,图 2-1 所示中,由于社会公众从公开的申请文件中获得的内容的一部分并没有纳入到权利要求的保护范围,因此社会公众可以免费使用从这一部分内容中所获得的发明创造。也就是说,在这种情况下,应当属于专利权人的东西,专利权人只是拿到了一部分,不应当属于社会公众的东西,社会公众却拿到了。在这种情况下,社会公众很可能通过免费使用专利权没有保护的发明创造,合理避让专利权,从而使专利权人的权利得不到主张,造成专利权人利益的损失。

图 2-2 中,专利权利要求的保护范围等于社会公众通过申请人公开的原说明书和权利要求书所获得的内容,也就是等于原说明书和权利要求书记载的内容。因此,图 2-2 中权利要求并没有超出原始申请记载的范围。从理论上讲,图 2-2 中权利要求的保护范围是最合适的。对专利权人来说,社会公众从公开的申请文件中获得的任何发明创造都会落入专利权的保护范围,社会公众无法像图 2-1 的情况一样,通过合理避让来避开专利权。对社会公众来说,也没有将在原说明书和权利要求书中没有记载的技术方案纳入到保护范围中。也就是说,在这种情况下,应当属于专利权人的东西,专利权人都拿到了,不应当属于专利权人的东西,专利权人都没有拿到。这种情况使专利权

人与社会公众的利益达到了平衡。

图2-3中,专利权利要求的保护范围大于社会公众通过申请人公开的原说明书和权利要求书所获得的内容,也就是大于原说明书和权利要求书记载的内容。因此,图2-3中权利要求超出了原始申请记载的范围。也就是说,这种情况下,专利权人拿到了本应当属于公众而不属于自己的东西。图2-3中权利要求的保护范围一旦授权,会造成将在原说明书和权利要求书中没有记载的技术方案纳入到权利要求的保护范围,损害社会公众的利益,但是专利权人同时面临着无效的危险,其权利也不稳定,一旦无效,则会对专利权人造成很大的损害,任何人可以免费使用其公开的发明创造。

图2-4中,专利权利要求的保护范围与社会公众通过申请人公开的原说明书和权利要求书所获得的内容之间是相交的关系。在这种情况下,专利权利要求的保护范围只有一部分而不是全部落入到社会公众通过申请人公开的原说明书和权利要求书所获得的内容,同样社会公众通过申请人公开的原说明书和权利要求书所获得的内容也只有一部分落入到专利权利要求的保护范围中。这样,权利要求保护范围的一部分超出了社会公众通过申请人公开的原说明书和权利要求书所获得的内容,也就是权利要求保护范围的一部分超出了原始申请记载的范围。因此,图2-4中权利要求超出了原始申请记载的范围。这种情况下,专利权人拿到了一部分本应当属于公众而不属于自己的东西,同时也失去了一部分本应该属于自己的东西。总的说来,这种情况下对专利权人是不利的。一方面是因为专利权可以因为超范围而被认定为无效。一旦无效,则专利权自始至终不存在,任何人都可以免费使用其公开的技术,则申请人将不会获得任何收益。另一方面则是因为社会公众从公开的申请文件中获得的内容的一部分并没有纳入到权利要求的保护范围,因此社会公众可以免费使用从这一部分内容中所获得的发明创造,社会公众很可能通过免费使用专利权没有保护的发明创造,合理避让专利权,从而使专利权人的权利得不到主张,造成专利权人的利益损失。

图2-5中,专利权利要求的保护范围与社会公众通过申请人公开的原说明书和权利要求书所获得的内容之间不是包含与被包含的关系,两者之间也没有任何相交的部分。也就是说,权利要求的保护范围没有一点内容是从社会公众通过申请人公开的原说明书和权利要求书中所获得的。在这种情况下,权利要求保护范围的全部超出了社会公众通过申请人公开的原说明书和权利要求书所获得的内容,也就是权利要求保护范围全部超出了原始申请记载的范围。因此,图2-5中权利要求超出了原始申请记载的范围。这种情况

下，专利权人拿到的全部东西都不属于自己，而应当属于公众，同时也失去了全部本应该属于自己的东西。这种情况就属于明显的超范围，比较好判断，因为权利要求中记载的内容和说明书中的内容完全不相关。这种情况下，专利权人的专利很容易被认定无效，一旦无效，其公开的所有的发明创造将完全贡献给社会，社会公众可以免费使用。

通过上面的分析可以得知，申请人在对权利要求进行修改时，只要$R_{专利权人} \subseteq O_{公众1}$，则其权利要求的修改就不会超出原说明书和权利要求书记载的范围。除此之外的权利要求的任何修改，都会超出原说明书和权利要求书记载的范围。只有允许申请人将权利要求修改为$R_{专利权人} = O_{公众1}$，才能使专利权的保护范围最大，最大限度上维护专利权人与社会公众的利益平衡。如果只允许$R_{专利权人} \subset O_{公众1}$，即使修改不超范围，专利权人的利益也可能受到损失。

六、$O_{公众1}$的判断主体

由上可知，申请人在对权利要求进行修改时，只要$R_{专利权人} \subseteq O_{公众1}$，则权利要求的修改就不会超出原说明书和权利要求书记载的范围。因此，判断权利要求修改是否超范围，只要确定权利要求的保护范围是否超出$O_{公众1}$的范围就可以了。权利要求修改超范围的问题也就转变为如何认定$O_{公众1}$的范围的问题。对于确定$O_{公众1}$范围的主体，具有以下几种观点：

第一种观点是非本领域技术人员。非本领域技术人员对本领域技术认识可以说基本上是空白。

第二种观点是本领域技术人员。《专利审查指南》第二部分第四章指出："所属技术领域的技术人员，也称为本领域技术人员，是指一种假设的'人'，假定他知晓申请日或者优先权日之前发明所属技术领域所有的普通技术知识，能够获知该领域中所有的现有技术，并且具有应用该日期之前常规实验手段的能力，但他不具有创造能力。如果所要解决的技术问题能够促使本领域的技术人员在其他技术领域寻找技术手段，他也应具有从该其他技术领域中获知该申请日或优先权日之前的相关现有技术、普通技术知识和常规实验手段的能力"。

第三种观点是本领域的专家。本领域的专家对本领域技术的认识程度要超出本领域技术人员对本领域技术的认识程度。

笔者认为，$O_{公众1}$范围的主体应当确定为本领域技术人员。将$O_{公众1}$范围的主体设定为本领域技术人员的主要原因如下：

1. 在专利审查中，所有的审查标准都是以本领域技术人员为准的，如新颖性、创造性、权利要求得到说明书的支持、说明书公开充分等。因此，在确定 $O_{公众1}$范围的主体时也必然要与审查标准保持统一性。

2. 在专利侵权判定中都是以本领域技术人员为准的。例如，对于等同的判定，2001 年最高人民法院颁布的《关于审理专利纠纷案件适用法律问题的若干规定》规定："等同特征是指与所记载的技术特征以基本相同的手段，实现基本相同的功能，达到基本相同的效果，并且本领域的普通技术人员无需经过创造性劳动就能够联想到的特征。"在确定 $O_{公众1}$范围的主体时也必然要与专利侵权标准保持统一性。

3. 在实际中，任何人在阅读申请文件以后，要将申请文件记载的技术方案加以转化时，必然要懂得相关的知识，并且还会进行相关的检索。在检索现有技术的时候，也是不断地接近本领域技术人员的过程，以对专利权进行合理避让。因此，确定 $O_{公众1}$范围的主体以本领域技术人员最为合适。

4. 如果是以非本领域技术人员作为判断 $O_{公众1}$范围的主体，将会对申请人不利，因为非本领域技术人员对本领域技术的认识基本为空白，所以判断 $O_{公众1}$范围（即社会公众通过申请人公开的原说明书和权利要求书所获得的内容）方面将会非常机械，申请人对权利要求的任何的简单的改变，都会被判断为无法从公开的原说明书和权利要求书中获得，从而超出了原说明书和权利要求书记载的范围。例如，从权利要求中删除一个现有技术中存在的非必要技术特征，就会被判定为修改超范围。这种情况对申请人来说是不利的，因为这几乎剥夺了申请人修改权利要求的权利。即使根据现有技术，权利要求中有些特征是非必要技术特征，也不被允许删除，这样就会使申请人的权利要求的保护范围无法涵盖说明书和权利要求书记载的全部技术方案。目前，国家知识产权局在审查中基本上就是采用非本领域技术人员作为判断超范围的主体，这几乎剥夺了申请人修改的机会，导致了目前申请人对国家知识产权局在超范围方面的审查有很大意见。

5. 如果以本领域的专家作为判断 $O_{公众1}$范围的主体，则对申请人是有利的，因为本领域专家对本领域技术的认识要远远超过一般社会公众，所以对从原说明书和权利要求书得到的内容也要远远超过社会公众，那么社会公众从原说明书和权利要求书得不到的内容也可以修改到权利要求中。因此，这会造成将在原说明书和权利要求书中没有记载的技术方案纳入到权利要求的保护范围，从而损害社会公众的利益。

因为任何有思想的人看到申请文件，都会想到一些除文字内容以外的其他相关的内容，所以，应以本领域技术人员作为确定 $O_{公众1}$ 范围的主体，$O_{公众1}$ 的范围不应当仅仅包括原说明书和权利要求书记载的字面内容，而且还应当包括本领域技术人员通过记载的字面内容不需要创造性劳动就容易想到的内容。也就是说，只要是本领域技术人员根据原说明书和权利要求书的内容不需要创造性劳动想到的内容，申请人都可以通过修改权利要求，将其纳入到权利要求的保护范围中。这种权利要求的修改是不超出原说明书和权利要求书记载的范围的，这种修改是被允许的。从这种意义上讲，《专利审查指南》中“直接地、毫无疑义地确定”的内容就应当包括本领域技术人员根据说明书的内容不需要创造性劳动想到的内容。当权利要求进行修改时，原说明书和权利要求书记载的范围就是指权利要求的保护范围不得超出原说明书和权利要求书记载的文字内容，以及本领域技术人员通过记载的文字内容不需要创造性劳动就容易想到的内容。

例如，原权利要求记载了 A、B、C、D 四个特征，根据现有技术，可以确定的 C 特征为非必要技术特征，因此，本领域技术人员很容易想到可以将 C 特征删除，只在权利要求中保留 A、B、D 这一技术方案。在这种情况下，申请人的修改依然是在 $O_{公众1}$ 的范围内，因此是不超范围的。如果让申请人必须保护技术方案 A、B、C、D，则会侵害申请人或专利权人的利益。因为根据全面覆盖原则，A、B、D 这一技术方案并没有落入记载了 A、B、C、D 四个特征这一权利要求的保护范围，社会公众可以通过使用 A、B、D 这一技术方案避开专利权的保护。这样，使得原本应该属于申请人的东西却得不到保护，损害了专利权人的利益，从某一种程度上讲，也违反了超范围的立法宗旨。目前，国家知识产权局对于将 A、B、C、D 修改为 A、B、D 的修改方式，一般会认为是超范围的，除非原说明书和权利要求书的字面中明确记载了 A、B、D 这一技术方案。笔者认为，国家知识产权局目前对超范围的审查，并没有站在维护社会公众和专利权人利益平衡的基础上，而是站在明显偏袒社会公众的基础上。

允许申请人将本领域技术人员不需要创造性劳动就能想到的内容纳入专利权利要求的保护范围，并不是允许他们直接将不需要创造性劳动就能想到的内容修改到权利要求的保护范围中。例如，本领域技术人员不需要创造性劳动就能想到可以将螺丝固定替换为螺母固定，如果原说明书或权利要求书中没有记载螺母固定这一特征，是不允许将螺母固定直接替换为螺丝固定的。因为本领域技术人员不需要创造性劳动就能想到的内容并不是表明这两个内容是完全相同的。本领域技术人员由 A 特征不需要创造性劳动就能想到 B 特征，然后由 B 特征不需要创造性劳动就能想到 C 特征，但是却不一定由 A 特征不需要创造性劳动就能想到 C 特征。因为在 A 与 B、B 与 C 之间的变化是量变,但是量变的叠加却可能导致 A 与 C 之间产生质变。即使现在权利要求中只记载 A 特征而不记载 B 特征,则也有可能通过权利要求的解释将 B 替换 A 以后的技术方案纳入权利要求的保护范围中。但是,如果在权利要求中直接将 B 替换为 A,却很容易将原本可能不属于本领域技术人员需要创造性劳动才能想到的 C 纳入权利要求的保护范围中,所以,这种修改是超范围的。

七、笔者的建议

通过上述的分析,针对申请文件修改超范围的判断,笔者提出如下的意见:

1. 首先应当从维护申请人和社会公众之间利益的平衡角度出发,站在本领域技术人员的角度判断申请文件修改是否超范围,而不应当站在非本领域技术人员或者本领域的专家的角度判断申请文件修改超范围的问题。

2. 针对权利要求中增加技术特征,首先要看一下增加的技术特征是否在原说明书或权利要求书中有直接记载或者隐含记载。例如,在原说明书或权利要求书中直接给出尺寸的大小就属于直接记载,而通过给定的其他数据可以计算两个尺寸的大小,则属于隐含记载。如果在原说明书或权利要求书中没有直接记载或者隐含记载,则认定权利要求的修改超范围。如果在原说明书或权利要求书中有直接记载或者隐含记载,则需要从本领域技术人员的角度出发,看一看本领域技术人员是否不经过创造性劳动就能得出修改的权利要求的技术方案。如果能够得出,则修改不超范围;反之,则修改超范围。例如,原权利要求保护一种工艺,修改的时候增加了一个工艺条件或工艺步骤,如果增加的工艺条件或工艺步骤在原说明书和权利要求书中没有记载,则可以直接认定超范围;如果工艺条件或工艺步骤在原说明书或权利要求书中记载,则还要从本领域技术人员的角度来判断是否可以将其增加到原权利要求中。

3. 对于权利要求中技术特征的替换,同样也要首先看一下替换的技术特征是否在原说明书或权利要求书中有直接记载或者隐含记载。如果在原说明书或权利要求书中没有直接记载或者隐含记载,则认定权利要求的修改为超范围。如果在原说明书或权利要求书中有直接记载或者隐含记载,则要从本领域技术人员的角度出发,看一看本领域技术人员是否不需要经过创造性劳动就能得出修改的权利要求的技术方案。如果能够得出，则修改不超范围；反之，则修改超范围。例如，原权利要求中记载了 A 这一技术特征，申请人在对权利要求修改的时候，将 A 修改为 B，而 B 为 A 的惯用手段替换，如果在原说明书或权利要求书中直接记载或者隐含记载了 B 这一技术特征，则一般情况下应当判断不超范围；如果在原说明书或权利要求书中没有直接记载或者没有隐含记载 B 这一技术特征，则可以直接判断为超范围，否则，可能会出现图 2-5 中的情况。

4. 针对从权利要求中删除技术特征，则需要从本领域技术人员的角度出发，看一看本领域技术人员是否不需要经过创造性劳动就能得出修改的权利要求的技术方案。如果能够得出，则修改不超范围；反之，则修改超范围。例如，原始申请的权利要求中具有特征 A、B、C、D，但是通过申请人的检索发现，D 特征属于现有技术，而且不属于必要技术特征，这时候，申请人将权利要求 A、B、C、D 修改为 A、B、C，则从本领域技术人员的角度出发，这种修改一般情况下是不超范围的。实际上，这种情况下，对权利要求的保护范围也是最恰当的，基本上实现了前面图 2-3 的情形。

5. 在修改不超范围的情况下，还要看一下对权利要求修改是否符合修改的时机，即是否满足主动修改或应国家知识产权局的要求修改。如果不符合修改时机，审查员也可以不接受此修改。但此时不接受并不是以修改超范围为理由，而是以修改不符合修改时机为理由。例如，如果申请人在答复审查意见通知书的时候，根据新检索的文件，将权利要求中的属于现有技术的非必要技术特征删除，这种修改扩大了权利要求的保护范围，是不符合修改的时机的，此时，审查员可以以修改不符合修改时机为理由，拒绝接受这种修改。

6. 对于说明书的修改，可以参考权利要求的修改，将说明书的相关内容当做一个权利要求来看待，然后从本领域技术人员的角度出发，判断修改是否超范围。

7. 对于分案申请修改超范围的问题，也可以参考权利要求的修改，将修改的相关内容当做一个权利要求，然后从本领域技术人员的角度出发，判断修改是否超范围。

论外观设计侵权判定标准的演进

——从“整体比较”标准到“见多识广的消费者”标准

◇袁　博*

内容摘要　我国目前判定外观设计侵权主要是依据“整体比较”标准体系，包括“同类产品”判断范围、“一般消费者”判断主体和“整体比较”判断方法三个要素。判定的重心是整体视觉效果是否让一般消费者发生混淆。随着司法实践的不断丰富，“整体比较”标准体系的三个要素都开始显露很多局限，为了弥补该标准体系的不足，有的学者将目光投向了“创新标准”。创新标准将判定的重心放在了授权外观设计与被控侵权设计在创新部分的比对上。这一标准解决了“整体比较”标准面临的一些问题，但是同样存在一些不足。面对两种标准各自的优势和不足，我们应该在坚持整体比较的框架内充分吸纳创新标准的精髓，在协调判定标准三要素的基础上构建新的判定标准。

关键词　外观设计　侵权判定　整体比较　混淆标准　创新标准

外观设计专利侵权纠纷案件在我国专利纠纷案件中占有相当大的比例，以上海市第二中级人民法院2010年度为例，即有近半数专利纠纷案件为外观设计专利侵权纠纷案件。在司法实践中，判定外观设计专利侵权主要是依据《最高人民法院关于审理侵犯专利权纠纷案件应用法律若干问题的解释》(以

* 袁博，同济大学法学院。

下简称《解释》）中的第 9 条、第 10 条和第 11 条。其中，第 9 条规定了明确“相同或相近类别产品”为判断范围，第 10 条规定了“一般消费者”是判断主体，第 11 条规定了“整体比较”是判断方法。第 9 条、第 10 条和第 11 条，共同构建了我国外观设计的侵权判定标准体系，由于我国目前尚不对局部外观设计进行保护，因此这种侵权标准体系对“整体”的突出令人印象深刻，不妨称之为“整体比较”标准。

随着司法实践的不断丰富和新类型案件的不断涌现，“整体比较”标准从判断范围、判断主体到判断方法都开始面临质疑和挑战，传统的判定标准逐渐走入不能回避的困境。

一、“整体比较”标准的基本内容

（一）“整体比较”标准的要素构成

《解释》第 9 条规定的“同类产品”判断范围指的是判断授权外观设计和被诉侵权设计是否构成相同或近似之前先要判断这两种设计所应用的产品在种类上是否构成相同或者近似，而判断的依据是产品的用途，主要参考外观设计的简要说明、国际外观设计分类表、产品的功能以及产品销售、实际使用的情况等因素。相同类别的产品是指用途完全相同的产品，例如，机械表和电子表尽管内部结构不同，但是它们的用途是相同的，所以属于相同类别的产品；近似种类的产品是指用途相近的产品，例如，玩具和小摆设的用途是相近的，属于近似种类的产品；对于产品种类不相同也不近似的外观设计而言，不再进行比较和判断，即可认定不相近似，如毛巾和台布。

《解释》第 10 条规定的“一般消费者”判断主体指的是进行外观设计侵权判定时法官要立足于一般消费者的身份，以他们的知识水平和认知能力作出判断。作为某类外观设计产品的一般消费者应具备以下特点：(1) 对被比外观设计产品的同类或者相近类产品的外观设计状况具有常识性的了解。例如，对于汽车，其一般消费者应当对市场上销售的汽车以及诸如大众媒体中常见的汽车广告中所披露的信息等有所了解。(2) 对外观设计产品之间在形状、图案以及色彩上的差别具有一定的分辨力，但不会注意到产品的形状、图案以及色彩的微小变化。

《解释》第11条[①]规定的“整体比较”判断方法指的是在外观设计侵权判定中要采取“整体比较、重点观察、综合判断”的方法。具体内容是，判定基础要着眼于授权外观设计和被诉侵权设计整体上的视觉效果上的异同，这就是“整体比较”；在比较中，授权外观设计区别于现有设计的设计特征（即创新部分，一般位于产品最吸引消费者注目的位置，如冰箱的正面、桌子的上面）和其他设计特征都要纳入观察范围并对其整体视觉效果的形成产生影响，但创新部分应受到更大的关注，这就是“重点观察”；以创新部分和非创新部分的视觉影响综合而成的整体效果来判定需要对比的产品外观是否构成相似，这就是“综合判断”。

（二）混淆标准在“整体比较”标准中的反映

在判定外观设计侵权的理论中，最具影响力的传统观点要属“混淆标准”。所谓混淆标准，是指如果一般消费者仅凭其购买和使用所留印象而不能见到被比设计的情况下，若将在先设计误认为是被比设计而产生混同，则被比设计与在先设计相同或近似，否则，二者既不相同也不近似。[②]《解释》第11条第3款规定：“被诉侵权设计与授权外观设计在整体视觉效果上无差异的，人民法院应当认定两者相同；在整体视觉效果上无实质性差异的，应当认定两者近似。”其中，关于“视觉效果无差异”的表述，明显是受到混淆标准影响的另一种表述方式；“整体视觉效果无实质性差异”，与“混同”在本质上是一致的。[③] 结合《解释》第9条关于“产品种类”判断范围和第10条关于“一般消费者”判断主体的规定，不难看出，我国的外观设计侵权判定标准，深受混淆标准的影响：将比对产品限定于相同或近似种类，正是由于不同种类的产品不会引起一般消费者的混淆而导致误认或误购；将判断主体确定为一般消费者，又是由于一般设计者对极其微小的设计差异也会非常敏感从而不产生

---

① 《解释》第11条规定：“人民法院认定外观设计是否相同或者近似时，应当根据授权外观设计、被诉侵权设计的设计特征，以外观设计的整体视觉效果进行综合判断；对于主要由技术功能决定的设计特征以及对整体视觉效果不产生影响的产品的材料、内部结构等特征，应当不予考虑。下列情形，通常对外观设计的整体视觉效果更具有影响：（一）产品正常使用时容易被直接观察到的部位相对于其他部位；（二）授权外观设计区别于现有设计的设计特征相对于授权外观设计的其他设计特征。被诉侵权设计与授权外观设计在整体视觉效果上无差异的，人民法院应当认定两者相同；在整体视觉效果上无实质性差异的，应当认定两者近似。”

② 参见胡充寒：《外观设计专利侵权判定混淆标准的反思与重构》，载《法律适用》2010年第6期，第55页。

③ 参见孔祥俊、王永昌、李剑：《〈最高人民法院关于审理侵犯专利权纠纷案件应用法律若干问题的解释〉适用的若干问题》，载《电子知识产权》2010年第2期。

混淆，因此，让一般设计者来判定会动摇判定标准的公平性和失去有效的区分度；将判断方法规定为“整体比较、重点观察、综合判断”，也是基于视觉效果上能否产生混淆的考虑。

（四）混淆标准的起源

混淆标准是由美国联邦最高法院在1871年的Gorham一案[④]中确立的侵权标准，至今仍然被美国各级法院经常援引。在该案中，被告被控侵权的餐具与原告获得外观设计专利授权的餐具在外观上存在一些相似之处，是否构成实质相同成为该案的焦点问题。下级法院认为虽然有局部相似，但不构成实质相同。美国联邦最高法院最终推翻了下级法院的判决，认为如果普通观察者看到后一件外观设计后会误以为是前一件外观设计，即两件外观设计达到混淆的程度，则后者构成对前者的侵害。混淆标准由此确立，并被其他国家普遍采用。

（四）混淆标准对我国司法实践的影响

混淆标准虽然在我国专利方面的法律规定中没有明文表述，但是在立法理念上和司法实践中却被奉为圭臬，成为毫无疑义的主流观点，深受混淆标准影响的《解释》第9条、第10条、第11条构成的“整体比较”判定标准也成为外观设计侵权纠纷案件中引用频率极高的裁判依据。《最高人民法院关于审理专利侵权纠纷案件若干问题的规定会议纪要稿》（2003年10月）第24条第1款规定：“人民法院在判断外观设计时，应当以一般消费者施以一般注意力是否容易混淆为标准。容易产生混淆的，即为近似外观设计；反之，即为既不相同也不近似的外观设计。”在富士宝诉家乐仕专利侵权案中，最高人民法院以公报案例的形式，强化了混淆标准对侵权判定的意义。在该案中，判决主文认为，侵权产品与原告专利产品的外观区别在整体上并不显著，容易使普通消费者在视觉上产生混淆，应该被认定为相近似，构成侵权。[⑤] 这一公报案例的意义在于，它确立了外观设计专利权乃是防止普通消费者混淆之权。[⑥]

---

④ See Gorham Mfg. Co. v. White, 81 U.S. 511, 20 L.Ed 731, 14 Wall. 511(U.S.,1871).

⑤ 参见《中华人民共和国最高人民法院公报》1999年第2期。

⑥ 参见应振芳：《外观设计研究》，知识产权出版社2008年版，第179页。

二、“整体比较”标准遭遇困境

随着理论研究的持续深入和司法实践的不断扩展,理论上的质疑和实践中的挑战不断涌现,混淆标准和深受其影响的“整体比较”标准体系及其要素开始凸显越来越多的缺陷和不足,传统判定理论开始步入深水区。

(一)混淆标准:遭遇质疑

有学者指出,混淆标准实质上是对商标法一般消费者“防止混淆”理论的借用。这种理论的借用虽然能解决部分侵权判定中的问题,但是却忽略了商标和外观设计在立法保护的立足点上存在本质的不同。[7] 保护商标的立足点在于强化商品与商品制造者和商品来源地的联系,因此需要防止消费者对商品的来源发生混淆、误认;而保护外观设计的立足点并不是要在专利产品和发明创造人之间建立一种在外观上让消费者可视化的鉴别性,即不是为了帮助消费者更有效地区分,而在于保护外观设计的创新活动。[8] 正如2000年美国最高法院在撒马拉兄弟公司诉沃尔玛一案[9]中所作的论述:“产品外观设计几乎毫无例外地出自与识别来源无关的目的。消费者知道,即便是最不寻常的外观设计(如一个企鹅形状的鸡尾酒杯),也并不是用来识别来源,而是为了使产品本身更加有用或者更美观。”因此,不应给外观设计设定过多的功能,防止商品混淆的功能完全只应由商标来承担。可见,消费者是否发生混淆与外观设计是否应该得到保护在本质上并无必然的因果关系,从后文的分析可以看到,当消费者不发生混淆时,并不意味着与授权外观设计比对的被诉侵权设计就必然不构成侵权;反过来,当消费者发生混淆时,也可能存在与授权外观设计比对的被控侵权设计不构成侵权的可能。

(二)“产品种类”判断范围:遭遇挑战

如前文所述,我国在外观设计侵权判定上之所以要考虑“相同或相近类别产品”作为前提,是考虑到只有种类相同或者近似的产品对比才有意义,不

---

⑦ 参见欧阳峰、刘宇晖、梁平:《对外观设计专利侵权判定标准的几点质疑》,载《电子知识产权》2007年第3期。

⑧ 参见吴观乐:《试论外观设计专利保护的立足点》,载《知识产权》2004年第1期。

⑨ See Wal-Mart Stores, Inc. v. Samara Brothers, Inc., 529 U. S. 205(2000).

同种类的产品上的外观设计不会使判断主体产生混淆，如应用同样外观设计的电视机和冰箱不会让消费者产生混淆。因此，如果对比的产品不属于同类产品，则一般不能进行比较，更不能进行侵权判断。[10] 然而，这一看法正受到越来越多的质疑。

有学者认为，虽然外观设计必须通过产品载体表现其设计内容，但是产品载体不应该成为限制其权利范围的界限。[11] 必须指出，根据我国《专利法》，外观设计专利的保护范围以表示在图片或照片中的专利产品为准，外观设计专利保护的客体是与产品紧密结合的外观设计，保护客体不能脱离产品载体而抽象出来是外观设计专利权与著作权的本质区别。然而，将侵权判断范围限定在相同或近似产品类别上，却大有商榷之处。外观设计固然要和产品结合，但是，同一种外观设计往往并不限于只能用于一类产品，当它与不同种类的产品结合时，都可能产生美感。对于很多由图形、颜色组成的外观设计而言，不但可以在形状轮廓相似的不同类产品上得到应用，甚至能在形状大相径庭的不同类产品上进行转用，产生相应的美感。例如，某汽车厂设计了一款新型的轿车，该轿车的外观设计取得了专利保护，如果生产玩具或模型的另一厂家生产了这种造型的轿车玩具或模型，显然其明显是抄用了该汽车厂的设计成果，但由于两者不在同一个外观设计分类的大类，根据保护范围的限定，后者不构成对前者的侵权，而这显然对权利人是不公平的。[12]

（三）"一般消费者"判断主体：力不从心

外观设计侵权判定选用一般消费者作为判断主体的原因在于，在进行侵权判定时，对于一些细微的差别，专业设计人员很容易分辨出来，而一般消费者往往会忽略，如果采用专业设计人员的标准，对于权利人会显得过于严苛而有失公平，而且外观设计产品面向的主要是一般消费者，并且创造性程度远低于发明和实用新型专利，因此，应该选用一般消费者作为判断主体，即法官应代入一般消费者的眼光和审美能力进行判断。实践中，"一般消费者"作为判断主体也遇到了越来越多的争议和问题：

问题一：一般消费者对于设计空间较小的产品创新细节能给予充分关注吗？

---

⑩ 参见程永顺：《浅议外观设计的侵权判定》，载《知识产权》2004 年第 3 期。

⑪ 同上。

⑫ 同上。

以一般消费者作为侵权对比的判断主体,一方面体现了一般消费者是富于美感的外观设计的直接使用者和感受者的立法初衷,[13]但另一方面却带来了一个不容忽视的问题:一般消费者的认知水平在有些时候不能契合立法者预想的高度。在现实生活中,很大一部分外观设计尤其是那些成熟产品(比如冰箱、电吹风等)的外观设计,往往是在固定的外形基础上附加新的局部设计变化,而这些变化,恰恰成为这些设计的关键点。作为一般消费者,限于自身的认知水平,往往很难发现这些关键点。更多的时候,一般水平的消费者,会把对整体视觉效果的贡献等同于设计特征的尺寸大小或者数量的多少。[14]比如"手紧式钻夹头"外观设计专利无效行政纠纷案[15]中,一审法院和专利复审委均认为被控侵权产品和涉案专利产品在外观上足以让一般消费者构成混淆,因而构成近似;而北京市高级人民法院在二审中则认为,判断一件外观设计专利与公知外观设计是否相同和相近似时,应当考虑产品在外观方面存在的产生变化的空间大小。本案中,由于该产品自身的特点,决定了该产品外观的形状差别不会很大,考虑到被控侵权品在细节方面的具体创新,二者不构成近似。不难看出,北京高院在本案中发现了一个矛盾,就是采用一般消费者的判断标准会得出有失偏颇的结论。二审判决虽然没有明确指出其所采用的判断主体,但在附送给专利复审委的司法建议中,建议将此外观设计相近似的判断主体改为"本领域普通技术人员"。[16] 对于"手紧式钻夹头"这种因功能限制而决定了外观变化不大的产品而言,在判断主体上仅仅设定一般消费者是不够的,必须要赋予他们对此类产品的惯常设计"熟视无睹"进而关注局部创新设计的认知水平。显然,此时的消费者,已经脱离了一般消费者的认知范畴,但是,由于未涉及设计技巧,所以他们的认知能力仍然低于"本领域普通设计人员"。[17]

问题二:一般消费者有区分产品创新设计和公知设计、功能性设计的能力吗?

例如,被控侵权产品对涉案专利产品进行了创意上的模仿,达到了从整体上不能让一般消费者产生混淆的效果,但是,造成整体不同的原因却是使用了相关产品设计领域内的惯常变换或者进行了一些公知部件或者功能性

---

[13] 参见周晓冰:《外观设计专利侵权判断标准问题》,载《中国专利与商标》2008 年第 4 期。

[14] 参见孟维晓、何晓炜:《外观设计专利侵权判定标准评析》,载《法制与社会》2008 年第 12 期。

[15] 参见北京市高级人民法院(2002)高民终字第 614 号行政判决书。

[16] 参见钟华:《试析外观设计相近似性的判断主体》,载《中国专利与商标》2007 年第 4 期。

[17] 同上。

部件的加减。在这种情况下，一般消费者难以体察到仿冒者的侵权恶意，因而也会导致判断失败。例如，就下图所示的产品而言，由于形状、颜色的区别，两件产品的外观设计较为悬殊，不会让消费者从整体上发生混淆，但是否就能因此得出不构成侵权的结论了呢？仔细研究不难发现，排除一些常见的设计变换的影响后，两件产品的外观是高度近似的。

图 1

（四）“整体比较”判断方法：遭遇失灵

根据“整体比较”标准，在侵权判定中，应该以一般消费者的视角从整体而非局部观察授权外观设计与被控侵权设计的区别从而得出结论。在理论和实践中，这一规定同样碰到了很多问题。

1. 操作失灵的判定标准

“整体比较”标准承认授权外观设计中的创新部分（区别于现有技术的设计特征）相对其他部分更有影响，并且以综合判断的形式纳入比对范围，但问题是，整体比较的落脚点仍然在整体效果上，而创新部分只是影响整体效果的一个相对重要的因素，在地位上，是从属于整体效果的。换言之，当一般消费者对于进行比对的两件外观设计产品的外观整体视觉效果获得明确结论时，外观设计的创新部分对于判断是否侵权实质上已经失去作用。这就在侵权判定上产生了一些与专利保护精神背道而驰的结论。

结论一　整体相同或近似即构成侵权

这种判定认为，两种比对的外观设计在整体视觉效果上构成相同或近似，足以使一般消费者构成混淆，因此构成侵权。这种结论的局限之处，在于忽视了产品种类对于外观设计侵权判定的影响。对于前文提到的那些较为成熟的产品而言，它们的更新设计越来越多地是在原有产品外形基础上的改进，整体形状可能相似，但因为这类产品的“设计空间”较小，完成独创的外观设计也越来越少，在后产品设计一定程度的变化，都凝聚了设计者不同寻常的创新，对于这种产品，如果仍然坚持整体比较，就会显失公平，导致标准失灵。这里所提的“设计空间”概念，目前学界并无统一的定义，一般认为，指的是设计者对产品外观设计的创作自由度，即在排除了公知设计、惯常变化、功能性设计和非装饰性设计后的创作空间。设计空间较小的产品，一般具有如下特征：现有设计密集；受产品本身的功能和该领域的技术水平限制较大；该产品的实用功能大于装饰功能。最高人民法院在万丰公司摩托车车轮案[18]中使用了“设计空间”这一概念。最高人民法院认为，设计空间对于确定相关设计产品的一般消费者的知识水平和认知能力具有重要意义；在外观设计相同或者相近似的判断中，应该考虑设计空间或者说设计者的自由度，以便准确确定该一般消费者的知识水平和认知能力。[19] 正如前面指出的那样，对于这些设计空间较小的产品，应该淡化产品共性特征对于一般消费者视觉效果的影响，[20]相应的赋予一般消费者对于此类产品的非共性的创新变化以更敏锐的感知力，即相应产品的外观的创新变化虽然对整体影响不大，却能在此时的一般消费者的眼中放大差异因而留下深刻印象，而不会因为淹没在产品的共性设计之中而淡化影响。

结论二　整体不同或不近似则不构成侵权

在“整体比较”标准下，当两件对比的外观设计产品不构成相同或近似，令一般消费者不产生混淆的情况下，认为不构成侵权，似乎也是合乎逻辑、顺理成章的结论。实践中，这个结论容易被利用而成为一种规避侵权责任的理由。例如，某厂家生产出一种具有独特外观设计的产品，引起某个消费群体的喜爱，其他不法厂家往往利用“整体比较”标准的局限，一方面抄袭该外观设计造型中的创新部分，另一方面又对其整体上作出较大程度的变化，达到整体视觉效果的显著区别，由于我国法律不保护部分外观设计[21]，这样做常常能规避侵权责任。又如，《专利审查指南》第四部分第五章中规定：“对于外表使用透明材料的产品而言，通过人的视觉能观察到的其透明部分以内的形

---

⑱　参见最高人民法院（2010）行提字第 5 号行政判决书。

⑲　参见《最高人民法院知识产权案件年度报告（2010）》。

⑳　关于淡化共性特征的论述，可参见最高人民法院在本田株式会社“汽车”外观设计专利权无效行政案【（2010）行提字第 3 号】中的论述。

㉑　部分外观设计是指对产品上的某一部分的形状、图案及位置关系进行的新设计。

状、图案和色彩，应视为该产品的外观设计的一部分。”实践中的案例，也支持了这一规定的内容。在“蒸锅”外观设计专利无效行政纠纷案中，专利复审委及一审、二审法院均认为，在外观设计外表的材料是透明的情形下，能看到的内部的设计都应该视为外观设计的一部分。参照上述规定，若某厂家生产出有一定独特造型的产品，被控侵权方从造型上完全仿制该产品，仅将该产品的整体外壳或部分外壳改用透明材料制成，以致从各个视图角度都可以看到该产品壳体内部的结构，在这种情况下，若以视觉上从各个视图都能看到两者的不同而认定两者不相近似的话，明显对在此产品独特造型上作出贡献的专利权人不公平，因为被控侵权方完全采用了该外观设计的设计构思；相反，若认定侵权，则要解释两者在消费者的视角上构成近似又陷于牵强。[22] 导致这种情形的原因，仍然在于本应特别考虑的创新设计被淹没在包括大量非创新设计的整体效果之中而无法有效影响判定主体在宏观上形成的整体视觉印象。

2. 难以统一的主观裁量

在“整体比较”的标准下，并不排斥对局部变化的考虑，但是，对于局部变化对整体效果产生影响的评估，却经常因为没有可操作性的细化标准而充满了可左可右的主观裁量：认为该外观设计的局部改进对于该产品的整体视觉效果有显著影响的，就强调该局部的区别，然后以此局部产生的区别在整体视觉上不会消失或者以该产品外观设计空间较小为由而认定两者不相近似；相反，认定该外观设计的局部改进对该产品的整体视觉效果不具有显著影响的，就会以该产品仍有较大的设计空间或者这些局部区别不足以使一般消费者从整体观察予以区分开来而认定两者相似。[23]

例如，前文提到的万丰公司摩托车车轮案，该案历经了专利复审委员会、北京市第一中级人民法院、北京市高级人民法院和最高人民法院多个行政和司法程序，各方对车轮外观设计的创新部分认定相同（辐条），但就该创新部分是否对产品的整体视觉效果造成显著影响方面争议明显。

该案中，涉案专利与在先设计均涉及摩托车车轮，如图2所示，二者均由轮辋、辐条和轮毂组成，五根辐条呈逆时针旋转状分布。区别在于辐条设计略有差异，涉案专利的辐条两侧平直，一面中间呈凹槽状，在先设计的辐条两

[22] 参见吴观乐：《试论外观设计专利保护的立足点》，载《知识产权》2004年第1期。

[23] 参见胡充寒：《外观设计专利侵权判定混淆标准的反思与重构》，载《法律适用》2010年第6期。

侧略带弧度，两面均为凹槽状。

涉案专利

在先设计

图 2

专利复审委员会认为，摩托车车轮基本上均由轮辋、辐条和轮毂三部分组成，圆形轮辋应属于车轮的惯常设计，辐条的形状设计相对于轮辋通常对车轮的整体视觉效果更具有显著影响，而涉案专利辐条与在先设计辐条的弧度相差不大，凹槽设计亦属于细微变化，均未对整体视觉效果产生显著影响，使得涉案专利与在先设计构成相近似的外观设计。[24]

---

[24] 参见专利复审委员会第 13658 号无效决定书。

北京市第一中级人民法院[25]和北京市高级人民法院[26]认为，摩托车车轮均为轮辋、辐条和轮毂组成，受其所设定功能的限制，外观变化的空间均为有限，因此，上述区别在设计空间有限的车轮产品上已经对整体视觉效果产生显著影响，因此，撤销了专利复审委员会的无效决定。

最高人民法院认为，在摩托车车轮领域，摩托车辐条的设计只要符合受力平衡的要求，仍可以有各种各样的形状，存在较大的设计空间，二者区别对整体视觉效果的作用较小，涉案专利与在先设计构成相近似的外观设计。[27]

值得注意的是，上述各方得出的两种意见截然相反，依据的却是同一个判断标准，这恰恰说明了这种标准亟待可操作性的进一步细化。

3. 困境：带着镣铐跳舞

目前"整体比较"标准遭遇的困境，在于强调整体效果和创新部分比对结果的一致性，当两种对比结果出现矛盾时，既有的判定标准就得出了无法令人信服的结论。事实上，外观设计中的美感，是通过整个设计方案体现出来的。设计人运用设计手段将设计要素表现出来的设计要点和现有设计部分内容有机整合在一起，形成新的技术方案。就其本质属性而言，外观设计属于建立在产品之上就产品的外在装饰性所作的艺术构想的外在表达，基本特点在于其复合性，[28]脱离了产品的抽象的线条、图案和色彩可以成为著作权上的作品，却无法构成专利法上的外观设计。外观设计的保护范围，是组成外观设计的各个设计要素组成的整体，而不是单独的要素或者某些要素的组合。[29]因此，"整体比较"标准并非完全应该否定，而只是在部分情况下应修正适用条件以恢复其弹性。对"整体比较"标准不分条件地机械适用，不但会使判定结果有时显悖常理，也会限制这种判定标准的健康发展，最终变成"带着镣铐跳舞"。

三、创新标准的提出及分析

不难看到，判定体系中的"产品种类"判断范围、"一般消费者"判断主体和"整体比较"判断方法在实践中遭遇的困境，追根溯源，都与将外观设计的

---

[25] 参见北京市第一中级人民法院(2009)一中知行初字第2556号行政判决书。

[26] 参见北京市高级人民法院(2010)高行终字第448号行政判决书。

[27] 参见最高人民法院(2010)行提字第5号行政判决书。

[28] 参见北京市高级人民法院课题：《外观设计专利侵权判定及公知设计抗辩》，载《外观设计专利司法保护研讨会会议材料》，第9页。

[29] 参见程永顺：《浅议外观设计的侵权判定》，载《知识产权》2004年第3期。

保护建立在是否会造成混淆这一鉴别功能上有关。正是由于将外观设计的保护建立在以是否造成产品混淆这种鉴别性功能上，从而引发出判断主体究竟是一般消费者还是普通设计人员的不同观点；也正是由于外观设计保护中要采用是否造成产品混淆的判断原则，引发出了判断时如何处理整体比较综合判断和重点观察两者的关系问题；也正由于外观设计专利保护建立在产品是否会造成混淆的鉴别性功能上，成为允许将外观设计保护扩展到部分设计保护的阻力。[30] 因此，要重构外观设计侵权判定标准，必须重新考虑外观设计专利保护的立足点，而外观设计专利保护的立足点在于保护设计创新。因此，理想的判断标准，应该是充分关注外观设计专利中引起消费群体注意和喜爱的创新设计部分。在此背景下，一种修正原有标准不足的新标准呼之欲出，这就是创新标准。

（一）创新标准的内容

创新标准是指被控侵权产品是否包含了专利设计中一般消费者在正常状态下能够看到的装饰性创新部分。在这种标准下，判断主体仍然是一般消费者，但具有区分现有技术和创新设计的能力；判断方法是看被控侵权产品是否抄袭、模仿了原告外观设计中的创新部分或者被控侵权产品是否与专利产品的创新部分区分明显。如果存在抄袭或者模仿，则可以认定相同或者近似；如果差别明显，则可认定不相同或者不相近似。[31] 实践中，一些法院开始实践这种标准，如《北京市高级人民法院关于专利侵权若干问题的意见（试行）》规定，对被控侵权产品与外观设计专利产品进行比较，应当进行整体观察和综合判定，看二者是否有相同的美观。比较的重点应当是专利权人独创的富于美感的主要设计部分（要部）与被控侵权产品的对应部分，看被告是否抄袭、模仿了原告的独创部分。可以看到，北京高院在不排除“整体比较”标准的基础上充分吸纳了创新标准的实质精神。

（二）创新标准的优越性

1. 符合《专利法》新修订的精神

2008 年修订的《专利法》对外观设计的定义引入了创造性标准。该法第

㉚ 参见吴观乐：《试论外观设计专利保护的立足点》，载《知识产权》2004 年第 1 期。

㉛ 参见北京市高级人民法院知识产权庭编：《知识产权诉讼实务研究》，知识产权出版社 2008 年版，第 97—98 页。

23 条第 2 款规定:“授予专利权的外观设计与现有技术或者现有技术特征的组合对比,应当具有明显区别。”上述规定的变化说明,《专利法》开始将关注的重点,向着外观设计的创新部分转移。

2. 摆脱“整体比较”标准的困境

采用创新标准后,抄袭外观设计创新部分却改头换面的侵权行为将得到有效规制,判断重点集中在整体框架中的创新部分,可以淡化产品共性特征等设计因素的影响,使得主观裁量获得相对集中、客观的评判基础。对比范围的缩小,也使得评价结果相对更加有针对性和有效性。同时,这也解决了两件产品整体比较有较大差异而创新部分基本相似时如何认定的问题,即在此情形下重点考察要部的创新性是否被抄袭来确定侵权的构成与否。

3. 有利于鼓励设计创新

在成熟产品和设计空间较小的产品中,如牙刷、吹风机等,存在一些变化不大的基本形状,改进已有外观设计的余地已经很小,因此只能对局部进行创新和改进,在“整体比较”标准的判定下,这种后续改进型产品很可能因外形整体相似而面临在先专利权人的指控,从而对改进产品设计的积极性造成打击。采用创新标准以后,则可以避免这一问题。

(三) 创新标准的不足

1. 在判断范围和判断主体方面仍然坚持了保守主义

创新标准虽然在判断方法上锐意革新,但在判断范围和判断主体上并无新意。在判断范围上,创新标准并没有比“同类产品”走得更远;在判断主体上,创新标准仍然坚持零弹性的“一般消费者”标准。判断方法上的改革态度和判断范围、判断主体上的保守主义,必然会造成创新标准体系上的自我冲突。一个合理的判断标准体系,其内部的判断范围、判断主体和判断方法必须内在统一、互相协调。比如“整体比较”标准,虽然在实践中存在种种不足,但至少判断范围、判断主体和判断方法三者在基于防止发生混淆的这一点上是内在统一的。反观创新标准,则在体系上出现了失衡。在判断方法上强调创新,但是在判断范围上却没有考虑产品创新设计转用到其他种类产品上的可能性,在判断主体上也没有赋予其与判断方法相适应的能力,因而既没有解决创新设计在不同产品上转用的问题,也没有解决一般消费者对于创新设计的把握能力问题,陷入了跛足发展的失衡状态。

2. 在判断方法上虽有突破但是也存在明显缺陷

(1) 彻底抛弃了整体比较框架

不难看出,创新标准其实是借鉴了发明和实用新型的侵权判定的必要技术特征理念。这种新标准彻底摆脱了整体比较的束缚，的确解决了判定实践中碰到的一些问题。但是，应该看到，彻底否定整体比较框架而采用新标准，其实是模糊了外观设计和发明、实用新型的本质区别，在侵权判定上是从一个极端走向另一个极端。发明和实用新型是一种技术方案，而外观设计是一种设计方案。发明和实用新型的价值直接与具有创新性的技术特征相连，而外观设计的创新设计虽然也是意义所在，但是，这个创新设计是附着在整体设计之上的，它不能完全脱离整体而存在。外观设计中的美感，是通过整个设计方案体现出来的，而非以其中的独创设计部分体现出来。[32] 关注外观设计的创新部分并以此为判定重点，但并不是要把外观比对实质变成局部比对，那样，不但矫枉过正，而且还会产生新的问题，例如，如果创新部分在产品外观中占的比例很小，不足以影响产品的整个外观时，即使创新部分中的创新部分近似，也不能认定被控侵权产品与外观设计相近似。

（2）不能解决部分创新部分相同时的判定问题

创新标准虽然提出了以是否抄袭创新部分作为构成侵权的判断依据，但是却没有解决以下两个问题：第一，当创新设计只有一处时，部分抄袭、模仿该创新设计是否构成侵权？第二，当创新设计有多处时，抄袭其中的一部分是否构成侵权？美国的外观设计侵权判定实践中也碰到过同样的问题。因为混淆标准的不足，美国人通过 1984 年的 Litton Systems 案确立了“新颖点”法（基本精神与创新标准相同），其内容是：“被控设计必须包括专利设计中与现有技术相区分的新颖点。也就是说，即使法院规定通过普通观察者的眼睛观察两件物品，但是要想判决侵权，被控设计与专利设计的相似点中必须包含与现有技术相区分的新颖点”[33]。这意味着，被控侵权外观设计要构成侵权，必须满足两个条件：第一，被控侵权外观设计对普通观察者造成了误认，使他认为是涉案专利产品；第二，被控侵权产品必须包含涉案专利产品区别于现有设计的创新设计。“新颖点”法在后来的实践中逐渐表现出了不足。例如，当被控侵权产品整体上仿照了涉案专利产品的多数“新颖点”但没有完全抄袭“新颖点”时，按照“新颖点”法是不构成侵权的。这一缺陷使得美国联邦最高法院的大法官们开始反思，终于在 2008 年的 Egyptian Goddess 案中弃用了“新颖点”法，确立融合了“新颖点”法的见多识广的观察者标准。其表述是：“本法院认为，新颖点检验法的目的是‘把重点放在那些使外观设计区别

---

[32] 参见徐新：《外观设计专利权保护范围的解释原则》，载《知识产权》2009 年第 6 期，第 56 页。

[33] Litton Systems, Inc. v. Whirlpool Corp., 728 F. 2d 1423, 221 U. S. P. Q. 97 (Fed. Cir., 1984).

于现有外观设计的方面'。然而,这个目的也可以使用普通观察者检验法通过熟悉现有技术的观察者的眼睛来实现。如果被控外观设计拷贝了专利外观设计的一个明显区别于现有技术的具体特征,则该被控外观设计自然地更可能被认为与专利外观设计相似,有欺骗性,因此构成侵权。同时,不同于新颖点检验法,普通观察者检验法不存在仅仅因为专利外观设计的特征是新颖点就过多关注于其与被控外观设计之间的一个不重要的微小区别的危险。"㉞可见,当面临只有部分创新部分相同时的判定问题时,联邦最高法院又回归到原有的混淆标准,解决的方法似乎又回到了整体比较上。

四、外观设计侵权判定标准的进路:涅槃后的重生

正如前文所分析的那样,"整体比较"标准与创新标准在具体的实践中都各有自己的优势和不足。事实上,这两种标准并非互相排斥、非此即彼的,在"整体比较"标准的框架内充分吸纳创新标准,就是解决问题的有效之道。在侵权标准上的肯定、否定、再肯定,是在复杂多变的审判实践中对侵权判定理论的不断丰富。

因此,在仔细分析了两种判定标准的优势和不足,并在充分考虑到判断范围、判断主体和判断方法相互之间关系的基础上,本文尝试在原有侵权判定标准的基础上进行重构,建立一个新的判断标准,即"见多识广的消费者"观察标准。

(一)判断范围:能够转用的产品之间

《专利审查指南》第四部分第五章中提出了现有设计"转用"的概念,即将产品的外观设计应用于其他种类的产品。《专利审查指南》认为,当存在明显转用启示的情形下,由此得到的外观设计与现有设计相比不具有明显区别,如由其他产品外观设计转用得到的玩具、装饰品和食品等。《专利审查指南》的规定给了我们一个启示,即在外观设计侵权判定时,在判断范围上同样可以突破同类产品的限制而应用转用启示这一规则。换言之,如果授权外观设计与被控侵权设计构成相同或者相似但是二者产品种类不同,就要判断授权外观设计的创新设计是否给出了应用于被控侵权外观设计产品上的启示,如果回答是肯定的,就要突破产品种类的限制而作出构成侵权的判定结论。如

㉞ Egyptian Goddess, Inc., v. Swisa, Inc., 498 F.3d 1354 (Fed. Cir., 2007).

冰箱和保险柜属于不同类的产品，但是，在比对设计关键点在冰箱门和保险柜门上的外观设计时，要充分关注转用启示的存在与否从而作出判断。

（二）判断主体：见多识广的消费者

正如前文所分析的那样，为了防止对专利权人的显失公平，外观设计侵权在主体上应当采用消费者的标准而不是设计者的标准。但是，采用一般消费者标准，又会存在不能区分创新设计和非创新设计、不能判断设计空间较小的产品的设计要点等弊端。关于这个问题，最高人民法院在本田株式会社“汽车”外观设计专利权无效行政案和万丰公司“摩轮车车轮”外观设计专利权无效行政案中给出了启发。在前一个案例中，最高人民法院认为，在判断外观设计是否相同或者相近似时，因产品的共性设计特征对于一般消费者的视觉效果的影响比较有限，应关注更多地引起一般消费者注意的其他设计特征的变化。换言之，最高人民法院认为，一般消费者应该具有区分产品共性特征和个性特征的能力。在后一个案例中，最高人民法院认为，设计空间对于确定相关设计产品的一般消费者的知识水平和认知能力具有重要意义；在外观设计相同或者相近似的判断中，应该考虑设计空间或者说设计者的创作自由度，以便准确确定该一般消费者的知识水平和认知能力。换言之，最高人民法院认为，对于设计空间较小的产品的外观设计，一般消费者应该相应的提高自身的知识水平和认知能力。不难看出，最高人民法院在这两个案例中所塑造的一般消费者，是充满弹性的拟制标准：一方面，这个判断主体能准确区分出产品的公知设计、惯常变换等共性特征与创新特征的区别从而准确把握外观设计，虽然还远低于普通设计者的水平，但显然比消费者的实际认知水平有所提高；另一方面，这个判断主体在比对设计空间较小的产品的外观设计时，其认知能力也同时应相应提高。

显然，最高人民法院修正的这个“弹性消费者”标准，修正了“一般消费者”在侵权判断上的主体局限性，具有更灵活的适用空间，值得借鉴。事实上，正如前文提到的那样，美国在2008年确立的新的外观设计侵权判断标准中，也开始提高观察者的认知水平，判断主体由过去的普通的观察者变成了“熟知现有技术的观察者”。

以这个“弹性消费者”标准为基础，笔者提出了判断主体应该设定为“见多识广的消费者”。这种判断主体，更多地关注对于惯常的、普通的设计而言显得独特或不一样的设计，对于在现有设计中出现频率较低或者从未出现而同时又具有相当创作高度的设计特征，具有一定的敏感性，能给其视觉印象造成强烈冲击。该主体具有如下特征:了解相同或相近种类产品的惯常设计;了解相同或相近种类产品的常用设计手法;了解相同或相近种类产品的外观设计空间。

(三)判断方法:创新为主、整体为辅

判断方法上,笔者认为,既要体现出创新标准的优势,又要通过"整体比较"标准来弥补其不足。具体做法如表 1 所示:

表 1

全部创新相同或相似	结论:侵权
部分创新相同或相似	结论:判定比例
创新部分不相同或不相似	结论:一般不构成侵权
全部创新相同或相似	结论:一般构成侵权
分创新相同或相似	结论:判定比例
创新部分不相同或不相似	结论:不侵权

具体表述如下:

两件产品在比对外观时,首先应明确授权外观设计创新部分,再在此基础上进行整体视觉效果的比对。

1. 整体比较相同或相似时

(1)创新部分全部相同或者相似时,构成侵权。对于设计空间较小、惯常设计和功能性设计所占比例较大的成熟产品而言,即使进行比对的两种外观设计整体效果上高度相仿,只要创新设计相同或相似,仍然构成侵权。在创新部分全部相同或者相似的情况下,如果被控侵权产品增加了授权外观设计所没有的惯常设计元素,仍然被认定为侵权,如在飞利浦电熨斗造型的基础上增加一个插座。

(2)创新部分只有部分相同或者相近似时,要考察相同或者相近似的创新部分在创新部分中的比例、影响以及整个创新部分在整体外观效果上的比例、影响。综合考虑两种比例和影响后,得出相同或者相近似的创新部分对于整体外观视觉效果的影响评估,进而根据影响大小形成是否侵权的结论。

(3)创新部分完全不相同或者不相近似时,一般不构成侵权,但并不能得出必然不侵权的结论。如果涉及设计空间较大的产品,进行比对的两种外观设计高度相仿,创新部分对于外观设计整体效果的影响过于微小,则仍然认为构成侵权。

2. 整体比较不相同或不相近似时

(1) 创新部分全部相同或者相似时，如果是设计空间较小、惯常设计和功能性设计所占比例较大的成熟产品，则构成侵权。在这种情况下，如果被控侵权产品增加了授权外观设计所没有的惯常设计元素，仍然应被认定为侵权，如在飞利浦电熨斗造型的基础上增加一个插座；如果是设计空间较大的其他产品，则一般也认为构成侵权，但如果创新部分在整体视觉效果中所占的影响过于微小，则不构成侵权。

(2) 创新部分只有部分相同或者近似时，重点考察相同或者相近似的创新部分在创新部分中的比例、影响以及整个创新部分对于产品外观设计的意义，综合考虑后得出结论。值得注意的是，在这种情况下要形成构成侵权的心证，应该比前述第二种情形有更充足的理由。

(3) 创新部分完全不相同或者不相近似时，不构成侵权。

结　语

从前文看到，对于外观设计的侵权判定，"整体比较"标准面临着继续向前发展的趋势。尽管如此，基于混淆标准对我国立法、司法的强大影响，我国短期内不会对局部外观设计进行保护，但利用部件对汽车外观进行保护，已经得到多个法院的支持。例如，五十铃自动车株式会社针对"机动车保险杠"申请了外观设计，并利用该专利成功阻止了天马汽车集团有限公司在"天马风驰"SUV 汽车和"天马风铃"、"天马乘龙"皮卡车上使用所述外观设计。[35]这种做法似乎给我国的企业在防止自己外观设计被局部仿冒上提供了一条思路：将整体设计中的创新部分作为申请保护的设计范围，缩小请求保护的设计整体。这样做不但有利于在实质上扩大保护范围(设计特征越少，保护范围越大)，而且也能在"整体比较"标准下的侵权诉讼中获得更加有利的地位。

㉟ 参见洪燕：《汽车外观设计在中国的保护策略》，载《中国发明与专利》2008 年第 10 期。

稿约

《知识产权法研究》系由华东政法大学知识产权研究中心推出的知识产权法专业论丛，每年出版2卷，每卷约30万字，由北京大学出版社出版。现继续向各位同仁约稿。

《知识产权法研究》设立的栏目有：焦点评论、理论前沿、专题研究、调查分析、域外法制、学界动态、判案评论、新人新作等；并将根据来稿情况调整栏目。

《知识产权法研究》接受打印文稿附电脑软盘（word格式）或电子邮件形式的投稿（判案介绍及其评论须附裁判文书副本复印件）。文稿最好在10000字—20000字之间，但须言之有物并具有现实针对性，尤其欢迎有独到见解的论文。

来稿中的注释统一采用脚注形式且每页分别计码，请投稿者按照著（译或编）者、著作（文章）名、出版时间、版次（刊数）、页码的顺序依次注明；引用外文文献的，按照该语种通行注释体例设注。来稿请添加内容提要和关键词，并附上题目、内容提要和关键词的对应英文翻译稿。

来稿以请发电子邮件至 iipe@ecupl.edu.cn。如有任何问题，请致电 021-62071908 询问。

感谢您向本刊投稿！